JN437060

개정판

기술경영

기술사업 이론과 실무

강경모 저

도서출판 두남

머리말

기술의 사업화를 도와주는 관련 자료는 우리주변에서 흔하게 볼 수 있다. 그러나 기술의 보유자 또는 보유예정자의 입장에서 구체적이고, 효율적이며 실질적인 기술 사업화 방법의 제시에는 다소 미흡하다. 단순하게 절차대행이나 기술의 관리 또는 기업경영의 일부만을 전달하는 수준에서 그치고 기술의 사업화 방법의 구체적 제시와 수익실현에는 소홀하다.

특히 기술사업화에서 기술창업만을 부추겨 다양한 사업화 방법을 찾는데 한계를 드러내거나 창업기업의 조기 부실과 폐업 또는 업력의 단축 등의 원인을 제공하는 이유가 되기도 한다.

따라서 창조적 기술을 사업화가 가능하도록 효율적인 방법을 제시하고, 기술사업화의 목적 달성과 경쟁력을 갖춘 시장을 창출하여야 한다. 그리고 창의력을 바탕으로 수익성을 확보하고, 경쟁력을 갖춘 성공기업으로 성장발전 할 수 있도록 기반을 구축토록 하여야 한다.

이를 위해 기술의 사업화에서 가장 기초적 추진사항으로 기술획득을 위한 기술기획과 로드맵 작성 요령을 제시하고 의무화토록 하였다. 또한 획득된 기술의 사업화를 위해 사업자에게 기업가 정신의 함양과 기술사업의 타당성분석을 통한 사업의 추진방법을 제시하여 최소의 비용으로 사업화 기회를 얻도록 하였다.

그리고 자체적인 기술을 사업화 할 수 있도록 사업체의 설립과 경영, 기술의 이전을 가능토록 기술의 평가와 기술거래 등 기술사업화의 다양한 방법과 인식을 높이도록 하고 있다.

즉 기술사업화에 대한 이해를 돕기 위해 이론적인 면을 강조하되 실무 면을 활용한 목표실현을 가능토록 하여 현실적 문제들을 중점 해결하는 전략추진방향으로 구성시키고, 기술사업화의 틀을 구축토록 하였다.

끝으로 이 책은 집필체제와 내용면에서 이미 출간되어 있는 국내외 다른 서적들과는 차별화가 어느 정도 이루어 졌다고 보나 이 책을 집필하는 과정에서 국내외 많은 책과 논문 등을 참조하고 인용도 하였다. 이 자리를 빌려 국내외 학자들과 실무자들의 양해를 구하고, 그 들에게 깊은 감사의 뜻을 표한다.

全訂版을 내면서

「기술경영」의 초판이 출간 된지 3년이 되었다. 당시 본서는 기술과 경영환경의 변화에서 기술경영을 알고자 하는 이해관계자들의 욕구에 따라 준비되었다. 기술사업 이론과 실무에 중점을 두고, 이러한 추세를 반영하는 기술경영을 체계화시켜 제공하였다.

그러나 당초의 이 같은 뜻에서도 해가 거듭할수록 부족한 부문을 많이 발견하게 되었다. 또한 그 동안의 필요한 정보와 제도적 변화로 인한 이해관계자들의 요구와 기술경영의 정보가치 필요성이 더욱 확대되고 있다.

따라서 본 全訂版에서는 이처럼 광범위하게 이러나고 있는 기술경영에 대한 현실적 수요변화에 적절히 부응하는 방향에서 초판의 부족한 부분을 보완하고자 하였다.

본 전정판은 기본적으로 초판의 골격과 체계를 유지하고 있지만, 독자들이 보다 쉽게 이해할 수 있도록 많은 내용을 수정·보완하였다. 특히 기술경영의 핵심이 되는 기술혁신, 기술평가, 기술마케팅 및 연구개발 부문을 추가하거나 강화시키는데 많은 할애를 하였다.

특히 본 전정판의 출간에는 그간 교재로 채택해 주셨고, 격려와 성원을 보내주신 많은 분들의 충고와 조언의 도움이 컸음을 밝히고, 이에 감사드린다.

끝으로 출간을 쾌히 응해주신 도서출판 두남의 전두표사장님을 비롯한 여러 직원 분에게 감사드린다.

차례

발간의 글

Chapter Ⅰ 기술사업 개요 / 13

1.1 기술사업이란 14

1.2 기술사업 발전 16

1.2.1 기술 환경 · · 16　　1.2.2 기술사업 환경 · · 17

1.3 기술사업 유형 19

1.3.1 기술보유주체별 분류 · · 19　　1.3.2 사업목적별 분류 · · 21

1.4 기술사업 요건 24

1.4.1 기술사업 요건 · · 24　　1.4.2 기술사업화의 역량 · · 24
1.4.3 기술사업화 단계 · · 25

Chapter Ⅱ 기술사업 추진 / 29

2.1 기술사업 추진 30

2.1.1 기술사업 추진주체 · · 30　　2.1.2 기술사업 추진단계 / 32
2.1.3 사업화 실패요인 · · 35

2.2 기술사업 전략 36

2.2.1 기술사업 전략이란 · · 36　　2.2.2 핵심기술전략 · · 38
2.2.3 기술사업 추진전략 · · 40

2.3 기술사업 모델 41

2.3.1 사업모델의 개요 · · 41　　2.3.2 사업모델의 역할과 검증 · · 43
2.3.3 사업모델의 구성과 개발절차 · · 44
2.3.4 사업모델 유형 · · 46　　2.3.5 사업모델조건 · · 51

2.4 기술사업 프로세스 56
2.4.1 기술사업의 핵심요소 · · 56
2.4.2 기술사업 과정 · · 57

Chapter III 기술혁신 / 61

3.1 기술혁신 62
3.1.1 기술혁신이란 · · 62
3.1.2 기술혁신의 특성 · · 63
3.1.3 기술혁신의 유형 · · 65
3.2 기술혁신추진 69
3.2.1 기술혁신의 원천 · · 69
3.2.2 기술혁신의 역량 · · 70
3.2.3 기술혁신과정 · · 71
3.2.4 기술혁신패턴 · · 73
3.3 기술혁신 시스템 75
3.3.1 기술혁신전략 · · 75
3.3.2 기술혁신시스템 · · 79
3.3.3 기술혁신성공요인 · · 81

Chapter IV 기술사업 발굴 / 83

4.1 기술사업 발견 84
4.2 기술사업 창출 86
4.3 기술사업 분석 88
4.4 유망기술 도출 89
4.5 핵심기술 선정 93
4.5.1 핵심역량 · · 93
4.5.2 핵심기술의 분석 · · 95
4.5.3 핵심기술의 선정평가 · · 99

Chapter V 기술기획과 획득 / 101

5.1 기술기획 102
5.1.1 기술기획이란 · · 102
5.1.2 기술기획방법 · · 104

5.1.3 기획단계 · · 106
5.1.4 전략기획 · · 108
5.1.5 R&D기획 · · 109

5.2 기술로드맵 112

5.2.1 기술로드맵 개요 · · 112
5.2.2 기술로드매핑 · · 119

5.3 기술예측 122

5.3.1 기술예측이란 · · 122
5.3.2 기술예측 역할 · · 124
5.3.3 기술예측 과정 · · 124
5.3.4 기술예측기법 · · 125

5.4 기술획득 129

5.4.1 기술획득이란 · · 129
5.4.2 기술아웃소싱 · · 134
5.4.3 기술제휴 · · 139

Chapter VI 기술이전과 거래 / 143

6.1 기술이전 144

6.1.1 기술이전이란 · · 144
6.1.2 기술이전유형 · · 144
6.1.3 기술이전방식 · · 146
6.1.4 기술이전절차 · · 149

6.2 공동연구기술 이전 152

6.2.1 공동연구사업화의 중요성 · · 152
6.2.2 공동연구사업 유형 · · 152
6.2.3 공동연구사업 추진 · · 154

6.3 연구소기술이전 155

6.3.1 연구소기술이전이란 · · 155
6.3.2 연구실기술사업화 · · 156

6.4 기술거래 158

6.4.1 기술거래 · · 158
6.4.2 기술의 소유권 · · 159
6.4.3 기술료 · · 159

Chapter VII 자체기술 사업 / 165

7.1 자체기술사업 166

7.1.1 자체기술 사업이란 · · 166
7.1.2 자체기술 사업기회 · · 167
7.1.3 자체기술 사업추진 · · 168

7.2 기술사업계획 169

7.2.1 사업계획의 의의 · · 169
7.2.2 주요구성 요소 · · 170
7.2.3 사업계획서 구성 · · 172

7.3 기술사업계획서수립 173
7.3.1 기술사업화의 개요 · · 173 7.3.2 생산계획수립 · · 175
7.3.3 기술마케팅계획수립 · · 176 7.3.4 조직 및 인력계획수립 · · 177
7.3.5 재무계획수립 · · 177

Chapter Ⅷ 사업타당성분석 / 181

8.1 사업타당성분석 개요 182
8.1.1 사업타당성 분석이란 · · 182 8.1.2 분석의 중요성 · · 184
8.1.3 분석의 기본체계 · · 185 8.1.4 재무비율분석 · · 188
8.2 시장성분석 193
8.2.1 시장성분석이란 · · 193 8.2.2 시장성분석 절차 · · 194
8.2.3 시장성분석 평가요소 · · 200
8.3 기술성분석 205
8.3.1 기술성분석이란 · · 205 8.3.2 기술성분석 · · 206
8.4 수익성분석 214
8.5 성장성분석 216
8.5.1 성장성분석이란 · · 216 8.5.2 주요성장성분석 · · 217
8.6 경제성분석 218

Chapter Ⅸ 기술가치 평가 / 221

9.1 기술가치 평가개요 222
9.1.1 기술가치 평가란 · · 222 9.1.2 평가목적 · · 224
9.1.3 평가대상 · · 225
9.2 기술가치 평가방법 228
9.2.1 기술가치 평가접근법 · · 229 9.2.2 신기술평가 · · 235
9.2.3 가치평가적용 · · 237
9.3 기술완성도 평가 238
9.3.1 기술완성도 평가요소 · · 238 9.3.2 유용성평가 · · 239
9.3.3 경쟁성평가 · · 241

9.4 BMO 평가 243

9.5 현금흐름할인법 평가 247

9.5.1 현금흐름할인법이란 · · 247
9.5.2 평가방법 · · 249
9.5.3 미래현금흐름 추정 · · 252
9.5.4 자본과 비용평가 · · 253
9.5.5 시장가치비교법과 차이 · · 256

Chapter X 기술개발 / 259

10.1 기술개발 260

10.1.1 연구개발이란 · · 260
10.1.2 기술개발계획 · · 264
10.1.3 기술개발과 기술사업화 · · 267

10.2 기술개발추진 267

10.2.1 기술개발조직 · · 267
10.2.2 인적자원관리 · · 270
10.2.3 아이디어수집 · · 271
10.2.4 기술개발평가 · · 272

10.3 신기술제품 개발 273

10.3.1 기술개발투자 · · 273
10.3.2 신기술제품개발 · · 274
10.3.3 아이디어수집 및 선발 · · 279

10.4 지식재산권 개요 281

10.4.1 지식재산권 개요 · · 281
10.4.2 지식재산권의 분류 · · 282

10.5 심사와 등록 288

10.5.1 특허출원의 범위 · · 288
10.5.2 심사절차 · · 288
10.5.3 특허등록 291
10.5.4 등록절차 292

10.6 국제특허 294

10.6.1 해외특허출원 개요 · · 294
10.6.2 PCT 출원 · · 295
10.6.3 PCT 국제특허의 특징 · · 295

Chapter XI 기술인력 / 297

11.1 기술 사업가 298

11.1.1 기업가정신 · · 298
11.1.2 벤처기업가 · · 300
11.1.3 기술 사업가능력 · · 301

11.2 사업자의 자세 302
11.2.1 사업자의 자세 · · 302
11.2.2 CEO의 조건 · · 303
11.2.3 CEO의 활동 포인트 · · 308
11.3 사업조직 구성 311
11.3.1 사업조직 · · 311
11.3.2 조직설계 · · 313
11.4 사업조직운영 318
11.4.1 인력개발 · · 318
11.4.2 인력충원 · · 319
11.4.3 임금과 퇴직금 · · 320

Chapter XII 기술자금 / 323

12.1 자금조달 일반 324
12.1.1 자금조달이란 · · 324
12.1.2 소요자금 · · 325
12.2 자금조달 전략 327
12.2.1 자금조달 방법 · · 327
12.2.2 투자자 · · 330
12.2.3 자금조달전략 · · 333
12.2.4 단계별 자금조달 · · 336
12.3 재무제표 구성 338
12.3.1 재무제표의 의의 · · 338
12.3.2 재무제표의 작성방법 · · 339
12.4 자본조달과 운용 348
12.4.1 자본조달과 운용이란 · · 348
12.4.2 재무비율 검증 · · 349
12.4.3 기술개발자금의 활용 · · 350

Chapter XIII 기술마케팅 / 353

13.1 마케팅의 의의 354
13.1.1 마케팅의 개념 · · 354
13.1.2 마케팅조사 · · 356
13.1.3 시장분석과 경쟁분석 · · 357
13.1.4 자사분석 · · 359
13.2 마케팅 전략 362
13.2.1 시장진입 전략 · · 362
13.2.2 표적시장 전략 · · 364
13.2.3 마케팅전략의 선택 · · 368

13.3 기술마케팅 369
13.3.1 기술마케팅이란 · · 369 13.3.2 기술마케팅의 특성 · · 371
13.3.3 기술마케팅 추진 · · 372 13.3.4 기술마케팅 절차 · · 374
13.3.5 기술마케팅 과정 · · 376

13.4 제품생산 378
13.4.1 생산일반 · · 378 13.4.2 생산계획 · · 379
13.4.3 수요예측과 재고관리 · · 380 13.4.4 생산 환경 · · 382

Chapter XIV 기술사업체 / 385

14.1 법인과 개인기업 386
14.2 기업설립준비 389
14.3 설립 절차 394
14.3.1 설립방법 · · 394 14.3.2 정관의 작성 · · 395
14.3.3 주식발행과 자금납입 · · 396
14.4 기업소유와 지배 399
14.5 설립신고와 사업자등록 402

Chapter XV 기술사업 지원 / 405

15.1 지원기업의 범위 406
15.2 중소기업의 요건 407
15.3 기술개발지원 410
15.3.1 지원정책의 의의 · · 410 15.3.2 기술투자 · · 413
15.3.3 정부출연지원 · · 414
15.4 기술사업화 지원 420
15.4.1 벤처기업지원 · · 420 15.4.2 이노비즈(INNO-BIZ)지원 · · 423
15.4.3 부설연구소 지원 · · 425

찾아보기 429

Chapter I

기술사업 개요

1.1 기술사업 이란
1.2 기술사업 발전
1.3 기술사업 유형
1.4 기술사업 요건

Chapter I 기술사업 개요

1.1 기술사업이란

기술사업(Technology Business)은 다양하게 정의되며, 줄리(Jolly,1997)는 '기술의 가치를 증대시키는 일련의 활동'이라고 하였다. T. Farrell(1979)은 '기업이 기술의 상업화를 위해 기술 가치에 정당한 대가를 지불하고, 사용하는 과정'이라하였다.

또한 Bean(1989)은 '새롭고 개선된 제품, 프로세스, 서비스의 기초가 되는 기술적 노하우(know-how)를 창조하는 창의성, 상업화, 그리고 전략을 촉진하는 요소의 획득'으로 정의하였다.

미 국립과학학회(National Academy of Sciences, 1987)는 기술사업화를 '기술경영(MOT, Management of Technology)의 일환'이라고 하였다. 즉 기술을 전략적으로 활용하여 새로운 사업기회를 창출하고, 혁신적 제품을 고안하는 등 공학과 경영의 원리를 연결하여 기술적 역량을 계획, 개발, 실행함으로써 조직의 전략과 운영상의 목표들을 달성하기 때문이다.

우리나라 입법은 사업화를 '기술의 이전 및 사업화 촉진에 관한 법률' 제2조에서 기술을 이용하여 제품의 개발·생산 및 판매를 하거나 그 과정의 관련된 기술을 향상시키는 것이라고 정의하였다.

그 외 이성식(2007)은 기술 또는 지식을 활용하여 신제품, 신사업을 창출하거나 그 과정에서 관련기술의 향상에 적용하기 위한 일련의 혁신활동이며, 연구 개발된 기술이 제품이나 서비스로 시장에 성공적으로 출시되고, 판매되는 일련의 과정이라고 하였다.

이상과 같이 기술 사업은 주로 생산과 영리를 목적으로 지속하는 계획적인 경제활동이며, 경제적 자유를 누릴 수 있는 조직체나 활동의 기술사업화 도모이다.

따라서 협의의 기술 사업은 기술을 유형의 상품 또는 제품화하거나 기술을 생산과정에 적용 또는 응용하여 제품 또는 서비스를 생성하고, 판매과정을 통해 이익 또는 가치를 창출할 수 있도록 하는 기술창업, 기술이전, 공정개선, 연구개발, 신제품제조 등의 행위라고 할 수 있다.

반면 광의의 기술 사업은 기술을 이용하여 부가가치를 창출하는 모든 행위이다. 사업성 있는 기술개발, 생산 및 판매활동, 사업화 수요를 충족시키기 위해 개발된 기술의 응용과 개량, 기술의 배타적 권리, 기술거래, 기술협력, 제조와 기술이전, 인수합병, 기술창업, 기술평가, 기술자금 조달, 기술개발투자, 기술컨설팅, 기술인력 양성 등을 추진하거나 보유기술의 잠재적 가치를 실현하기 위한 제반 행위를 말한다.

여기서 기술과 기술사업의 용어를 구분 정의 한다면 다음과 같다.

- 기술이란 과학적 이론을 실제로 적용하여 자원의 사물을 인간생활에 유용하도록 가공하는 수단이다. 이는 사물을 잘 다룰 수 있는 방법이나 능력이 된다. 그리고 Teece(1997)은 기술을 새로운 제품과 서비스로 변형하는 단계라고 하였다.
- 사업은 주로 생산과 영리를 목적으로 지속하는 계획적인 경제활동이다. 그러므로 기술사업화는 기술, 기능 및 지식 등을 활용하여 일정한 목적과 계획을 지속적으로 상업화하고, 기업의 가치를 창출하는 것을 말한다.

기술사업화의 단계별 추진과정을 연구개발단계에서부터 살펴보면 다음 그림과 같이 설명할 수 있다.

[사업화 성장단계]

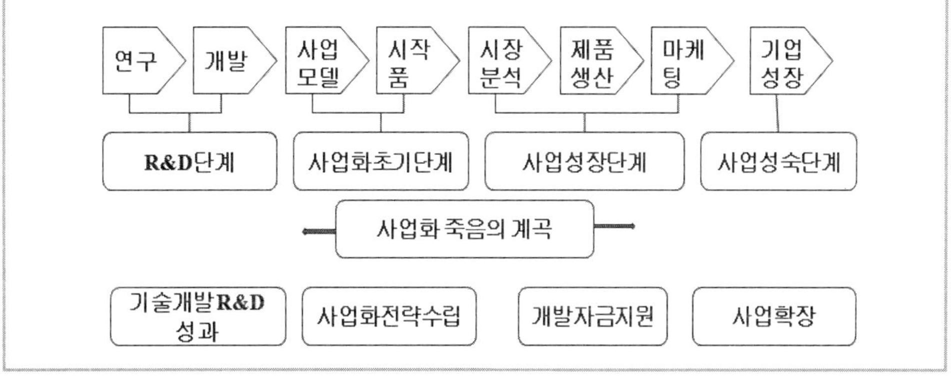

반면 기술경영이란 '엔지니어링, 과학과 경영의 원리를 연결하여 기술적 역량을 계획, 개발하고, 실행을 통하여 조직의 전략과 운영상의 목표들을 만들고, 달성하는 것이다'라고 하였다.(미국 국립과학학회,1987)

기술컨설팅 기관 SRI(Stanford Research Institute)는 '기술투자 비용에 대한 최대 효과를 내는 것'이라고 정의하였다. 우리나라의 기술혁신연구(1999년)에서는 '공학과 경영을 통합·연결하여 기술 중심 기업의 성공을 다루는 학문'이라고 정의하였다.

신용하 외(2003)는 기술경영을 '기술과 경영노하우 등 제반 지식을 기업의 특정 제품 또는 서비스생산에 적용하는 과정을 효율적으로 관리하기 위한 체계적 기법의 총합체로서 조직의 기술경쟁력 확보를 위한 경영활동'이라 정의하였다.

따라서 기술경영은 R&D 전략 수립과 개발, 기술의 관리 및 조합, 획득에 의한 제품화, 금융과 마케팅기법 등을 활용한 제품의 시장진입, 기술경쟁력 확보를 위한 경영활동 등 일련의 과정이라고 할 수 있다.

이러한 기술경영의 시작은 1980년대 스탠포드대 경영대학원의 William Miller 교수가 'Technology Management' 강좌를 개설한 것이 그 효시다.

1.2 기술사업 발전

1.2.1 기술 환경

취약한 기술력과 위기의식은 지속적인 기술의 진보를 요구하고, 경쟁의 범위를 전세계로 확산시키면서 연구개발의 확충을 강조하는 기술사업 환경이 조성되고 있다.

Roussel 외(1991)는 연구개발이 전략적 체계를 결여한 연구에서 체제를 갖춘 연구개발로, 그리고 연구개발과 사업화를 결합한 연구개발로 환경이 변화한다고 주장하였다.

또한 Miller & Morris(1999)는 기초연구, 응용연구, 소비자 욕구에 의한 기술개발 이외에 전통적 관행을 벗어난 연구개발시대로 4세대에 걸친 환경변화를 하고 있다고 하였다.

그리고 내부연구개발 활동도 변하고 있다. 부품·소재부문의 단순공급자 지위에서,

원천기술로 시장을 지배하려는 폐쇄형 혁신은 외부의 자원을 도입하는 협력관계와 지식공유에서 수익성을 증가시키려는 개방형 혁신으로 바뀌고 있다.

여기에 R&D 투자의 확대는 투자의 효율성을 강조하고, R&D 정책은 신기술 창출에서 기술의 이전·확산 및 사업화에 더욱 중요성을 부각시키고 있다.

특히 기술 환경은 기술사업화 환경을 변화시켜 1990년대 초 미 MIT 슬로안 스쿨에서 시작한 과학과 경영을 접목시킨 'MOT프로그램'으로 계승 강화시키고 있다.

WTO(World Trade Organization)는 과학기술 활동에 대한 국제적 규범을 마련하고, 연구개발 활동에 대한 정부개입을 제한시키며, 지식재산권의 보호를 강화시키는 기술 환경을 유도하고 있다.

1.2.2 기술사업 환경

인류문명과 함께 기술의 발달은 계속되고 있다. 1787년 증기기관을 이용한 기계생산시대의 재1차 산업혁명에서부터 1870년 제2차 산업혁명의 전기에 의한 대량생산, 그리고 1969년 제3차 산업혁명시대의 전자, IT기술을 활용한 생산자동화, 최근 다보스포럼에서 제기된 제4차 산업혁명이라 칭하는 사이버 사물시스템 시대로 급변하고 있다.

이러한 기술의 발전은 정보와 지적재산권, 조직의 칭의성, 기술력 등에 대한 중요성을 높이며, 경쟁력과 수익의 원천으로 자리매김토록 한다.

또한 과거의 노동집약적인 산업사회에서 기술집약적인 고부가가치 산업으로 변화와 개혁을 유도하고, 혁신기술의 사업화를 촉진시키고 있다.

기술의 혁신은 사용자에게 효용을 높이고, 사업자에게 수익실현을 가능토록 함으로써 기술의 사업화를 촉구하며, 기업의 수익 원천으로 활동할 수 있도록 한다.

이와 같이 미국 경제학자 Solow(1957)는 최초로 기술의 사업화는 기술발전을 유도하고, 기술발전은 경제성장의 핵심원천이라고 제기하였다.

그리고 기술의 사업화란 기술을 소화·개량하여 기업의 생산 활동에 직접 응용하는 과정이다. 프로젝트를 통해 기술목표를 달성하고자 하는 노력으로 보유기술의 잠재적 가치를 실현시키기 위해 기술을 이전하거나 생산과정에 적용함으로써 제품 또는 서비스를 생산하거나 판매하고 있다.

따라서 기술의 사업화추진은 사업화 전략수립과 비즈니스 모델개발에서 제품화 단계까지의 과정을 거친다. 이러한 기술은 경영활동의 보조수단에서 경영자원으로 전환되고 있다.

기술경영에 대한 중요성을 강조하는 사업화 추진으로 자체개발 기술의 사업화에서 외부기술의 창조적 모방과 전략적 기술제휴 등 기술획득 방법의 확장을 포함한 기술사업화 전략의 추진이 이루어지고 있다.

또한 체계적이고 효율적인 기술관리, 기술과 경영을 접목시킨 기술 분야의 전문성과 경영분야의 경제성을 상호 보완시켜 사업성과의 상승효과를 추구하고, 삶의 질 중심으로 새로운 재품과 서비스를 제공하는 사업화로 바뀌고 있다.

[기술경영의 체계도]

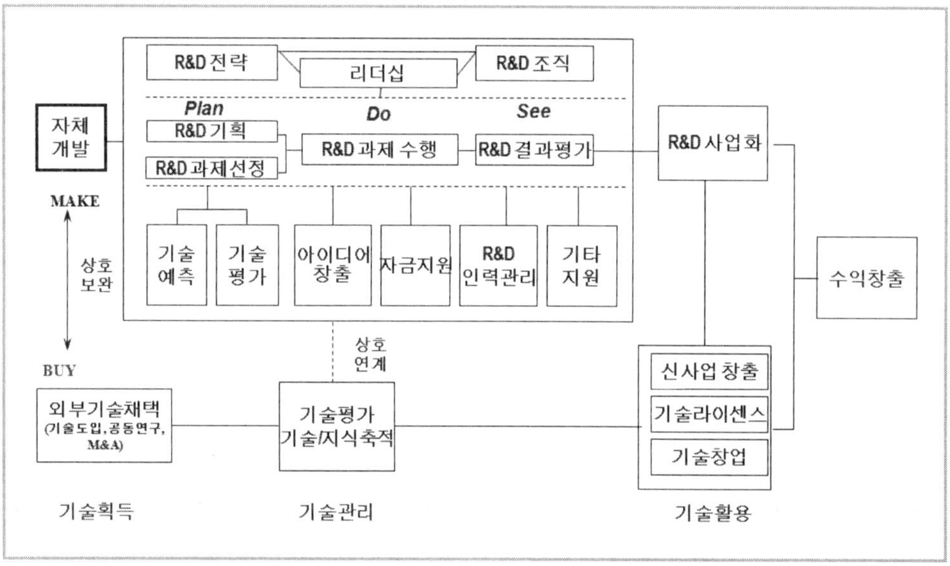

기술사업화 촉진은 대표적으로 미국은 'Bayh-Dole Act(University and Small Business Patent Procedures Act, 1980)법'의 제정이다. 이익창출의 원동력이 되는 기술개발을 활성화시킬 수 있도록 연구개발성과에 대한 사권화를 추진하고, 혁신법을 제정하여 부진한 경제성장을 유도하며, 기술이전과 사업화를 촉진시키고 있다.

우리나라 또한 1995년 KAIST 테크노경영대학원 설립으로 기술경영이 태동되고, 기술사업화를 발전시키는 육성정책을 추진하고 있다.

'산업교육진흥 및 산학협력촉진에 관한 법률'(1995)의 제정과 산업교육진흥, 산학협력촉진, 산업인력양성, 산업발전에 필요한 지식, 기술의 개발 보급 및 확산과 사업화를 유도하는 기술사업화와 관련된 법령을 마련했다.

'벤처기업 육성에 관한 특별조치법' (1997)의 제정으로 열악한 중소기업에게 기술개발활성화는 물론 개발기술의 사업화를 촉진할 수 있도록 하고 있다. 개발기술의 사업화를 위한 지원자금의 확충과 투자촉진을 유도하고, M&A 등 기업의 사업화 환경을 개선시켜 개발기술의 사업화추진 시 기업의 애로를 최소화시키는 발전정책 등을 마련하고 있다.

또한 기술사업화 촉진을 위해 '기술이전사업화 촉진에 관한 특별조치법' (2000)을 제정하였다. 공공연구기관 연구개발 결과의 민간이전 및 사업화 촉진, 민간기술의 원활한 거래를 위한 시책추진 등을 원활하게 할 수 있도록 제도화 시켰다.

동 법은 기술거래기관 및 기술평가기관, 기술거래사 육성, 기술이전소득에 대한 개발자 인센티브지급 의무화, 공공연구기관의 기술이전 정보의 효율적 관리, 연구기관 대학별 기술이전전담조직 설치 의무화 및 기술이전사업화 촉진(사업화 펀드, 기술사업화 지원) 등이다.

그 외에 '대덕연구개발특구 등의 육성에 관한 특별법'(2005)을 마련하고, 연구성과에 대한 사업화 및 창업활동 촉진을 위한 혁신클러스터 육성, 대학연구소 및 기업 연구개발 촉진과 상호협력 등으로 개발기술의 사업화 촉진에 적극적인 대응전략을 추진토록 하고 있다.

기타 정부의 기술사업 촉진을 위해 '산업기술촉진법', '정보통신산업진흥법', '에너지법', '부품소재전문기업 등의 육성에 관한 특별조치법' 등을 통해 기술혁신정책의 추진으로 기술사업화를 지원하고 있다.

1.3 기술사업 유형

1.3.1 기술보유주체별 분류

기술의 보유주체에 따라 기술사업화의 유형을 보면 기업자체에서 개발한 기술을 사업화하거나 기술보유자가 새로운 기업을 설립하고, 사업화하는 방식과 자체 개발 기술이 없는 상태에서 기술이전을 통해 사업화하는 방식이 있다.

1. 자체보유기술의 사업화

대부분 기업 내 사업부에서 필요에 의해 개발된 기술을 제품 또는 서비스로 사업화하거나 기술소유 주체가 직접 새로운 기업을 설립하고, 설립된 기업으로 하여금 사업화하는 방법 등이다.

- **사내 사업부에서 사업화:** 기업 내 사업부가 보유한 기술을 사업화하는 방법으로 개발기술을 통해 신 재품생산, 제조공정의 개선, 기존제품이나 제조공정의 기능성향상 등의 사업화이다.
- **기술창업으로 사업화:** 새로운 기업을 설립하여 사업화하는 기술창업화 방법과 벤처기업의 자생력을 갖출 때까지 회사 내에서 일정기간 기술사업화를 지원해 주는 인큐베이션(incubation) 방법이 있다.
- **스핀오프(Spin–Off) 사업화:** 직접 기술개발프로젝트에 참여한 연구원이 연구결과를 사업화코자 분사형태로 기업을 설립하고, 사업화하는 방식이다.

  이 방식은 대기업이 직접 사업화함에는 사업규모, 시설과 설비, 인력운영 등의 사업화 요건이 적절하지 않다고 판단할 때 별도의 분사설립(Spin-Off)을 통해 기술사업화를 추진하는 방식이다.

  즉 막대한 투자를 하였으나 개발한 기술이 연구 성과나 사업규모 등의 이유로 사업화함이 부적합하다 판단하여 사장되는 기술이나 지적재산권을 활용하여, 유효하게 이용하는 방법이다. 이는 자회사설립이나 Spin-Out(완전 독립 창업)의 단점을 보완하는 중간 형태의 사업화이다.

  Spin-Off제의 장점은 기술을 개발한 모기업의 경우 사업화가 성공될 경우에는 참여지분의 지분공개 등을 통해 큰 수익을 얻을 수 있고, Spin-Off된 기업이 경쟁력을 갖출 경우 M&A(합병·매수) 등의 방법을 통해 자체 사업화시킬 수 있으며, 기술사업화의 위험을 분산시킬 수 있다.

2. 이전기술 사업화

기술이전을 통해 사업화하는 방식으로 대표적 형태는 서비스 수준, 라이선싱,

기술이전 또는 기술에 대한 사용권부여방식 등의 사업화이다.

- **서비스수준 사업화**(free for service): 개발원가수준에서 사업주체에게 기술을 제공하는 사업화방식이다.
- **라이선싱**(licensing): 해당기술을 제공하고, 그 대가로 사업화 성과에서 일정수준의 기술료 등을 받는 사업화방식이다. 대부분 라이선싱으로 기술의 도입 자에게 일정한 기간 동안 제한된 재산권을 사용할 수 있도록 실시권을 제공하는 방식이다.
  라이선싱의 대표적인 대상 기술은 특허권, 상표권, 저작물(Copyrights), 거래비결(Trade Secrets), 노하우(Know-how) 등의 제조공법, 소프트웨어, 캐릭터, 음원·음반 등이 있다.
- **이전기술사업화**: 주로 정부 등 지원 사업으로 개발된 정부 또는 공공부문 개발기술을 민간 기업이 이전받아 사업화하는 방식이다. 그 외 민간연구기관에서 개발한 기술을 민간 기업이 이전받아 사업화하는 방식도 있다.

1.3.2 사업목적별 분류

기술의 사업형태에는 사업화목적에 따라 분류할 수 있다. 기업자체에서 보유한 기술을 사업화하는 신제품 생산 또는 가공, 기술적 보완 등에 의한 사업화와 사업화기술의 양도, 허여, 기술자문, 기술투자 등 기술이전을 통한 사업화로 구분한다.

1. 기술을 직접 적용한 사업화

기술을 직접 적용하여 기술제품 또는 서비스를 생산하거나 가공하는 기술사업화 유형이다. 신제품의 생산과 가공, 기존제품의 기술적 보완, 성능향상 및 기능성 강화 등의 사업방법이 이에 해당한다.

2. 기술의 이전(거래)을 통한 사업화

생산 또는 가공기술의 직접 적용보다 개발기술 자체의 이전으로 사업화하는 방식이다. 주로 기술개발 환경과 개발여건의 미흡, 사업화능력의 부족 등으로 사업화가능한 자에게 기술을 이전하고, 그 기술을 사업화시키는 방식이다.

이전을 통한 사업화에는 대부분 이전기술에 대한 대가를 수수하는 것이 일반적이다. 그리고 이전방법에는 기술의 양도, 실시권의 허여, 기술지도, 공동기술연구, 기술 지수회사 설립 및 기술투자 등이 있다.

- **소유권 이전(기술양도)**: 특허권 등 기술자산의 소유권을 기술의 구매자에게 이전하는 방식의 사업화이다. 대체로 기술의 자체사업화가 불가능 하거나 역량이 부족한 경우 기술을 이전하거나 사용가능한 권리를 부여하는 기술판매 방식의 양도를 통해 사업화한다.

  기술판매는 제3자를 통한 해당기술의 사업화를 추진함에 목적이 있고, 기술이전은 기술보유자에게 기술개발비용을 회수할 수 있는 기회를 부여하는데 있다. 그러므로 기술사업화에서 많이 활용되며, 대부분 법적책임을 분명히 할 수 있도록 기술판매 계약을 맺고 소유권을 이전한다.

- **실시권의 허여**: 실시권의 허여(許與)는 기술판매자가 특허권 등 기술자산의 소유권을 유지하는 범위에서 기술구매자에게 기술을 사용할 수 있도록 권리를 허락하는 방법이다.

  실시권의 허여방식은 전용실시권과 통상실시권으로 구분한다. 전용실시권은 하나의 사업주체에게만 해당기술의 실시권한을 허여하며, 통상실시권은 여러 사업주체에게 해당기술의 실시권한을 허여한다.

  실시권을 허여할 때는 기술의 이전대가로 선불금 또는 경상기술료 방식의 기술료를 받게 된다. 선불금은 해당기술의 사업화결과에 따른 성과를 배분한다는 측면에서 선행 지급하는 기술료이고, 경상기술료는 일정기간 동안의 기술성과에 비례하여 지급하는 성과연동 기술료이다.

  기술료의 지급은 대부분 기술판매자의 경우에는 선불금을 요구하나 기술구매자 입장에서는 경상기술료 형태의 기술료 지급을 희망하고 있어 양자의 협의에 의해 지급방식과 금액을 결정한다.

- **인수·합병**: 필요한 기술과 경영 인프라를 직접 인수·합병 방식으로 이전하여 사업화하는 방식이다. 기업인수는 기업의 내적 확장을 위해 기술과 매출 및 자본의 증대방식이고, 기업합병은 외적 확장을 위해 다른 기업을 사들이거나 두 개의 기업이 하나로 합쳐지는 사업화방식이다.

  이들의 목적은 일반적으로 사업의 다각화에 있으므로 경쟁력을 높이고, 상권을 확장시키는 등 시장지배력을 확대시키며, 신속한 시장진입, 경영기반 강화, 기술적노하우 조기 획득 등을 하는데 있다

- **기술투자**: 기술투자는 보유기술의 비전과 전략을 구체적 연구 성과로 나타낼 수 있도록 하는 사업화방식이다. 기술개발투자는 제품과 제품공정의 개발, 기술도입과 도입기술의 개량, 생산성과 품질향상, 제조원가 절감 등 현저한 경제적 성과향상 등에 목적이 있다.

  기술개발 투자의 판단은 생산 활동과 기업 활동을 통해 미래의 효과적이고, 경쟁력 있는 기업성과를 얻을 수 있도록 하는데 기초를 둔다. 그러므로 기술투자 여력, 환경변화, 투자대비 효과, 투자실패에 따른 위험감수 등을 객관적 측면에서 종합적으로 판단하여야 한다.

  그리고 투자시기와 규모는 가능한 투자기술의 산업 환경과 기술 사이클 등을 고려하여 정하고, 투자규모는 중장기적인 투자계획과 시장변화를 감안하여 충분히 대체할 수 있도록 투자전략에 적합한 규모를 정한다.

- **연구개발**: 기술개발 자체를 사업화할 목적으로 기술에 대한 연구개발을 사업화하는 방식이다. 기술개발 추진방법은 자체기술개발, 공동연구개발, 위탁연구개발 및 기술도입 등이 있다.

  자체기술개발은 기업에서 사업화에 필요한 기술을 자체개발하고, 개발된 기술을 직접사업화 하는 방식이다.

  공동연구는 사업자와 연구기관이 공동연구 개발하며, 주로 정부 또는 공공연구기관이 연구개발하고, 사업자가 이전받아 기술을 상용화하는 방식이다.

  그리고 위탁기술개발은 사업자로부터 위탁 받은 수탁자가 기술을 개발하고, 개발된 기술을 사업자가 사업화하는 방식이며, 기술도입은 해외 등으로부터 개발된 기술을 사업자가 기술을 도입하여 사업화하는 방식이다.

[기술사업 유형]

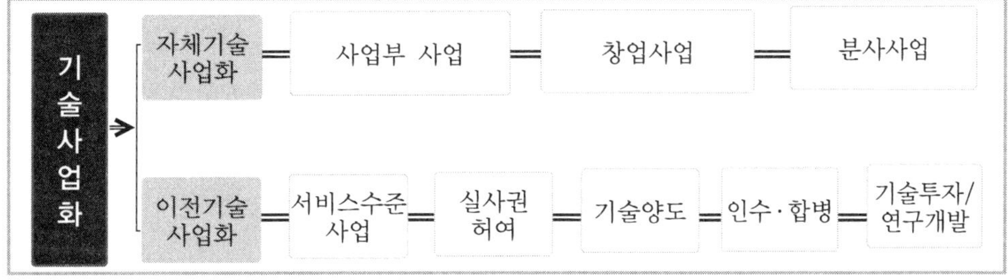

1.4 기술사업 요건

1.4.1 기술사업 요건

기술을 사업화하기 위해서는 사업주체, 기술의 완성도, 사업성 등의 주요요건이 충족되어야 한다. 여기서 사업주체는 기업가정신이 투철한 자로서 기술을 사업화 하는데 실질적인 기업 또는 개인이 되며, 기술의 완성도는 해당기술의 사업화가능 정도를 말한다. 그리고 사업성은 완성된 기술의 사업화 가능성에 대한 타당성이다.

그러므로 완성된 기술을 사업화하기 위해 다음과 같은 기술사업의 요건을 충족할 수 있는가를 파악한다.

- 기술의 사업화 유형은 어떤 것들이 있는가?
- R&D프로젝트는 기술사업화를 전제로 하고 있는가?
- 기술사업화 방법론 중 하나를 사업모델로 택하고 있는가?
- 제3자를 통한 사업화는 기술이전과 기술판매를 확인하고 있는가?
- 사업계획서 구성 및 작성방법 등을 정하고 있는가?
- 기술사업화의 구체적 추진단계를 확인하고 있는가?

1.4.2 기술사업화의 역량

기업이 가진 특정기능과 가치창조 활동을 수행할 수 있는 능력을 기업역량이라고 한다. 기술사업화 역량은 신제품이나 신 공정을 빠르게 변형시키는 능력이라고 Leonard-Barton(1992)은 말하였다.

이러한 기술사업화 역량은 사업화주체가 주어진 환경 하에서 기술사업화 관련 자원을 효과적으로 활용하고, 기술사업화를 수행하는 과정에서 수익성을 포함한 기업의 성과를 얻을 수 있는 수준을 말한다. 즉 기술사업화 역량은 사업화 구현에서 결정적 성과를 창출하게 하는 내적속성이며, 다음과 같은 요소이다.

1. 보유기술

보유기술은 특허·실용신안·디자인·상표·저작권, 기술이 집적된 자본재, 소프트웨어, 기술정보, 노하우 등의 산업재산권 또는 이와 동등한 법적인 소유권이 있거나 관리권한을 가진 기술을 말한다. 또한 여기에는 계약을 통해 사용권(실시권) 또는 기술사업화를 할 수 있는 권리를 가지고 있는 기술을 포함한다.

특히 산업재산권은 특허권, 실용신안권, 상표권, 디자인권, 저작권, 부정경쟁방지, 지리적 표시 등 산업 및 경제활동과 관련된 사람의 정신적 창작물이나 창작된 방법에 대해 인정하는 무체재산권 또는 지식재산권을 총칭한다.

2. 연구개발 인력

일정 수준의 학력 또는 자격을 소지한 자, 동등 이상의 전문지식을 갖추고 있는 사람으로서 연구소 및 연구전담 부서에 소속되어 과학기술, 산업기술 등의 연구개발 활동에 종사하고 있는 사람과 생산기술 인력 등을 말한다.

3. 연구개발비와 투자

연구개발비는 새로운 기술, 제품 등을 개발하거나 기존지식을 활용하여 새로운 방법을 찾아내기 위해 행해진 조사·연구 활동에 지출된 비용으로 간접비를 제외한 비용을 말한다.

기술사업화 투자금액은 개발하였거나 외부로부터 도입한 기술의 사업화에 직접 소요되는 시설 및 운전자금이다. 즉 운전자금은 기술의 사업화에 소요되는 원부자새 구입비용, 시장 개척비용, 추가 개발비 등을 말하고, 시설자금은 기술을 활용한 제품 및 서비스양산에 사용되는 생산시설 및 설비, 시험검사장비 등에 대한 투자비이다.

1.4.3 기술사업화 단계

기술 사업은 사업아이디어 또는 연구개발성과를 자체 또는 이전기술로 사업화하며, 사전 충분한 사업타당성분석을 통해 추진한다.

또한 기술 사업은 외부환경변화와 내부인프라를 구축하고, 기술자산의 전략적사업화를 통해 투자 자본에 대한 높은 투자수익률(ROI, Return of Investment)을 얻을 수 있도록 다음과 같은 프레임워크를 나타내고 있다.

[기술사업의 프레임워크]

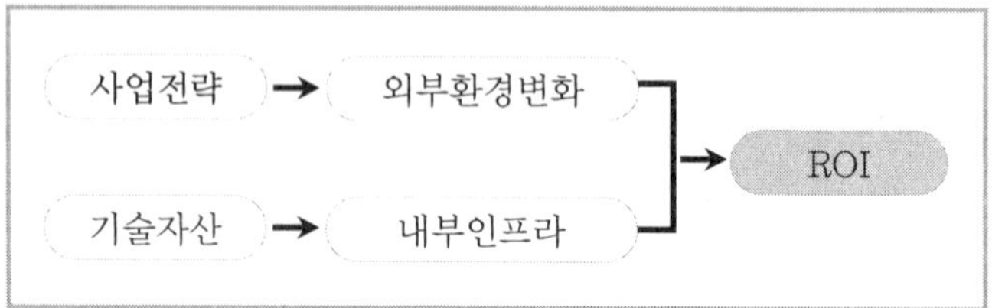

사업화추진과정을 살펴보면 이전기술과 자체사업은 다음 그림과 같이 추진되며, 아이디어나 개발된 기술은 기술사업화 과정을 통해 경영성과로 나타난다. 즉 기업의 경영성과는 아이디어나 개발 완료된 기술을 사업화하거나 기술자산의 관리 또는 가치창출방법을 통해 얻어지는 결과이다.

[기술사업화 단계]

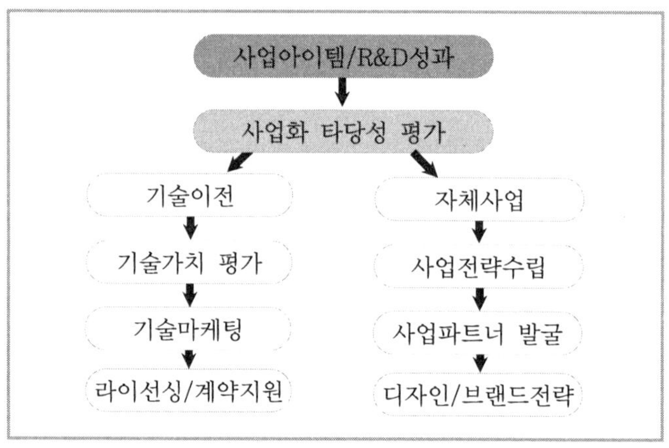

그리고 개발기술 사업화는 기술의 가치를 증대시키는 일련의 활동을 수행하는 것으로 1977년 졸리(jolly)는 5단계(subprocess) 4전이(bridge)이론으로 설명하고 있다. 또한 졸리는 기술사업과정에서 다음과 같은 특징은 가진다고 하였다.

- 각 단계별 달성하기 위한 연구, 개발, 마케팅활동을 수행한다.
- 가치창조를 위해 독립된 역할을 수행하고, 현 단계의 성공이 후행단계의 성공을 보장하지 않는다.
- 단계별 이해관계자가 상이하며, 이들에 의해 성패가 좌우된다.
- 단계별 전문화현상을 나타내며, 다양한 참여전략을 수립토록 한다.

졸리(Jolly)의 수행활동 5단계를 구분하면 착상단계, 보육단계, 시연단계, 촉진단계, 지속단계이다. 신기술의 가치를 증대시키는 일련의 5단계는 기술적 측면과 마케팅 측면에서 문제해결을 요구한다고 하였으며, 5단계를 구체적으로 살펴보면 다음과 같다.

① 착상단계(imagining)는 개발기술의 기술적성과를 사업화하는데 매력적인 시장기회와 접목시키는 단계이다.

② 보육단계(incubating)는 개발기술에 대한 사업화가능성을 기술적 측면과 시장수요 측면에서 구체화시킬 수 있도록 보완 발전시키는 단계이다.

③ 시연단계(demonstrating)는 개발기술을 사업화시키도록 시장을 통해 판매가능한 제품 또는 공정으로 구현하는 단계이다.

④ 촉진단계(promoting)는 개발기술제품의 시장진입에 따른 소비자 수요를 강화시키는 단계이다.

⑤ 지속단계(sustaining)는 개발기술에 의한 제품 또는 공정이 시장에서 장기간 존속할 수 있고, 시장에서 발생하는 가치의 상당부문을 전유하는 단계이다.

전이 4단계는 수행 5단계에서 각각의 단계로 전환할 때마다 나타난다고 하였다. 착상에서 보육, 보육에서 시현, 시연에서 촉진, 촉진에서 지속단계로 넘어가는 단계를 전이단계라 말한다.

Chapter Ⅱ

기술사업 추진

2.1 기술사업 추진

2.2 기술사업 전략

2.3 기술사업 모델

2.4 기술사업 프로세스

Chapter Ⅱ 기술사업 추진

2.1 기술사업 추진

2.1.1 기술사업 추진주체

기술사업의 추진주체는 기술공급자, 기술수요자, 기술투자자(벤처캐피탈) 및 이들의 거래를 촉진하는 전문 거래중개자 등이다.

1. 기술공급자

기술을 보유하고 있는 기업은 기술공급자가 되며, 대학, 연구소, 기업 및 개인 등이 있다. 이러한 기술공급자의 기술사업화 절차는 아래 표와 같다.

[기술공급자의 기술사업 절차]

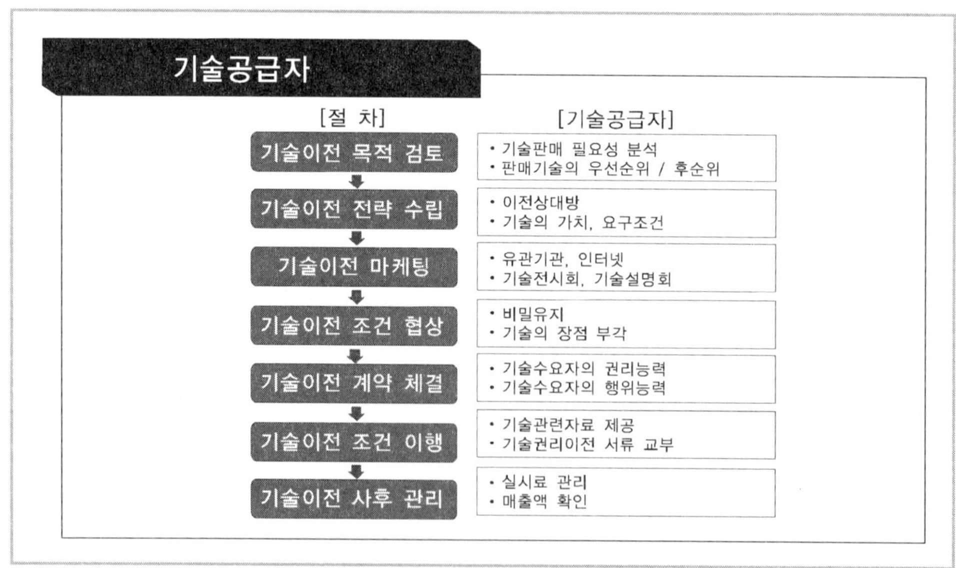

2. 기술수요자

기술을 취득하여 사업화하려는 기업은 기술수요자가 되며, 사업자, 벤처기업 등이 있다. 기술수요자의 기술사업화 절차는 다음과 같고, 기술수요자는 기술의 확보를 위해 기술의 아웃소싱방식에 의할 것인가? 아니면 자체개발을 할 것인가? 를 판단한다.

[기술수요자의 기술사업 절차]

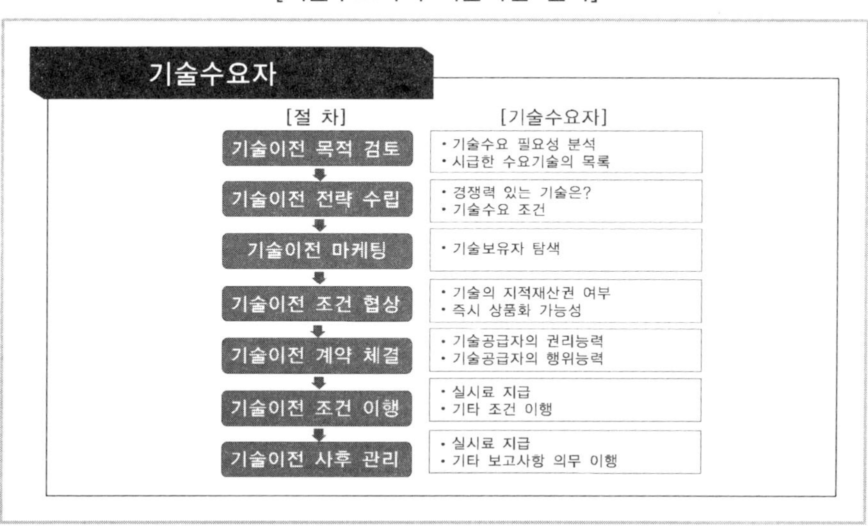

기술수요자는 기술을 확보할 때 다음과 같은 체크리스트를 통해 평가한 후 그 평가결과에 따라 확보여부를 결정한다. 그리고 종합평가 방법은 질문항목의 응답비율이 우세한 경우에는 아웃소싱이 유리하나 부정적인 응답비율이 우세한 경우에는 자체개발이 유리하다.

[기술 확보 체크리스트]

질문항목
• 기술 제품이 다른 부분 기술의 융합화, 복합화 기술인가?
• 기술 제품의 시장성장 속도가 빠른가?
• 유사-대체기술의 출현가능성이 있는가?
• 기술의 전략적 중요도가 비교적 낮은 편인가?
• 기술이 다른 기업 또는 경쟁자에게 위험노출도가 낮은가?

질문항목
• 기술의 개발 및 완성 소요시간이 많이 필요한가?
• 제품출시까지의 시간 단축이 필요한 제품 기술인가?
• 기술의 개발에 대규모 신규투자가 수반되는가?
• 기술의 공급가능업체가 많은가?
• 기술개발부터 상용화까지 총체적 위험이 상대적으로 큰가?

3. 기술투자자

기술투자는 기술수준을 높이기 위해서 지출하는 연구·개발 비용의 투자이다. 회계 상으로는 경비에 속하나 장래 이익을 가져다 줄 가능성이 있으므로 투자라고 한다. 투자자는 기술개발에 필요한 자금, 인력, 기술지도 등의 소요에 투자를 전담하는 벤처캐피탈, 금융기관, 기업, 개인 등이다.

4. 거래중개자

기술의 양도, 실시권한 허여 등을 통해 기술보유자로부터 그 외의 자에게 기술을 이전시키는 것을 기술거래라 한다. 이러한 기술거래를 촉진하기 위해 기술거래기관과 기술평가기관 등이 있으며, 이들이 거래중개자이다.

2.1.2 기술사업 추진단계

사업성평가결과 유망기술로 선정된 경우에는 기술연마방안의 모색과 기술사업화를 추진하고 있다. 기술사업화 추진은 유망아이디어의 사업영역, 도출 및 평가, 발굴된 아이디어의 연구개발, 기술사업화 개념의 정립과 전략수립, 시제품제작, 초기사업화와 시장 확대 등의 과정을 거친다.

1. 유망기술 사업영역

기술사업화에서 유망기술의 발굴은 사업영역의 결정과 아이템의 도출단계에서 이루어진다. 우선 기업 내부의 인력, 자금, 설비 등 경영자원과 기존 사업에 대한 포트폴리오분석을 통해 내부자원을 파악하고, 관련 유사업종의 기술개발 또는 사업화전략 등을 벤치마킹하여 유망사업영역을 분석하며, 분석결과를 바탕으로 기술사업화영역을 정한다.

2. 유망기술의 도출 및 평가

유망기술아이템군의 도출은 기술사업화대상을 리스트 업(list-up)하고, 기술과 시장분석자료를 근거로 평가하며, 평가결과 우수기술을 도출한다.

그리고 유망기술아이템 군과 제품(기술)에 대한 보다 세밀한 분석을 통해 최종의 유망기술아이템을 선정한다. 후보 아이템군은 시장규모 또는 연평균성장률 등을 선별기준으로 하고, 해당기업이 보유하고 있는 기술관련 아이템인가? 또는 기술확보가 가능한 아이템인가? 등의 여부를 판단하여 유망아이템 여부를 선별한다.

이 경우 세부 유망기술아이템(제품/기술) 군의 도출은 후보아이템의 리스트 업과 선별과정을 통해 전체 후보군의 약 5% 수준범위에서 선정한다.

3. 연구개발

선정된 유망기술에 대한 지속적인 연구개발을 통해 사업화 성공가능성을 높이도록 한다. 연구개발은 기술력을 확보하거나 제품력과 수익성을 높이는 단계이다. 핵심요소기술의 수준분석과 발전방향을 제시하고, 해당기업의 기술개발목표 달성방안을 수립한다.

이 때 전략제품에 대한 요소기술은 전략과의 연계성, 시장의 요구 성능충족도, 기술파급 효과, 신제품 개발기간(Time-to-Market) 등에 대한 분석결과를 근거로 선택한다.

4. 사업화방안

사업성평가결과 유망아이템으로 확정된 기술은 전략적 사업으로 결정하고, 기술사업화방안을 구체적으로 제시한다. 기술사업화 시에는 사업화환경의 분석, 경쟁제품의 검토, 시장조사 및 분석, 고객의 요구사항 반영 및 신제품사양의 확정 등을 통해 기술사업화수요와 창출될 수익성을 예측하고, 달성 가능한 결과의 획득을 강구할 통찰력 있는 전략을 수립한다.

사업화전략에는 내부개발, 공동개발, 위탁개발, 외부조달 등의 기술획득전략과 연구개발 조직, 지적재산권 확보전략 등이 있다. 그리고 설비투자계획, 기술 확보계획, 제품개발계획 등 경영자원 확보를 위한 실천 세부계획을 포함한다.

또한 생산 및 유지보수 등의 비용과 품질, 이용편리성 등 비 가격요인, 기술사업화 제공시기, 시장점유율 등을 감안한 수요예측, 마케팅전략과 사업화 주체의 역량 극대화방안 등을 토대로 신사업의 추진이 이루어지도록 한다.

특히 마케팅전략은 진입장벽과 구조장벽, 기존사업자의 보복 등을 충분히 감안하고, 틈새시장 공략과 소비자 대응전략 및 수익창출 확대방안 등을 수립하여 보다 우수한 사업화성과를 기대할 수 있도록 한다.

- **진입장벽**: 새로운 시장진입을 위해 지불해야하는 투자비용, 기존업체의 보복에 대처하기 위한 비용과 현금수입능력 등을 비교하여 전략을 수립한다.
- **구조장벽**: 신규사업자의 비용증가와 경쟁력확보를 위한 과잉투자, 저조한 브랜드인지도와 고객충성도에 의한 제품차별화, 시장의 신규제품기피와 취약한 유통채널, 기존사업자의 진입억제와 보복, 정책 등의 제도적 진입장벽을 고려하여 전략을 수립한다.

5. 시제품제작 및 생산

시제품은 전시회출품, 규격승인 등 시범적으로 만드는 제품의 시작품과 양산단계에서 도면/공정 등이 갖추어진 제품의 제작을 말한다.

시제품제작은 주로 사업화진입을 위한 완제품의 대량생산을 하기 이전에 제품의 기술적 미비점을 보완하거나 시행착오를 미연에 예방코자 기술 및 기능성, 유용성, 가격수준, 디자인 등을 검토 보완할 목적으로 제작한다.

시제품의 제작단계를 거친 기술제품은 양산단계를 거치게 되며, 생산된 제품은 시장으로 진입하여 사업화를 가능토록 한다. 그리고 시장으로 진입된 제품은 소비자의 욕구에 충족될 수 있도록 기술적미비점을 지속적으로 보완하는 절차를 거친다.

6. 초기사업화 및 시장 확대

실증단계를 거친 기술제품은 기술사업화를 실현하고, 기술제품의 시장을 확대시켜 사업화성공과 수익성창출을 높이도록 한다. 이를 위해서는 기술사업화의 중요한 요소인 혁신기술, 제조공정 및 마케팅 등이 강화되어야 하고, 전략적 추진이 되도록 한다.

2.1.3 사업화 실패요인

1. 시장실패

기술과 관련된 시장에서 내재된 불확실성과 기술사업화과정에서 발생하는 경제적가치의 전유성이 불완전하여 초기 사업화단계의 과소투자가 일어나는 것을 말한다.(Tassey, 1997)

① R&D투자에서 기술개발이 내재하는 위험 등으로 초기사업화 응용연구단계에서는 과소투자가 발생한다.

② 기술금융 공급의 경우 위험수준이 가치수준보다 큰 경우에는 초기 사업화단계에서 모험자본 등의 과소공급이 발생한다.

[기업성장과 투자]

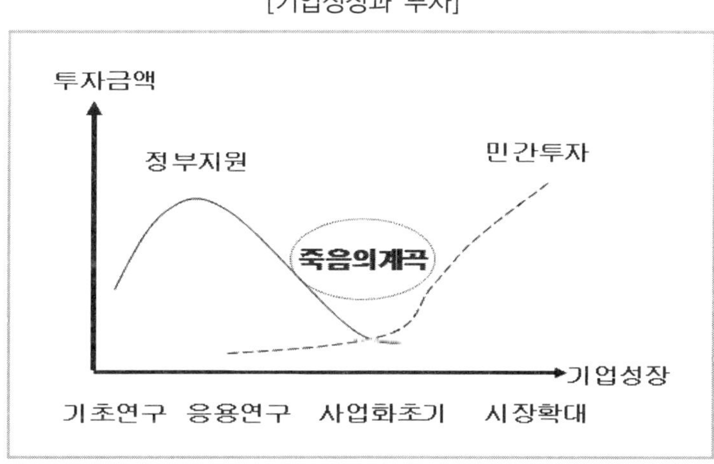

2. 시스템실패

기술사업화과정에서 관련 투자는 이루어지나 구조적, 제도적인 불완전성으로 혁신주체 간에 상호작용을 수행하는 광범위한 영역의 경우 비효율성이 발생한다.(Gustafsson & Autio, 2006)

① 기술가치인식의 차이로 기술이전기회의 상실이다. 공공연구기관은 보유기술에 대한 사업화가치를 과대평가하여, 기술료협상이 결렬되거나 위험부담을 회피할 수단으로 높은 비중의 선급금 또는 일시지급을 요구하여 기회를 상실시키고 있다.

② 기술이전사업화의 응용이 부족하다.

③ 기술이전시장의 질적인 저하로 대부분 사업화가능성이 낮은 기술의 유통이 되고 있다. 그리고 기술공개에 따른 새로운 응용기술의 개발을 우려하여 기피하거나 기술의 공개로 인한 기밀누출 등을 피하려는 가운데 나타나는 실패이다.

④ 공공연구기관의 소속직원간의 이해상충으로 나타나는 실패이다.

2.2 기술사업 전략

2.2.1 기술사업 전략이란

기술의 사업화전략은 기술사업의 목적달성을 위하여 사업화아이디어 선정부터 판매, 수익실현까지의 의사결정과 추진과정의 위치를 구축하는 일련의 방향설정이다. 즉 기술사업화는 아이디어 취득과 숙성, 연구개발, 개발기술의 제품화, 생산과 공정개선, 시장출하와 판매, 마케팅인프라 구축 및 시장우위 활동 등을 추진하는데 필요한 구체적 전략이다.

따라서 기술사업 전략은 경영과 기술이 결합된 사업화전략으로 기술자체의 전략과 기술의 사업화과정에서 수익성과 경쟁우위 확보 및 사업영역의 설정 등을 포함한 전략을 말한다.

여기서 전략 (Strategy)이란 기업의 목표달성을 위해, 외부환경 및 내부능력에 대한 분석을 바탕으로 장단기의 관점에서 기업의 자원과 노력을 특정한 방향으로 집중시켜 효율적 방안을 모색하는 과정으로 장단기 목표를 효과적으로 탐색하여 설정하고, 목표달성을 위한 효율적 수단을 강구하여 실제 상황에 적용하며, 실행토록 하는 것을 말한다.

즉 향후 나아갈 사업화방향의 결정으로 성장성, 수익성, 사업성 등의 유리한 위치 결정과 사업의 다각화 또는 전문화의 사업영역 설정이다. 이러한 경쟁우위 확보전략의 결정을 위한 구성요소는 다음과 같다.

- 사업화 목표의 정의 및 기업이 추구해야 할 사명의 명확화

- 기업의 내부조건과 능력 등 기업현황 파악
- 성공인자와 경쟁적 상황 등 외부환경 파악
- 외부환경과 기업능력과의 결합을 통한 대안의 분석 및 선택
- 기본전략과 부합되는 장단기 목표, 전략의 개발
- 전략의 수행과 수행과정을 모니터하고, 성공여부를 분석/평가

사업화추진은 전략적 위치설정(strategic positioning)이 되어야 하고, 경쟁적 전략의 구성은 경쟁상황, 경쟁방법, 유리한 위치의 확보가 되어야 한다. 또한 현재의 위치를 고려한 수익성과 성장성을 바탕으로 장기적인 수익실현 가능한 매력적인 사업영역(business domain)의 설정이 되어야 한다.

사업영역 중 전문화는 기술의 특성을 고려한 기술사업의 영역이 되도록 설정하고, 다각화의 경우에는 사업단위 간의 자원배분, 관련성 확보, 시너지극대화 등을 반영한 설정이 되도록 한다.

그 외 다각화사업에서 전략적 사업포트폴리오의 구성은 매력적인 산업의 핵심요인 확보, 경쟁우위를 대비한 차별성 확대, 대처할 수 있는 혁신능력 등을 중점적 요인으로 한다.

매력적인사업은 산업매력도와 경쟁적 구조에서 결정되며, 수익성은 산업평균 이상을 확보할 수 있어야 하고, 성장성은 시장성장의 증가가 시장진입기업 수의 증가보다 큰 경우들 고려하여 결정한다.

1. 산업매력노

산업분석을 통해 산업의 특성을 이해하고, 수이에 영향을 주는 구조변수, 소비자특성 및 소비자선호도를 평가한다. 유리한 사업구조는 진입장벽, 독점 및 구매자 또는 공급자가 우위를 나타낸 경우이다.

사업구조에서 진입장벽은 지식재산권과 브랜드이고, 독점은 시장점유율이 되며, 구매자와 공급자의 힘은 기업규모와 자금동원 능력 등이 된다.

그러나 일반적으로 산업의 매력도는 시장규모, 시장의 성장률과 수익률, 자본집약도, 기술의 안정도, 경쟁도, 순환적 변동성 등을 산출지표로 하는 매력도를 평가하여 가중치 점수가 높은 사업을 매력적 사업으로 선택한다.

2. 경쟁적 구조

경쟁관계와 협력관계를 분석하는 경쟁구조에서 마이클 포터(Michael E. Porter)에 따르면, 모든 고객을 만족시킬 수 없기 때문에 자사의 경쟁우위를 가져다줄 경쟁전략을 선택하여야 한다고 하였다.

경쟁전략으로는 차별화전략(differentiation strategy), 원가우위전략(cost leadership strategy), 집중전략(focus strategy)이 있다.

① **차별화전략**: 가격이외의 독특한 기업 특성을 차별화시켜 경쟁우위를 확보하는 전략이다. 차별화는 고품질, 탁월한 서비스, 혁신적 디자인, 기술력, 브랜드이미지 등이 된다. 차별화전략의 위험은 비용우위전략에 의한 위험과 매입자 측의 차별화부인에 따른 위험이 있다.

② **원가우위전략**: 원가절감을 통해 경쟁사보다 낮은 원가부담으로 사업화우위를 확보하는 전략이다. 일반적으로 원가우위전략은 동일한 품질의 가격이 시장내 최저수준의 원가로 생산할 수 있어야 한다. 이러한 원가우위전략은 기술의 변화와 규모의 경제성으로 차별화전략에 대항할 수 없는 위험이 있다.

③ **집중전략**: 특정세분시장을 집중 공략하는 전략으로 고객이나 제품, 서비스 등 특정 세분시장을 상대로 원가우위 또는 차별화를 추구하는 전략이다. 집중전략이 갖는 위험은 표적시장에서 책정한 가격이 경쟁회사의 가격에 비해 너무나 높은 경우 차별화의 가치를 유지할 수 없다.

2.2.2 핵심기술전략

기술의 전략적 중요성은 경쟁의 무기로서의 핵심기술(Technology)이 제품/서비스의 경쟁력을 결정할 수 있다는데 있다. 그리고 신기술은 기존기술의 진입 장벽을 허물고 신산업으로 발전하도록 한다.

따라서 전략의 추진체로서의 기술(Technology as Driver of Strategy)은 경영전략을 달성하는 수단이 된다. 이러한 기술의 역할(Technological Dimension of Competitive Strategy)은 제품혁신, 제품 차별화, 공정혁신, 총체적 비용우위 달성, 기반/핵심기술 확보, 범위의 경제 추구, 기술생산성, 기술경쟁력 향상, 진입장벽 구축, 구매자의 교체비용을 높이도록 한다.

기술전략의 유형에는 기술획득전략(Technology Acquisition), 기술관리전략(Technology

Management) 및 기술활용전략(Technology Exploitation)이 있다고 Ford(1988)는 말한다.

그리고 기술전략수립(Route Finding Style) 방식은 1990년대 경로탐색방식 중심으로 변하면서 비전의 창조, 전술창조, 조직화, 체계적 탐색과정, 네트워크 조직능력을 요구한다.

기술전략의 선택은 ① 개발대상기술의 선택, ② 목표기술수준의 결정, ③ 기술획득방법(기술원천)의 선택, ④ R&D 투자수준의 결정, ⑤ 시장진입 시기의 선택, ⑥ R&D조직 및 제반관련 정책의 결정 등이 있다.

그리고 이진주 외는 기술전략의 수립과정을 통해 기술전략의 선택을 다음 그림과 같이 제시하고 있다.

[기술전략의 선택]

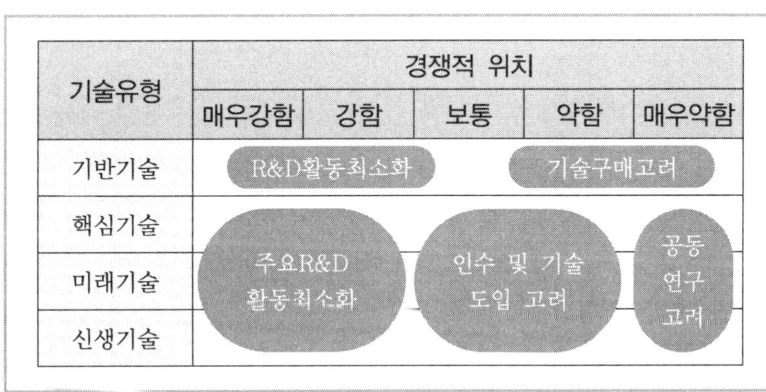

따라서 핵심기술전략은 기술사업화를 추진함에 기술개발계획수립, 개빌기술의 우선순위 결정, 전략적 핵심기술의 개발 등이 된다. 즉 기술전략은 전략방향의 선정, 핵심기술의 선정, 기술의 포트폴리오 구성, 기술개발 방안의 수립, 기술개발 자원의 배분 등이 되며, 전략내용 분석 및 고려사항은 다음과 같다.

- 사업부문과 연계된 고객니즈와 시장수요 지향적인 기술개발
- 사업/제품에 대한 매력적 사업영역의 선택에서 방향성의 명확화와 우선순위 선정
- 개발기술의 방향성 명확화와 우선순위 선정
- 기술의 전략적 역할에 대한 사업부문과 연구개발 부문의 합의점 도출

기술포트폴리오는 전략적 기술목표 달성을 위해 기술의 자산 가치와 기술역량을 고려한 기술 군의 차별화와 자원배분의 차등화로 이루어지도록 한다. 또한 기술단위를 유기적/체계적으로 결합시켜 기술의 가치성, 기술의 경쟁력, 사업/제품과의 관련성, 기술의 기반 등을 평가한 결합이 되도록 한다.

그리고 기술개발은 불확실한 환경에서 시장성장잠재력, 시장위치, 기술의 핵심역량 등을 감안한 위치를 선정하고, 설정된 위치에 적합한 기술전략을 선택토록 한다.

2.2.3 기술사업 추진전략

박종복(2008)은 기술사업화를 개발된 기술의 이전, 거래, 확산과 적용을 통해 부가가치를 창출하는 제반활동과 그 과정이라고 하였다. 그렇다면 기술의 양도, 실시권 허락, 기술지도, 공동연구, 기술창업, 합작투자, 기술지주사, 인수·합병을 할 수 있도록 기술사업 추진전략이 마련되어야 한다.

따라서 기술사업화추진을 위해 다음의 내용을 고려하여야 한다.

① 최근 기술사업화환경은 글로벌시장과 기술변화 가속화에 따라 아이디어발굴부터 사업화까지 수요자 중심이고, 기간은 단축되고 있다.

② 특허출원 등 양적증가에 비해 질적 제고가 미흡하고, 미활용 특허를 양산하는 경향이 있다. 따라서 기업은 R&D의 아웃소싱이 강화되도록 한다.

③ 기술이전과 사업화유형은 대부분 특허와 노하우를 대상으로 소유권이전(매매)과 실시권 허락(라이선스) 등 간접사업화 방식을 선호한다.

④ 사업화 실패요인을 감안하여 R&D투자의 효율성을 높이고, 성장과 수익실현 등을 위한 평가방법을 모색한다.

그리고 기술사업화 추진을 위해 기술사업 전략의 수립이 선행되어야 하며, 전략의 수립과정은 다음과 같다.

① 환경 분석을 한다. 시장 및 경쟁 환경 등의 경쟁관계분석과 일반 환경 분석, 그리고 기업의 경쟁력과 보유기술 등 내부 환경 분석을 한다.

② 전략의 대안을 작성이다. 한경분석 결과를 반영하여 가능한 전략대안의 아이디어를 도출하고, 기술적 가능성을 평가하며, 성과기여도 측정과 성공시의 영향평가를 한 후 최종대안을 선택한다.

③ 실행계획을 작성한다. 단계별 일정, 목표의 설정과 실행자 명시, 평가방법의 설계 등 실행계획을 세운다.

졸리(Jolly, 1997)에 따르면 기술사업화는 기술의 가치를 증대시키는 일련의 단계활동을 수행하는 것이라고 하였다. 그러므로 기술사업 전략의 실행을 위해 환경, 전략, 구조 및 시스템이 필요하다.

그리고 신기술가치가 확립되어가는 과정으로 착상(imagining), 보육(incubating), 시연(demonstrating), 촉진(promoting), 지속(sustaining) 등 5단계를 거치며, 기술이전(technology transfer)활동은 주로 초기의 각 단계별 전이과정(착상→보육, 보육→시연)에서 이루어진다고 하였다.

수립된 기술사업화전략에 따라 기술사업화를 실행하기 위한 절차는 ① 기술사업화의 현 단계판정, ② 자원제공자 파악, ③ 자원제공자가 요구하는 투자요건 파악, ④ 자원조달관련 상황요인파악, ⑤ 기술사업화 성공평가기준 설정, ⑥ 추진계획수립과 전이실행의 단계를 거치도록 하고 있다.

2.3 기술사업 모델

2.3.1 사업모델의 개요

사업모형 또는 비즈니스모델(business model)은 '사업화기회를 활용하여 가치를 창조하는 거래내용(contents), 구조(structure), 관리(governance)를 묘사한 것'이라고 Amit & Zott(2001)는 정의하고 있다.

거래내용은 교류되는 상품이나 정보, 자원과 능력을 의미하고, 거래구조는 교류에 참여하는 이해당사자, 이들의 연결방식, 교류의 순서, 메커니즘이다. 그리고 거래관리는 정보, 상품, 자원의 흐름 등의 관리이다.

Magretta(2002)는 사업모델을 기업의 사업방식을 설명하는 이야기라 하였다. 고객이 누구이며. 고객의 가치, 수익을 창출하는 방법, 고객에게 적정가치의 제안 등을 설명한다. 그리고 Chesbrough & Rosembloom(2002)는 사업모델을 가치창출의 수단으로 보았다.

Ballon(2007)은 어떻게 기업들이 가치를 창출하고, 기회를 잡을 수 있는가에서 제품과 서비스에 대한 기업과 고객, 파트너, 공급자들 사이의 역할과 관계, 그리고 그들 사이의 정보와 재무적 자산의 흐름을 나타내는 것이라고 하였다.

결국 사업모형은 기술에 의해 생성된 제품이나 서비스를 고객에게 전달하는 방법으로 가치의 창출에 목적이 있다. 따라서 사업모형은 다양하며, 새로운 기술의 발전은 새로운 사업모형을 탄생시키고, 과거의 주된 하나의 사업모형을 변형시키고 있다.

성공적인 사업모델의 조건은 경영학자인 피터 드러커(Peter Ferdinand Drucker) 교수가 제시한 다음과 같은 질문에 대한 답과 같다고 할 수 있다.

- 고객은 누구인가?
- 고객의 가치는 무엇인가?
- 이 사업에서 어떻게 돈을 벌 것인가?
- 가치를 적정한 가격으로 어떻게 고객에게 전달할 것인가를 설명하는 기초적인 경제논리는 무엇인가?

또한 삼성경제연구소가 제시한 성공적인 비즈니스모델 조건 4가지를 볼 수 있다. 이해관계자의 특성을 고려하여 자신의 역량을 높이고, 사람의 생활을 어떻게 바꿀 것인가? 를 고려하는 조건이다.

- 명확한 고객가치 제안이다. 금전적, 시간적, 효율성이 향상되는 이점이 있어야 한다. 즉 소비자가 체험할 수 있는 명확한 가치를 제공하여야 한다.
- 효과적인 수익메커니즘의 설계이다. 사용자로부터 직접 수익을 얻거나 사용자가 발행한 정보를 가공하여 제삼자에게 제공하고, 수익을 얻는 메커니즘의 설계이다.
- 활동간 선순환구조의 구축이다. 각각의 서비스가 서로 도움이 되면서 경쟁력을 증폭시키는 것이다.
- 모방의 불가능성을 확보한다.

그리고 클레이튼 크리스텐슨(Clayton Christensen, 2011) 하버드대 경영대학원 교수는 비즈니스 모델의 핵심요소로

- 경쟁사보다 더 나은 방법으로 고객을 만족시키는 고객가치의 제안이다
- 가치제안을 수행하는 과정에서 어떻게 수익을 창출할 것인가? 이다.

- 가치제안을 수행할 때 필요한 핵심자원과 핵심과정이다.

2.3.2 사업모델의 역할과 검증

1. 사업모형의 역할

기술사업화의 사업모형에서 역할은 다음과 같다.

- 구성원에게 행동양식과 수행활동에 대한 중요한 정보의 제공
- 외부 인원에게 그 조직과의 협동 또는 거래 방식에 관한 중요한 정보의 제공
- 투자자에게 수익성과 지속가능성에 관한 중요한 정보의 제공
- 새로운 사업의 설계, 기존사업의 전환, 특정사업의 수행을 위한 체계적 접근법의 제공
- 사업에 대한 평가도구
- 구성원들 간의 의사소통 및 동기유발 수단
- 명확한 행동계획(action plan)의 산출
- 마케팅전략으로 사용되거나 제품의 수요를 높이는 전략으로 사용.

2. 사업모형검증

비즈니스모형에는 판매모형, 중개모형, 마케팅모형, 정보제공과 커뮤니티모형 등 다양한 모형이 있다. 판매모형에는 제품중심의 비즈니스모형과 서비스중심의 비즈니스모형으로 구분한다. 그리고 중개모형에는 경매비즈니스모형과 상거래비즈니즈모형으로 분류하고 있다.

이러한 비즈니스모델이 성공적인 사업모델이 될 수 있는가를 판단하기 위해서는 일련의 검증이 필요하다. 사업모형의 검증방법론으로 'Narrative Test와 Number Test'가 있다.

- Narrative Test: 이야기 테스트로서 논리성에 대한 검증이다.

즉, 사업모델에 대한 설명이 논리적으로 이치에 맞는가? 라는 측면에서 검토해보는 것이다.

- Number Test: 숫자 테스트로서 수익성에 대한 검증이다.

즉, 사업모델이 손익측면에서 수지가 맞는가? 라는 측면에서 검토해보는 것이며, 이를 수익모델이라고도 한다.

2.3.3 사업모델의 구성과 개발절차

1. 사업모형 구성

비즈니스 모델은 조직의 이익창출과 지속성을 확보하는 중요한 역할을 한다. 그러므로 비즈니스 모델은 SCM (Supply Chain Management)측면에서 기업의 인프라 및 IT 기술, 비즈니스 프로세스, 그리고 SCM을 바탕으로 비즈니스 전략을 연결하는 매개체이다.

핵심 구성요소들은 이 매개체를 통해 연구개발, 구매물류, 생산, 판매물류, 마케팅 및 판매, 애프터서비스 등 기업 내 가치사슬을 구성한다.

그 외 비즈니스 모델의 핵심구성요소는 다음과 같이 제시하고 있다.

- Slywotzky & Morrison: 고객선택, 가치창출, 차별화/전략적 통제, 기업 활동범위
- Markides: 목표고객, 제공물, 제공물 전달방법
- Hammel: 핵심전략, 전략적 자원, 고객과의 접점, 가치네트워크
- Afuah & Tucci: 고객가치, 범위, 가격설정, 수익원천, 연계된 활동, 실행, 사업수행능력, 지속가능성
- Rayport & Jaworski: 가치제안, 시장 제공물, 자원시스템, 재무적 모델

[기술사업 모델과 사업화]

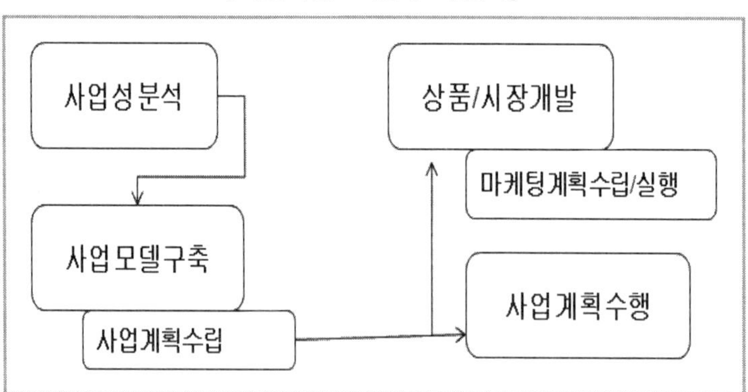

2. 사업모형 개발절차

비즈니스 모델의 개발 절차는 Chesbroug와 Rosenbloom(2000)이 제시한 모델의 기본적인 구성요소를 기준으로 작성하였다. 개발 절차는 핵심환경변화를 파악하는

단계에서 실행까지 9단계로 추진한다.

- 핵심 환경변화 요인을 파악하는 단계
- 가치창출 아이디어 구체화(value proposition)하는 단계
- 판매시장 명확화
- 기업 내 가치사슬(value chain) 디자인 단계
- 물류서비스 비용 및 이익구조 예측
- 공급사슬(supply chain)에서 자사와 공급자 및 고객의 관계를 구체화하는 단계
- 지속적인 경쟁력 확보방안을 구체화하는 단계
- 제안한 비즈니스 모델을 검정하고자 타당성을 검토하는 단계
- 검정된 비즈니스 모델을 실제로 이행하는 단계이다.

그 외 대상고객과 제공가치, 수행모형 설정, 사업화 전략수립, 사업범위와 체계로 작성절차를 제시하고 있다. 그 내용을 요약하면 다음 표와 같다.

[사업모델작성 절차]

작성절차	주요사항	세부사항
대상고객과 제공가치	어떤 고객과 시장을 대상으로 사업하 하며, 문제점과 제공가치는?	•대상고객의 특성과 규모? •당면문제와 고객니즈? •고객에게 제공하는 가치는? •가치제공 방식은?
수익모형의 설정	수익모형 설정	•고객에게 제공한 가치의 대가로 얻는 수익획득방법은? •수익모형과 수익규모는?
사업화 전략수립	환경 분석과 사업전략 도출로 이익흐름의 방어전략 도출	•고객의 구매이유? •경쟁자와 차별화 전략? •사업의 위험요소? •장애요인과 대책은?
사업범위와 체계	어떤 활동을 수행할 것인가로 사업아이템, 운영체계는?	•판매는 어떤 제품/서비스로? •자체수행가능한가? •어떤기업과 외주, 협력을 하는가? •조직과 경영자는?

자료 : 2001년 중소기업청

2.3.4 사업모델 유형

1. 사업화 형태

사업화형태는 다양하다. 기술개발 주체에 따라 공공부문, 민간부문으로 크게 구분하고, 사업형태(창업, 기술이전, Spin-off, 연구개발용역 등)와 사업주체(연구원, 교수, 기업)에 따라 세분한다.

공공기술의 이전사업화는 공공연구기관이나 대학에서 개발한 기술을 민간으로 이전하여 사업화하는 것이다. 그리고 민간부문 기술이전사업화는 기업이 외부기술을 활용하여 사업화하는 것이다. 기업이 자체 개발한 기술을 사업화하는 자체기술 사업화를 포함한다.

Gibson(1997)은 조직간 기술이전형태로 다음과 같은 사업화형태를 제시하고 있다.

① 스핀-아웃(spin-out)기술이 기술창업보육을 통해 창업기업으로 발전하는 형태이다.

② 연구조직이 개발한 기술을 실험실을 거치거나 기존기업으로 이전되어 상업적으로 응용되는 형태이다.

③ 연구조직 내에서 스핀-인(spin-in)되는 기술을 직접 활용하는 형태이다.

Goel et al(1991)은 정부지원 기술개발의 이전사업화로 산업파트너와 기술개발계약, 산업계 컨소시엄과의 공동작업, 산업계에 대한 라이선싱, 주요의사 결정자에 대한 영향력행사, 브로커조직과의 공동작업, 최종소비자의 수요창출 등 다섯 가지 유형을 제시하였다.

Dodgson et al(2008)은 신생기업의 시장진출 경로를 제품시장과 아이디어 시장으로 구분하고, 이들 기업이 이미 시장에 진출한 기존기업과 경쟁할 것인가? 보완할 것인가? 를 결정하는 형태를 제시했다.

경쟁기업보다 참신한 제품의 생산이나 경쟁제품의 보완, 틈새시장의 공략 등 제조시장을 진출하는 사업유형과 기술 및 아이디어의 라이선싱, 기술컨설팅, 노하우 판매 등 아이디어시장에 진출하는 유형이 있다.

일반적으로 아이디어시장은 중개시장 또는 2차시장이라 하고, 기술과 아이디어의 판매를 특화한 중개시장 형태이다.

2. 기술사업 모델

① Iansiti & Levien(2004)은 사업 환경에 따라 구성조직이 선택할 수 있는 전략을 4가지 유형으로 분류하고 있다. 세로축은 사업 환경의 변화와 혁신성을 나타내며, 가로축은 기업이 속한 생태계의 다른 조직과의 관계에서 복잡성을 나타낸다. 프레임워크에서 유형을 분류하여 보면 아래 그림과 같다.

[사업 환경과 전략의 유형]

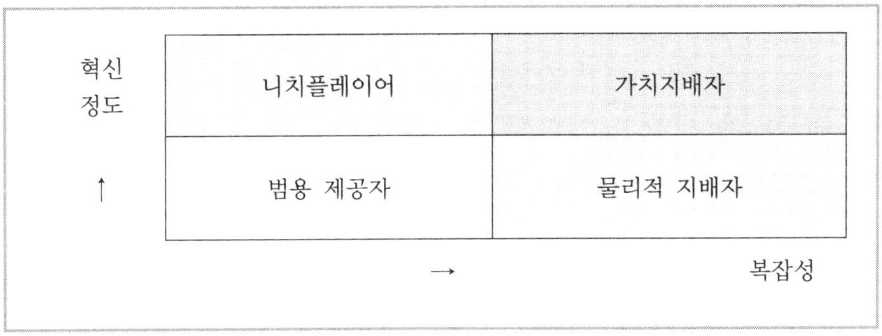

혁신 정도 ↑		
	니치플레이어	가치지배자
	범용 제공자	물리적 지배자
	→	복잡성

따라서 환경이 혁신적이고 관계의 복잡성도 큰 경우에는 주도자(keystone)전략 형태가 적합하다. 즉 주도자는 서비스와 기술을 제공하고, 생태계 내의 다른 조직을 지원하기 때문이다.

- 니치플레이어(niche player)전략은 혁신의 정도가 높고, 관계의 복잡성이 크지 않는 경우에 활용되며, 대부분의 기업이 이에 속한다. 지배자나 주도자에 의해 활동하며, 차별화된 제품의 제조로 수익을 창출한다.
- 가치지배자(value dominator)는 가치를 생태계와 공유하지 않고, 독점하려는 기업이다. 자사제품과 서비스를 시장에 제공할 뿐 생태계 활성화를 위한 역할을 하지 않는다.
- 범용제공자(commodity)는 기업환경이 안정되고, 성숙되어 다른 조직과의 관계가 비교적 독립적인 기업으로 차별화되지 않은 규격품을 제조하여 시장에 제공한다.
- 물리적지배자(physical dominator)는 주도자와 다르게 직접적으로 생태계에 영향력을 행사한다. 그리고 물리적으로 연결된 네트워크를 직접관리하고, 통제하기 위해 생태계 내의 조직들을 수평적, 수직적으로 통합하기도 한다.

② Jolly(1997)는 기술사업화란 기술의 가치를 증대시키는 일련의 단계 활동(착상, 보육, 시연, 촉진, 지속)을 의미하며, 특히 세부단계(subprocess)를 연결하는 전이과정(bridge)의 중요성을 강조하였다.

초기사업화 단계부터 제품의 시장진입과 개선단계에 이르는 기술사업화의 전 과정을 5단계로 정의하고, 신기술 가치를 증대시키는 일련의 5단계 활동은 기술적 측면과 마케팅측면에서 문제를 해결하고 있다.

4전이 활동은 현 단계에서 후행단계로 넘어가는데 필요한 가치를 축적하는 것과 후행 단계에서 소요되는 자원을 조달하는 것을 목표로 한다. 통찰력과 문제해결 능력을 필요로 하며, 이해관계자를 대상으로 하는 설득역량을 요구한다. 그러므로 전이 활동의 성공 여부가 곧 기술사업화 각 단계의 실질적 진행과 성공을 나타내고 있다.

③ McMaster University의 Cooper, R. G 교수는 제3세대 연구개발 관리기법으로 스테이지-게이트(Stage-Gate) 모델(1986)을 제시하였다.

철저한 조사와 분석에 따른 단계별 접근을 통해 오류를 최소화함으로써 성공적인 제품개발을 할 수 있도록 전 과정을 관리하는 R&D프로세스이다.

스테이지는 R&D활동이 수행되는 단계를 의미하며, 게이트에서는 다음 스테이지로 넘어가기 전 현 스테이지의 R&D활동을 평가하고, 프로젝트의 계속, 중지, 프로젝트 수행의 우선순위 변경, 자원 재분배 여부 등 경영층의 의사결정을 한다.

스테이지는 일반적으로 5단계로 구분하며, 각 단계별 내용은 다음과 같다.

- Stage1은 예비조사가 이루어지는 아이디어 발굴단계로, 제품콘셉트설정 및 수집된 아이디어에 대한 시장성과 기술 분석을 수행한다.
- Stage2는 상세조사 단계이다. 개발목표에 고객의 요구를 반영하여 정량화하고, 프로젝트 수행여부를 결정한다.
- Stage3은 제품개발 단계다. 프로토 타입을 완성하고, 경쟁제품과 실증비교 분석한다.
- Stage4는 시험·검증 단계다. 제품의 품질에 대한 최종평가를 하고, 시제품 생산과 양산 계획을 수립한다.
- Stage5는 양산 및 출시단계다. 최적의 제품을 신속하게 출시하여 고객에게 공급하고, 마케팅을 실시한다.

④ SRI(미국 Stanford Research Institute)는 기술경영 프레임워크모델로 기술경영의 목적은 'R&D 투자이고, 비용에 대한 효과를 극대화하는 것' 이라고 정의하고, 기술경영을 기술개발과 기술사업화로 구분하였다.

기술개발의 결과물인 기술자산을 활용하여 성과를 창출하는 기술사업화는 기술자산 관리와 가치창출 요소로 이루어진다.

기술자산 관리는 기술가치 평가, IP(Intellectual Property), 포트폴리오 계획, 기술사업화 전략, 예산 및 자원배분이고, 가치창출은 내부 활용, 벤처창업, 기술판매, 인수합병 및 전략적 제휴 등이다.

이러한 기술자산 관리는 기술기획과 프로젝트 관리로 구성되는 기술개발과는 구분된다.

⑤ TRL(Technology Readiness Level) 모델(1974)은 NASA의 Stan Sadin이 목성궤도 위성 개발과정의 기술 준비정도를 평가하기 위한 방법으로 고안되었다.

TRL은 특정 기술의 성숙도 평가와 서로 다른 유형의 기술들에 대한 일관된 성숙도를 비교하는 측정시스템으로 9단계로 구분하고 있다. 각각의 단계는 1단계 기초실험, 2단계 개념정립, 3단계 기본성능 검증, 4단계 시스템성능검증, 5단계 시제품 제작, 6단계 시제품 성능평가, 7단계 시제품 신뢰성 평가, 8단계 시제품 인증, 9단계 기술사업화이다.

⑥ De Cleyn & Braet(2010) 기술사업화 모형은 기술사업화 이후 기업공개(IPO) 또는 인수합병(M&A) 등의 출구전략(Exit Strategy)까지 포괄하는 기술사업화프로세스를 제시하고 있다.

기업의 진화(Business evolution), 자금조달(financing mechanisms), 기존의 프로세스와 중복되는 단계별 인식 요소(Some recognition elements), 분석기술(analysis technique)에서 각각의 세부적인 단계들을 분석하여 모형에 포함시키고 있다.

모형의 특징은 기술의 원리 및 사업성 증명(proof of principle), 개념의 증명(proof of concept)등의 기술적 이정표(technological milestone)를 반영하고 있다.

이러한 이정표를 통하여 기술사업화의 진행 방향을 지속적으로 확인하고, 필요시 수정을 용이하게 히며, 경제저 지원에 따른 단계별 진행상황을 확인하기에 매우 유용하다.

⑦ 이영덕(2001)은 일 단계-다 국면 모형과 다단계-다 국면 모형을 제시하고 있다.

- **일 단계-다 국면 모형(one-stage & multi-faced model)**: 아이디어의 창출로부터 시장진입까지 선형적으로 전개되는 모형이다. 이 모형의 대표적 형태는 cooper(1986)의 신제품개발 기술의 사업화다. 개념개발, 타당성 평가, 현장시연, 상업적 규모 확대 등의 단계로 사업화가 이루어지는 모형이다.

  faxall(1986)은 기술혁신으로 사용자주도 공정혁신, 소극적 사용자주도 제품혁신, 적극적 사용자주도 제품혁신, 수직적 사용자주도 제품혁신 등의 단계로 이루어지는 모형이다.

- **다단계-다 국면 모형(multi-stage & multi-faced model)**: 사업화를 촉진하기 위한 주된 활동뿐만 아니라 하부단계의 활동도 원활하게 수행할 수 있도록 하는 모형으로 Jolly(1997)에 의해 제시되었다[1]. 즉 신기술의 가치를 실현하는 상위흐름과 각 단계별 관련된 이해관계자를 만족시키고, 목표를 위해 이들을 동원하는 과정으로서의 연계활동인 하위흐름으로 구분하여 설명하는 모형이다.

  이모형은 아이디어가시화, 사업화가능성 탐색과 보육, 제품 및 프로세스 시현, 수용 및 체화촉진, 상업화의 지속과 장기수익의 실현 단계로 이루어지고 있다.

그리고 이영덕(2010)은 정부지원 개발기술의 사업화과정 모델을 제시하였다. Jolly 모형을 발전시킨 모델이며, 6 단계로 구성되고, 각 단계사이에는 5가지의 갭(gap)이 존재한다.

갭은 사업화 과정에서 연구목적/역할의 갭, 이해관계의 갭, 기술이전의 갭, 입지 및 제조공정의 갭, 시장이전 및 확산의 갭으로 단계간의 연계를 충족시키지 못하는 경우 나타나고, 갭을 효과적으로 제거할 경우 기술사업화가 다음 단계로 순조롭게 진행 된다고 하였다.

---

1) V. K. Jolly. Commercializing New Technology, Harvard Business School Press. 1997.

2.3.5 사업모델조건

기술사업유형에서 성공적인 사업화를 위해 다음과 같은 요구활동의 적절한 해법을 찾아야 한다.

- 사업화에 실패하는 기술은 어떤 것인가?
- 기술제공자와 기술사용자들은 사업화과정에서 어느 정도의 영향을 미치는가?
- 연구개발사업화의 관리범위와 수준은 어느 정도가 적당한가?
- 초기단계의 투자수익을 발생시킬 수 있는 방법은 무엇이고, 시장수요와 연결시키는데 필요한 추가적인 노력은 무엇인가?

기술 사업에 영향을 주는 요인으로 Lester(1998)는 최고경영자의 관심, 조직 및 운영의 특성, 신제품 개념의 도출, 벤처팀 구성 및 프로젝트 관리 등 5개의 요인이라고 하였다.

그리고 Chesbrough & Rosembloom(2002)은 비즈니스 모델의 조건으로 가치제안의 정립, 세분시장의 정의, 가치사슬의 구조정의, 비용구조와 잠재적 이익추정, 공급자와 고객을 이어주는 가치네트워크 상에서 위치선정, 경쟁전략의 형성 등 6가지를 제시하고 있다. 이를 구체적으로 살펴보면 다음과 같다.

1. 가치제안의 정립

고객과 사업 참여자에게 사업자가 제공할 가치와 이들 가치를 구현하는 제품, 서비스, 정보 등 시장 전반적인 내용을 분명히 제공하는 것이다. 가치의 제안은 사업모형을 개발하는 가장 첫 번째 단계이고, 고객에게 제공할 가치를 정립하는 것으로 고객의 요구와 필요를 충족시킬 수 있도록 제공할 가치의 제안이다.

조안 마가레타(Magretta)는 고객을 중요하게 여기고, 어떻게 가치를 창출하며, 어느 정도 성과를 낼 수 있는가에 관한 방법론의 제공이라고 하였다. 그러므로 사업모형은 인간의 동기부여에 대한 이해로 출발하여, 이를 수익의 흐름으로 이끌어내는 방법이기 때문에 각 사업 참여자의 역할과 인센티브, 이들이 가질 수 있는 우려사항 등을 면밀히 검토하고 제시한다.

또한 모든 참여자가 획득하는 가치는 분명하고, 명확하게 기술하되 가치는 리스크를 포함한 실질적인 현물가치와 내재가치를 모두 포함한다. 그리고 각각의 참여자가 향유하게 될 가치이므로 시간의 흐름에 따라 획득되는 가치는 달라져야 한다.

2. 고객과 시장세분

최종적인 가치를 향유할 고객집단에서 이들 고객집단의 세분화이다. 각 집단들 간의 특성과 서로간의 관계를 이해하고, 적용모형을 수립한다.

매출의 실현은 일반적으로 첨단제품일 경우 혁신성을 중시하는 초기수요자와 실용성을 중시하는 주류시장 수요자가 서로 다른 시점에서 다른 이유로 제품을 구매하기 때문에 초기시장과 주류시장 사이에 급격한 매출감소와 정체 또는 단절이 일어나게 된다. 이러한 현상을 캐즘(chasm)이라하고, 이러한 장벽을 잘 극복하는 것이 제품이 시장의 성패를 좌우한다.

첨단제품의 출시는 기술애호와 잠재적 이익 등을 감안하여 혁신자와 선각수용자가 우선 구매하게 되고, 제품의 실용성이 증명되면 전기다수와 후기다수자가 구매한다. 다만 지각수용자는 제품의 마케팅 효과와 관계없이 구매한다. 그러므로 주류시장에서 성공할 수 있도록 초기시장과 다른 접근방법이 필요하기 때문에 시장의 세분화가 필요하다.

이렇게 구매대상의 세분화는 기술을 유용하게 느끼는 고객의 구분이다. 고객이 완전완비제품을 선호하는가? 다른 제품으로 욕구를 해소하고 있는가? 해소할 욕구를 모르고 있는가? 등을 구분한다.

3. 가치사슬 구조

가치사슬(value chain)은 제품과 서비스를 생산하기 위해 원재료, 자재, 기계장치 등을 구입하여 고객에게 전달할 때까지의 연구개발, 생산, 영업 등 기능을 하나의 흐름으로 연결한 것이다.

기업의 단위활동을 구분하여 강약점을 파악하고, 내부 활동의 특성과 상호 시너지범위를 측정하여 기업의 역량을 높이는 활동과 비즈니스과정을 개선하는 활동을 한다. 즉 경쟁우위를 확보하기 위해 경쟁사들보다 더 낮은 비용과 부가가치나 서비스를 제공하는 활동이다.

가치사슬은 크게 주(기본)활동과 지원활동으로 구분하며, 공급자 가치사슬과 구매자 가치사슬 등 다양한 형태를 가지고 있다.

- 기본활동은 조달에서부터 생산, 판매에 이르는 구매, 제조, 유통, 마케팅, 서비스로 이루어진다. 여기서 생산 활동은 투입된 원자재를 최종 제품 및 서비스로 변환하는 기능들을 의미하고, 마케팅활동은 판매, 광고, 영업사원 관리이며, 서비스는 제품의 가치유지 및 향상을 위한 활동이다.
- 지원활동은 기본활동을 보조하기 위해 재무, 인사, 기술개발, 구매활동 등의 제공이다.
- 공급자는 기업의 가치사슬에 대한 투입으로서 원재료를 공급하기 때문에, 기업의 가치사슬은 공급자의 가치사슬과 상호작용을 한다. 공급자 가치사슬의 일부분인 분배활동은 공급받는 기업의 가치사슬과 상호 교류한다. 그리고 공급자와 구매자간의 가치 활동은 두 기업의 비용을 절감할 수 있다.

4. 비용 및 이익모형

사업을 지속시키는데 소요되는 비용요소와 향후 발생할 것으로 예상되는 수익 또는 이익의 추정이다. 기술 사업은 가치창출에 의해 고객의 지불의사가 형성되기 때문에 이익을 내기 위해서는 가치창출이 전제되어야 한다. 즉 잠재적 지불금액이 가치창출 비용보다 높을 때 책정가격이 경쟁기업의 가격보다 낮거나 적어도 높지 않다는 고객의 인지가 형성되도록 하는 것이다.

그리고 손익분기점에 이르는 비용-이익 모형은 투자금액과 투자로부터 회수기간 및 금액을 고려하고, 비용과 이익모형이 시간의 함수라는 것을 명확히 제시하여야 한다.

5. 산업 내 위치 선정과 활동

사업주도자의 사업 활동범위를 설정하고, 설정된 범위 내 활동을 어떻게 할 것인가? 를 배열한다. 그리고 사업자의 역할과 협력자와 공급자의 참여 등을 확인시킨다. 또한 산업 내 위치선정은 사업자가 담당하는 체인의 위치이고, 제품개발을 위한 아웃소싱, 최종 고객과의 직접상대 등의 의사결정이다.

활동배열은 사업모형수립 시 참신하고 방어 가능한 내부시스템의 구축으로 좋은 모형을 실질적으로 구체화하는 요체이다.(Rayport & Jaworski, 2001) 그러므로 그 사업범위가 결정되면 그 범위 내에서 활동을 배열해야 한다. 방어 가능한 사업모형을 구축하는 방법에는 기술특허, Business Method 특허, 사업권의 독전적 획득에 의한 진입장벽구축 등이 있다.

6. 경쟁전략의 형성

경쟁전략은 각 제품과 시장에 따라 각각 형성된다. 경쟁적 우위를 확보하기 위해 새로운 시장기회를 발견하고, 자사의 독특한 능력을 결부시켜나가는 것이 기본전략이다.

자사의 경영자원(재무·물적·인적·기술·생산·마케팅자원 등)을 분석하고, 장단점을 평가하여 경쟁적 특성을 가진 독자적인 능력이나 노하우(know-how)를 확인한다. 그리고 새로운 시장기회를 발견하기 위해 시장조사, 제품의 라이프사이클 조사, 경쟁 환경조사, 기술동향조사 등 정보를 수집한다.

① **시장조사**: 새로운 시장기회를 발견하기 위한 활동으로 시장을 세분화하여 정보를 수집하고, 고객의 욕구를 파악한다. 그리고 성장성이 있는 세분시장에 관한 정보를 수집하고, 현제품의 고객욕구를 찾아낸다.

시장의 세분화가 행해지지 않는 경우에도 소비자의 기호, 구매동기, 용도 등의 정보를 수집하고, 새로운 시장기회를 발견토록 한다.

② **제품의 라이프사이클 조사**: 제품의 라이프사이클은 도입기 · 성장기 · 성숙기 · 쇠퇴기로 나누어 조사한다. 조사할 때 현존하는 각 제품의 라이프사이클이 어떤 국면에 속해 있는가? 에 대한 정보를 확인한다.

- 도입기에는 용도개발과 제품혁신의 전략이 중요하다.
- 성장기에는 후발업체의 새로운 시장진입으로부터 자사의 상품에 대한 소비자의 선호를 키우기 위한 광고 및 판매촉진전략과 배급경로의 개척 등을 조사한다.
- 성숙기에는 성장성의 둔화에 따른 생산원가절감(cost down)을 위한 공정혁신과 시장세분화에 따른 신품종의 추가전략이 중요하다.
- 쇠퇴기는 경쟁이 더욱 격화되고, 수익성의 저하되므로 합병·매수의 전략, 적자제품의 폐기, 또는 철수전략이 고려되어야 한다.

③ **경쟁 환경조사**: 제품과 시장의 경쟁상태, 경쟁기업의 현황과 전망, 경쟁전략에 대응하기 위한 정보를 수집한다.

④ **기술동향조사**: 특정한 제품과 시장에서의 기술혁신에 대한 동향조사이다. 기술혁신은 제품혁신 · 재료혁신 · 공정혁신으로 이루어진다. 제품의 도입기나 성장기에는 제품의 개량, 새로운 디자인의 개발 등 제품혁신이 필

요하다. 그러나 제품이 성숙기에 들어가면 생산원가절감을 위한 공정혁신과 가치분석의 적용이 중요한 경쟁전략이 된다. 경쟁전략의 유형에는 다음과 같은 것이 있다.

- **점유율 확대전략**: 시장점유율이 높을수록 수익성은 높아질 것이므로 점유율의 확대를 목적으로 한 경쟁전략이 필요하다. 전략에는 제품라인의 확대, 제품개발, 다품종 정책, 판매촉진전략, 가격전략, 서비스 전략, 배급경로전략 등이 있다.

  제품의 도입기에는 제품개발과 품질경쟁이 중요하며, 성장기 후반에는 제품 라인의 확대, 다품종 정책, 판매촉진전략, 배급경로의 계열화가 중요한 전략이 된다.
- **시장세분화전략**: 성숙기는 각 세분시장별 고유한 제품개발, 광고, 판매촉진 등의 시장세분화 전략이 유효한 경쟁전략이 된다.
- **이익관리전략**: 성숙기에는 사용자본이익률의 확대를 도모하기 위한 이익관리전략이다. 원가절감을 위한 공정혁신, 가치분석의 적용, 제품믹스 전략, 적자제품의 정리, 경비절감 등이 있다.
- **시장집중화전략**: 기업의 경쟁적 지위가 약해지면 시장을 세분화하고, 자사의 독특한 능력에 가장 적합한 특정 세분화시장을 선택하며, 선택한 시장에게 제품계획과 판매촉진을 집중하는 전략이다.

[비즈니스 모델의 구성요소]

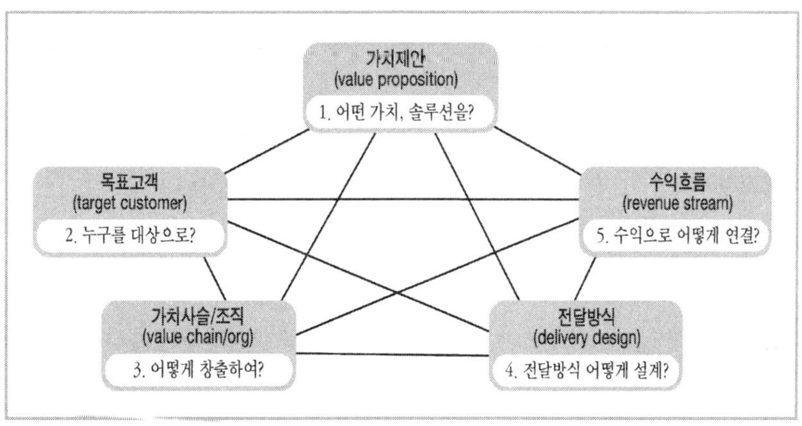

2.4 기술사업 프로세스

2.4.1 기술사업의 핵심요소

기술을 사업화하기 위해 가장 핵심이 되는 요소는 다음 그림과 같다.

[기술사업 핵심요소]

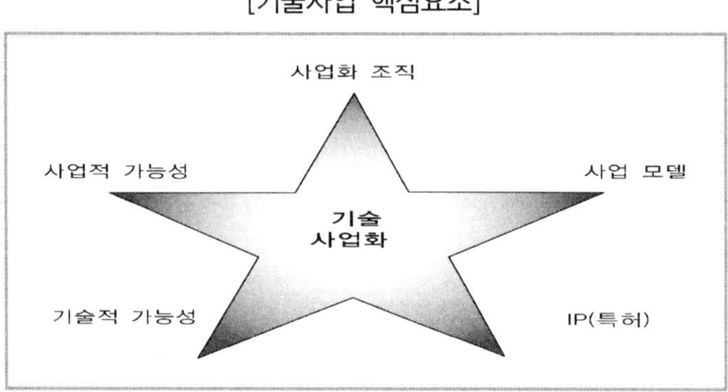

- **사업조직**: 사업을 추진할 수 있는 조직이다. 사업화팀장을 중심으로 팀원과 이들의 활동을 지원해 줄 수 있는 후원자들이다. 내부조직으로 기술사업화 역량이 부족할 경우에는 외부의 파트너나 컨설턴트 등을 활용하는 조직의 구성이다.
- **사업적 가능성**: 기술사업화 아이템에 대한 사업적 가능성을 확인할 수 있도록 고객을 정의하고, 시장진입을 위한 채널을 확인하며, 경제적인 가능성 및 사업가치 등을 파악한다.
- **사업모델**: 최종 선정아이템의 사업화모델을 구체적으로 살펴본다. 사업화에 필요한 기술의 경제성 유지와 사업모형 등의 확인이다.
- **기술적 가능성**: 사업화 기술의 명세를 작성한 후, 이 기술이 실용적 목적에 부합될 수 있는가? 를 확인한다. 시험제작원형을 통해 기술이 제대로 구동될 수 있는가? 또는 기술로 구현될 제품의 원가부담과 사업화에 필요한 인프라 및 적합성을 확인한다.
- **지적재산권**: 기술사업화 해당 기술과 관련된 지적재산권들의 위치와 권리 청구 범위를 파악하고, 이들에 대한 진입장벽을 확인한다.

2.4.2 기술사업 과정

Kokubu(2001)는 기술사업화 프로세스를 타당성 연구, 기본연구, 응용연구, 활용연구, 상업화연구, 상업화모형 설계, 실제생산 과정으로 설명하였다.

[기술사업화 프로세스]

과정	내용
개념화 및 타당성연구	기술적 및 상업적 타당성 연구
기본연구	기본원리 연구
응용연구	기본연구의 응용 파악
활용연구	특정한 용도선정
상업화연구	특정제품의 설계/개발/생산
상업화모형 설계	개선 및 최종생산 준비
실제생산	내부 및 협업생산

그리고 기술사업 절차는 일반적으로 아래와 같은 단계를 거친다.

① **현재의 사업화파악**: 기술사업화를 통해 창출하게 될 성과목표를 기술개발과 사업개발 측면에서 확인한다. 이 경우 파악된 양자의 단계별 결과가 상이하다면 낮은 단계를 기준으로 한다.

② **자원제공자 파악**: 사업화 파악단계를 거치면, 다음 단계로 자원을 지원할 수 있는 자원제공자 측면에서의 파악이다. 대체로 단계별 수요자금과 지원자는 다음과 같다.

- **착상단계**: 사업화 종자자금으로 기술보유지, 창업자, R&D지원자
- **보육단계**: 창업자금으로 기술보유자, 창업자, R&D지원자, 엔젤
- **시연단계**: 시장개척자금으로 R&D지원자, 엔젤
- **촉진단계**: 사업초기 확장자금
- **지속단계**: 사업화 지속추진자금

③ **투자요건 파악**: 기업규모, 재무상황, 기술적 위험, 경영진 등을 포함한 기술, 제품, 시장, 참여자, 경쟁상황, 재무상황, 현금흐름 등을 중심으로 분석하고, 추가 요구사항을 파악한다.

④ **자원조달 상황요인 파악:** 제품, 시장, 접근채널, 경쟁 등 4개 분야를 중점적으로 파악한다.

⑤ **성공평가 기준설정:** 기준설정은 1차 자원의 성공조달, 2차 자원제공자의 요구사항 충족 등 1차 성공기준 달성, 3차 기술사업화 프로젝트의 단기과업 수행실적으로 하며, 신규성, 전문성, 전략성 등으로 한다.

⑥ **추진계획 수립 및 시행단계:** 사업타당성분석 결과에 따라 사업화전략을 수립하게 되며, 사업파트너와 브랜드전략 등 단계별 사업추진계획의 시행이 이루어지도록 한다. 그리고 사전 준비단계를 거친 기술사업화는 대체로 4단계를 거친다.

사업기회파악단계, 사업개발단계, 사업전개단계 및 성과확산단계로 추진하며, 단계별 구체적 프로세스는 아래 그림2)과 같다.

[기회파악 및 개발과정]

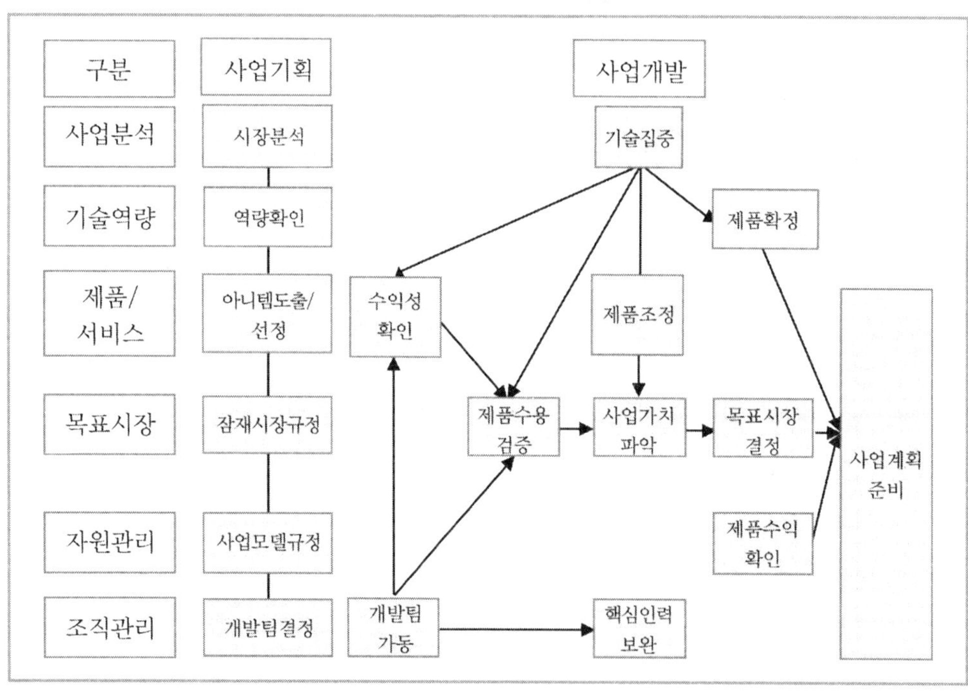

2) 손수현, 이성룡, 정세호. 연구기획평가실무자를 위한 기술사업화. 한국산업기술진흥협회. p131. 2007

1) 사업기획 파악단계

① 관련시장분석

② 기술역량 확인

③ 사업아이템 도출 및 선정

④ 잠재시장 범위를 설정하고, 1-2개의 목표시장을 선택

⑤ 잠재적 사업모델별 평가 및 선택

⑥ 사업개발 팀 결정

2) 사업개발단계

① 기술역량을 사업 아이템과 제품에 연계

② 수익성 확인

③ 제품에 대한 시장 관련자의 관심파악

④ 의견수렴과 제품 수정, 불확실성이 큰 사업아이템의 분석평가

⑤ 사업가치 창출 가능성 분석

⑥ 제품과 시장테스트, 고객반응 등을 종합 제품 확정

⑦ 목표시장 선정기준 마련

⑧ 제품 수익 확인

⑨ 팀 가동으로 성과를 평가하고, 경제적 가치를 구체화

⑩ 핵심인력 보완

⑪ 최종적인 사업모델 선택과 확정 등 사업계획 준비

3) 사업전개단계

① 사업전개, 모니터링

② 보완요소개발, 잠재고객을 대상으로 발표회 또는 설명회 준비

③ 시장개발계획 수행

④ 자금 확보

⑤ 사업모델 구축

⑥ 3개 정도 적합한 파트너들과 협의 및 협력 체제 구축

⑦ 제품인력의 추가보완

⑧ 지원인프라 확충

⑨ 사업계획의 실행 및 성과를 파악, 실행계획의 수정

4) 성과확산단계

① 1내지 2개의 새로운 사업기회를 선택하고, 평가

② 새로운 역량 추가

③ 새로운 사업개발 계획 창출

[사업전개 및 성과확산과정]

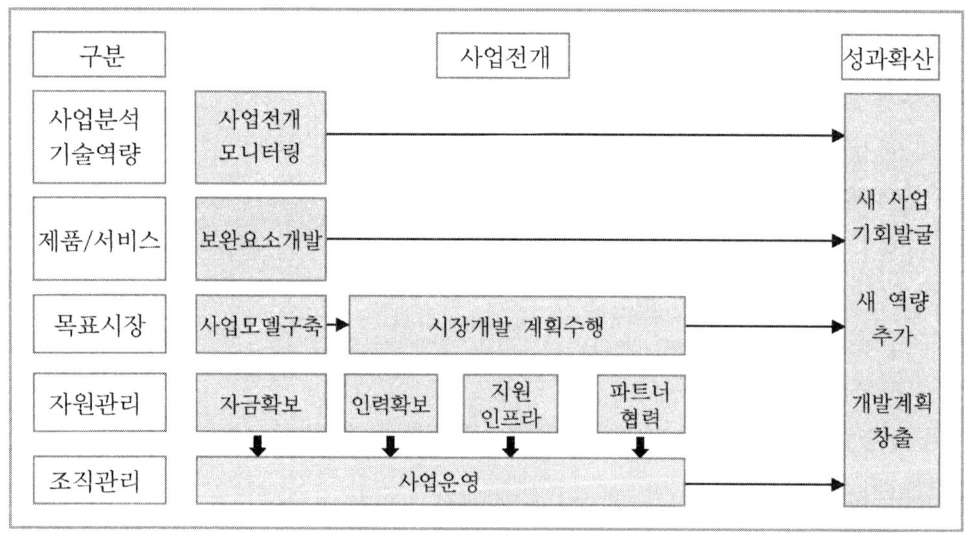

Chapter Ⅲ

기술혁신

3.1 기술혁신
3.2 기술혁신추진
3.3 기술혁신시스템

Chapter III 기술혁신

3.1 기술혁신

3.1.1 기술혁신이란

기술혁신(technology innovation)이란 과학과 기술을 활용하여 연구개발하고, 새로운 사실을 발견하거나 기존의 방식과는 전혀 다른 근본적 변화에 따라 제품이나 서비스를 창출하는 것을 말한다.

즉, 과학기술 지식을 활용하여 제품이나 서비스를 창출하는 과정에서 연구개발을 통해 기술적 문제들을 해결하거나 새로운 사실을 발견하고, 때로는 기존의 방식과는 전혀 다른 생산방식을 도입하는 과정에서 처음으로 기존 기술지식을 변화시키는 활동을 기술혁신이라고 한다.

이러한 기술혁신은 설비투자를 수반하며, 경기진작을 야기 시키고, 노동생산성 향상과 보다 성능이 좋고, 값이 싼 제품의 생산으로 새로운 산업의 성립 및 기존 산업의 변혁을 일으켜 기업성장을 유지하게 한다.

Koc & Ceylan(2007)은 기술혁신을 '새로운 아이디어를 창출하고, 개발하여 실용화시키는 과정으로 조직기술력의 핵심 상품 및 서비스의 생산과정'이라고 정의하였다.

그리고 슘페터(J. A. Schumpeter, 1883~1950)는 기업가의 활동을 중요시하고, 혁신적 기업가가 이윤을 창조한다고 하였다. 경제발전의 핵심은 기업과 기업가이고, 기업가는 기업가정신에서 창조적 파괴(creative destruction)의 핵심이라고 하였으며, 경제발전은 기업과 혁신에 의해 발전한다는 기술경제학을 태동시켰다.

또한 기술혁신은 경제사적 환경변화에 따라 시장구조와 경쟁, 기술혁신과 생산성, 기술혁신의 근원과 진화, 기술혁신과 기업경영 및 전략 등의 관점에서 진화하였다.

그에 의하면 혁신이란 ① 신상품의 생산 ② 신생산방법의 도입 ③ 신시장의 개척 ④ 신자원의 획득 및 이용 ⑤ 신조직의 달성 등에 의하여 생산요소를 새롭게 결합하는 것이라고 하였다.

결국 기술혁신은 기업에게 이윤을 창조하고, 기술의 발전뿐만 아니라 정태적 균형을 파괴하여 새로운 시장의 개척과 상품공급 방식의 변경 등을 포함한 동태적 이윤을 얻도록 하는 것이다.

그리고 새로운 기술이나 과정이 도입되어 기존의 기술과 확연하게 달라진 기술을 얻기 위한 혁신활동은 장기적 경기변동의 주요 변수가 되며, 공정, 시장, 재료 및 조직 등 생산수단의 새로운 방법의 개발로 생산성향상과 기업 발전에 기여토록 한다.

따라서 다양한 주체들의 창출, 개선, 활용 등을 통한 이윤창출과 생산성 향상 및 경제발전의 원동력이 되는 광의의 개념을 기술혁신(technological innovation)이라고 한다.

최근 IT산업의 발달은 경쟁우위를 지키기 위해서는 혁신이 시스템적이고, 종합적이어야 한다고 하였다. 이것이 바로 TIM(Total Innovation Management)의 개념이고, 구성요소로는 전략혁신(Strategy innovation), 시장혁신(Market innovation), 경영혁신(Management innovation), 조직혁신(Organization innovation), 기술혁신(Technology innovation), 문화혁신(Culture innovation) 등이다.

그리고 기술혁신(Technology innovation)은 생산 활동의 과정에서 예기치 않는 기술적 문제들을 해결하기 위해 인간의 지능을 조직적으로 적용하거나 새로운 사실을 발견 또는 새로운 생산방식을 도입하여 처음으로 기존 기술지식을 변화시키는 활동이다.

3.1.2 기술혁신의 특성

1. 기술혁신의 주체

슘페터는 선견지명을 갖고, 매사에 창조적이며, 기존의 관행과 습관을 탈피하여 새로운 것을 시도하려는 강한 동기를 갖는 기업가가 기술혁신의 주체라고 하였다.

그러나 오늘날의 기술혁신은 혁신기업가보다 과학기술자 집단에 의해 조직적이고, 계획적으로 일어나는 현상이기 때문에 이들이 주체가 된다. 즉 기술혁신의 주체가 과거의 창조적인 소수에서 연구개발 집단으로 바뀌고 있다는 뜻이다.

그리고 제품의 공급자 또는 연구기관이 주로 기술혁신의 수행자로 보았으나 많은 기술의 사용자가 기술혁신을 수행하는 것으로 나타나고 있다. 이는 특정기업이나 연구기관 뿐만 아니라 대학, 기업, 연구기관, 정부, 은행 등 모든 경제주체가 기술혁신의 주체가 되고 있다는 것을 말한다.

2. 혁신의 특성

기술혁신은 사람, 조직, 지역 등 다양한 형태에서 끊임없이 생성되고, 진행된다. 그러므로 오늘날과 같이 경제, 과학, 그리고 기술 환경 등이 급속하게 변화하는 가운데 어떠한 혁신이 필요한가를 명확하게 인식할 필요가 있다.

기술혁신은 사회구성원의 창의, 헌신과 사명감, 강인함으로부터 나오는 결과다. 이러한 혁신은 생성, 발전, 전파, 유지하는데 상당히 많은 사고와 행동이 필요하다. 그리고 역사와 문화적 배경을 토대로 한 혁신이 기본이 되도록 한다.

따라서 혁신을 배양하는 어떤 행동들이 존재하고 있는가를 이해하고, 이러한 행동들을 찾아내어 연구하며, 이들의 연구를 토대로 학습하고, 응용할 수 있어야 한다.

이러한 기술혁신과정에서 나타나는 특성은 다음과 같다.

① 소규모 개선이 장기간 누적하여 급진적 혁신이 일어난다.

② 제품혁신에서 공정혁신으로 연속되는 과정을 거친다.

③ 기존 기술시스템은 파괴하는 특성을 보인다.

④ 제도적 과정을 거치는 특성을 보인다.

그리고 기술혁신, 연구개발, R&DB(R&D Business)의 차이를 살펴보면 R&D는 기술 또는 서비스개발을 중심으로 하는 기술 및 창의적 탐구활동이고, 기술혁신은 기업이 혁신 지향적으로 나아가는데 필요한 경제, 경영의 제 요소들을 모두 포함하는 광의의 개념이다.

R&DB는 투입 측면에서 연구개발투자와 연구개발 인프라 확충(인력, 조직, 정보, 표준, 디자인 등)을, 그리고 프로세스 측면에서는 연구개발의 효율적 프로세스와 프로젝트 관리를, 산출 및 산출물의 활용이라는 관점에서 연구개발 성과관리시스템, 연구개발 결과의 상업화와 기술의 이전 및 거래 등을 포함하고 있다.

R&D는 연구개발 중심의 활동을 강조하는 반면 R&DB는 비즈니스, 경영, 지배구조, 시장 환경 및 제도, 기술혁신과 지식경쟁력 등을 포함하는 복합적 개념을 강조한다. 즉 기업혁신요소와 사업영역으로 경영학에서 의미하는 전략, 시장, 경쟁, 조직, 재무, 정보화 등의 모든 개념적 요소, 기업의 비전과 전략, 공적업무수행, 정보화, 혁신조직 간의 협업, 기업 외부와의 전략적 관계 등을 포함하고 있다.

3.1.3 기술혁신의 유형

기술혁신의 유형에는 신상품개발과 새로운 생산방법의 도입, 새로운 시장개척, 새로운 자원의 획득 및 이용, 새로운 조직 등에 따라 분류하고 있다.

일반적으로 기술혁신의 속도, 대상 등에 따라 구분하고 있으며, 이들 유형을 살펴보면 다음과 같다.

기술혁신은 속도나 폭에 따라 급진적 혁신과 점진적 혁신, 기본적(basic)혁신과 부수적(sub)혁신, 파괴적 혁신과 존속혁신, 공정혁신과 제품혁신으로 구분한다. 그 외 대폭(major)혁신과 소폭(minor)혁신으로 구분하고 있다.

① 급진적(radical) 혁신과 점진적(incremental) 혁신

급진적 혁신은 기존의 기술시스템이 다른 시스템으로 전환되는 근본적인 변화를 의미한다. 새로운 기능을 가신 세품의 출현이 되며, 특징은 기술이 과학적 지식에 바탕을 두면서 주로 기술주도(technology push)에 의하여 혁신되는 것이다.

점진적 혁신은 기존기술시스템의 개선, 혹은 보완적인 혁신으로 변화보다 성능, 형태, 안전도, 품질 등의 개선이나 원가절감 같은 시스템의 변화를 의미한다. 주로 생산경험을 바탕으로 현장기술자들의 연구개발에 의해 이루어지며, 기술주도 보다는 시장수요(market pull)에 의하여 혁신되는 특성을 가지고 있다.

그러므로 점진적 혁신은 공정혁신 단계와 가격경쟁력이 치열한 경쟁적 시장구조 하에서 활발히 나타나는 혁신이다.

[급진적 혁신과 점진적 혁신]

혁신적	점진적(진화적)
• 제품과 공정의 혁신적 변화 • 산업을 창조 또는 변화 • 기업 외부에서 발생 • 비교적 드물게 발생 • 소규모, 창업기업의 진입기회창출	• 제품과 공정의 점진적인 개선 • 산업 내에서 경쟁적 지위 유지 • 기업 내부에서 발생 • 비교적 일상적으로 발생 • 기존기업의 운영활동을 개선

② 기본적(basic) 혁신과 부수적(sub) 혁신

기술혁신의 중요도에 따라 기본적 혁신과 부수적 혁신으로 구분한다. 기본적 혁신은 중요정도가 높은 혁신이고, 부수적 혁신은 기본적 혁신에 비해 상대적으로 중요도가 낮은 기술혁신이다.

③ 파괴적(disruptive) 혁신과 존속(sustainable) 혁신

크리스텐슨(Clayton M. Christensen, 1952)에 따르면 기술혁신을 조직의 경쟁우위와 사회에 미치는 영향을 기준으로 분류한다.

파괴적 혁신은 경쟁기업들이 가진 통념을 깨고, 사고방식의 전환을 통해 이루는 혁신이다. 저렴하고, 작고, 단순하고, 사용하기 편리한 기술이 신규시장을 창출한다고 본다.

[파괴적 혁신의 구성요소]

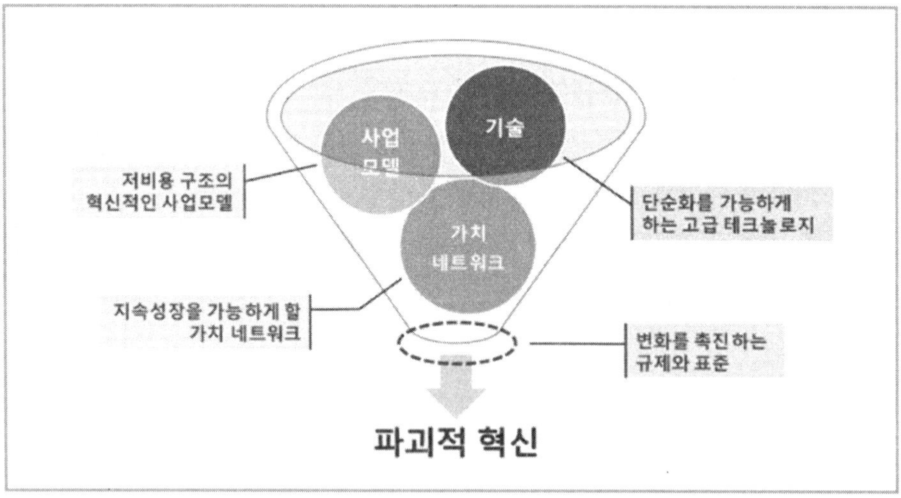

풍부한 경험과 충분한 투자자금으로 제품의 성능을 개선하여 기존시장을 지배토록 하기 때문에 고객이 하고 싶어 하는 일을 가능토록 해 준다. 그러므로 기존기업들이 무시하거나 멀리하는 시장에 초점을 둔다.

혁신의 정도가 매우 강하고, 그 영향력은 새로운 산업을 창출하며, 기존의 산업을 파괴하는 사회적 영향력은 광범위하게 미치고 있다.

반면에 존속혁신은 기존의 산업구조 내 연장선상에서 기술혁신을 한다. 주로 고객만족을 위해 기존제품의 품질을 업그레이드 한다. 그러므로 산업에 미치는 영향력은 크지 아니하다.

④ 공정혁신(process Innovation)과 제품혁신(product innovation)

기술혁신의 대상에 따라 공장혁신과 제품혁신으로 구분하고 있다. 이들 혁신은 제품혁신으로부터 공정혁신으로 발전했으며, 서비스부문에서는 점진적인 공정혁신, 급격한 공정혁신, 그리고 이후 제품혁신 단계로 순차적으로 진행한다는 '역의 제품주기 모델(reverse product life cycle model)'을 Barras(1986)는 제시하였다.

[공정혁신과 제품혁신]

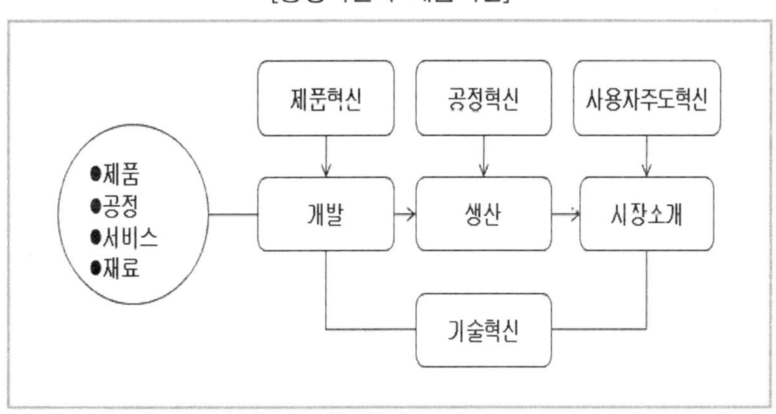

공정혁신(process innovation)은 생산과정에서 비용을 절감하는 신 공정채택, 품질개선을 위한 새로운 기법채용 등 기존공정을 개선하는 혁신이다. 즉 생산효율성을 높이거나 생산량을 증진시키기 위해 작업방법, 장비, 작업흐름에 새로운 변화를 도입하여 실용화시키는 혁신이다.

그러므로 공정혁신은 생산 공정을 합리화하고, 재료비와 인건비를 절약하며, 단시간 설계상에서 지시하는 제품을 생산하는 생산성 극대화이며, 이윤을 높이는 혁신이다.

제품혁신(product innovation)은 기존의 제품이나 서비스를 현격히 개선하여 기술적으로 새로운 유형의 제품이나 서비스로 시장에 진출시키는 혁신이다. 이러한 제품혁신은 기존 제품과 차별화된 신제품을 개발하고, 그 제품을 시장에 진출시킴으로 새로운 시장을 얻는데 있다.

따라서 제품혁신은 새로운 시장에서 매출증대를 통해 이윤을 창출하고, 기존 제품시장의 대체적 기능을 수행한다. 그러므로 제품혁신은 안정화되었거나 표준화된 이후에 대량생산 단계에서 많은 이윤을 창출하도록 하는 혁신이다.

[공정혁신과 제품혁신비교]

혁 신 유 형	공 정 혁 신	제 품 혁 신
① 기술혁신에 목적	• 신 공정개발	• 신물질 · 신제품 개발
② 최종목표와 속도	• 공정 개량 · 개선, 생산성 향상	• 신기능성 창조 및 향상
③ 핵심기술	• 공정개발 및 설계	• 구조 · 기능설계
④ 기술보호방법	• 특허 · 영업비밀	• 특허 · 영업비밀
⑤ 기술체화 대상	• 생산설비	• 제품자체 및 인력

[제품혁신과 공장혁신과정]

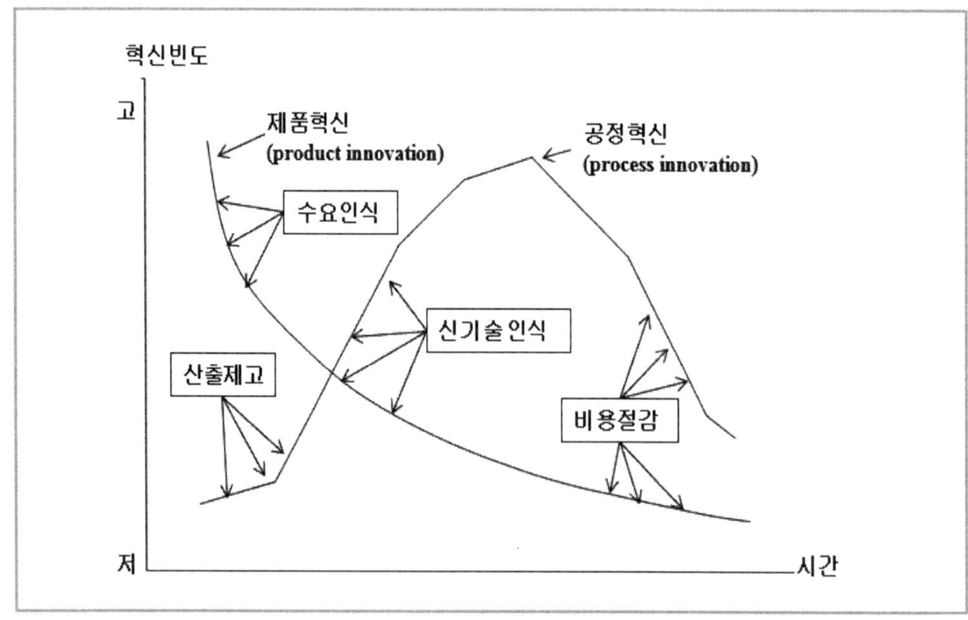

3.2 기술혁신추진

3.2.1 기술혁신의 원천

기술혁신의 원천은 기술주도와 수요견인에서 찾을 수 있다. 그러나 최근에는 사용자와 공급자의 상호작용과 지식학습에서 원천을 확인하고 있다.

① 기술주도와 수요견인

기술주도(technology-push)혁신은 과학적 지식의 창출이 기술개발을 유발하고, 기술혁신을 유도하는 핵심원천이라고 하였다. 즉 기초과학의 발달정도가 기술혁신에 결정적 영향을 미친다고 보았다. 그러므로 기술혁신의 극대화는 기초과학의 발달과 함께 기술개발을 유인할 만한 시장여건 하에서 이루어 질수 있다고 보았다.

수요견인(demand-pull)혁신은 기술혁신의 기반이 되는 과학기술이 보조적 역할을 수행하고, 시장수요와 여건이 기술개발과 기술혁신을 견인하고 있다고 보았다.

결국 기술혁신은 양자를 결합한 상호작용(interactive hypothesis)에서 원천을 찾아야 한다. 기술혁신은 시장의 니즈와 기술적 기회의 결합에 있기 때문이다. 즉 상호작용의 과정은 기술개발, 생산, 마케팅, 판매 등 모든 단계에서 일어나고, 각 단계에서 시장과 연계된 기술혁신을 하게 된다.

② 기업규모

Schumpeter, Galbraith, Pavitt et al. 등은 대기업의 경우 전문경영자가 기술전략을 체계적으로 수립하기 때문에 연구기자재와 연구 인력의 활용 면에서 규모의 경제와 전문화 효과를 기대할 수 있다.

그러므로 대기업은 중소기업보다 기술개발 측면에서 혁신의 원천이 우위에 있다고 주장한다. 그러나 내부의사소통이 어렵고, 의사결정이 느리며, 신기술은 기존제품에 대한 위협으로 느끼게 되므로 틈새시장에 대한 진입기회를 찾지 못하는 단점을 가지고 있다.

반면에 Scherer and Ross는 중소기업이 의사결정에서 빠르고, 유기적으로 운영되기 때문에 기술혁신은 더욱 강력하게 추진할 수 있다고 하였다. 다만 고급기술인력과 R&D 인력의 채용이 어렵고, 지적재산권을 보호받을 경우 비용부담 등이 크다는 한계가 있다.

③ 공급자와 사용자

기술혁신에 미치는 영향을 감안하여 공급자 주도형(manufacturer active)은 생산 제품을 판매하는 과정에서 사용자나 소비자로부터 혁신원천을 찾고, 발굴한 아이디어를 공급자가 직접 발명 또는 기술혁신으로 연계시키고 있다.

이러한 기술혁신은 아이디어 창출, 기술탐색, 스크리닝(screening), 시장분석 등 전 과정을 제조업자가 주도적으로 수행한다.

그러나 사용자 주도형은 사용자가 생성단계에서부터 기술혁신의 리더로서의 적극적인 역할을 수행하는데 원천이 있다. 이 때 혁신적인 사용자는 제품니즈를 먼저 인식하고, 이것에 대응하기 위한 아이디어를 창출하는 등 기술혁신을 주도하고 있다. 대체로 자본재의 경우에는 사용자에 의하여 발명되고, 직접 학습하여 혁신하는 특징을 가지고 있다.

3.2.2 기술혁신의 역량

Dahlman & Westphal(1983)은 기술역량(Technology Capability)을 '기술의 소화, 사용, 적응, 변화 및 창조하기 위한 노력을 통해 기술지식을 효과적으로 사용할 수 있는 능력'이라 하였으며, 기업 내부역량의 하나라고 하였다.

Fuman et al(2002)은 기술혁신역량을 '새로운 기술을 장기적으로 개발하고, 상용화를 위해 필요한 자원을 적재적소에 투입시키는 과정을 효율적으로 관리하며, 기술혁신을 효과적으로 달성하는 조직의 추진능력'이라 정의하였다

이러한 기술혁신역량은 내부관리역량과 외부환경변화 대응역량 및 외부자원 활용역량으로 구분하고 있다.

① 내부관리역량

기술혁신의 성과를 높이기 위한 조직내부의 관리역량으로 혁신학습역량, 인적자본역량, 그리고 혁신관리역량이 있다.

- 혁신학습역량은 기술혁신의 핵심으로 학습과정에서 얻은 새로운 지식을 조직의 유용한 지식으로 바꾸고, 활용하여 조직의 지속적인 성장과 경쟁

우위를 점할 수 있도록 하는 역량이다.

이 때 학습역량은 전략적 제휴를 통해 다른 조직들과의 협력활동으로부터 얻은 지식의 이전에서 얻는다.

- 인적자본역량은 구성주체의 잠재능력으로 내부자원을 전략적으로 배치하고, 획득하여 경쟁적 우위를 점할 수 있도록 하는 역량이다.
- 혁신관리역량은 기술혁신기반을 마련하고, 지속적이며, 체계적인 관리와 특허권 등록 등 혁신활동을 보호하는 노력을 통해서 경쟁우위를 확보하는 역량이다.

② 외부환경변화 대응역량

외부환경요소들의 급변은 예측불가능성이 증가되므로 조직은 환경변화에 전략적으로 대응하여야 한다. 즉 환경의 불확실성이 커질수록 경쟁에 대한 압력과 경쟁정도가 높아지므로 생존을 위해 대응하는 혁신이 활발하게 이루어지도록 하는 역량을 말한다.

③ 외부자원 활용역량

기술혁신을 위해 외부자원의 활용능력을 극대화할 필요가 있다. 여기에는 정부지원역량과 정보네트워크역량이 있다.

- 정부지원역량은 기업의 자체능력이 부속한 경우 연구개발 등 기술혁신에 필요한 다양한 정부의 지원으로 기술혁신을 수행하는 역량이다.
- 정보네트워크역량은 전문가집단의 정보네트워크를 통해 기술혁신 및 제반활동의 필요성을 공유하고, 관련분야의 지식을 제공받을 수 있는 역량이다.

3.2.3 기술혁신과정

기술혁신과정은 연구개발 프로젝트가 새로운 아이디어를 창출하고, 실용화에 이르기까지의 전 단계를 의미한다.

[기술혁신 과정]

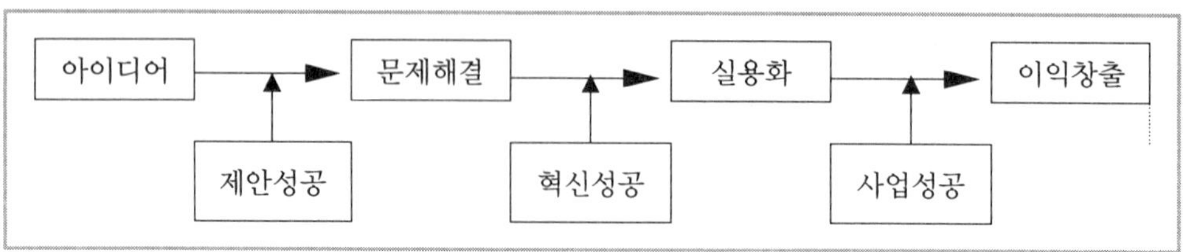

① 어터백과 아버나시(Utterback and Aernathy, 1975)는 기술혁신과정을 제품과 공정혁신 과정으로 구분하였으며 혁신과정은 다음과 같다.

수요인식→ 아이디어 형성 → 아이디어 구체화 → 신제품아이디어 → 기술적 목표 → 제작방법 선택 → 시작품 설계 / 제작 → 시제품완성의 단계를 거치고, 신제품 판매 후 고객 불만제기 → 제품사양변경을 반복한다고 하였다.

② 버논(Vernon, 1996)은 제품수명주기 개념으로 기술혁신과정을 소개하고 있다. 주요과정은 신제품을 창출하기 위한 연구개발 활동을 기초연구, 응용연구, 개발연구의 3단계로 구분하고 있다.

그리고 제품을 상업화하는 단계는 도입기(마케팅), 성장기, 성숙 포화기 및 쇠퇴기로 구분하고 있다. 그 내용을 요약하면 아래 표와 같다.

[제품의 수명주기별 혁신]

산업 특징	도입기	성장기	성숙기	쇠퇴기
수요	· 고소득층 구매	· 시장보급률 증가	· 대중적 시장형성	· 소비자 보편화
기술	· 표준화되지 않음	· 표준화되지 않은 기술 일부 탈락	· 기술보급 확산 · 기술진보 모색	
제품	· 저 품질 · 다양한 제품 · 디자인변화 잦음	· 디자인/품질 향상	· 제품표준화 발생 · 모델변화 없음	· 제품차별화 감소
핵심 성공 요소	· 제품혁신	· 제품디자인	· 규모의 경제 · 공정혁신 · 비용감소	· 비용절감 · 시설 합리화 · 서비스능력 제고 · 유통망 강화

③ 슘페터의 진화론적 기술혁신과정이다. 진화론적 접근은 '과거의 과정에 바탕을 두고 새로운 과정을 창조하는 단계'의 진화이다.

기술혁신은 기술 질서나 위계구조 속에서 하나의 단순한 지식이 다른 복잡한 지식으로 이동해 가는 것이라고 하였다.

반면에 기술진화적 접근은 단순히 상상에서 출발하여 과학적 지식으로 발전하고, 다시 경제적 가치를 갖는 기술적 지식으로 발전하는 과정이라고 했다.

기술적 지식은 잠재적 시장을 바라보는 발명 및 분석적 설계 → 상세설계 및 검사 → 재설계 및 생산 → 시장출하의 과정을 거쳐 제품 혹은 서비스로 나타난다.

④ **개도국의 기술혁신**은 일반적으로 선진국의 기술을 도입, 흡수하는 과정에서 기술능력을 향상시키고 있다. 그러므로 기술자립화는 모방학습, 자주 개발형, 기술 종속형, 자유방임형 등의 방법으로 혁신과정을 거친다.

⑤ **대학과 연구기관**은 지식창출 주체가 되어서 산업계와 유기적으로 상호작용하는 기술혁신 과정을 거치고 있다.

3.2.4 기술혁신패턴

기술혁신 패턴은 S곡선이론에서 확인할 수 있다. S-곡선 이론은 특정한 기술의 출현은 시간의 흐름에 따라 혁신되고, 채택 또는 도태되는 수명주기를 가지며, S 곡선으로 나타난다는 기술의 발전과정의 궤적을 말한다.

대체로 신기술 초기에는 기술의 발전 속도가 느리나 투자기/시험기가 끝나면 기술의 발전 속도는 급격히 상승한다. 그리고 그 후 성숙기에는 성과곡선은 완만해지고, 혁신투자를 지속하여도 기술발전의 진보는 궁극적으로 한계에 도달하여 기존 기술보다 효율적인 대체기술 개발이 필요하게 되는 발전 속도의 S곡선 형태를 볼 수 있다.

이러한 S 곡선은 후속 기술개발에 대한 의사결정에 활용하며, 자사의 기술 수준 평가에 활용할 수 있다. 그리고 기술의 수명주기가 계속 짧아지는 추세를 감안하여 핵심역량의 확보에 필요한 연구개발 투자의 규모와 시점, 연구성과 평가 등 기술 전략수립 시 최적의 의사결정을 위해 활용한다.

그 외 특정기술이 어느 정도 시장에 확산되고, 수용상태는 어떠한가? 를 파악할 경우에 S곡선(성장곡선 모형)을 활용한다.

- **도입기:** 새로운 기술은 소수의 열정적인 소비자에게 주목을 받아 완만한

성장을 시작하는 구간으로 기능, 디자인 등 제품혁신이 필요한 시기다.

- **성장기:** 경쟁자보다 우위를 차지할 정도로 대중의 관심을 받고, 빠르게 성장하는 구간으로 생산능력 극대화 등 공정혁신이 필요한 시기다.
- **성숙기:** 소비자의 needs가 바뀌고, 대체기술을 가진 새로운 경쟁자가 나타나면서 실적이 정체되거나 감소되는 구간이다. 비용절감, 생산성 제고 등 공정혁신이 필요한 시기다.

성숙기에 이르면 기술의 개선 속도는 둔화되고, 대부분 원가절감과 성능개선에 의존하며, 혁신기술은 소진되는 현상을 보인다.

그리고 불연속 기술이 출현한다. 기존기술의 상승곡선은 시간이 흐를수록 완만해지고, 기존기술과 호환성이 없는 새로운 경쟁기술이 도입되면서 기존기술의 성과곡선은 둔화된다.

후속대체기술의 출현은 완만하게 성장하지만 점점 가속도가 붙고, 특정 시점에 이르면 신기술이 기존기술의 성능과 원가를 추월한다. 결국 신기술은 기존기술시장을 밀어내고 시장을 선점한다.

기존기술을 지속적으로 up-grade 시키는 존속성 혁신이나 기존고객이 요구하는 성능의 충족보다 전혀 다른 성능의 기술로 차별화시킨 와해성 혁신이 필요하다.

와해성 혁신은 시장진입 후 성능을 발전시켜 기존의 기술을 위협하거나, 최소화 또는 최대화, 최저가, 최대한 간편하게 등 새로운 속성의 제품을 고객들의 니즈에 의해 새로운 시장 세그먼트(segment)를 형성하게 한다.

특히 기술의 빠른 진보를 통해 고객의 needs에 관심을 가지도록 하거나 고가시장에서 와해성 혁신을 통해 저가 틈새시장에 관심을 기울이는 경쟁관계를 확보토록 한다.

[S곡선 혁신패턴]

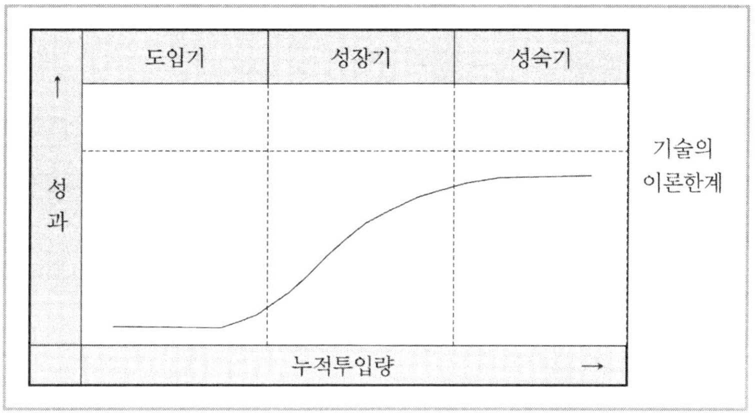

3.3 기술혁신 시스템

3.3.1 기술혁신전략

1. 기술혁신전략이란

전략(Strategy)이란 목표를 달성하는데 필요한 자원과 수단을 파악하는 것이며, 목적과 방법 사이에 일정한 균형을 유지한다고 정의하고 있다.

챤들러(A. D. Chandler)는 '기업의 기본적인 장기목표와 목적을 결정하여 목표달성에 필요한 활동경로를 정하고, 목표달성을 위한 모든 자원의 배분행위'를 전략이라 정의하였다.

안소니(R. N. Anthony)는 '변동하는 기업환경 속에서 기업의 유지와 성장을 위해서 환경에 적응 및 대응하기 위한 방향의 설정과 그 수단선택에 관한 의사결정'이라 정의하였다.

케논(J.T.Cannon)은 '기업의 목적을 효과적으로 달성하기 위한 필요한 활동에 대해 방향결정적인 행위의 결정'이라고 정의하였다.

결국 기술혁신전략이란 기업에게 기술혁신을 통해 잠재력을 높이며, 경쟁우위의 제공과 유지시킬 수 있는 전략적 기술목표를 설정하고, 이를 성공적으로 달성하기 위해 기술의 확보와 활용, 그리고 유지방안 등을 확립하는 주요한 의사결정과정이라고 할 수 있다.

이러한 기술혁신전략은 기술개발과 도입 등 습득문제와 기술습득과 관련된 적정배분의 문제를 구체적으로 제공하는 선택의 추진이다.

기술혁신전략의 수립은 기술 환경을 분석하고, 전략적 모형을 발굴한다. 우선 기술 환경은 과거모형에서 경쟁우위를 가져다 줄 수 있는가를 기술적 상황이나 기술수준을 체계적으로 분석한다.

그리고 전략목표를 재해석하고, 가용자원과 핵심기술역량을 확인한다. 또한 내·외적으로 문제점과 경쟁자나 기술트렌드를 함께 분석 및 예측한다.

전략적 모형은 미래모형(to-be)으로 문제점과 전략적 시각을 반영하여 향후 도달하고자 하는 개선모형(advenced model) 또는 전략적 목표모형(strategic goal model)을 만든다.

[기술혁신 전략 모형]

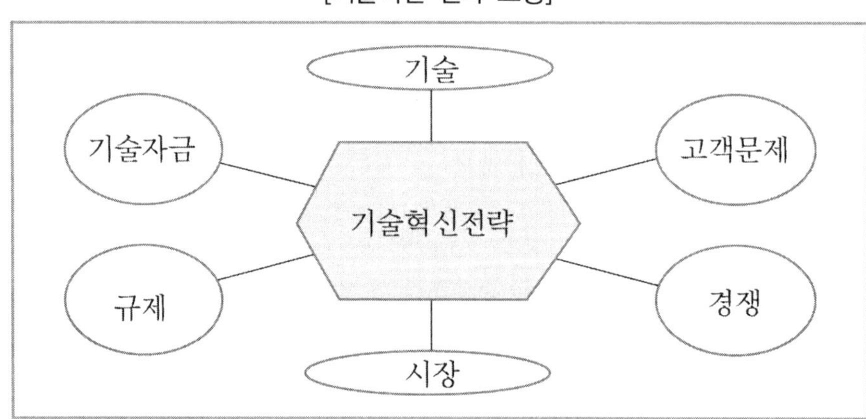

2. 기술혁신전략의 발달

Rogers(1996)는 기술혁신전략의 진화를 크게 4세대로 구분하고 있다. 1세대는 100년 전부터 과학자들에 의해 연구과제가 관리되는 개인연구 중심의 기술개발 세대로 기업의 사업화와 직접 연계되지 아니하는 세대다.

2세대는 2차 대전 이후부터 시작되었으며, 프로젝트 팀이 단계별 프로세스를 관리하고, 사업의 효율성을 추구하는 세대다.

3세대는 1980년대부터 정보화의 진척과 변화의 가속화에 따라 연구과제의 성공이 기업의 발전과 연결되지 아니한다는 자각에서 출발한다.

끝으로 4세대는 1990년대부터 고객의 암묵적 지식파악이 중요해지고, 새로운 지배제품의 창출이 경쟁력을 제고시킨다는 성공요인을 감안하여 조직 내외의 상호의존적 학습, 경쟁 아키텍처와 조직역량 개발, 지식파악 채널구축 등을 추구하는 세대다.

이들 4세대 기술혁신전략의 특징은 불연속적, 융합적 혁신을 강조한다. 그리고 고객의 잠재적 니즈를 파악코자 상호 의존적 학습을 중시하며, 새로운 지배제품을 만들기 위한 마케팅활동을 강조하고 있다.

따라서 기술혁신전략은 과거의 내부연구 활동을 중시하는 폐쇄형 혁신(closed innovation)에서 개방형 혁신으로 변화하고 있다. 즉 아이디어를 사업화로 연결하는 모든 과정을 기업내부로부터 기업외부의 파트너나 고객의 아이디어와 믿음을 연구개발 과정에 포함시키는 활동으로 발전하고 있다.

이것은 과다한 투자, 핵심인력과 기술의 독점, 기술유출 방지를 위한 외부협력 단절 등의 부작용을 방지하였고, 매출신장과 내부 인재유지, 내부 아이디어를 외부시각으로 평가하는 등 향후 효과적 기술혁신을 가능토록 하고 있다.

[Pavitt의 기술혁신 패턴]

유형	전형적인 분야	주요 기술혁신의 원천
공급자주도형	• 농업, 도매 및 교통/운송 • 서비스, 전통적인 제조	• 공급자, 생산학습
규모집약형	• 대량생산, 자동차, 소비내구재, • 토목, 금융, 보험	• 생산 엔지니어링, 생산학습, • 공급자, 디자인부서
전문공급자형	• 기계, 도구, 전문 과학기술 • 서비스, S/W	• 디자인, 고급 사용자
과학기반형	• 전자, 화학, 연구개발	• R&D, 기초 연구
정보집약형	• 금융, 소매, 출판, 여행	• S/W, 시뮬레이션 • 시스템 부서, 공급자,

3. 기술혁신전략 형태

창조기술의 사업화는 기술개발에 의한 제품을 설계, 생산, 판매하는 활동과 개발기술의 가치실현으로 기술의 응용과 이전, 아이디어의 구체화, 기술가치의 평가, 연구개발 결과의 후방산업분야에 대한 활용과 이전, 동종업종/유사업종에서의 광범위한 이용, 기술기초 결과에 대한 흡수/확산과정 등이다[1]. 이러한 과정의 지속적

1) 김명관, 신수경, 신기술의 사업화 촉진을 위한 방안(1), 한국산업기술진흥협회, 기술관리. 1999/2.

확보를 위해 개발제품에 대한 기술혁신전략은 매우 중요하다. 따라서 기술혁신전략의 일반적 유형을 살펴보면 다음 4가지로 구분한다.

① **점진적(progressive) 혁신**은 기존의 제품이나 프로세스의 질적인 향상을 통하여 기업의 입지를 강화하는 방법이다.

② **급진적(radical) 혁신**은 새로운 개념을 도입하여 새로운 스킬이나 역량을 개발할 수 있는 능력을 제공하는 방법이다.

③ **모듈(modular) 혁신**은 제품의 전체적인 구조의 변경 없이 핵심 구성요소를 변경시키는 방법이다.

④ **구조적(architectural) 혁신**은 기존기술과 구성요소에 대한 새로운 접근방법을 통하여 시스템 수준에서의 혁신을 유발하는 방법이다.

그 외 경쟁자보다 앞서가는 기술과 시장의 선도자가 되는 공격적 전략과 위험성 또는 불확실성을 기피하는 생산기술과 시장개척의 방어적 전략이 있다.

그리고 선도자 기술을 따르는 모방적 전략과 기술적 우위기업과 근본적으로 기술의존적 종속역할에 만족하는 의존적 전략 등이 있다.

4. 기술혁신전략의 프로세스

기술혁신전략 프로세스는 다음과 같다.

① 경영전략의 목표설정

② 조직 내/외부환경 분석

③ 기술전략목표 설정: 경쟁우위

④ 필요기술의 파악: 기술포트폴리오

⑤ 기술대안 평가: 사업매력도, 자사적합도, 위험(Risk) 정도

⑥ 기술의 선택

⑦ 기술의 획득방식결정

또한 단계별 혁신전략의 추진과정을 살펴보면 다음 그림과 같다.

[신전략추진과정]

그리고 기술혁신전략수립의 중요 의사결정은 다음내용과 같다.

① 어떤 기술로 어떤 제품/공정을 구현할 것인가?

전략적 목표, 제품의 기술영역, 경쟁우위 확보에 필요한 핵심기술 과 미래기술을 전략적 관점에서 식별, 선택 및 포트폴리오를 구성하는 것 등이다.

② 어느 정도의 수준/능력을 확보할 것인가?

기업의 규모 및 축적된 기술역량에 따라 기술의 범위, 우선순위 등을 고려하고, 결정한다.

③ 필요기술의 확보방법은 무엇인가?

자체개발, 외부도입(make or buy), 자체확보와 일부 외부협력을 통한 확보 등을 결정한다.

④ 시장진입 시점은 언제인가?

신제품의 출시시점을 선도 진입(first to the market), 현명한 추종자(smart follower), 후기 신입(late entrant) 등으로 결정한다.

⑤ 연구개발투자 규모는 얼마인가?

연구개발 집중도(R&D intensity), 기초·응용·개발 등의 포트폴리오를 고려한 예산계획을 수립한다.

⑥ R&D조직의 운영체계와 관련 정책은 무엇인가?

연구소(센터)의 기능 및 역할, 조직구조, 평가 및 인센티브 시스템 등을 결정한다.

3.3.2 기술혁신시스템

기술혁신과정에서 나타나는 복잡성은 기본적으로 시스템개념으로 설명하는 특성을 가진다. 이들 기술혁신시스템은 특정기술수준, 기업수준, 산업수준, 지역수준, 국가수준에 따라 각각 차이가 있다.

① 특정기술수준의 시스템

특정기술수준의 기술혁신시스템은 기술혁신에 관한 모델을 구성하기 위해 기술 자체의 특성을 이해하는 것이다. 특정기술을 관찰하고, 제한적인 범위에서 기술혁신을 구성하는 체계이다.

OECD보고서(1992)는 기술시스템을 소재, 에너지, 공정 혹은 생산과정 등 각기 다른 기술요소의 체계적인 결합체라고 정의하였다. 그리고 기술시스템이 변하는 과정을 이해하기 위해서는 소재, 에너지 등 해당기술의 요소와 이 기술을 다루는 인간과의 관계특성을 관찰하는 것이 필요하다고 주장하였다.

② 기업수준의 시스템

기술혁신의 대부분이 기업내부에서 이루어지고 있다는 점에서 기업수준의 기술혁신시스템은 중요한 의미를 가지고 있다.

③ 산업수준의 시스템

기술혁신을 전공하는 학자들이 주요관심의 대상이다. 산업분야별 혁신시스템(sectorial innovation system)을 요구하며, 기술패러다임의 변화과정을 산업수준에서 관찰하고 있다.

④ 지역수준의 시스템

기술혁신을 촉진하기 위하여 중앙정부나 지방정부가 참여할 적정영역을 도출하는 것이다.

협의의 지역혁신체제개념은 특정지역에 위치하는 공공 R&D기관, 민간기술연구소, 대학 등과 연구 활동에 참여하는 조직 및 제도를 말한다. 그리고 광의의 개념은 특정지역에 위치하면서 학습, 조사 및 탐구에 영향을 미치는 경제주체와 제도적 여건을 조성하는 모든 요소들을 포함한다.

⑤ 국가수준의 시스템

프리만(Freeman, 1987)은 국가혁신시스템의 정의를 새로운 기술을 획득하고 개량하며, 확산시키기 위하여 관련 기술행위와 상호작용을 수행하는 공공 및 민간부문 조직 간의 네트워크라고 하였다.

따라서 협의의 국가혁신시스템은 기술을 중심으로 시스템을 구축하는 것이 핵심이며, 광의의 개념은 기술혁신 뿐만 아니라 국가 전반의 제도와 문화적 요소까지를 포함한 혁신시스템이다.

최근 혁신의 개념은 국가, 산업, 지역 등을 범위로 광범위하게 적용한다. 그러나 혁신은 대부분 기업을 중요한 요소이자 주체로 하고 있으며, 정책과 제도에 있어서는 중심적 위치보다는 수동적 객체에 머무르게 한다.

그러므로 기술혁신을 국가수준에서 파악하는 모델구성이 최근에 활발하게 추진되고 있다. 따라서 국가혁신시스템은 한 지역혁신시스템(RIS), 산업혁신시스템(SIS), 기업혁신시스템(CIS) 등 다차원적인 혁신시스템이다.

3.3.3 기술혁신성공요인

성공적인 기술혁신은 고객 지향적 기술혁신, 비즈니스 프로세스 기반의 혁신, 서비스 혁신, 시장 지향적 혁신 등이 있다.

기술혁신의 성공을 위한 투입 요건에는 CEO의 연구개발, 리더십, 신제품 출시, 신속한 제품 설계변경과 구색변동 등에 대한 경쟁기업보다 강조하는 혁신전략, R&D 집중도, R&D 인적자원, 혁신 네트워크의 우수성 등이 있다.

그리고 목표시장을 분석하여 마케팅 전략을 수립하고, 기술사업화를 위해 사업화역량 등을 제시하는 것이 기술혁신 성공요인이다.

① 고객지향 기술혁신

기술혁신은 조직보다 고객을 위한 혁신이다. 즉 혁신의 목표는 고객가치창출이며, 경영의 효율성확보이다. 그러므로 혁신의 성과는 기업보다 고객에게 돌아가야 한다는 커티스 칼슨(Curtis Carlson, 2008)은 말했다. 그리고 모든 고객은 공정하게 대해야 할 대상이지 공평하게 대해야 하는 것은 아니다.

② 비즈니스프로세스기반 기술혁신

제품이나 서비스가 고객에게 제공될 때까지의 주요 기능을 체계화 하고, 각 프로세스 수행에 대한 능력과 강·약점을 분석하여, 전략적으로 재구축하거나 강화하는 하나의 경쟁력 확보를 위한 혁신이 되도록 한다.

특정 프로세스만을 대상으로 아이디어를 이용하는 혁신을 피하고, 전체적인 프로세스를 시스템관점에서 이용하여 효과를 극대화하는 혁신이 되도록 한다. 즉 핵심프로세스에 대한 혁신효과의 극대화와 비즈니스 프로세스 분석에 의한 기술혁신이 될 경우 성공한다.

③ 서비스지향 기술혁신

최근 제조업 중심에서 서비스 중심사회로 이동하고 있다. 즉 시장은 다양한 서비스 기업의 창출, 서비스 자체의 과학화, 제조업 제품의 서비스화 등으로 변화하고 있다.

이러한 서비스 중심으로의 변화를 가능하게 하는 기반요소에는 기술혁신이 자리하고 있으며, 서비스 부문의 형성을 착안하여 기술혁신의 성공요인을 발견하여야 한다.

④ 시장지향의 기술혁신

시장지향이란? 기업 활동의 주요 고려요소인 고객, 경쟁사, 조직 등과 관련하여 고객에게 지속적 가치를 창출하기 위해서 고객의 요구, 경쟁사의 정보를 파악하고, 이를 바탕으로 조직 내의 통합적 노력을 추구하는 것을 의미한다.

기술혁신은 무엇보다 시장성을 염두에 둔 활동으로 이어져야 하며, 마케팅지향으로 시장정보창출, 조직 내 교류, 반응 등에 초점을 두고, 모든 부서 내 책임을 강조하며, 비 마케팅부서의 시장지향성을 요구한다. 그리고 시장은 경쟁자, 유통업자, 외부요인 등을 포함하는 광범위한 시장으로 한다.

Chapter Ⅳ

기술사업 발굴

4.1 기술사업 발견
4.2 기술사업 창출
4.3 기술사업 분석
4.4 유망기술 도출
4.5 핵심기술 선정

Chapter IV 기술사업 발굴

4.1 기술사업 발견

칼 베스퍼(Karl H. Vesper)는 미국창업기업의 성공적인 기술사업 아이디어 발견은 일반적으로 사업자 자신의 교육, 직장경험 및 취미활동 등을 통해 발견되고, 신중하고 체계적인 방법을 통해 창조된다고 하였다.

그러므로 사업아이디어 발견방법은 브레인스토밍, 관찰 등 정신적 훈련과 고객, 브로커, 교수 등 개인적 접촉, 전시회, 도서관, 공장, 연구소 등의 방문, 독서 및 추세분석 등으로 한다.

현실적으로 대부분의 성공적인 사업아이디어는 타인으로부터 얻는 것이 아니라 사업자 자신의 직접적인 경험을 통해 얻으며, 전문지식에 기반을 두고 있다. 특히 과거 다니던 직장의 경험과 새로운 아이디어가 밀접한 상관관계를 보이고 있다는 것을 보여준다.

1. 전 직장

전 직장의 경험을 통해 전문적인 지식과 기술을 체험하고, 사업화의 대응력을 익히며, 경험과 지식을 활용한 사업아이디어를 쉽게 발견토록 하여 사업화의 성공가능성과 자신감을 획득한다.

2. 권리의 취득

특허 또는 실용신안, 상표등록 등 지적재산권의 확보, 제작 및 판매권의 취득 등 각종 권리의 취득은 취득된 권리를 이용하여 사업아이디어를 발견하게 한다.

3. 일상적인 관찰과 취미생활

일상적인 생활을 통해 발생하는 문제점을 관찰하고, 그 해결책을 모색함으로써 새로운 사업화아이디어를 확보할 수 있다. 그리고 자신이 즐기는 취미생활에서 사업의 아이디어를 구체화할 수 있다.

4. 계획적인 탐색

사업의 아이디어는 우연적인 기회의 포착보다 적극적이고, 계획적인 탐색의 결과로부터 발견된다. 따라서 사업자는 사업아이디어의 발견을 위해 다음과 같은 기회를 포착하고, 적극적 행동을 하여야한다.

- 시장과 소비자욕구 및 특성을 파악하고, 소비자의 입장에서 모든 것을 만족시킬 수 있는 해결방안을 모색하는 태도를 갖는다.
- 각종 기술, 산업분야 전문지식을 적극적으로 활용토록 한다.
- 관심 있는 분야의 직장경험 또는 협력관계의 종사를 통해 사업자는 사업 활동을 배우고, 익힌다.
- 기술 사업가는 가치관과 생활습관을 습득하고, 일정규모의 자금을 축적하여 투자기회를 모색하며, 주변의 인맥을 자신의 자원으로 활용하여 도움을 받는다.

기술사업화 아이디어를 선정할 경우에 고려되어야 할 구체적 사항을 요약하면 대체로 다음 표와 같다.

구 분	고 려 사 항
적합성	• 적성/성격, 건강 능력, 가족의 도움 • 해당업종 관련경험, 사업수행 능력(창업자금 포함)/지식 • 해당지역 및 입지와 해당업종의 적정
성장성	• 사업발전 단계상 도입기·성장기 업종 • 해당 업종의 커지는 시장규모 • 시장의 양호한 경쟁현황과 전망
수익성	• 투자비용에 비해 양호한 수익전망 • 손익분기점의 추정과 2~3년 이내 흑자실현 가능 • 인테리어 공사비 등 고정비가 권리금화에 유리

구 분	고 려 사 항
상품성	• 가격에 비해 고객에게 유용한 상품 • 고객에게 인지도/경쟁력 높은 상품 • 영업 및 A/S가능하고, 조달 및 공급용이
위험성	• 해당업종 인·허가문제에서 미비점 • 경쟁업체/거래 업체와의 분쟁소지

4.2 기술사업 창출

창의적이고, 진취적인 사업아이디어는 사업을 추진하는 사업자에게 매우 매력적이며, 필요한 정보이다. 따라서 사업자는 사업기회를 포착하는 발판을 마련하거나 새로운 아이디어를 얻기 위해 일상생활의 경험과 지식 또는 기술을 새롭게 재구성하고, 새로운 아이디어를 창출하는 노력을 한다.

1. 경험의 재구성

남보다 앞서 얻은 지식과 경험을 새로운 기술과 노하우로 연결시킴으로써 좋은 사업기회를 포착할 수 있다.

2. 창의적사고력 증진

일반적으로 사람들은 각종 정보를 획득, 처리, 저장하고, 이들 정보를 창의적으로 회상하며, 재구성하는 능력을 지니고 있다. 그러나 창의적 사고의 결핍은 직관력과 비논리적 사고를 도외시하여, 자신의 창의성을 발견하거나 개발하지 못하게 한다.

따라서 창의적 사고를 자극하고, 유도할 수 있도록 창의력을 자극하는 방법으로 집단 메커니즘을 통해 아이디어를 창출하는 방법을 모색한다. 그 방법은 다음과 같은 것이 있다.

① 브레인스토밍(brainstorming): 브레인스토밍은 아이디어창출과 창의적 문제해결에 많이 쓰이는 방법으로 주어진 시간에 특정문제에 대해 참여자들이 자발적으로 모든 가능한 아이디어를 창출해 내는 방법이다.

② 시네틱스(synectics): 윌리엄고든(William J. J. Gordon)이 체계화한 기법으로

생산한 특정문제에서 친숙한 모형을 찾아내고, 문제의 생소함을 제거하는 방법이다. 즉 유추로부터 아이디어나 힌트를 얻는 방법이다. 친숙한 모형의 문제를 개인적, 직접적, 상징적 또는 환상적 유추 등의 방법으로 추측하고, 맞춤을 통해 해결책을 모색하는 방법이다.

시네틱스의 기본적 사고방식은 문제의 해결을 구하는 경우, 우선 그 문제에 대해서 논리적으로 충분히 검토하고, 이해된 문제는 의식에 나타나는 대상 또는 현상에 대하여 유추를 구한다.

이렇게 구해진 유추를 의도적으로 활용하여, 종전의 중요한 의식을 자극하므로 아이디어를 단시간에 보다 효과적으로 찾는 방법이다.

유추에는 자신이 기계나 장치가 되어 새로운 기계나 장치를 개발하는 경우 의인적 유추, 유사한 사물이나 지식, 기술 등을 비교해 보는 직접적 유추, 시적이고, 심미적으로 산뜻한 심상을 떠올리는 순간 연상의 상징적 유추, 그리고 바램, 욕구 등 기발한 것을 묘사해 가는 공상적 유추가 있으며, 이 모든 것을 포함한다.

③ **자유연상법**(free association): 자유연상법은 우선 특정문제와 관련된 단어나 문구를 기록하고, 그와 관련된 새로운 것을 생각하여 추가하며, 추가된 어구에 관련된 새로운 것을 생각하는 반복적인 연상방법이다.

④ **강제 연관법**(forced relationships): 새로운 아이디어개발을 위해 특정사안이나 아이디어에 관한 내용을 질의하고, 새로운 조합의 개념으로 관계를 분석하여 아이디어 패턴을 찾아내는 새로운 아이디어개발방법이다.

⑤ **빅 드림법**(big-dream approach): 최대한의 상상력을 발휘하여 특정문제와 그 해결책에 대해 큰 꿈을 꾸듯이 부정적 측면은 제외하고, 가능한 모든 방법을 생각하여 아이디어가 실현될 수 있도록 하는 개발방법이다.

⑥ **포커스 그룹**(focus group): 신제품개발 시 많이 사용되는 기법으로 진행자가 8~14명의 참여자를 대상으로 특정제품의 영역에 대해 심층적인 토론을 유도하면서 시장의 수요를 충족시키는 제품의 아이디어를 구상하고, 대안을 모색하는 방법이다.

4.3 기술사업 분석

사업화기술의 발굴을 위한 기술사업의 사업성분석은 기업내부의 인력, 자금, 설비 등 경영자원과 기존 사업에 대한 포트폴리오분석을 통해 내부자원을 파악한다. 그리고 외부환경으로 아이템관련 유사업종 또는 업체들의 기술개발 수준, 사업화전략 등에 대한 벤치마킹을 통해 유망사업영역을 분석한다.

특히 사업성분석은 기술과 사업성, 시장성, 수익성, 성장성 등을 구체적으로 분석하며, 분석결과 기술사업화에 가장 적합한 유망 아이템을 발굴하는데 있다. 아이디어 발굴과정에서 사업기술의 분석을 하며, 주요 분석내용은 다음과 같다.

[아이디어 발굴 과정]

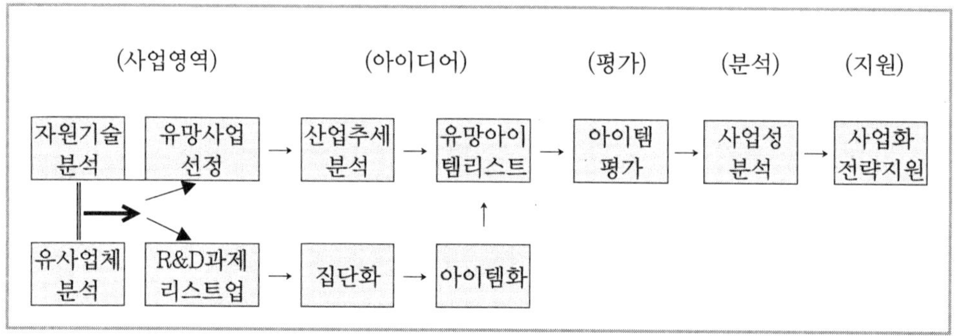

① **자원분석**: 유망기술의 발굴을 위한 내부자원 분석과 패러다임의 변화에 기인된 해당산업의 수요자 니즈를 분석한다. 그리고 관련 산업의 추이와 전망을 토대로 시장성을 예측하는 외부환경을 분석하고, 내부 경영지원 과 사업포트폴리오 등 내부자원분석을 한다.

② **기술 분석**: 보유기술의 난이도와 중요도 등을 평가한다. 그리고 지적재산권보유 여부를 포함한 종합적 분석으로 기술수준별 사업의 확장영역을 포지셔닝한다. 확장 가능한 산업영역은 기업과의 연관성, 기술의 접근가능성, 내부인력의 활용가능성, 그리고 기업 내부에서의 관심도 등이다.

③ **유사기업분석**: 2개 이상의 업체를 선정하고, 선정된 기업을 벤치마킹하는 방법으로 분석한다. 영업현황, 매출구조의 변화, 제품 및 용도별 구성비 등 기업의 전반적인 개황을 분석하고, 주력 제품군, 기술개발동향의 연대별

변화를 분석한다. 또한 향후의 제품개발과 R&D 방향성을 제시하고, 사업 아이템 후보군을 순서대로 나열한다.

④ **산업추세분석**: 거시환경 분석과 해당산업의 시장, 기술, 제품의 추세분석을 통해 유망아이템 후보군을 나열한다. 거시환경 분석은 산업동향보고를 종합하여 해외환경과 국내환경과의 직·간접적인 영향 및 상관관계를 분석한다. 그리고 산업별 주요 추세를 정리하고, 각각의 산업들과 기업 내부 자원과의 상관성을 분석하여 전략적 유망사업군의 범위를 결정한다.

⑤ **아이템 평가**: 아이템 평가는 시장분석과 기술 분석으로 평가하며, 아이템 심층 분석은 BMO분석과 아이템 유형별 분류에 의해 분석한다.

이상과 같이 시장, 기술, 제품의 추세분석을 통해 현재의 기술 수준과 성장 가능성, 향후의 시장규모, 시장 형성시기 및 성장률, 이와 관련된 기업과의 전략적 중요성 등을 파악하고, 이를 근거로 해당 제품(기술)들에 대한 사업성을 분석한다.

4.4 유망기술 도출

1. 유망기술 도출이란

유망기술이란 유한한 자원조건과 글로벌 시장경제 체제에서 미래 산업으로 유망한 핵심기술을 말한다. 이러한 기술의 도출은 기업의 지속 가능한 성장과 수익성을 누릴 수 있도록 하는데 있다.

유망기술의 도출은 예측을 통해 이루어진다. 유망기술의 예측은 빠르게 변하는 기술의 특성을 추출하고, 분석하여 향후 기술의 흐름을 최대한 정확히 예측하는 것으로 기업의 전략적 선택을 취할 수 있도록 한다.

유망기술의 구분은 관점에 따라 미래기술(future technology), 장래성 있는 기술(promising technology), 신흥기술(emerging technology), 신기술(new technology), 돌파기술(breakthrough technology), 핵심기술(key technology) 등으로 한다.

그리고 분류기준에 따라 수제별(기술개발 주체), 기술특성, 시장특성(경쟁시장), 특허관점을 통해 구분하고 있다.

유망기술을 얻기 위해 신사업 아이디어도출은 아이디어 원천에서 아이디어 개발방법을 통해 아이디어를 선별하고 있다.(이유재, 박찬수, 2000)

아이디어의 원천은 내부에서 얻는 경우가 외부보다 많다. 내부에서는 마케팅과 R&D 부서로부터, 외부에서는 고객을 통해 가장 많은 아이디어를 얻고 있다.

그리고 아이디어를 개발하기 위한 방법에는 직접조사, 기술혁신, 탐색적 고객조사, 선도사용자분석, 마케팅과 기술의 접목, 창의적인방법, 제휴·합병 및 라이선싱 등이 있다.

2. 유망기술 탐색

유망기술의 발굴은 중요하며, 지식 데이터베이스에서 대부분 발굴하고 있다. 즉 외부정보의 수집, 경영자원 기반, 비즈니스 도메인 확장, IDEA D/B 구축, M-T Matrix, 외부기술도입, 인접분야 확대, 계량정보 분석 등을 통해 유망사업기술을 탐색한다.

- **외부정보 수집**: 각종 정보를 수집 분석하여 성장성, 수익성, 경쟁우위 구축이 용이한 매력적인 분야를 탐색한다.
- **경영자원 기반**: 기업이 보유한 유무형자원의 강약점을 분석하여 강점자원을 활용할 수 있는 사업 분야를 탐색한다.
- **사업Domain 확장**: 기업경영의 단위활동을 전략적으로 나누어 제반 활동이 어떻게 상호작용 하는가?를 분석하며, 경쟁사 대비 경쟁우위 사업을 탐색한다.
- **아이디어 D/B 구축**: 다양한 아이디어를 D/B로 구축하고, 보완하며, 환경변화에 의한 사업기회의 모색을 전사적 차원에서 이루어지도록 탐색한다.
- **기술과 시장 Matrix**: 기술과 시장의 Matrix에서 관련시장 및 신시장, 관련기술 및 신기술 방향을 강제 발상적으로 신규 사업을 탐색한다.
- **외부기술도입**: 외부기술의 경쟁력 수준 및 사업화 가능성을 분석하고, 기술도입과 새로운 사업기회를 적용하여 미래의 유망사업 분야를 탐색한다.
- **핵심사업의 인접분야 탐색**: 제품, 지역, 가치사슬, 유통, 고객, 기술 등 인접분야 기술의 경쟁력 수준과 사업화의 타당성 분석을 통해 기술도입과 새로운 사업기회를 적용하여 미래의 유망사업을 탐색한다.

3. 유망기술 발굴

Ramani and de Looze(2002)는 특허를 이용하여 잠재력을 지닌 부상기술을 찾아내는 방법을 제시했다. 특정기술 분야와 타 기술 분야 간 동시발생 벡터나 빈도를 측정하여 Technology Networks(TN) 값을 구하는 방법으로 경쟁력 판단지수를 도출한다.

즉, 중심성(centrality)과 밀집도(density)의 상대적 크기에 따라 기술을 분류하고, 동시발생 매트릭스를 비교하여 기술네트워크를 분석함으로써 부상기술을 찾아낸다.

유망기술 발굴(Technology Opportunity Discovery)을 위한 체계적인 지원서비스의 모델은 없다. 다만 유망기술의 유망단계/발전단계를 예측하는 Technology Life Cycle Discovery(TLCD)모델, 기술발전 속도계산을 통해 안정화단계 도달 시기를 예측하는 Technology Maturity Forecast(TMF)모델, 그리고 유망기술 결정을 위한 Emerging Technology Discovery(ETD)모델 등이 국내에서 적용되고 있다.

또한 KISTI(한국과학기술정보연구원)는 글로벌 환경스캐닝과 대규모 문헌계량분석(논문/특허)시스템을 기반으로 전문가와 이용자들의 검증을 결합하여 유망기술을 도출하고 있다. 사용한 모델을 살펴보면 다음과 같다.

- Wiki-Finder: 2007년 사용한 수요자 참여형 미래유망기술 발굴
- NEST(New&Emerging Signals of Trends): 2007부터 2009년까지 사용한 글로벌과학기술모니터링정보(GTB)를 바탕으로 패턴변화를 분석하여 새로운 이슈를 발굴하는 시스템
- Macro Monitoring: 2005년 이후 사용하는 논문으로, 유사도를 추출하여 클러스터링, 매핑, 최신성 및 증가 추이 등을 기준으로 후보군 선정과 유망성 검증을 통해 최종 유망기술 발굴
- GTB(Global Tech. Briefing): 2012년 사용한 글로벌과학기술모니터링(리포터체제)정보 제공으로 이슈/유망기술 발굴 및 모니터링 통합체제 구축
- TOD(Technology Opportunity Discovery): 2012년부터 사용하는 기술이 활용되는 연결망을 구축하고, 연결 관계에서 생성되는 경로(path)에 따라 이용자들이 새로운 기술기회를 탐색하는 서비스 모델 구축

4. 아이디어 선별

아이디어 선별방법은 상품프로파일분석방법으로 기대수익을 개발비용으로 나누는

방법이 있으며 산출 식은 다음과 같다.(이유재 박찬수, 2000))

$$I = (T \times C \times P)/D$$

I : 매력도지수

T : 성공적 기술개발의 확률

C : 기술적으로 성공한다는 가정 하에 상업적 성공확률

P : 성공적일 경우의 수익

D : 개발비용

그리고 유망아이템의 도출과정은 사업화기술에 대한 기초데이터와 실무경험 및 전문가의견을 통합한 의사결정으로 평가기준과 대안을 계층적인 구조로 파악하여 우선순위를 도출하고, 최적대안을 선택하는 분석계층구조과정(analytic hierarchy process)을 활용한다.

이때 유명기술은 시장규모 또는 연평균성장률 등 기술사업의 추세와 해당기업이 보유하고 있는 기술관련 아이템 또는 기술 확보가능성 등을 고려한다.

그리고 유망기술의 결정은 각종 문헌조사와 현장 조사를 통해 아이템들의 현재 시장규모와 미래시장의 예측, 시장 성장성, 국내외 시장 점유율, 투자규모, 기술 수명주기, 기술 접근성, 국내외의 경쟁상황 등을 구체적으로 조사·분석한 후 그 결과에 따라 정한다.

또한 기술접근성과 시장접근성의 상관관계를 검토하고, 유망성이 높은 아이템을 도출한다. 유망기술의 선별은 기술경영 분석의 산업분석기법의 BMO(Bruce Merrifeld & Ohe) 기법으로 사업성의 사업매력도와 자사 적합도를 아래와 같이 분석하고, 이를 통해 유망사업 아이템, 조건부 유망아이템, 비 유망아이템을 선별한다.

- 사업 매력도는 매출이익가능성, 시장성장가능성, 제품수명, 특허권 등을 포함한 경쟁상황, 위험분산도, 업계 재구축가능성, 정책적 지원 등 특별한 사회적 상황에 대해 평가한다.
- 사업 적합도는 필요자금 대응능력, 마케팅 능력, 제조 및 운영능력, 기술력, 고객서비스 능력, 원재료·부품·정보 입수능력, 경영 지원 등을 종합평가한다.

4.5 핵심기술 선정

4.5.1 핵심역량

1. 핵심역량이란

핵심역량(Core Competence)이란 고객의 가치를 높이거나 그 가치가 전달되는 과정을 더욱 효율적으로 담당할 수 있도록 특정한 능력을 말한다. 즉 사용하였다고 소진되지 아니하고, 지속적인 학습과 공유를 통해 더욱 향상되는 역량이다.

그러므로 핵심역량은 기업이 장기간 경쟁우위를 지속할 수 있도록 하는 원동력으로 기술, 자산 그리고 프로세스이며, 핵심기술의 선정에서 확보한다.

- **기술**: 기업이 알고 있는 것
- **자산**: 기업이 보유하고 있는 것
- **프로세스**: 기업이 수행하고 있는 것

기업은 핵심역량을 보유하고 있는가에 대한 다음 특성을 고려하여 확인할 수 있다.

① 핵심역량은 폭 넓고 다양한 시장으로의 잠재적 접근성을 제공한다.
② 핵심역량은 최종제품에 대하여 고객이 느끼는 이익에 큰 기여를 한다.
③ 핵심역량은 경쟁자들이 모방하기 힘들도록 한다.

2. 핵심역량의 조건

① 특정 역량을 다양한 사업부에 적용할 수 있어야 한다.
② 기업의 핵심역량이 고객에게 특별한 혜택을 줄 수 있어야 하고, 그 제품을 개발할 가치가 있어야 한다.
③ 핵심역량(기술과 시스템의 결합체)이 경쟁자들이 모방하기 어려운 것이어야 한다.
④ 조직원 대다수가 자기 회사의 '핵심역량'이라고 공감하여야 한다.

3. 핵심역량의 구축 효과

① 핵심역량을 파악함으로써 현재 사업이 지닌 경쟁력을 보다 객관적으로 평가할 수 있다.

② 사업다각화에 대한 가능 여부를 평가하는 기준으로 사용할 수 있다.

③ 핵심역량을 파악하고, 구축하는 과정에서 조직구조를 변화시킬 수 있다.

④ 조직 내의 커뮤니케이션이 활성화되면서 조직의 전반적인 효율성을 향상시킬 수 있다.

⑤ 조직 내의 정보가 공유되면서 구성원들이 동일한 비전을 가지게 된다.

4. 핵심역량을 구축하기 위한 실행전략

① 미래 지향적인 경영자를 찾아내는 것이다.

② 핵심역량을 구축하기 위한 보다 구체적인 계획을 설계하는 것이다.

③ 핵심역량을 위한 전담임원 및 부서를 설립하는 것이다.

④ 핵심역량을 확보하기 위해 구체적인 세부방안을 수립하는 것이다.

5. 핵심역량을 확보하는 3가지 대안

핵심역량을 확보하는 전략은 3가지 방안이 있으나 이들의 공통성은 장기적인 투자가 필요하다는 점이다.

① **진화(Evolution)전략**: 기업의 내부에서 기존역량을 점진적으로 진보 및 발전시켜 나가는 전략

② **인큐베이션(Incubation)전략**: 새로운 역량을 기초부터 배양해 나가는 전략

③ **외부확보전략**: 전략적 M&A등을 통한 외부에서 확보하는 전략

6. 핵심역량을 배양하기 위하여 경영자가 가져야 할 사고

① 단기적 성과보다는 장기적 성과를 우선하는 미래지향적 사고

② 개별제품의 시장성과보다는 핵심역량의 관점에서 제품을 인식하는 사고

③ 기업은 사업부의 총합보다 핵심역량의 결집체라고 인식하는 사고

7. 핵심역량 구축 시 주의사항

① 차세대를 이끌어갈 중요한 기술과 핵심제품은 아웃소싱하거나 OEM방식을 통해 외부로 유출시켜서는 안 된다.

② 사업철수와 핵심역량을 포기하는 것을 확실하게 구분하여야 한다.

③ 선순환구조를 만든다. 핵심역량은 연속성을 가지고 있으며, 지속적인 활용을 통하여 유지되고, 또 사용하면 사용한 만큼 강화된다.

④ 전사적 차원에서 실시하는 다양한 통합노력이 핵심역량을 확보하는데 매우 중요한 역할을 한다.

⑤ 경영자는 기업을 단순히 개별사업부로 구성된 포트폴리오로 볼 것이 아니라, 핵심역량의 포트폴리오로 인식하여야 한다.

4.5.2 핵심기술의 분석

핵심기술(Core Technology)은 기술사업화에서 경쟁우위를 결정하는 기본적 기술체계를 말한다. 따라서 각각의 개별제품에 체계화된 기술로 제품을 생산하는데 필요한 요소기술과 상이하다. 이러한 핵심기술의 분석절차는 다음과 같다.

[단계별 핵심기술 분석]

단계	작업내용	결과물
기술성숙도 분석	기술적 진보선상에서 부가적 기술진보의 가능성 분석	기술별 성숙도 분석결과
기술경쟁효과 분석	부가적 기술진보가 사업에 미치는 영향분석	기술적 경쟁효과 분석결과
매트릭스 구성	기술의 성숙도, 경쟁효과 매트릭스에서 기술 중요도 순으로 과제선정	매트릭스 구성 및 기술과제 선정
기술매력도 평가	전략과의 적합성, 불확실성, 투입규모 종합적 분석 및 평가	기술별 매력도 평가결과
우선순위 설정	기술적 가치와 사업적 가치를 평가하여 기술과제 우선순위 설정	과제순위 설정

1. 기술의 성숙도분석

기술의 성숙도분석은 기술진보의 연속선상에서 해당기술의 부가적 기술진보 가능성을 파악하고, 기술과 이익의 가능성을 예측한다.

- 기술의 수명주기에서 해당기술을 파악하고,
- 기술의 성숙단계를 참고하나 성숙도는 응용산업과 무관하다.

그리고 기술의 성숙단계별 실용화 소요기간, 경쟁적 연구개발정도, 예측가능성 및 시장우위 지속기간 등의 특징은 다음 표와 같으므로 고려한다.

[성숙단계별 특징]

기술수명 주기	실용화 소요기간	경쟁적 연구 개발 정도	예측가능성		시장우위 지속기간
			기술	연구개발비	
태동기	장기	매우 낮음	매우 낮음	매우 낮음	장기
성장기	중기	보통 이하	낮음	보통	중기
성숙기	단기	높음	높음	높음	단기
쇠퇴기	단기	높음	매우 높음	매우 높음	최 단기

2. 기술의 경쟁효과 분석

특정산업과 산업분야에 기술진보가 가능한가를 파악하여 해당사업의 중요 기술분야에서 경쟁위치를 파악한다. 효과분석에서 기술성격별 경쟁효과의 분석을 위한 구체적 기술 분야는

- **도상기술**: 제품이나 공정에서 구체화 되지 않고, 전반적 경쟁기반을 변화시킬 수 있는 기술로 기술경쟁의 기본구조를 잠재적으로 변화시킬 수 있는 기술이다.
- **핵심기술**: 제품의 다각화 또는 공정개선의 기회를 제공하는 기술로 타 기업과의 차별화를 초래할 수 있는 기술이다.
- **기반기술**: 일반적으로 널리 알려진 공유된 기술로 경쟁우위를 기대할 수 없는 기술이다.

그리고 기술경쟁력의 수준은 강약의 정도로 정하며, 아래와 같은 기준으로 결정한다.

- **매우 강함**: 선도적 기술로서 기술개발의 속도와 방향을 주도하고, 경쟁의 추종자 지위에서 기술개발을 위한 자금, 인력, 창의성을 보유하며, 동일

업계의 평판을 가진 경우이다.

- **강함**: 독자적 기술개발 활동과 새로운 방향제시가 가능하고, 기술개발 노력과 효과성이 지속되며, 기술성과는 경쟁력에서 차별화가 되는 경우이다.
- **보통**: 기술경쟁력을 유지하고, 기술적 경쟁위치를 향상시킬 수 있는 여력이 있으며, 기술선도자가 아닌 경우이다.
- **약함**: 추종자의 위치에서 독자적 기술개발 방향을 설정할 수 없으며, 전략적 사업단위에서 경쟁력을 유지할 수 없고, 경쟁자와 차별화 할 수 없는 경우이다.
- **매우 약함**: 경쟁자에 비해 품질저하가 있고, 단기적이고 임시방편의 기술경쟁력이며, 원가측면에서 열세에 있는 경우이다.

이렇게 기술성격별 경쟁력 수준을 아래 양식으로 효과분석을 할 수 있다.

[기술경쟁 효과분석표]

기술경쟁력	도상기술	핵심기술	기반기술
매우 강함			
강함			
보통			
약함			
매우 약함			

3. 매트릭스 구성

미래시장에서 필요한 복수과제의 기술경쟁력 위치와 기술신보 가능성을 비탕으로 자사의 기술적 과제의 우선순위를 설정하기 위하여 매트릭스를 구성한다. 그리고 매트릭스의 작성요령은 아래와 같다.

- 경쟁위치는 기술경쟁력의 판단기준에 의한 경쟁효과분석 결과를 기준으로 한다.
- 기술의 진보가능성은 기술의 성숙도분석을 활용한다.
- 크기는 기술개발 투자규모로 결정한다.
- 우선순위는 기술적 경쟁위치가 강하고, 불확실성과 독창성이 높은 과제부터 설정한다.

4. 기술매력도 평가

기술의 매력도 평가항목별 평가기준과 평가방법은 다음 표와 같다.

[기술매력도 평가항목별 기준]

평가항목	평가기준	평가방법
•사업전략의 정합성	•매우 우수에서 5단계	주관적 평가
•창의성과 전략	•경쟁위치, 응용가능성, 기반제공	주관적 평가
•경쟁우위의 유지기간	•경쟁사에 의해 장기간 모방보호	기간의 평가
•기대이익	•필수적 연구 또는 기술기반 조성	이익단위 평가
•기술경쟁력 효과	•기반, 핵심, 도상기술	효과 평가
•기술적 성공률	•설정 목표의 달성할 확률	달성률 평가
•경제적 성공률	•상업적으로 성공할 확률	성공률 평가
•연구개발비용	•연구개발비	금액 평가
•중요 의사결정 기간	•연구개발 기간	기간 평가
•필요한 자본과 비용	•상업화를 위한 자본과 마케팅 비용	금액 평가

5. 우선순위 설정

포트폴리오 분석결과를 과제성격별로 구분하여 전략기술을 선정하고, 과제 우선순위를 설정한다. 우선순위의 과제등급 분류기준은 다음과 같다.

A	B	C	D
필수 추진과제	우선 추진과제	재 검토과제	불가능 과제

그리고 기술성격별 우선순위 도출을 위한 포트폴리오 맵은 다음과 같다.

- 가치의 축은 기술적 가치와 사업적 가치로 구분한다.
- 기술적 가치는 기술의 성숙도, 기술에 대한 파급효과, 기술추세의 적합도, 기술적 차별화 가능성으로 한다.
- 사업적 가치는 적용분야의 다양성, 시장매력도, 경쟁우위 확보 가능성, 신규사업 창출가능성으로 한다.
- 중요성은 첨단기술이면서 파급효과가 큰 기술적 가치를 지닌 기술이며, 성공가능성으로 한다.
- 크기는 기술개발 투자규모로 설정한다.

그리고 핵심기술 분석 시 기술개발지원과 기술개발인력 부문에 대한 고려사항을 살펴보면 아래 표와 같다.

[핵심기술 분석 시 고려사항]

구분	규모결정 시	배분 시
기술 개발 지원	• 사업실적: 매출, 이익, 기술수지 • 투자실적: 금액과 증가율, 투자율 • 경쟁사의 부문별 개발투자실적 • 연구, 상품화과제별 비율, 규모 • 주요전략과제 추진계획 • 신규 유망사업 개발전략 • 핵심기술의 기초연구 필요성 • 최고경영자의 의지	• 경영목표: 매출, 이익, 기술수지 • 투자실적: 연구개발과 시설투자 비, 매출증가율 • 경쟁사 개발투자 내역 • 물가와 임금상승률 • 개발자금 조달방법 • 개발투자 추세와 인력수급 • 경영계획의 시설투자 규모 • 기술개발 효과와 능력 • 최고경영자의 투자의지
기술 개발 인력	• 기존 연구개발 인력과 능력 • 인력계획 • 기술인력 증가율 • 주요 경쟁사 개발인력 • 기존업종 인력수급 추세와 신규 업종 개발투자 추세 • 핵심인력 확보방안	• 연구원 1인당 연구개발비 • 연구서 개발인력과 능력 • 인력계획 • 핵심기술인력 수요 • 개발인력 소요와 확보방안 • 개발인력의 합리적 운영방안 • 주요경쟁사 사업별 개발인력

4.5.3 핵심기술의 선정평가

1. 기술의 선정평가란

사업화기술에 대한 평가는 기술수준 등 기술자체에 대한 평가이며, 기술가치 평가는 기술평가와 기술의 가치평가를 결합한 용어이다. 즉 기술평가는 기술적인 요소를 기반으로 시장에서 기술의 가치를 평가하는 것을 의미하며, 이러한 기술의 평가는 핵심기술의 선정을 위해 이루어지고 있다.

그러므로 협의의 기술평가는 기술을 금액으로 표현하는 것이고, 광의의 기술평가는 기술의 금액, 등급, 의견 등을 말한다.

2. 기술평가의 필요성

정량화된 기술평가는 주로 신용평가 방법에 의해 이루어지고 있다. 다만 초기기업 또는 기술혁신형 기업의 경우에는 신용평가등급(재무등급) 산출이 불가능하거나 낮게 산출되는 경우가 많아 어려움이 있다.

그러나 이들 기업에게 정보의 비대칭성을 줄이고, 정책적인 지원을 위한 판단을 할 수 있도록 유용한 수단으로 기술평가를 활용하고 있다.

3 기술평가의 유형

핵심기술의 선정을 위한 평가는 기술사업 등급평가, 기술력 평가, 기술가치 평가로 볼 수 있으며, 평가내용은 다음과 같다.

[기술평가 유형]

유형	평 가 내 용
기술사업 등급평가	기술의 사업타당성을 등급으로 평가
기술력 평가	개별기술 수준, 기술인력, 지적재산권, 연구시설 등을 종합적으로 평가
기술가치 평가	기술의 이전, 거래가치 등의 산정을 목적으로 개별기술의 가치를 금전적으로 환산

4. 기술평가의 용도별 구분

기술평가는 R&D관리, 기술이전거래, 투융자 등의 용도별로 구분한 주요 평가내용은 다음 표와 같다.

[기술평가 주요내용]

조사자료	R&D 관리	기술이전거래	투、융자、보증
목 적	정책지원 효과 향상 연구자원의 합리적 배분	기술이전 및 거래 대상선정	투자、융자、보증효과 극대화, 사업부실화 여부
평가내용	기술개발수요와 가능성 기술수준,시장성, 경제성	기술성, 권리성 사업성,기술가치	미래성장성 사업타당성
관련기관	국가, 기업, 연구소 등	개인, 기업 기술거래기관	창투사, 은행, 보증기관 M&A전문기관 등

Chapter V

기술기획과 획득

5.1 기술기획
5.2 기술로드맵
5.3 기술예측
5.4 기술획득

Chapter V 기술기획과 획득

5.1 기술기획

5.1.1 기술기획이란

기획이란 미래의 활동에 관한 일련의 동태적 준비과정으로 논리적 사고로 문제를 들여다보고, 창의적 아이디어를 가미시켜 문제를 해결하는 과정이다. 즉, 조직단위에서 목표를 설정하고, 주어진 시간 속에서 최소한의 노력, 자원, 비용 등을 투입하여 목표를 달성하는데 필요한 정책, 절차, 프로그램 등을 수립하는 일련의 절차라고 정의할 수 있다.

기업체가 갖는 기획은 주로 사업기획, 상품기획, 영업기획, 마케팅기획, 서비스기획, 기술기획 등이 있다.

기술기획(Technology Planning)은 기술의 문제점을 파악하고, 문제점 분석을 통해 목표를 설정하며, 설정된 목표를 달성하는데 창의적 아이디어를 가미시켜 가장 적합한 해결방안을 도출하는 과정이다. 그러므로 자료의 수집과 분석, 기술전략 입안, 전략실행과 진도파악, 단계별 목표달성 등 일련의 의사결정과정을 말한다.

또한 과학기술의 현황과 시장니즈를 파악하고, 예측하며, 기술로드맵을 작성하여 로드맵에 따라 기업이 보유할 기술획득 방식과 시점에 대한 일련의 활동과정을 말한다. 여기에는 기술동향 분석과 예측, 고객니즈를 기반으로 개발해야 하는 기술의 판단, 대상기술에 대한 이해와 보유 여부, 기술경쟁력 평가에 의한 개발 우선순위 결정, 기술로드맵 작성 및 획득계획의 수립 등이 있다.

드로어(Yehezkel Dror)가 지적한 기술기획의 본질적 요소는 하나의 선택과 의사결정과정, 집행할 계획을 준비하는 과정, 총체적의사결정, 행동과 미래지향적인 활동, 목표달성을 위한 활동, 가장 효율적인 수단을 강구하는 과정이라 하였다.

결국 기획은 목표를 설정하고 실행하는 구체적 방법의 모색이고, 계획은 주어진 목적을 수행하기 위해 앞으로 할 일에 대한 방법, 절차, 규모 등을 미리 생각하여 나타내는 단계목록이나 도표 및 내용이라 할 수 있다.

그러므로 기술기획은 일반적으로 중장기(2년~5년) 기술사업화 목표를 기획하며, 전사 또는 사업부를 단위로 기술사업화전략을 입안하고, 실행하는 단계에서 진도 파악이 가능토록 한다. 이러한 기술기획은 프로젝트의 전 과정을 효과적으로 수행할 수 있도록 목표, 수행업무, 인력, 일정, 예산 등을 전략적으로 설정하거나 배분한다.

기술기획과 사업화계획은 연계되어야 하며, 연계를 위한 실천항목은 다음과 같다.

① 기술기획 수립과정의 구조화

- 1단계: 성공비전, 미래 사업성공과 R&D가 성공할 수 있는 역할 등의 환경을 나타낸다.
- 2단계: 기술제품의 경쟁우위를 확보할 수 있도록 원천을 규명하고, 우위 확보에 도움이 될 수 있도록 기술 군을 규정한다.
- 3단계: 기술 군을 평가하고, 균형 있는 기술포트폴리오를 만든다.

② 능동적 참여

기술기획 단계에서의 R&D와 기타부문의 능동적 참여는 기업운영의 니즈를 R&D에 전달하므로 R&D에 의해 기업전략의 목표가 세워질 수 있도록 한다. 그러므로 경영층은 R&D부문과 사업부문 간의 원활한 연계를 가능토록 제도적 장치를 마련해야 한다.

그리고 효율적인 기술기획을 수립하기 위해 기업은 기존 조직과 별도로 전사적 차원에서 타스크 포스 팀(task force team)을 구축하여 운영할 필요가 있다.

③ 측정 가능한 결과 유도

연구개발부문의 연구개발비, 연구인력, 연구시설 및 기자재 등을 지수로 계량화 시켜 측정을 용이하게 할 수 있도록 한다. 이 때 연구 성과에 대한 계량화가 어렵다면 기업은 독자적으로 자체측정방법을 개발하거나 측정변수들을 설정하고, 기술개발이 경영성과에 미치는 영향을 평가토록 한다.

④ **목표지향적인 사고**

기술사업화기획의 배경을 분석한다. 분석대상은 비전과 전략, 방침, 업계의 위상, 기술변화, 시장과 소비자변화, 이해관계 등이다. 이러한 분석으로 사업화를 해야 하는 이유와 기대효과, 후속되는 기술, 필요성 등 목표 지향적 사고에 의한 기획대상, 목적, 범위 등을 정한다.

특히 기획의 대상이 되는 현상을 파악하고, 원인을 찾아 해결할 수 있는 과제를 도출하며, 과제에 대한 대응책을 제시하여 목적 달성을 위한 계획을 실행할 수 있도록 비전을 제시한다.

5.1.2 기술기획방법

일반적으로 계획을 수립하기 위해서는 계획에 포함되어야 할 내용, 계획을 수립하는 주체 및 조직, 계획을 수립하는 방법, 계획의 수립에 소요되는 재원 등 여러 가지 요소들이 갖추어져야 한다. 이와 관련하여 H. Kerzner(1984)는 계획을 작성하기 위해 갖추어야 할 구성요소들로 목표, 프로그램, 일정, 예산, 예측, 정책, 절차, 표준 및 조직 등 9가지를 제시하고 있다.

기술기획의 주요 기법을 살펴보면, 기술기획방법에는 기술계통도, 실험계획법, TRIZ, 가치곡선, 기술로드맵, 품질기능전개 등이 있으며, 구체적 내용은 다음과 같다.

그리고 이러한 방법은 크게 기술 지향적(Technology-Driven)방법과 시장 지향적(Market-Driven)방법으로 구분한다. 기술 지향적 방법은 기능과 성능 등 기술적 우위만을 강조한 기획이며, 시장 지향적 방법은 시장에서의 차별성을 우선 고려한 기획이다.

시장은 가격의 차별성과 기술적 차별성을 나타내며, 대체로 기능과 성능의 차이보다 가격의 차별성을 선호하는 경향이 크다. 다만 장기적 측면에서는 기술 지향적인 경우를 나타내고 있다.

1. 기술계통도(Technology Tree)

기술계통도는 시장니즈를 기대되는 기능과 성능·특성으로 변환하는 논리 기법이다. 이는 실현을 위한 구체적 기술방식과 원리 메커니즘을 논리적으로 정리하는 것을 원칙으로 한다.

기술계통도는 시장니즈와 기대되는 기능과 성능을 예측하고, 실현하는 기술방식으로 기술기획 내용을 그라프로 나타내는 방식이다. 즉 실현하고자 하는 기술방식과 성능목표에서 기술적 특이성ㆍ우위성ㆍ개연성을 공개하여 객관화하고, 기술방식을 선택하는 것으로 연구테마를 니즈나 용도 사업으로 연결하는 방식이다.

기술계통도의 특징은 실현하는 기술방식과 성능목표, 선택이유 등의 전개 방법으로 다음과 같다.

- 연구결과 어떠한 니즈나 용도로 활용되며, 사업성은 있는가? 를 연결 한다.
- 실현하고자 하는 기술방식과 성능목표수준 등의 기술위치 정보를 연구자에게 전달시킨다.
- 기술방식은 대부분 연구자 자신의 창조성과 정열에 의존하며, 자신의 발상에서 나온다고 본다.
- 기술의 데이터베이스를 보관ㆍ검색ㆍ활용하는데 비교적 용이하다.
- 기술(기능)을 세분화ㆍ체계화하고, 요소 기술별로 그룹 화시켜 개발계획을 수립토록 한다.

2. 실험계획법(DOE: Design of Experiment)

실험계획법은 연구개발을 체계적으로 계획·수행하고, 통계적으로 분석하는 방법이다. 연구자는 연구개발 분야를 찾기 위해 연구 분야의 특허, 논문, 경쟁사 등을 조사하고, 지식, 지혜, 실마리. 창안 또는 창의적 사고 등을 통해 기존 지식 또는 지혜를 재활용하거나 실험·실증 등의 과정을 통해 개발 분야를 모색하는 방법이다.

3. 창의적 문제해결이론(Theory of Inventive Problem Solving)

알츠슐러(Genrich Altshuller)에 의해 창시된 Triz이론이며, 개선이 필요할 경우에 좋고 나쁜 의견의 차이를 알 수 없다면 나쁜 의견을 채택할 경우가 발생한다. 이 때 최고의 아이디어를 더 빠르게 도출하는 방법이다.

과정은 시스템분석을 통해 모순을 찾아내고, 정형화시키며, 모순을 해결할 수 있는 사용가능 자원을 찾아 진화의 유형에 알맞게 활용하여 이상적인 최종 결과를 얻는 절차를 거친다. 이러한 모순의 극복과정을 연속하면서 기술적 발견과 진화를 이끌어가고 있다고 할 수 있다.

문제의 해결을 위해서는 자원, 의지, 행동 및 지식이 필요하며, 이들을 통해 문제의 성질, 종류, 해법에 관한 지식을 도출한다.

4. 가치곡선(Value Curve)

가치곡선은 새로운 시장공간을 만드는 유용한 도구로 역할을 한다. 경쟁의 핵심 성공요소를 도출하여, 이를 기준으로 해당 재품이나 서비스의 성과를 다른 제품과 상대 비교하여 결과를 그리는 방법으로 가치곡선을 완성한다.

이 방법은 고객가치혁신의 원천을 선정할 때 유용하다. 가치혁신은 고객에게 어필되는 혁신대상의 가치요소를 분석, 평가하여 새로운 가치곡선을 창조하는 방법이다. 가치곡선의 발견은 제거, 감축, 향상, 창조라는 4단계 사이클을 거친다.

5. 품질기능전개(QFD: Quality Function Deployment)

품질기능전개는 신제품 개념정립, 설계, 부품계획, 공정계획, 생산계획 그리고 판매단계를 통해 고객의 요구가 최종 제품과 서비스에 반영되도록 하여 고객의 만족을 극대화하는 방법이다.

QFD의 목적은 신제품의 개발기간 단축과 제품의 품질향상이다. 고객의 요구사항을 제품의 기술특성으로 변환하고, 이를 다시 부품특성과 공정특성, 그리고 생산에서의 구체적인 사양과 활동으로까지 변환토록 한다.

5.1.3 기획단계

기술기획 과정의 단계별 주요 착안사항은 대체로 다음과 같다. 우선 기술기획과정을 살펴보면

- 기술 분류체계의 정립
- 기술예측과 문제파악
- 문제의 분석과 기술기획의 탐색
- 기술목표의 설정
- 해결방안과 기술획득 전략의 수립
- 기술개발계획의 수립
- 기술개발 및 통제
- 평가 및 feedback

그리고 기획단계의 주요 착안사항을 살펴보면

① 문제점 파악 및 분석단계

목표달성을 용이하게 하기 위해 기술 또는 사업화현황을 파악하고, 이에 대한 철저한 분석을 통해 문제점을 파악한다. 수행코자 하는 목적을 확인하고, 현황분석을 통해 목표를 확실히 인식한 후 현재의 상황과 미래의 목표 사이에서 나타나는 차이점에 대해 발생 가능한 장애요인을 규명하며, 문제해결을 위한 대책방안을 도출한다.

② 목표의 설정단계

목표지향적인 사고로 기술사업화는 누구를 위해, 왜 하며, 어떤 이득을 얻을 수 있는가?를 감안하여 기업의 목표를 구체화하는 단계로 기술, 인력, 시설, 장비 등을 망라한다.

새로운 정보 또는 적용가능성 범위 내에서 이루어져야 하며, 자금과 시간, 윤리와 사회규범 등에서도 적합하여야 하고, 목표는 명확하게 설정하되, 전략적인 목표를 달성할 수 있도록 전반적인 정책을 수반하는 지침을 제시하여야 한다.

③ 대안의 제시와 선택단계

현상과 원인을 해결할 대응책으로 창의적인 아이디어를 가미한 문제해결 방안을 제시하는 단계다. 시행가능 여부, 기대효과, 효율성, 현실성, 합리성 등을 충분히 검토한 후 최적의 대안을 선택한다.

그리고 한정된 자원으로 효율적인 목표를 수행하기 위해서 기획자의 가치가 부여되는 우선순위를 결정한다. 또한 기술사업화 계획을 수립하고, 추진전략을 확립시켜 목적달성을 가능토록 한다.

④ 수행 및 평가단계

효과적 기획이 되기 위해서는 업무수행계획이 수립되어야 한다. 업무수행계획의 목적은 업무집행의 승인, 시행하기 위한 법적인 조치, 변경되어야 할 행정수단의 승인 등을 확실히 하며, 시간과 계획을 준비하기 위함이다. 그러므로 업무수행계획은 교육과 업무집행을 관리하기 위한 기획, 조직, 감독, 지휘, 조정 및 예산집행 등을 포함한다.

사업에 대한 평가는 사업의 가치여부를 판단하는 과정으로 일반적인 평가는 업무량분석, 과정분석, 영향력분석 및 적합도 분석으로 한다. 기술사업화의 경우 기술의 혁신성과 기술의 파급효과, 시장의 매력도와 경제적 효과, 연구방법의 적절성과 활용성, 시급성, 수행능력 등을 중시하며, 그 결과를 피드백 한다.

또 다른 연구기획의 과정으로 전략적 목표의 설정, 환경분석 및 여건의 파악, 대안의 검토 및 최적대안의 선정, 세부실행 계획의 작성, 그리고 실행계획에 따른 통제 및 모니터링 등 크게 5단계로 구분하는 경우가 있다.

① **목표기술설정단계:** 목표는 국가정책과 비전에 의해 설정하며, 장기계획과 연동하여 일관성을 유지한다. 그리고 국가경제사회 수요와 부합하고, 정부지원의 타당성 및 지원 적시성과 일치토록 한다.

② **환경 분석과 여건파악단계:** 환경분석과 여건파악은 연구개발과제 기획에서 가장 중요한 부분이다. 목표달성을 위한 대안을 도출하기 위해 연구개발 환경을 분석한다. 그리고 환경분석은 연구개발과제의 규모, 연구개발 소요기간, 연구개발의 최종단계, 해당기술의 기술수명주기상의 위치 등을 파악하여 목표에 적합한 연구개발과제를 도출하는데 개략적인 방향을 제시해 준다.

③ **대안의 검토 및 최적대안의 선정단계:** 분석결과에 따라 우선순위 기준을 마련하고, 후보기술에 대한 특허분석 등을 통해 최적대안을 선정한다.

④ **세부실행계획의 작성단계:** 최적안으로 설정된 목표를 달성하기 위한 여러 가지 대안을 검토하고, 실행계획으로 추진할 수 있는 전략적 내용을 작성한다.

⑤ **통제 및 모니터링단계:** 세부실행계획에 따라 주어진 목표를 달성할 수 있도록 이를 모니터링하고 통제한다.

5.1.4 전략기획

전략기획은 의사결정의 최적 안을 수립하는 것으로 기술사업화의 환경을 분석하고, 사업화를 위해 해야 할 일을 정리하며, 정리된 일의 우선순위를 정하여 순위에 따라 문제를 해결할 수 있도록 지표를 만드는 일이다. 즉 기술사업화의 임무와 방향, 그리고 전략목표를 정하는 일련의 노력이다.

전략기획은 경쟁우위 조건으로 브랜드, 비즈니스 모델, 컨셉, 가치창조 등 자사의 강점에서 차별화, 우위성을 찾아내고, 시나리오를 작성한다.

시장 확보, 매출실현, 좋은 상품생산과 고수익, 시장 점유율 확보 등을 높일 수 있는 전략의 구축이 되며, 기업의 환경 변화에 대한 통찰력, 철저한 원리 원칙, 가설 검증, 마케팅 능력과 구조, 전략경영의 구조를 가져야 한다.

따라서 전략의 구축은 기본전략을 통해 보다 구체적인 개별전략을 만들고, 시장환경의 분석부터 기회와 위기의 변화를 연결한 이념과 목표를 설정하며, 목표를 실현할 수 있는 가장 적절한 전략을 구축한다.

전략의 실현방안은 변화를 파악하고, 기술혁신(이노베이션)으로 연결하여 자사에 유리한 변화를 창조토록 한다. 그리고 실현 안의 선택은 수익성, 경쟁우위성, 실현가능성 및 위험에 의한 불확실성의 관점에서 분석 평가하여 정한다. 이 때 시나리오의 작성은 다음 단계를 거친다.

- 제1단계: 자사를 둘러싼 환경을 분석한다.
- 제2단계: 전략 목표를 설정한다.
- 제3단계: 전략 체계를 구축한다.
- 제4단계: 전략을 계획으로 구체화한다.
- 제5단계: 계획을 목표 관리로 구체화한다.
- 제6단계: 사업수지 시뮬레이션을 확인한다.
- 제7단계: 이정표 설정과 시나리오를 수정한다.

5.1.5 R&D기획

연구개발 기획은 기술기획의 핵심이며, 기업의 연구역량 강화를 위한 연구기획, 연구관리, 연구 인프라 등이다. 그리고 R&D기획은 시장과 기술환경 변화에 대한 예측결과 기술개발전략에 적합한 R&D 목표를 설정하고, 중점추진분야와 과제를 선정하는 과정이 된다.

따라서 연구개발 목표를 설정하고, 이들 목표에 도달할 수 있는 방법들을 체계적으로 결정하는 과정으로 연구개발 역량평가, 기술예측, 인력과 자원의 동원, 대안의 선택 등의 과정을 포함한다.

R&D기획의 중요성은 기획과정에서 나타난 오류가 기술개발의 궁극적 목적인 기술사업화의 실패원인이 되므로 이를 줄이는데 있다. 따라서 R&D 단계는 아이디어 도출에서 컨셉트 구체화, 타당성평가, 개발계획수립, 시제품 생산 및 양산단

계로 볼 때 R&D기획은 아이디어 도출부터 타당성평가 단계까지를 말한다.

R&D기획의 단계별 수행절차를 살펴보면 다음과 표와 같고, 주요추진사항은 아래와 같다.

수행단계	주요내용
시장의 분석	• 시장구조 분석과 시장변화 동인분석
제품/서비스/공정분석	• 제품서비스 발전 동향, 현재와 미래의 포지션분석, 주제품과 서비스가치사슬, 수요분석
기술 분석	• 기술적 요구사항, 기술역량분석, 특허침해 가능성분석, 기술 GAP극복을 위한 기술획득 전략
기술개발목표 설정	• 단계별 목표설정, 단계별 평가기준 설정
기술개발시스템 계획	• 참여자 역할분담, 통합협력체제 기획, 기술개발일정계획
투자 및 위험관리 계획	• 소요 및 조달계획, 프로젝트 포트폴리오 분석, 리스크요소 분석, 리스크관리 계획
성공 시 파급효과 분석	• 기술개발 성공 시 파급효과 분석, 기타 성과와 파급효과분석

① 시장분석단계에서는 다음 사항을 추진한다.

- 목표시장을 분석하고, 해당시장의 주요사업 분석을 통해 기술개발 우선순위를 선정한다. 그리고 목표사업의 확대방향을 제시한다. 목표시장 분석으로 산업현황, 경쟁분석, 5Forces분석, 시장개요, 시장특성분석, 시장세분화 분석 및 목표시장을 정의한다.
- 기존 R&D기획 전략보고서를 분석하고, 필요한 컨텐츠와 방법론을 논의한다. 또한 R&D 전략보고서의 모듈기본 포맷을 정의한다.
- R&D기획 전략보고서의 대표적 사례를 선정한다.
- 또한 기술개요, 핵심기술 분석, 특허분석, 기술수명주기분석, 기술위치분석, 상대적 기술능력 등을 포함하며, 각 기술요소별로 기술의 성숙도 및 전략적 중요성을 파악한다.

② 기술과 경영전략의 수립이다.

각 기술별 개발우선와 기술 확보방법에 관한 기술전략을 수립한다. 기술의 전략적 중요성에 따른 기술의 분류는 다음과 같다.

- **기반(Base) 기술**: 해당 산업의 모든 기업이 꼭 알아야 하는 기술
- **핵심(Key) 기술**: 타사에 비해 경쟁우위를 가지도록 해주는 기술
- **미래(Pacing) 기술**: 앞으로 경쟁우위를 결정할 것으로 기대되는 기술

그리고 기업이 경영자원을 배분하는 기본원리로서 기업전략, 사업전략, 기능전략으로 구분한 경영전략(corporate strategy)을 수립한다.

- 기업전략은 어떤 사업·제품분야를 선택·조직할 것인가로 본업 또는 다변화 등의 전략이다.
- 사업전략은 확정된 각 사업·제품분야에서 어떻게 경쟁할 것인가에서 시장 점유율 확대, 성장, 이익추구, 자본축소, 시장축소, 철수 등의 전략이다.
- 기능전략은 기능별 활동원리의 연구개발 전략으로 테마의 선택과 자금·인원의 배분 전략이다.

③ 기술기획기법의 적용과 성공 시 파급효과를 분석한다.

연구개발 기획의 유형은 연구개발 사업기획과 상품개발 연구기획으로 분류한다. 그리고 이진주(1991)는 기술 환경기획, 기술개발 목표 및 방법기획, 연구조직 및 관리기획, 사업화 및 활용화 기획, 연구자원 소요기획 등으로 구분하고 있다.

연구개발 기획에서 역량강화는 실행력 있는 기술전략의 수립과 모니터링 부서(기술기획, 상품기획 부서)의 역할을 재정립한다. 그리고 기술향상 방안을 모색하는 상품기획, 프로젝트 메커니즘 등을 정비하여 유망한 프로젝트를 선정하거나 초기의 명확한 목표설정으로 진행을 돕는 프로젝트기획을 체계적으로 수립하도록 한다.

R&D기획 활동은 연구개발 사업과 연구개발과제를 대상으로 한다. 연구개발 사업은 기본적으로 기획대상조사, 연구기획수립, 연구기획실시, 연구기획확정의 단계를 거치고, 연구개발과제의 경우에는 과제가 요구하는 단계를 거치도록 한다.

- **기획대상 조사**: 착수대상 연구사업 분야와 동향 등에 대한 사전 분석을 한다.
- **연구기획 수립**: 연구기획 대상을 확정하고, 추진목적과 추진체계를 정립하며, 국내외 기술동향, 추진사례, 기대효과 등을 분석한다. 그리고 연구책임자와 연구전문가를 파악하고, 공공사업 가능성을 타진한다.
- **연구기획 실시**: 연구기획실시 단계는 연구기획 책임자 선정과 연구기획위

원회 구성, 연구사업의 공정성과 전문가 참여 기획의 실시, 연구사업의 목적, 추진체계, 소요재원 등을 확인한다.

- **연구기획의 확정**: 연구사업의 구체적인 내용을 확정하고, 확정된 내용을 공고한다.

5.2 기술로드맵

5.2.1 기술로드맵 개요

1. 기술로드맵(road map)이란

로드맵이란 앞으로의 계획, 전략 등이 담긴 구상지도, 청사진, 안내도 등이다. 기술로드맵은 기술의 로드매핑(technology road-mapping) 과정에서 산출된 결과물로 시장의 수요에 기초를 둔 일종의 기술기획 프로세스이다.

Garcia & Bray(1997)은 기술로드매핑을 미래에 요구되는 성과목표를 달성하기 위한 연구개발 활동과 기술적 대안에 대한 시간을 기준으로 표현한 것이라 하였다.

Phaal et al(2001)은 기술로드맵을 '기업이 보유한 자원과 조직의 목표, 기업을 둘러싼 환경사이에서 연결고리의 역할을 수행한다'고 정의하였다.

전략기술경영연구원(2004)은 구체적인 이행목표를 세운 뒤 목표달성을 위해 작성된 가이드라인이라 하였다.

이상과 같이 정의된 기술로드맵은 기술적 대안들을 규명, 선택 및 개발할 수 있도록 해주며, 기술발전에 대한 객관적 조망단계로서 미래의 기술을 예측하는 맵단계와 예측된 기술을 실제 선택하는 기술선택단계로 구분한다.

그리고 기술로드맵은 미래시장의 수요를 충족시키기 위해 필요한 기술과 제품을 예측하고, 예측된 기술 등을 바탕으로 최선의 대안을 선정하는 계획과정의 설명이다.

현재의 보유기술제품이 어떤 수요를 충족시키고 있는가보다 수요를 충족시키기 위해서는 어떤 제품이 필요하고, 그 제품을 만들기 위해 어떤 기술이 요구되는가? 이다. 즉 기술로드맵은 해결책이 아닌 요구에 의해 추진되며, 기술개발의 가이드

라인으로 활용된다.

또한 기술예측과 기술기획의 기법으로 이용되는 기술로드맵은 기술사업화를 구체적으로 알려주는 사업화과정의 제시이다.

특히 기술로드맵은 넓은 의미에서 기술예측의 일부이나 기술기획의 목적으로 많이 사용되는 기술예측 방법의 하나이다. 이는 기술예측의 결과를 토대로 필요한 기술지식 활동을 도출하고, 그 활동들이 수행되어야 할 순서나 시점을 결정하는 기술기획 작업이기 때문이다.

[기술로드맵]

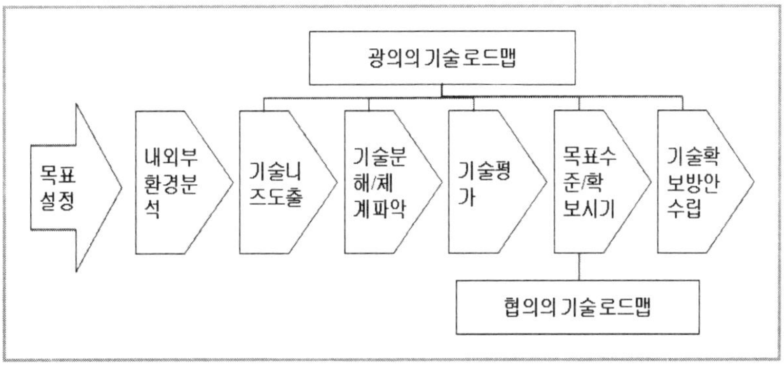

광의의 기술로드맵

목표설정

내외부환경분석

기술니즈도출

기술분해/체계파악

기술평가

목표수준/확보시기

기술확보방안수립

협의의 기술로드맵

결국 기술로드맵은 기술사업화의 추진단계를 제시하고 있다.

- 문제점 해결을 목표로 열거한다.
- 목표의 우선순위를 책정한다.
- 목표달성까지의 계획을 시간순서로 표현한다.

그 외 목표달성 시의 파급효과를 표현하기도 하고, 장단기의 다양한 목표와 조직의 프로젝트관리에서 목표를 공유하기 위한 전략차원의 비전을 제시하기도 한다.

또한 기업에게 향후 5~10년간 주력해야 할 성장시장을 잘 이해하게 하고, 핵심제품규명, 과제도출, 투자를 합리적으로 결정하게 도와주는 시장지향적인 프로세스다.

2. 기술로드맵 내용

로드맵에는 "무엇"을 "언제까지"개발하고, "중간목표"는 무엇이 있으며, 그것을 위한 "중요한 과정"은 어떤 것이 있는가? 그리고 "목표달성을 위한 방법"은 무엇인가? 를 기술한다.

- What: 무엇을 하는 것인가?
- When: 일정이 어떻게 되는가?
- Milestone: 주요 분기점은?
- Procedure: 어떤 순서로 진행되는가?
- Method: 무슨 방법을 사용하는가?

따라서 기술로드맵은 다음과 같은 기준으로 작성되어야 한다.

① 조직의 전략을 반영한다.

조직의 생존과 성장을 위해 중장기적으로 발전할 방향을 반영한다. 그러므로 외부환경변화를 예측하고, 자신의 역량을 감안한다.

② 단계별 이정표를 제시한다.

로드맵에는 기업의 다양한 지표들이 존재하여야 한다. 그리고 현 시점에서 조직이 최종 목표달성까지의 구체적인 전략과 계획을 제시한다.

③ 시장 지향적이어야 한다.

기업의 최종제품이나 서비스를 목적으로 작성하며, 기술로드맵은 기술사업화를 추구하는 방향에서 접근한다.

④ 조직 내의 의사소통수단이 되도록 한다.

조직의 자원을 배분하는 순서를 결정하고, 조직구성원들의 목표를 명확히 하여 상호 협력할 수 있도록 한다.

⑤ 로드맵의 작성 초점을 분명히 한다.

중장기 기술로드맵은 제품에 초점을 두고 작성하기보다 기술 그 자체에 중점을 두고 작성한다. 그리고 기술로드맵은 기술 환경의 급격한 변화를 감안하여 수시

업그레이드 할 필요가 있다. 그리고 세부 기술로드맵은 개발 프로젝트 단위에서 기술계통도와 함께 작성하되 제품에 중점을 두고 작성한다.

3. 기술로드맵의 필요성

① 수요자 중심의 R&D기획이 필요하다.

종전의 연구개발은 주로 기술주도형이며, 연구자의 기술적 역량을 바탕으로 기술개발을 진행하였으나 최근에는 전사적 연구개발 또는 수요자 중심의 연구개발을 하고 있다. 그러므로 기술사업 전략은 미래의 수요자 니즈와 시장의 특성을 예측하고, 이에 적합한 기술로드맵을 작성할 필요가 있다.

② 선택과 집중을 통한 효율성과 핵심역량을 확보하기 위해서다.

기업은 자신의 강점을 극대화할 수 있는 분야를 선택하고 집중한다. 그러므로 기업은 기업이 달성하고자 하는 목표 또는 추구하고자 하는 핵심역량의 확보방법을 표현한다.

③ 죽음의 계곡을 건너기 위한 수단으로 활용된다.

기술사업과정에서 실패의 위기가 닥칠 수 있으며, 이러한 사업 중단의 위험을 넘기 위해 기술기획부터 미래 시장의 수요를 충분히 고려한 로드맵이 필요하다.

④ 기타 기술로드맵이 작성될 필요가 있는 경우는 다음과 같다.

- 조직부문간 갈등이 있을 때
- 연구개발의 방향성과 일관성이 부족할 때
- 조직구성원이 자사의 핵심기술을 알지 못할 때
- 고객의 욕구가 급격히 변화할 때

기술로드맵은 위의 네 가지 필요사항을 충족시킬 때 아래와 같은 효과를 기대할 수 있다.

- 동일사업 분야의 조직간 목표와 전략의 공유
- 단위과제 수행의 당위성이 확보되어 올바른 과제의 적시 개발

- 조직의 비전과 전략에서 계획까지의 일관성 유지
- 사업화계획과 일체화된 연구개발체계 구축이다.

4. 로드맵 역할

기술로드맵은 특정 분야에서 기업 또는 산업이 필요로 하는 미래기술과 제품을 도출하고, 이를 구현하기 위한 최적의 방법을 확인하는 역할을 하며, 다음과 같은 내용을 수행하고 있다.

① 로드맵 단계에서 문제의 예상과 준비의 필요성을 알 수 있기 때문에 리스크 및 자원관리상의 주의 점을 주지시켜 줄 수 있다.

② 스폰서와 고객에게 발표하는 공약의 활용이다.

③ 타당성 평가를 위한 자료가 된다.

④ 자금조달을 위한 근거로 유용하게 활용되고 있다.

⑤ 확실한 비전의 공유로 상충하는 이해관계 조직 간의 강한 유대를 이끌어 주고 있다.

⑥ 효과적인 최고경영자의 도구로써의 의의를 가지고 있다.

5. 로드맵의 구분

Kappel(2001)은 작성목적과 작성범위를 기준으로 과학기술로드맵, 산업로드맵, 제품-기술로드맵, 제품로드맵으로 구분하였다.

[작성목적과 범위별 로드맵]

분류		작성범위	
		과학기술 및 산업	기업
작성목적	메가트랜드분석	과학기술로드맵	제품-기술로드맵
	경쟁위치	산업로드맵	제품로드맵

Garcia & Bray(1997)에 따르면 기술로드맵 작성 대상과 작성주체에 따라 다음과 같이 구분하고 있다.

[대상 및 주체별 기술로드맵]

구분	로드맵유형	적용범위	대표사례
작성대상	제품기술	제품, 공정 수요를 바탕으로 작성되며, 기술적 기회와 위협을 확인하고 분석함	일반적 로드맵
	유망기술	유망기술의 개발과 확보전략에 초점을 두고 분석함	모토롤라의 기술로드맵
	이슈관련	특정이슈와 관련하여 프로젝트 기획 및 예산배분에 초점을 두고 작성함	미국 환경분야 로드맵
작성주체	정부주도	정부주도 기술로드맵의 작성이며, 효과적인 의사결정과 비전을 제공하기도 함	캐나다 산업분야, 미제조기술 분야
	산업주도	산업협회나 기업 컨소시엄 등을 통해 작성하며, 시장의 공존을 목적으로 함	미반도체 기술 로드맵
	기업주도	경쟁우위 목적으로 추진하며, 자사의 목표와 우선순위에 초점을 두고 작성함	필립스의 로드맵

Phaal et al(2001)은 제품기획, 역량기획, 전략기획, 장기기획, 지식자산기획, 프로그램기획, 프로세스 기획 및 통합기획으로 로드맵을 다음 표와 같이 구분하고 있다.

[기획단계별 로드맵]

분류	로드맵 내용
1.제품기획	• 기술기획과 제품개발을 어떻게 연결할 수 있는가
2.역량기획	• 기술이 조직적 역량을 강화시킬 수 있는가
3.전략기획	• 전사적 수준에서 기회나 위험의 평가를 지원한다. • 시장, 제품, 기술 등 미래 기업비전 개발에 초점을 둔다.
4.장기기획	• 장기기획을 수립하되 정보시스템에 초점을 둔다.
5.지식자산기획	• 미래의 수요를 충족시킬 스킬, 기술, 능력을 연계한다. • 지식자산과 기업목표를 연계하는데 초점을 둔다.
6.프로그램기획	• 전략수행에 초점을 둔 연구개발 프로젝트의 실행이다. • 기술발전과 프로그램 및 전환점 간의 관계를 보여 준다.
7.프로세스기획	• 신제품 개발 등 프로세스 기획에서 지식관리를 지원함. • 기술과 상업적 관점을 결합한 지식 흐름에 초점을 둔다.
8.통합기획	• 기술적 통합이나 기술의 진화에 초점을 둔다.

전략기술경영연구원(2004)이 제시한 기술로드맵 구분은 다음 표와 같다.

분류	기술로드맵	세부내용
대상산업	복수산업	• 특정기술이 여러 산업에 걸쳐서 요구되는 경우
	단일산업	• 특정기술이 단일산업에서 요구되는 경우
	개별산업	• 미래 더 좋은 시장위치와 제품을 생산하기 위한 경우
참여자	전문가 기반	• 산업 내 구조관계를 규명하고, 관련전문가 활용
	워크숍 기반	• 연구, 학계 등의 전문가 참여시켜 지식과 경험 활용
	컴퓨터 기반	• 관련연구, 기술, 엔지니어링, 제품분야 D/B 활용
작성주체	정부주도	• 정부의 비전과 기술개발 방향성 및 이정표를 제공
	산업주도	• 개별기업의 고위험을 줄이기 위해 지배적 표준을 유도함
	기업주도	• 미래시장 확보 목적으로 단일 기업이 주도하여 작성
작성대상	제품기술	• 폭 넓은 제품흐름을 보여줌
	유망기술	• 잠재적 유망기술과 실험실 개발기술을 대상으로 작성
	이슈기술	• 이슈기술에 대한 계획수립과 결과의 도출 의도로 작성
작성규모	프로그램	• 최근 부각되는 기술의 전략적 방향성 평가를 위해 작성
	프로젝트	• 단일 프로젝트를 지원하기 위해 작성됨

6. 로드맵 구성요소

이병남(2006)은 기술로드맵의 구성요소로 시간, 시장요구사항 및 제품의 요구사항, 기술, 스킬, 과학, 노하우, 자원 등 5가지 요소를 제시하고 있다.

- **시간**: 가장기본적인 기준으로 반드시 표현된다.
- **시장과 제품의 요구사항**: 시장상황과 제품특성을 내포한다.
- **기술**: 제품과 관련된 기술보다 조직역량을 높일 수 있는 모든 지식이나 정보를 말한다.
- **스킬/과학/노하우**: 기술을 실현시키는 하위 구성요소로 필요하다.
- **자원**: 미래의 목표를 달성하는데 소요되는 인적, 물적, 지적자원 등을 얼마만큼 비용으로 지출할 것인가를 말한다.

7. 기술로드맵 작성방법

로드맵의 표현은 작성자의 의도와 목적이 가장 잘 반영되도록 하되 다른 조직이 쉽게 이해할 수 있도록 표현한다. 특히 기술, 제품, 시장 등은 다양한 층을 이루고 있는 기술적 내용을 하나의 양식에 표현하고, 각 계층 내에서의 진화, 계층

간의 상호 의존성, 제품이나 서비스 또는 사업시스템과 기술의 통합 등을 구체적으로 표현한다.

기술로드맵의 작성은 최고경영자와 연구개발부, 생산부, 마케팅부, 구매부, 인사부 등 사내부서, 고객, 소비자 등이 목표달성을 위해 아이디어를 모으는 과정에서 작성한다.

작성방법은 아래 표와 같이 전략기술경영연구원 등이 제시하고 있으며, 일반적으로 준비활동단계, 작성단계, 관리단계 등으로 나누어 작성한다.

- **준비단계:** 선결요건확인, 작업팀구성, 기술로드맵의 범위 및 한계 정의
- **작성단계:** 로드맵대상 분야도출, 핵심시스템 구성요소와 성과목표 및 필요한 주요 기술영역확정, 기술대안 선정 및 실현시점 설정, 기술로드맵 보고서작성
- **관리단계:** 기술로드맵의 검증, 기술대안의 실행계획 수립, 로드맵과 실행계획의 정기적 재평가 및 보완

[기술로드맵 작성방법]

연구자	작성단계	세부내용
전략기술경영연구원	기획	로드맵의 목적, 범위, 전문가 선정, 일정계획수립
	시장정의	시장의 요구사항 도출, SWOT분석
	제품, 기술정의	고객의 니즈파악과 가치제공 대안의 구체화
	로드맵 작성	사실적 자료에 근거하여 작성
	로드맵 실행	자원과 시간문제를 고려한 실행계획 작성
Kappel	market section	기업의 전략, 시장조사 및 분석
	product section	제품의 진화과정, 경험곡선, 제품로드맵
	technology section	기술로드맵 작성, 소요비용 산정
	action plan	실행전략 수립, 비전, 목표의 구체화

5.2.2 기술로드매핑

1. 기술로드매핑(technology road-mapping)이란

기술로드매핑은 기업이 보유한 자원과 기술별 사업목표를 대상으로 하며, 목표를 공유하기 위한 전략적 차원의 비전을 나타내기 위해 사업 환경과 연결하는 과정

이다.

기술로드매핑은 시장의 니즈(needs)에 기초를 둔 일종의 기술기획 프로세스로써, 기술적 대안들을 규명, 선택 및 개발할 수 있도록 미래에 요구되는 성과목표(performance target)와 이를 달성하기 위해 필요한 연구개발 활동 또는 기술 대안에 대한 시간을 기준으로 표현한다.

기술로드매핑은 기술로드맵에 관련된 사람(또는 조직)의 참여와 협동으로 작성된다. 그리고 참여와 협동의 과정을 통하여 참여자(또는 참여조직)는 학습하여 경험을 축적할 수 있으며, 향후 공유할 비전을 함께 만들어 감으로써 로드매핑 자체가 훌륭한 전달도구로써 기능을 한다.

2. 기술로드매핑 프로세스

기술로드매핑을 작성하는 절차는 3단계로 구분하는 것이 일반적이나 이를 세분화하여 4단계 또는 6단계로 구분하여 로드매핑 프로세스를 적용하기도 한다.

① 3단계 구성 로드매핑 프로세스

기술 로드매핑은 3단계로 구성되며, "예비활동", "기술로드맵개발"과 "후속활동"의 단계로 추진되는 프로세스를 구성한다.

1단계: 예비활동단계

- **로드맵개발의 필요성 인식과 협조분위기 조성**: 로드맵 개발의 필요성을 함께 인식한다는 취지에서 모든 참여자가 로드맵 작성에 충분히 동의하도록 조절하는 작업분위기를 조성한다. 기술로드맵 작성은 모든 참여자 (마케팅팀, 기술연구소, 전략기획실 등)들의 협업에 의해 진행되며, 결과물을 찾아내는 과정이 되도록 한다.
- **참여자들의 공유**: 공급자와 후원자는 로드맵작성 시에 직원의 공수투입을 위해 반드시 지원한다. 그리고 지원은 참여자들에게서 나오며, 이를 위해서는 참여자들이 로드맵의 필요성을 공유하는 과정이 필요하다.
- **로드맵의 범위 및 한계 정의**: 기술사업화의 영역과 범위 등을 정의한다. 로드맵을 작성하기위한 충분한 비전을 확실히 하고, 없는 경우에는 비전을 개발하거나 현재 상황을 분명하게 파악해야 한다.

로드맵에서 비전을 뒷받침 할 수 없다면 로드매핑 과정은 더 이상 진행할 수 없기 때문이다.

로드맵의 작성은 기술과 참여자의 범위 및 한계를 정의해 주고, 구체적인 기획형태와 수준을 설정하여야 한다.

2단계: 로드맵 개발단계

- **로드맵의 중심은 생산이다.** 참여자의 공통된 필요욕구를 식별하고, 전체의 동의를 구한다. 필요한 욕구가 확실하지 않을 경우 시나리오를 기반으로 기획하며, 공통의 필요한 제품욕구를 얻도록 한다.
- **핵심시스템의 구성요소와 성과목표를 구별하여 정한다.** 기술로드맵을 위한 전체적인 구조를 알게 해준다. 구성요소는 신뢰성을 확보하고, 비용 등과 같은 특정 목표에 대한 수요를 파악할 수 있도록 한다.
- **주된 기술 분야를 파악토록 한다.** 각각의 기술 분야는 여러 개의 기술들을 가지고 있으므로 이들 기술을 파악할 수 있도록 한다.
- **기술개발 동기부여 요인을 만들어낸다.** 기술개발의 동기 요인과 목표를 확정하기 위해 핵심시스템 구성요소로 만들어지며, 동기부여 요인들은 기술적 대안들로부터 특정기술을 선택하게 하는 주요 변수이다.

  동기부여 요인들은 기술 분야에 특정되어 있으나 핵심시스템 구성요소들과의 기술적 연관성이 파악된다면 특정되지 않을 수도 있다.
- **기술개발 동기부여 요인과 목표를 정한다.** 기술의 선택은 동기부여 요인의 목표를 만족시키는 방향에서 이루어진다. 또한 각각의 일정을 정할 때는 어떻게 기술개발 동기부여 요인이 목표를 충족시킬 수 있을 것인가? 를 고려한다.
- **다양한 기술적 대안을 준비한다.** 기술적 대안의 선정은 기술에 따라서 소요비용과 구현일정 등이 다르기 때문에 로드맵에 적합한 기술적 대안을 선택한다. 여기에서는 각각의 목표와 성능 및 비용 사이에서 여러 가지 기술적 대안들의 타협점을 찾고, 취사선택한다.
- **기술로드맵 작성과정의 최종단계는 로드맵보고서의 작성이다.** 이 과정을 통하여 기술의 구분 및 설명, 주요 요소, 관련 없는 분야, 추천하는 시행방법, 추천하는 기술 등 5가지 분야를 기술하며, 보고서에 부가적인 정보를

포함한다.

3단계 : 후속활동단계

후속활동단계는 작성된 로드맵이 평가되고, 검증되는 단계이다. 함께 업무를 수행할 참여자들의 희망적인 반응을 얻어내거나 작성된 로드맵의 하위 로드맵 또는 구체적인 실행방안 등을 작성한다. 일반적으로 다음과정이 추진단계에 포함된다.

- 개발된 로드맵의 검증
- 기술적 대안의 실행계획수립
- 로드맵과 실행계획의 재평가 및 보완

② 4단계 : 구성 로드매핑 프로세스

4단계 로드매핑 프로세스는 다음과 같은 과정을 거치고 있다.

- **착수단계:** 착수단계는 로드맵개발 당위성을 확보하고, 지원을 얻어낸다. 또한 로드맵의 범위를 정하고, 참여자들과의 합의를 이끌어내는 단계다.
- **기술의 필요욕구 평가단계:** 기술적 이슈의 도출, 능력평가, 현재 능력과의 격차 및 연구개발 목표를 평가하고, 정의하는 단계이다.
- **기술대응 개발단계:** 개발단계는 기술개발에 따르는 문제에 대한 해결방안 모색, 기술적 대안 검토, 대응전략개발, 대응전략에 대한 우선순위결정, 일정개발 및 로드맵보고서 작성 등의 단계이다.
- **실행단계:** 실행단계는 로드맵보고서를 평가하고, 타당성을 검토한 뒤 실행계획을 개발하는 단계이다.

5.3 기술예측

5.3.1 기술예측이란

기술예측(Technological Forecasting)이란 미래사회에서 필요한 니즈를 충족시킬 수 있도록 기술개념을 도출하는 과정으로 어떤 특정한 논리체계에 따른 기술의 실현시기, 기술특성 또는 기술모수의 변화 속도 등 기술의 장래모습을 양적, 질적, 내용적으로 예측하는 것을 말한다.

기술예측의 목적은 기술예측을 통해 우선순위 유망기술을 도출하여 미래 핵심기술을 전망하고, 개발하는데 있다. 이러한 기술예측은 장기적으로 과학기술을 극대화할 수 있는 연구분야와 기술분야를 대상으로 우선순위를 결정한다.

이는 미래의 과학기술 발전수준을 확률적으로 평가하고, 과학기술진보의 중요성을 여러 가지 측면에서 분석하여, 전문가로 하여금 더욱 좋은 의사결정을 할 수 있도록 하는데 있다.

기술예측의 필요성은 기업이 기술변화에 민감하게 대응하는 주체로서 생존을 위해 대책의 마련을 위한 요인을 확인시킬 수 있기 때문이다. 즉, 미래의 니즈를 충족시킬 수 있는 R&D의 필수 과정이고, 시장을 선점할 수 있는 기술과 품목의 발굴을 위해 필요하며, R&D투자의 위험요인을 감소시키는데 필요하다.

기술예측의 유형에는 4가지가 있다.

① **선형적 기술예측**: 과거부터 현재까지의 기술추세와 경향 등을 파악하여 미래의 기술을 예측하는 방법이다.

② **간헐적 기술예측**: 일정한 간격을 두고, 비슷한 유형의 발생을 유추하여 기술을 예측하는 방법이다.

③ **돌발적 기술예측**: 과거자료는 없으나 갑자기 나타난 현재상태가 미래의 변화를 어떻게 야기 시킬 것인가를 유추하여 예측하는 방법이다.

④ **창조형 기술예측**: 지금까지 한 번도 발생한 적은 없으나 새로운 현상과 사건이 출현할 것이라고 예측하는 방법이다.

그리고 기술예측의 특징은 다음과 같다.

① **사회적 영향**: 새로운 기술이 미래 경제사회에 가져다 줄 사회적 이익을 고려하고 있다.

② **협의성**: 기술과 정부의 정책 및 지원간의 협의와 상호작용이 포함되고 있다.

③ **균형성**: 과학기술의 추진은 시장 니즈와 균형토록 하고, 사회경제적 요인을 감안하여 혁신을 한다.

④ **장기성**: 통상적인 기획의 범위를 초과하는 기술예측을 한다.

⑤ **체계성**: 미래의 기술예측 시도는 체계적이고, 일반적인 계획과 구분하고 있다.

5.3.2 기술예측 역할

기술예측의 주요 역할을 다음과 같다.

① 기술예측은 기술전략수립에 중요한 기초정보를 제공하여 의사결정 과정의 객관성을 높인다.

② 기술예측은 기술개발전략을 수립하고, 기술 지도를 작성하는데 기초자료로 활용된다.

③ R&D기획과정에서 연구개발 프로그램 및 프로젝트, 연구비 규모, 연구방향, 소용인력, 필요역량 등을 결정하는 자료로 활용된다.

④ 신제품, 신 공정, 신소재 등의 계량적 성능지표 결정과 신기술 도입 시기 결정에 도움을 주고, 기술진보에 따른 경제적 잠재력, 사회적 영향력, 정치적 발전방향의 파악에 보완적 역할을 한다.

⑤ 기술개발의 계획과 예측을 각 시점별로 비교하여 계획의 실현 가능성 또는 계획의 수정 등을 알려주는 경보역할을 수행한다.

5.3.3 기술예측 과정

① **기술예측의 목표 설정**: 기업의 기술전략수립은 목적, 핵심기술, 역량확보 등 다양한 목적이 존재한다. 이를 달성하기 위해 구체적 기술예측목표를 설정한다.

② **미래의 니즈와 기술과제 도출**: 기술예측은 경제, 사회, 문화, 정치 등 환경요인을 고려한 포괄적 니즈를 파악한다. 그리고 미래의 니즈를 충족시킬 수 있는 기술적 과제가 무엇인지 파악하고, 미래사회의 모습을 분석하여 청사진을 그리게 하며, 세부 과제를 도출한다.

③ **기술예측기법의 선정**: 기법은 계량적 특징 등 주어진 상황에 따라 하나 또는 여러 가지 기법을 복합적으로 사용한다.

④ **기술 분석 및 예측**: 예측기법에 의한 대상 기술의 분석을 통해 기술을 예측한다.

⑤ **예측의 평가**: 미래의 기술에 대한 불확실성은 기술개발의 위험을 높이는 요인이므로 이를 최소화시키는데 기술예측이 필요하다. 그러므로 기술예

측은 실현가능성을 타진하고, 기업의 최고경영자는 평가를 통해 기업전략으로 반영한다.

5.3.4 기술예측기법

기술예측 방법은 협의의 개념으로 기술예측을 지원하는 수단이며, 광의의 개념으로는 미래의 기술이나 사회변화를 예측하고, 필요로 하는 기술을 판단하여 우선순위를 정하기 위한 사전평가에서 R&D방향을 결정할 때 필요한 방법이라 하였다.(KISTI, 2009).

특히 오늘날 과학기술의 영역이 모호하게 되면서 자원의 제약은 과학기술분야의 독점우위를 누릴 수 없도록 하였고, 선택과 집중을 통해 유망기술을 탐색해야 하는 문제점에 직면하게 되면서 기술예측은 이에 대한 해결책으로 등장하였다.

따라서 기술예측자료가 기획과 평가 등 의사결정에 활용되도록 다양한 기술예측방법이 사용되었고, 이러한 기술예측의 접근방법은 다음과 같다.

① **규범적 접근법이다**: 미래 과학기술에 기반을 두고, 어떻게 이루어 낼 것인가를 기획한다. 예측기법에는 델파이기법, 성공시나리오 워크숍, 연관트리, 로드맵 방법 등이 있다.

② **탐구적 접근방법이다**: 현재 알고 있는 지식에 기반을 두고, 가능한 미래를 탐구하는 방법이다. 예측기법에는 델파이기법, 고전적 시나리오 워크숍, 교차영향분석 및 경향분석 등이 있다.

③ **자료결과와 성격을 통한 집근방법이다**. 정성적 접근방법과 정량적 접근방법이 있으며, 정성적 접근방법은 통계보다 사람의 판단에 의존하는 방법으로 시나리오, 브레인스토밍, 전문가패널 등의 기법을 이용하며, 정량적 접근방법은 숫자나 통계에 의존하는 방법으로 추세외삽, 성장곡선, 모델링, 교차영향분석 등의 기법을 활용한다.

④ **지식원천을 통한 접근방법이다**. 창의성, 전문성, 상호작용, 근거에 의한 예측방법이며, 시나리오, 시뮬레이션, 로드맵, 문헌고찰, 스캐닝 등이 있다.

그리고 구체적 예측기법은 다음과 같다.

① 성장곡선모형(Growth Curve Model)

시간의 흐름에 따라 얻어지는 누적수요 자료를 설명하기 위하여 흔히 이용되는 성장곡선모형(Growth Curve Model)은 수요예측의 유용한 통계적 모형이다.

성장곡선모형은 기술진보가 일정시점이 지나면 한계수준에 이르러 S자형 성장 행태를 보이므로 다양한 현실문제에 대한 수요예측모형으로 널리 활용된다. 그 예로 한 기업에서 신상품이 출하되었을 때 판매추세에 대한 예측은 신상품의 출하 이후 가장 많이 팔리는 시기와 그 판매량 등에 대한 예측을 가능토록 한다.

② 경향외삽법 (Trend extrapolation)

경향외삽법은 과거 사실의 연장, 탐구적 예측 또는 기술능력의 지향적인 예측을 의미한다. 이 예측기법은 미래의 기술이 과거의 기술성과와 예측가능한 관계식을 가질 것이라는 점을 가정하여 기술을 예측하는 기법이다.

③ 연관계통분석 (Cross-impact analysis)

연관계통분석은 한 가지 미래의 가능성이 미래의 다른 가능한 사건에 미치는 영향을 탐색하는 일련의 방법이다. 이 기법에 의한 예측은 여러 차례의 반복과 수정을 통해서 가능하다고 생각되는 미래의 상호작용에 대한 보다 선명한 청사진을 얻게 한다.

④ 델파이기법

델파이기법(Delphi technique)은 직관적 예측(Intuitive forecasting) 중의 하나로서 해당분야와 관련되는 여러 명의 전문가들에게 통제된 피드백(feedback)을 이용한 일련의 집중적인 설문지를 통해 전문가집단의 가장 신뢰성 있는 의견 합의점을 얻어내는 기법이다.

직관적 예측이란 전문가들에게 정보를 제공하고, 그들로부터의 얻은 견해를 체계적으로 평가하는 것을 의미한다. 이러한 예측기법은 기술예측을 부정하는 것처럼 보이지만, 전문가의 지식과 경험으로부터 미래의 통찰력을 얻기 위한 방법론으로 가장 효율적이다.

델파이기법은 같은 내용을 여러 번 반복 설문하는 방법으로, 앞선 설문응답 내용을 다음 설문 시에 분석 정리하여 보충자료로 제공하고, 응답토록 하는 방법이 보통이다. 따라서 이 방법은 여러 명의 전문가를 같은 내용의 설문에 응답토록 함으로써 어느 개인 전문가의 단점을 보충할 수 있다.

⑤ 기술예측기간 기법

기술예측기법으로 기간을 기준하여 구별하며, 주요내용은 다음 표와 같다.

[예측기간별 기법]

구분	적절한 기법	주요 내용
단기예측	경향 외삽법	• 과거 관측치의 경향을 미래의 연장선에서 투영 • 지수추세, 회귀분석 등
중기예측	성장 곡선법	• 기술진보가 일정시점을 지나면 한계수준에 이르는 과정을 S곡선 형태로 단순화 • 과거 시계열을 이용, 모수를 추정하고 예측
	시뮬레이션법	• 실체를 모형화한 대체물에서 그 제어요인에 대한 실험결과로부터 실체를 예측
	기술연관 분석법	• 각 산업에 걸친 기술의 상호관계를 정량화하여 요소기술과 기술의 파급효과를 조사하는 방법
	Relevance Tree	• 기술목적을 순차적으로 나열하고 목적달성이 가능한 수단을 찾아, 세부기술 과제를 확정 • 연구팀의 목표가 전체기술 계획에 부합하는지 평가
장기예측	Delphi	• 전문가 Panel을 구성하여 설문조사를 반복적으로 실시, 의견수렴과정을 이용
	Cross Impact	• Delphi기법의 발전된 형태, 예측대상기술에 대해 상호영향을 미치는 요인을 분석
	Scenario	• 미래의 가상적 상황에 대한 주관적 묘사 • 다른 예측기법을 바탕으로 여러 시나리오 구상 가능 • 데이터베이스에서 기업목적과 제약변수를 고려하여 시사점을 분석하고 계획수립에 반영

⑥ 관련성계통도(Rclevance trees)

네트워크분석 등 관련성계통도는 형태학의 분석, 목표 또는 목적, 특정 연구 프로젝트를 선택하는데 사용할 수 있다.

관련성계통도의 방법론은 계획이 목표를 달성 가능한 모든 방법이 발견되었는지 확인하기 위해 가장 적합한 계층적 순서로 배열하여 줄기 모양의 경로, 목표, 그리고 작업을 결정한다.

기술목적을 순차적으로 나열하기 때문에 목적달성이 가능토록 수단을 찾아 세부기술 과제를 확정하는 기법으로 연구팀의 목표가 전체기술기획에 부합하는가? 를 평가할 수 있다.

⑦ 시나리오기법

시나리오기법(Scenarios method)은 인과적 과정과 의사결정 시점에 주의를 집중시키기 위해 연속적 사건들을 가상적으로 설정하는 방법이다, 이러한 시나리오기법은 변화하는 환경에 대한 가장 탄력적 대응으로 대안을 제시해 줄 수 있는데 있다.

시나리오기법은 기술의 진화과정에서 고려될 수 있는 환경요인들을 포함하며, 기술과 환경, 환경과 환경 간의 상관관계를 추론하고, 정량적 데이터와 정성적 데이터를 사용할 수 있다. 그러나 일반 예측기법에 비해 시나리오기법은 비용이 많이 소요되고, 장기간의 시간소요가 따르는 단점을 가진다.

이러한 시나리오기법의 구성단계를 살펴보면 아래와 같다.

- **목표와 현상의 정리**: 조직이 처한 환경에 대한 의문을 명확히 하는 단계로 궁극적 목표나 문제를 정의하고, 형상화하는 과정이다.
- **요소 및 필요정보도출**: 목표에 대한 의사결정을 할 수 있도록 필요한 정보를 도출하는 단계이다.
- **외부 환경인자**: 의사결정이 미래에 어떤 모습으로 영향을 미칠 수 있는가에 대한 외부 환경요인을 찾아내는 단계이다.
- **주요변수의 도출**: 도출된 주요 환경인자들의 종합적 변화방향을 찾는 단계이다.
- **시나리오의 작성**: 주요 변수가 목표연도에 변화할 수 있는 가능한 환경의 모습과 각 변수들에 대한 극한상황들의 상호 결합을 통해 시나리오를 작성하는 단계이다.
- **시나리오에 내포된 의미의 분석**: 시나리오에서 나타나는 의미를 도출하는 단계이다. 시나리오에서 기회와 위협요인을 도출하고, 전략적 의미를 분석하여 대안을 찾는 단계이다.

⑧ 그 외 기술예측기법

- **규범적 또는 목표 지향적 예측**: 기술이 인간의 필요를 충족시키는데 실현될 것이라는 점을 가정한다. 구조분석의 다양한 기법에 따라 어떤 기술의 미래 중요성과 인지된 가치 또는 필요에 관련된 기술 출현시기의 가능성을 밝힌다.

- **동학적 모형 설정**: 인과관계와 상호작용에 관한 수학적인 모형을 디자인하는 개념이다. 이 때 컴퓨터를 이용하여 여러 가지 가정 하에서 그 모형의 형태를 점검할 수 있다.
- **모니터링**: 배태단계의 기술을 확인하려는 시도뿐만 아니라, 그 기술의 미래방향에 영향을 미치는 원인을 인식하려는 방법이다. 그 때 예측을 위한 기술진보 속도와 기술효과의 진정한 성격들을 결정하기 위해서 적절한 현상들을 추적한다.

5.4 기술획득

5.4.1 기술획득이란

1. 기술획득

기술은 기업의 경쟁우위 확보를 위해 필요하며, 기업은 필요한 기술을 자체 또는 외부로부터 획득한다. 이러한 기술의 획득은 사업화를 위해 전략적으로 획득되어야 하며, 기술선택, 기술획득, 기술사용의 과정을 거친다.

① 기술선택

기술의 선택은 기술지체의 선택으로 일반적으로 진입 시기, 기술의 원천, 위험의 분산 등을 고려하여 선택한다. 기술의 선택은 대상기술을 선정하고, 자사의 기술적 위치를 전략적으로 정하는 기술 분야의 인식, 기술의 포트폴리오 구성 및 투자우선 순위 평가, 프로젝트 선정 등을 포함한다.

기술선택의 접근방법은 경제적 접근과 형태론적 접근방법이 있으며, 경제적 접근법은 순 혜택이 가장 큰 경제성이 높은 기술을 선택하는 방법이다. 이 방법은 비용편익분석을 적용하여야 하므로 적용이 어렵고, 한계가 있다.

반면 형태적 접근법은 공학적 특성은 물론 지역특성, 경영능력, 노동집약도, 생산성, 수익대체 효과, 하부구조의 가용성, 재료의 물리적 특성 등을 고려한 선택방법이다.

② 기술획득

기술획득은 기술도입, 기술고문 초빙, 해외연수, 외부 우수 기술인력 확보 등의 방법으로 자체개발하거나 외부로부터의 이전, 그리고 설비업체, 거래업체 및 고객 등을 활용한 기술획득 등이 있다.

기술획득 방법은 크게 구분하여 연구개발을 통한 자체개발과 외부로부터 도입하는 방법이 있으며, 최근 혼합하는 MIX전략으로 변경되고 있다(M Radnor, 1991).

자체개발의 경우에는 사업의 독자적 전개, 개발 성과의 독점적 활용 등의 장점이 있다. 그러나 자원투입이 늘어나고, 개발위험이 크며, 급격한 환경변화에 대응할 수 없다는 단점이 있다.

반면 외부기술 이전의 경우에는 전체적 기술구매, 부문적 기술도입 및 모방 기술이 있다. 경쟁우위를 확보할 수 있는 장점이 있으나 갈등과 조장에 따른 비용이 발생된다는 단점이 있다.

기술획득의 선택은 경쟁상태, 자사의 기술능력, 전략적 의지 등을 감안하여 선택한다. 전략적으로 중요한 기술이고, 자사기술 능력을 보유한 경우 자체기술개발을 선택하며(Venkatesan, 1992), 기술 위험이 높고, 시장의 요구수준에 비해 기술 능력이 낮은 경우에는 외부기술의 획득을 선택한다.(Killing, 1980)

2. 기술획득전략

기술전략은 기술획득전략, 기술관리전략, 기술활용전략이 있으며, 기술획득과 사용은 기술의 자체개발 및 제품판매에서 외부기술의 획득과 판매를 고려한다.(Ford, 1988)

기술의 획득방법은 신기술개발, 외부기술 도입, 벤처기업 인수, 기술의 개량, 신설비도입 및 특허구입이 있다.

자체개발은 필요한 기술을 자체개발함으로써 사업화 시에 성과를 독점할 수 있으나 많은 비용과 시간소요로 실패의 위험이 높아지는 단점이 있다. 그러므로 기술경쟁의 격화와 외부의 기술성과를 조기에 활용하는 외부기술획득이 기술의 환경변화에 대응하는 수단으로 요구되고 있다.(Jipping, 1989)

그리고 기술 환경의 변화는 초기의 자체개발 중시에서 외부기술 활용을 위한 제휴로 전략적 변화가 이루어지고 있다.((Olleros & MacDonald, 1988)

그 외 기술획득 전략은 표준화되어 있는 기술일 경우에는 외부구입이 유리하고,

전유성 기술, 표준화 이전단계기술, 보완자원의 이용 가능한 기술은 제휴가 유리하다.

특히 기술적 위험이 높은 고도의 기술이면서 개발비용이 큰 경우에는 공동개발 컨소시엄을 활용 한다.(Smilor & Gibson, 1991)

기술획득의 선택은 경쟁상황, 자사의 기술능력 및 전략적 의지 등을 감안하여 결정된다. 즉 전략적으로 중요한 기술이고, 자사의 기술능력을 보유한 경우에는 자체개발하고, 기술적 위험이 높고, 기술능력이 낮으면 외부기술을 선택한다.

[기술획득방법의 장단점]

방법	장점	단점
자체개발 (In-house R&D)	독점적 기술지식 획득 생산개시 전 전문가 양성 가능 급속한 기술진보 산업에 적당 기대이익 크다.	장기간 개발비 부담 위험부담 크다 성공불확실성이 크다
부분적 기술도입 (Licensing - in)	약간의 독점기술과 노하우 획득 투자이전 위험부담 예측가능 R&D비용 적고, 생산개시 빠르다 신 시장 수요공급 조정가능	적합한 프로젝트탐색필요 기술도입비용 발생 재정적 부담
전체적 기술구매 (purchasing technology)	생산개시 빠르다 기술적, 재정적 부담 적다 소유가치 하락과 개발경쟁 가속	독점기술 획득 불가능 경쟁기술 이득 낮다 구매비용 부담 크다
모방기술 (imitation)	개발비용 적고 자체기술능력 향상 기술횡보 또는 예속을 막음 여건에 알맞은 개발가능	실패하기 쉽다 생산개시 시간이 길다 기술능력이 있어야 한다

자료 : 배종태(1984)

3. 기술획득 선택기준

기술획득 방법은 일반적으로 기술의 성숙도에 의해 구분하며, Ericson et al(1991)은 발아기술, 성장기술, 성숙기술, 노화기술로 분류하였다.

Granstrand & Sjolander(1988)는 기술의 성숙도, 경쟁위치에 영향정도, 제품응용의 구체화를 기준하여 구분하고 있다. 그리고 전략적 중요도에 따라 분류하며 구체적 분류기준은 다음 표와 같다.

[전략적 중요도에 의한 기술분류]

구분	기준
기반기술(Base Technology)	경쟁기업 공통으로 사용하는 기술이고, 특화할 수 없는 기술
핵심기술(Key Technology)	제품성능이나 품질에 직접 영향을 미치며, 경쟁제품과 차별화 할 수 있는 기술
도상기술(Pacing Technology)	잠재적으로 제품의 성능, 품질, 비용 등에 영향을 미치는 기술
태동기술(Emerging Technology)	응용기술로 구체화 되지 않으나 경쟁위치에 영향을 줄 수 있는 새로운 기술

기술획득방식은 자체개발(in-house development), 외부조달(outsourcing), 공동개발(joint venture) 및 위탁개발(R&D contract)이 있다. 이들 방식의 선택기준은 기술적 위상, 시간적 긴급도, 투자규모/수준, 수명주기, 기술적 중요도 등이 된다.

[기술획득 방식의 선택 기준]

방식	기술적 위상	시간적 긴급도	투자규모/수준	수명주기/단계	기술적 중요도
내부개발	높음	낮음	큼	초기	핵심
공동개발	↕	↕	↕	↕	↕
위탁개발					
외부조달	낮음	높음	작음	후기	주변

그리고 기술개발방법의 선택에서 가장 보편적인 획득방법은 외부조달방법 중 기술이전이다. 기술이전에는 전체적 기술구매, 부분적 기술도입, 비공식적 기술이전 등이 있다. 이러한 기술이전 방법에 의한 기술을 획득할 경우 기술적 특성, 시장구조, 기업능력 및 경영자 선호도 등을 선택기준으로 한다. Golr(1975)는 다음과 같은 선택기준을 제시하고 있다.

- 기술개발 비용
- 기술의 상업적 성공가능성
- 기술의 상업적 성공소요시간
- 상업적 성공시의 이익정도
- 조직구조의 개편과 기업 활동의 변화정도

그리고 기술획득방법의 결정에는 기술획득전략과 사업전략의 효과적인 연계가 되도록 방법을 결정한다. 이 때 획득기술은 비용, 기간, 기대이익 등 도입조직의 능력과 환경요인을 감안하여 결정한다.

① 내부적 능력에 의한 자체기술 획득이다.

자체노력, R&D활동, 공정개선, 디자인개선, 품질관리 등에 의한 획득으로 주로 경험과 사용에 의한 학습, 문제 해결능력 등과 같이 인력 및 조직에 체화되어 획득하는 방법이다.

- **자체연구개발**: 기업 내 연구개발 인력과 기술적인 자산을 활용하여 자사 내에서 기술을 개발하는 방식이다.
- **합작회사의 참여**: 둘 또는 그 이상의 기업이 기술개발을 위해 노하우와 기술적인 자원을 결합하는 방식이다.

② 기술이전에 의한 획득이다.

기술이전에 의한 획득은 기존기술을 기업 외부로부터 소화·흡수하는 방법의 획득이다. 가장 우수한 기술의 획득, 특정프로젝트의 개발기간 단축, 내부 취약부분의 보완, 새로운 가능성의 도출, 기술획득 비용 절감 및 참신한 아이디어의 도출이(SRI international, 1991) 되며, 연구개발 계약, 권리사용, 기술구매 등의 방법이 있다.

- **연구개발 계약**: 연구개발을 위해 전문용역기관에 위탁연구토록 하는 방식이다.
- **권리사용**: 기술을 활용할 수 있는 권리를 구매하는 방식이다.
- **기술구매**: 기술에 대한 직접적인 구매와 기업을 인수/합병하여 기술을 획득하는 방법이다.
- **기타**: 기술 라이선스를 활용하거나 공동개발, 기술전수 등의 방법이다.

4. 기술획득 절차

기업의 기술역량 강화를 위한 기술획득절차는 일반적으로 다음과 같다.

- 1단계: 사업부문의 기술니즈 확인이다. 관련사업 부문에서는 최신 기술동향 분석을 통해 확보할 기술니즈를 확인하고, 향후 기술개발방향을 설정한다.
- 2단계: 현 보유기술수준의 평가이다. 내부 기술역량평가를 통해 현재 개발

가능한 기술 또는 핵심역량으로 보유할 분야를 명확히 하는 단계이다.

- 3단계: 기술획득 전략수립이다. 기업의 기술전략과 연계한 기술개발 또는 획득경로를 설정하는 단계이다.
- 4단계: 자체개발 또는 기술획득 실행이다. 대상기술, 대상기관, 획득방법 등을 구체적으로 설정하는 단계이다.

5.4.2 기술아웃소싱

1. 기술아웃소싱의 개요

필요로 하는 기술을 외부의 제3자에게 개발의뢰하고, 의뢰한 기술을 제3자로부터 획득하는 방식이다. 종전에는 핵심기술을 보호한다는 측면에서 자체개발을 유도했으나 R&D 분야 경쟁력제고와 효율성향상을 높인다는 측면에서 자체개발보다 아웃소싱으로 대체하는 추세이다.

이러한 기술아웃소싱에서 전략적 기술획득을 하기 위한 접근방법은 다음과 같다.

- 다양한 기술원천과 파트너십을 감안한 기술전략 재평가
- 납품업체, 고객 등을 포함한 새로운 제품프로세스 설정
- 새로운 자원관리지침, 예산수립과정 정립, 전략적 기술획득을 위한 최고기술경영자(CTO)의 역할과 책임확장

그리고 기술아웃소싱의 대상은 다음과 같다.

- 사업화(생산, 판매 등)에 필요한 완성기술
- 자체기술을 보완할 수 있는 부분기술과 요소기술
- 기술개발과 사업화 과정에서 필요한 기술의 용역
- 연구시설과 연구용 기자재
- 연구인력 등 기술관련 경영자원

2. 기술아웃소싱의 필요성

기술아웃소싱은 점차 기술개발의 속도가 빨라지고, 외국의 선진 기업들이 참여하는 세계시장을 진입대상으로 할 때 경쟁력강화를 위해 폭넓은 기술역량 확보의 필요성이 요구되므로 이에 부응하기 위함이다.

기술아웃소싱은 단순한 비용 절감에서 정보시스템 등 전문적 분야까지 확보하며, 기업의 핵심 부문인 R&D부문을 포함시키고 있다. 그 이유를 살펴보면 다음과 같다.

① **제품의 출하시기 단축이다.**

기술채택과정의 가속화는 기술개발시간과 사업화기간을 단축시킨다. 특히 최근 디지털경영시대에서 기술의 라이프사이클이 짧아지며, 신기술의 시장 진입속도가 더욱 빨라지고 있다. 이럴 때 기업의 자체기술개발은 자원과 역량의 한계로 시장 진출의 속도를 늦추거나 실기할 수 있으므로 이를 방지하기 위해 기술아웃소싱을 한다.

② **신기술의 확보이다.**

외부 전문기관을 통한 기술개발은 기업자체가 보유하지 못한 신기술의 확보를 할 수 있도록 해 준다. 급변하는 기술경쟁시대에서 기업의 신기술 확보는 기업경쟁력을 높일 수 있는 매우 중요한 계기가 되므로 기술아웃소싱을 한다.

③ **기술개발 위험을 축소시킨다.**

기업은 기술개발을 위한 시간과 비용을 줄이고, 개발위험을 최대한 축소시켜 준다.

④ **비용절감과 연구개발 효과를 개선한다.**

기업의 간접비용을 절감시키고, 기술 인력을 생산과 품질개선 등으로 활용할 수 있도록 한다. 그리고 아웃소싱 예산운용의 명확한 회계 관리는 연구개발효과를 측정하는데 도움이 된다.

⑤ **기술영역 등 영역의 확대이다.**

기업들은 고객의 니즈, 구매행동, 기술개발 추세, 기술응용기회 등 환경적 변화 추이를 감시하고, 문제점 발생을 해결할 수 있는 시스템으로 이용할 수 있다. 또한 기술응용과 개발에 대한 정확한 지식과 정보를 기술아웃소싱을 통해 얻고자 보완 수단으로 활용한다.

3. 아웃소싱 유형

① 기술수명주기와 경쟁력

일반적으로 기술의 수명주기는 기업의 수명주기와 같은 태동기, 성장기, 성숙기, 쇠퇴기로 진행된다. 그러므로 아웃소싱 유형 또한 기술수명에 부합되는 아웃소싱이 기업의 경쟁력을 높인다.

- **태동기기술**: 실제 사업화에서 사용될 수 있는 기술인가를 확인할 수 없으므로 사업화에는 신중하여야 한다. 일부 선두기업의 기술경합을 무기로 삼는 기업과는 대응할 필요가 없으며, 미래 지향적인 기술은 연구기관 등 외부기관에 아웃소싱 함이 성과를 높일 수 있다.
- **성장기기술**: 실제 사업화에 사용되기까지 시간이 소요되나 전략기술로 전환될 가능성이 큰 기술이다. 기술진보와 속도는 기술과 사업화관계에 커다란 영향을 미치기 때문에 가능한 기업자체에서 대응토록 한다.
- **성숙기기술**: 1차 전략기술로 완성된 기술이기 때문에 기술의 수명주기의 도래와 신제품에 대한 소비자 구매 욕구를 수반하는 효율성 기술이다. 지속적인 기술개발 투자를 요구하며, 가능한 기업자체에서 대응토록 한다. 그러나 개발투자비가 크고, 라이프사이클이 짧은 기술제품은 아웃소싱으로 대처하는 것이 비용을 줄일 수 있다.
- **쇠퇴기기술**: 쇠퇴기기술에서 사업수행 상의 필수기술은 기업 스스로 대응하지만, 기타 산업에 이미 활용되고 있는 기술은 적극적 외부 아웃소싱으로 대응하는 것이 바람직하다. 다만 기반기술의 경우 도입하거나 일부분만을 외주한다.

② 기술유형과 경쟁위치

기술의 경쟁적 위치를 바탕으로 기술의 성숙수준을 반영하는 기술획득 의사를 결정이며, 그 의사결정 매트릭스는 다음 표와 같다.

[기술유형별 의사결정 매트릭스]

구분		경쟁적 위치				
		매우 강함	강함	보통	약함	매우 약함
기술유형	기반기술	R&D활동의 최소화			기술구매 고려	
	핵심기술	주요 R&D활동		인수 및 기술도입 고려	공동연구 고려	
	미래기술					
	신생기술					

기술유형과 경쟁적 위치에 따른 기술획득전략은

- 기반기술의 경쟁력이 강한 경우에는 자체연구개발을 강화한다.
- 중요한 신생기술, 미래 핵심기술은 자사의 기술경쟁력이 충분하면 자체 연구·개발한다.
- 자사의 경쟁적 위치가 취약하고, 기술을 소화할 수 있는 능력이 부족하면 공동 연구한다.
- 핵심기술에서 시간적 여유가 없고, 빠른 시일 내에 완결해야 할 경우에는 외부기술아웃소싱을 활용하는 것이 효과적이다.
- 사업의 필수적기술은 자사에서 개발하나 타 산업에 이미 활용되고 있는 기술은 적극적으로 외부기술아웃소싱을 활용한다.
- 필요한 기술을 다른 업체에서 이미 확립한 경우에는 기술을 도입한다. 반면 경쟁적 위치가 약한 경우 기술구매를 고려한다.

4. 기술아웃소싱 프로세스

기술아웃소싱은 대상 기술의 범위를 설정하는 일이 가장 중요하다. 그러므로 기술아웃소싱의 결정은 기술전략수립 프로세스의 일부로써 4단계를 거치고 있다.

- 1단계: 사업부문의 기술니즈(Needs) 확인이다. 관련 사업부문의 최신기술 Trend분석을 통해 기술니즈를 확인하고, 향후 기술 방향을 설정하는 단계이다.
- 2단계: 현재의 보유기술수준의 평가이다. 내부 기술역량평가를 통해 현재 자사가 핵심역량으로 보유할 기술 분야와 외주기술분야를 명확히 하는 단계이다.
- 3단계: 기술획득전략의 수립이다. 기업의 기술전략과 연계하여 외주기술의

획득경로를 설정하는 단계이다.

- 4단계: 아웃소싱의 실행이다. 아웃소싱대상기술, 대상기관, 획득방법(대상기관과의 관계 설정)을 구체적으로 설정하는 단계이다.

5. 기술아웃소싱의 성공 포인트

기술은 위치설정과 수준을 기본으로 하나 기술자체의 특성, 문화와 조직의 구축 등을 사전에 충분히 검토한다.

① 핵심기술과 종속기술의 정확한 판별

아웃소싱기술은 핵심기술과 종속기술로 구분한다. 일반적으로 핵심기술은 고객에게 가치를 제공하고, 광범위한 시장에서 응용될 수 있는 기술이다. 그리고 차별화에 의한 경쟁력제고가 가능하며, 모방하기 어려운 기술이기 때문에 대부분 자체개발한다. 반면 그러하지 못한 기술은 종속기술로 아웃소싱을 한다.

특히 기업의 기술역량과 기술적 리더십을 강화하기 위해 기술아웃소싱을 하는 경우에는 다음과 같은 점에 유의하여야 한다.

- 기업은 자체로 기초기술전략을 재수립하고, 기초역량과 기술응용 플랫폼을 재평가한다.
- 기업의 기술선도와 성과에 긍정적인 영향을 줄 수 있도록 명확한 기술아웃소싱 및 파트너기준을 마련한다.
- 기업은 경쟁우위의 관점에서 판단하되, 이익을 얻기 전에 먼저 협력적 관계와 협동적 프로젝트가 성공되도록 해야 한다.

② 기술획득 방법과 경로선정

기술사업화는 특성에 알맞은 기술획득 방법과 경로(대상기관)를 선정해야 한다. 아웃소싱을 통한 기술획득방법은 기업매입, 공동개발, 조인트벤처 등이 있으며, 기술의 가치나 시장의 기술 중요도를 고려하여 적합한 방법을 선택한다.

아웃소싱을 할 수 있는 대상기관은 학술연구기관, 공공연구기관, 상업적 연구기관 등이 되며, 기술보유 형태, 기술특성, 관계 등을 선정기준으로 활용하여 적절성을 평가하고, 기업에 가장 적합한 기관을 경로로 선택한다.

그리고 기업은 업체의 기술력, 개발인력의 인적구성, 개발경험, 개발기간 및 비용 등 기술적 측면과 사업수행 능력, 조직 및 관리기술, 운영 및 기술지원 등 기술외적인 측면을 종합적으로 고려하여야 한다.

③ 전담관리 부서의 설치

기술아웃소싱은 기업 내의 기술전략, 연구개발 및 연구 관리부서의 협의에 의한 추진이 되어야 한다. 그러나 부서간의 의사소통과 협조부진은 기술아웃소싱을 원만히 수행하는데 장애가 되므로 기술 분석, 선정, 계약 및 관리까지의 아웃소싱 업무를 체계적으로 관리할 전담부서를 설치한다.

④ 성과평가를 통한 위험관리

기술아웃소싱은 일정, 비용, 보안, 결과활용 측면에서 많은 위험이 따르고 있다. 기술개발 도중에 기술 스팩(specification)의 변경, 핵심기술의 외부 유출, 기술실패의 경우 투입시간과 비용낭비, 재개발을 위한 시간과 자원투자 등 수 많은 위험이 있다. 이러한 위험을 철저히 관리하기 위한 단계별 아웃소싱성과의 정확한 평가가 이루어져야한다.

평가에는 일정의 준수, 기술품질, 비용의 적절성, 보안, 결과 등의 성과측정과 주기적인 평가가 되어야 한다.

⑤ 파트너십 형성

기술아웃소싱은 외부 기관과의 공동 작업이 되므로 돈독한 파트너십이 형성되어야 한다. 고객과 계약자의 관계보다 서로의 이익을 창출하기 위한 관계가 되어야 하고, 협동과 신뢰가 이루어져야 한다.

그리고 기술아웃소싱에서 실패한 경우에는 철저한 사후관리를 통해 실패원인을 분석하고, 규명하여 조직학습의 포인트로 활용한다.

5.4.3 기술제휴

1. 기술제휴란

두개 이상의 기업들이 각각 가지고 있는 고유의 경쟁우위기술을 활용한 상호보완 및 지속적인 협력관계를 형성하기 위해 기술의 경쟁우위를 확보하려는 기술사업화전략이다.

기술제휴는 연구개발 분야에서 나타나는 전략적 제휴를 통칭하는 것으로서 참여기업들 각자가 보유하고 있는 기술을 상호교환 하거나 새로운 기술을 공동개발하기 위한 목적으로 이루어진다.

그러므로 기술제휴는 일정한 수명주기를 가진다는 점에서 사업단위가 기업 내에서 장기 고정적으로 위치하는 매수 합병과 구분한다. 또한 기업 활동의 전 분야를 대상으로 하기 때문에 다국적기업의 하청기업으로 종속된 국제 분업체계와는 상이하다.

그리고 기술제휴는 기업 간 기술격차 해소와 신기술 및 신제품 개발에 용이하며, 생산 및 판매제휴로 쉽게 발전하게 되는 특성이 있다.

전략적 제휴의 동기는 ① R&D 비용 및 위험의 분산, ② 신 공정 및 신제품의 신속한 개발 및 확보, ③ 경영자산의 공유, ④ 시장 진입 및 확대, ⑤ 규모의 경제 실현, ⑥ 경쟁방식의 조정 등에 있다.

기술제휴의 범위는 기술이전과 신규시장 개척에서 공동연구, 글로벌시장의 진출, 신사업 기회의 창출, 판매제휴 등 폭넓게 제휴되며, 조달, 개발, 생산, 판매 등 기업경영 전반에 걸친 제휴를 한다.

제휴의 형태는 과거의 생산, 판매제휴 위주에서 조달, 기술, 생산, 판매 등 경영의 전 과정 및 전 영역을 포함하고 있다. 이러한 형태는 참여기업의 수를 증가시키고, 매우 복잡한 국제적 네트워크를 형성하는 방향으로 나가도록 한다.

기술의 상호교환을 위한 제휴방식에는 교차 라이센싱(cross licensing)이 가장 대표적이다. 교차 라이센싱은 자사가 제공하는 기술의 대가로 상대기업의 기술을 사용하게 되는 방식이며, 기술의 상호 보완성이 핵심요소가 된다.

기술 상호교환 이외에 제휴방식으로 기업들은 인력·자본 등 연구개발 자원을 분담해 새로운 기술을 공동으로 개발하는 공동연구개발과 기술도입 및 교환, 특허공유, 연구 참여 등 기능별 제휴와 합작투자를 통한 제휴가 있다.

공동연구개발은 두 기업 사이에서 추진되는 양자적 형태로부터 다수의 기업·협회·학회 등이 참여해 대규모 연구개발 컨소시엄을 구성하고, 새로운 기술을 공동으로 개발하는 방식이다.

대체로 연구개발 컨소시엄은 기능별 제휴의 형식으로 지분 없이 그 기업이 수해하는 여러 분야의 업무 중 일부만 협조관계를 가지는 제휴이다.

2. 기술제휴 대상

기술의 첨단화, 전문화 추세는 연구개발비의 증가를 주도하고, 실패에 따른 위험정도를 키워준다. 따라서 기업은 위험비용을 분담한다는 측면에서 경쟁기업과의 협력을 택하고 있다. 기업 간의 협력은 전략적제휴가 되며, 연구개발, 생산, 마케팅 등의 노하우와 자원의 제공을 통한 서로의 이익을 추구한다.

특히 기업들은 독자적인 기술개발 또는 기술보유를 함에는 역량의 한계가 있고, 첨단화된 신기술의 발달은 개발비용을 거대화시키며, 제품의 수명주기는 점점 짧아지고 있다. 여기에 R&D의 투자효율과 스피드의 제고는 보완적 기술을 보유한 기업과의 제휴를 불가피하게 하고 있다. 그러므로 기술적 보완을 통해 사업화를 성공시킬 기술을 제휴하게 된다.

이러한 기술제휴는 점차 증가하는 추세이며, 그 배경은 다음과 같은 이유이다.

① 기술시장의 글로벌화 추세
② 막대한 연구개발비 부담
③ 제품기술의 복잡, 첨단화
④ 지역경제 통합의 가속

그리고 전략적 제휴는 다음과 같은 장단점을 나타내고 있으므로 이 를 감안하여 대상을 선택하고, 결징하여야 한다.

장점으로는 ① 규모의 경제효과를 증대시킨다.
② 기술적 부족부문을 보완한다.
③ 공동연구개발을 통한 위험을 분산시킨다.
④ 기술표준화에 유리하다.

단점으로는 ① 경쟁우위를 노출시킬 수 있다.
② 수익분배에서 어려움이 따른다.
③ 조정비용이 증가한다.

3. 제휴의 방법

기업 간 제휴의 내용과 방법은 다양하다. 자본과 기술은 물론 고객을 공유하고,

영업 및 마케팅 공조, 신규 사업의 공동 진출, 조인트벤처 설립 등에서 이루어지고 있다. 이렇게 제휴된 기업이 성공하려면 다음의 요소들을 고려하여야 한다.

- 제휴를 위한 분명하고, 가시적인 목적이 있어야 한다.

제휴는 기술획득, 시장점유율 제고, 새로운 시장 개척 등 분명하고, 측정 가능한 목적을 가져야 한다.

- 제휴기업 간 Win-Win하는 체계를 갖추어야 한다.

전략적 제휴는 새로운 가치를 창조함으로써 참여하는 모든 기업에게 이익을 주어야 한다.

- 제휴는 기업의 핵심역량을 바탕으로 해야 한다.

전략적 제휴는 기업의 역량과 강점을 키워야 한다. 기업은 요소기술, 솔루션, 노하우를 확보토록 자체 노력을 강화시키고, 인수합병 등을 통한 외부역량을 흡수하여야 한다.

Chapter Ⅵ

기술이전과 거래

6.1 기술이전
6.2 공동연구기술이전
6.3 연구소 기술이전
6.4 기술거래

Chapter Ⅵ 기술이전과 거래

6.1 기술이전

6.1.1 기술이전이란

기술이전(Technology Transfer)이란 '어느 한 기관에서 다른 기관으로 노하우, 지식, 기술이 전해져 가는 것'이라고 Roessner(2000)는 정의하였다. 이러한 기술이전은 조직 내의 연구관련 부서에서 생산관련부서로의 아이디어, 개념 등의 이동까지 포함한다.

기술이전사업은 사업화주체가 직접 보유한 기술을 상용화하는 자체기술사업화 방법과 구분되며, 기술의 양도, 실시권의 허여, 기술지도, 공동연구, 기술창업, 합작투자 등의 방식으로 기술을 이전하거나 이전된 기술을 사업화하는 방식이다.

이러한 기술이전은 가장 효과적으로 사업을 추진하고, 최적의 상태에서 사업을 선택하며, 소비자의 요구와 개발기술의 수준, 자산의 보유현황, R&D자금, 진척도 등을 감안한다.

특히 공동 연구결과물을 기술이전 하는 경우에는 장기간 많은 연구비용이 소요되므로 충분한 사전검토가 전제되어야 한다. 그리고 연구하고자 하는 기술이 최첨단의 기술인가? 제품의 라이프사이클이 사업성을 가지고 있는 구간인가? 그리고 사업화로 성공 가능한 기술인가? 를 함께 검토한다.

6.1.2 기술이전유형

기술이전으로 사업화하는 유형에는 가장 대표적인 방법으로 다음 세 가지가 있다.

① 공공연구기관과 기업이 공동으로 기술을 연구하여 이를 사업화기업에 이전함으로써 사업화를 진행하는 '공동 연구를 통한 기술이전사업화'이다.

② 소비자의 요구기술을 개발하여 기술사업화기업에게 이전하고, 이전 받은 기업이 기술을 사업화하는 '기술마케팅을 통한 기술이전사업화'이다.

③ 자체적으로 개발한 기술을 내부이전 방식의 상용화를 수행하는 '자체(연구소창업) 기술이전사업화'이다.

그 외 기술이전은 경로와 수단에 따라서 국가 또는 조직 간의 기술이전, 인적요인에서 체화된 기능과 노하우이전, 장비와 시설 등에서 체화된 노하우 이전, 군사전략적 이전, 기업 간의 상업적 이전 등이 있다.

그리고 상업적 이전 유형에는 직접 투자형 이전, 합작 투자형 이전, 모방형 이전, 인수합병형 이전, 라이선싱, 해외현지화, 전략적 제휴 등이 있다.

① 직접 투자형 이전

직접투자는 저렴한 인건비 활용, 시장 확보, 감세와 지원혜택, 고용과 훈련으로 기술력 확보, 연구기관의 교류, 현지부품 조달 및 원가절감 등을 가능토록 사업화기업에게 직접 투자하므로 기술을 개발하고, 사업화하는 이전방법이다.

② 합자 투자형 이전

2개 이상의 기업, 개인, 정부가 특정기업체의 기술사업화를 위해 공동으로 참여하는 합자 투자방식이다. 주식, 채무, 특허권, 상표권, 영업권, 의장권 등의 무형자산, 경영노하우, 기술노하우, 기계설비 등을 공동으로 소유하는 방법이다.

③ 모방형 이전

낙후된 후발기업이 선진기술을 확보하기 위해 취하는 방법으로 주로 완성품을 정밀 분석하여 그 구조를 파악하고, 역 엔지니어링, 설비 또는 공정과정 등을 모방 혁신하는 방식이다. 동 방식은 이전방식 중에서 가장 비용이 저렴한 장점을 가지나 모방이상의 기술축적이 곤란한 약점을 가진다.

④ 인수·합병형 이전

신기술을 보유한 기업을 인수 또는 합병하고, 조직, 기술, 관련설비 등을 동시에 획득하는 확장된 기술이전과 거래방식이다. 대체로 기술보유 기입을 매수하는 방법으로 기술을 이전할 때는 기술과 제품의 수명주기가 극히 짧은 경우에 채택한다.

⑤ 라이선싱(licensing)이전

기술양도와 함께 가장 많이 사용되는 이전방법으로 실시권 허여이다. 특허, 프로그램, 노하우 등의 기술을 도입하는 자가 자신의 사용목적에 맞게 자유로이 사용토록 허락받는 방식이다. 이 방법은 자체사업화나 합작투자보다 투자비용 또는 소요자원에 투입되는 비용을 줄이고, 성공가능성에 대한 위험부담을 상대적으로 작게 하는데 있다.

⑥ 기술인력 채용형 이전

직원을 파견하거나 연수를 통해 필요한 기술을 획득하는 방법과 사업화기술을 보유한 기술 인력을 직접 채용하는 방식이 있다. 적은 비용으로 필요한 기술 인력을 확보하고, 그 기술 인력을 통해 기술을 사업화하는 방법이다.

⑦ 해외 현지형 이전

후발기업이 선진기술을 확보할 수 있도록 현지에 연구거점을 설립하고, 현지의 선진기술을 획득하는 방법이다. 여기에는 현지연구소 설립과 현지법인의 설립 방법이 있다.

해외 현지거점의 설립은 기술정보의 조기수집, 해외 기술의 교류, 우수 기술자의 확보와 육성, 국내 기술수준으로 해결할 수 없는 신기술개발 또는 발굴 등을 가능토록 사업화하는 방법이다.

⑧ 전략적 제휴형 이전

잠재적, 실질적 경쟁관계의 기업과 상호간의 이익을 위해 특정사업 및 기술개발 분야에서 구체적인 기술협약관계를 성립시키고, 기술적 제휴를 통해 기술을 사업화하는 방식이다.

전략적 제휴에는 공동연구, 기술제휴, 생산제휴, 판매제휴, 영업업무제휴 등의 기능별제휴와 연구개발, 생산, 판매, 핵심 사업에서 합작투자를 통한 제휴가 있다.

6.1.3 기술이전방식

유럽기술유통망(Enterprise Europe Network)은 2008년 Innovation Relay Center(IRC)와 Euro Info Centre (EIC)가 통합한 유통망이다. 유럽연합 27개국 외 9개 역외

국가가 기술협력을 촉진하기 위해 구성한 인터넷 기반 가상조직이다.

현재 46개 국가에서 참가하고 있으며, 우리나라는 한국산업기술진흥원 「EEN-Korea 컨소시엄」이 참여하고 있다. 그리고 한-EU간 기술이전을 촉진토록 기술거래 알선은 On-line 기술시장과 기술상담회(Technology Brokerage Event)를 이용할 수 있도록 하고 있다.

EEN이 규정한 기술이전은 아래와 같이 단계별 기술공급자와 기술수요자 사이에 기술, 제품, 공정, 전문지식, 노하우 등의 기술혁신을 이전하는 것으로 규정하고 있다.

이를 구체적으로 살펴보면 유럽의 기술이전 형태는 기술협력(Technical co-operation), 합작사업(Joint Venture), 위탁생산(Manufacturing agreement), 라이선싱 계약(Licensing Agreement) 그리고 기술지원 계약(Technical Assistance) 등이 있다.

[유럽의 기술이전형태]

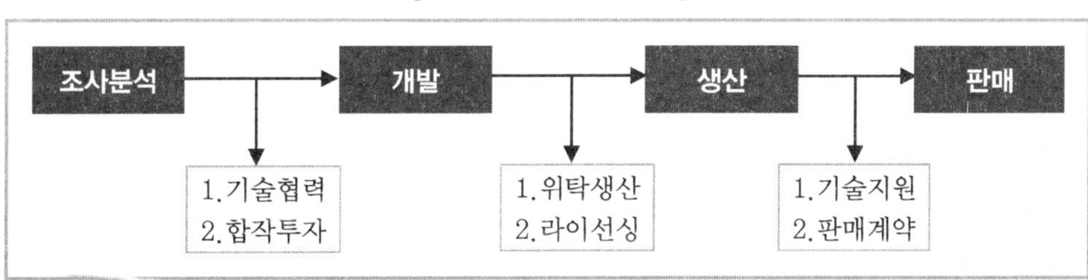

① 기술협력

주로 공동제품개발, 신규 응용제품실험, 특정한 수요기술적용 등의 분야에서 발생하는 기술이전방법으로 사업화 기술수준을 향상시키기 위해 이전하는 방식이다.

② 합작투자

기술공급자는 기술을 투자하고, 기술수요자는 자금과 그 밖의 경영자원을 투자하는 기술이전방식이며, 기술창업, 기술프로젝트 등의 사업화형태이다. 기존의 기술지주회사는 소속의 기술자회사를 설립하고, 기술투자를 통해 기술을 이전하는 방식이 대표적이다.

③ 위탁생산

OEM(Original Equipment Manufacture) 방식으로 하청생산을 위탁하면서 설계기

술과 생산기술을 기술수요자에게 이전하는 방식이다.

즉 OEM방식은 A, B 두 회사가 계약을 맺고, A사가 B사에 자사 상품의 제조를 위탁하여 그 제품을 A사의 브랜드로 판매하는 생산방식 또는 그 제품을 말한다.

OEM방식은 상대방의 판매력을 이용하여 가득률을 높일 수 있고, 공급을 받는 회사로서는 스스로 생산설비를 갖추지 않아도 되므로 생산비용이 절감된다는 장점이 있다.

그리고 OEM방식은 제조업체의 보유기술력을 바탕으로 제품을 개발하는 주문자 상표부착 생산방식이기 때문에 유통업체가 자사에게 알맞도록 제품을 선택하여 유통역량을 집중하는 ODM(Original Development Manufacturing) 방식과 상이하다.

④ 라이선스 계약

특허기술의 사용을 허여한 계약으로 우리나라와 미국에서 자주 사용하는 기술이전 유형이다.

⑤ 기술지원

제품조립, 기술자문, 유지·보수에 필요한 기술을 이전하는 상용화 마지막 단계의 지원활동이다. 이전기술의 상용화에서 기술제품의 효용성을 높이고, 기능성을 보완하며, 판매를 통한 거래를 도와주는 기술이전방식이다.

일반적으로 기술이전형태를 요약하면 다음 표와 같다.

[기술이전 형태]

구 분		내 용
기술매매(양수, 양도)		매매형태의 기술이전으로 기술도입자가 대가를 지불하고, 특허권 등의 권리를 명의이전 받음으로써 계약완료
라이센스 허여	전용실시권	기술공급자와 도입자 계약으로 실시권 범위 내에서 당해 특허기술을 독점적으로 사용할 수 있는 권리이고, 특허권자도 기술을 업으로 사용할 수 없음
	통상실시권	기술공급자와 도입자의 계약으로 실시권 범위 내에서 당해 특허기술을 비독점적으로 사용할 수 있는 권리, 특허권자는 제3자에게 별도의 통상실시권 허여 가능

구 분	내 용
기술과 관련된 경영자원과 함께하는 이전방식	기술거래와 관련된 자본, 경영노하우, 설비, 핵심부품 등 관련 경영자원을 함께 거래하는 방식
기술력 보유기업 또는 자산의 M&A 방식	기술을 보유한 기업 전체를 매수하는 방식(M&A의 결과 자산을 매각하는 회사는 사라지게 됨)
기술자문 및 지도와 연계한 거래방식	기술자 파견 등을 통해 기술자문 및 지도를 라이선스 거래와 연계하는 방식
기 타	기술 자료의 매매에 의한 거래방식, 기술제휴에 의한 협력, 공동연구, 생산제휴 등

6.1.4 기술이전절차

① 기술이전목적 검토

기술이전은 기술에 대한 이전목적의 검토가 선행되어야 한다. 주로 기술공급자는 해당기술을 제품으로 생산하고, 판매하는 것보다는 기술자체를 이전하고, 그 대가로 기술료 등을 받으려 한다.

그리고 기술이전은 주로 이익을 극대화할 수 있다고 판단하거나 협력관계 유지를 위해 이전한다. 그러므로 기술수요자는 기업의 경쟁력 제고를 위해 신기술을 도입하거나 부족한 기술을 보완하기 위해 외부로부터 기술을 이전 받는다.

② 기술이전전략 수립

기술의 이전 시에는 이전하기 전 기술의 내용과 권리범위, 개발배경 등을 사전에 파악하는 것이 매우 중요하다. 기술을 이전하는 의사결정이 이루어졌으면, 해당기술을 어떻게, 어떤 형태로 이전할 것인가? 에 대한 전략을 수립하여야 한다.

또한 최소한 기술 도입자의 기술력, 사업화 능력이 어느 정도인가에 대한 파악과 전용실시권의 경우 부여하는 방법 등의 전략적 결정이 이루어져야 한다.

③ 기술수요자 탐색(마케팅)

기술이전의 요구조건이 어느 정도 결정되면, 기술공급자는 기술도입자를 결정하기 위한 판매활동에 착수한다. 인터넷, 유관기관, 정부기관 등을 활용하거나 자체적인 기술전시회, 설명회, 상담회의 개최 또는 외부기관과의 공동 마케팅활동 등을 한다.

④ 기술이전조건 협상

기술이전의 상대가 결정되면 계약조건을 협상한다. 주요 조건을 우선적으로 협상하고, 쉽게 접근할 수 있는 사항부터 합의를 도출하도록 한다. 즉 기술료와 그 외 거래조건들을 연계하여 조정하거나 협상력을 발휘하여 조건을 성립시킨다.

⑤ 기술이전계약 체결

협상이 완료되면 양 당사자 간 계약서에 서명 날인함으로써 기술이전계약이 성립된다. 계약체결에 있어 계약당사자가 법적인 행위능력과 권리능력이 있는가? 등을 사전 파악 후 계약을 체결한다.

⑥ 기술이전 조건 이행

계약의 실행은 계약서의 조건을 순차적으로 이행하는 것이다. 기술공급자는 기술을 이전하기 위한 관련 서류의 제공, 권리이전진행 협조, 그리고 기술지도의 의무를 이행한다. 기술도입자는 기술료를 지급하고, 계약서상의 조건 등을 이행한다.

⑦ 기술이전 사후관리

기술이전계약 이후 계약조건이 성실하게 이행되는가? 를 사후 관리한다. 만약 계약이 성실히 이행되지 않는 경우에는 계약이행의 촉구, 채무의 변제, 계약의 해지 등 일련의 법적수단과 사후관리절차를 취한다.

[기술이전 절차]

절차	기술공급자	기술도입자
기술이전 목적 검토	• 기술판매의 필요성 분석 • 판매기술 우선순위, 후순위	• 기술도입의 필요성 분석 • 시급한 도입기술의 목록
기술이전 전략 수립	• 이전의 상대방 • 기술의 가치, 요구조건	• 경쟁력 있는 기술 • 기술 도입의 조건
기술수요자 탐색	• 유관기관, 인터넷 • 기술전시회, 설명회, 상담회	• 기술보유자의 탐색 • 최적 기술공급 가능성
기술이전 조건 협상	• 비밀 유지 • 기술의 장점 부각	• 기술의 지식재산권 여부 • 즉시 상품화 가능성
기술이전 계약 체결	• 기술도입자의 권리능력 • 기술도입자의 행위능력	• 기술공급자의 권리능력 • 기술공급자의 행위능력

절차	기술공급자	기술도입자
기술이전 조건 이행	• 기술관련 자료 제공 • 기술권리이전 서류 교부	• 기술료의 지급 • 기타 조건의 이행
기술이전 사후관리	• 기술료 관리 • 매출액 확인 등	• 기술료 지급 • 기타 보고사항 의무 이행

그 외 기술이전은 다음의 단계를 거치면서 이전되는 경우가 있다.

- 1단계 → 기술의 평가 및 보유 기술의 검토와 선정
- 2단계 → 시장분석, 환경분석, 고객분석, 기술평가
- 3단계 → 기술마케팅 계획수립, 마케팅 전략 수립, 기술가치 평가
- 4단계 → 전략적 기술마케팅 실행, 기술라이선싱, 기술영업
- 5단계 → 기술이전 및 협상에 따른 기술이전 계약 체결
- 6단계 → 기술이전전문기관 및 기술거래사 입회 중계

그리고 공공기술 이전의 경우 추진과정은 대체로 다음 그림과 같이 진행되고 있다.

[공공기술 이전사업화]

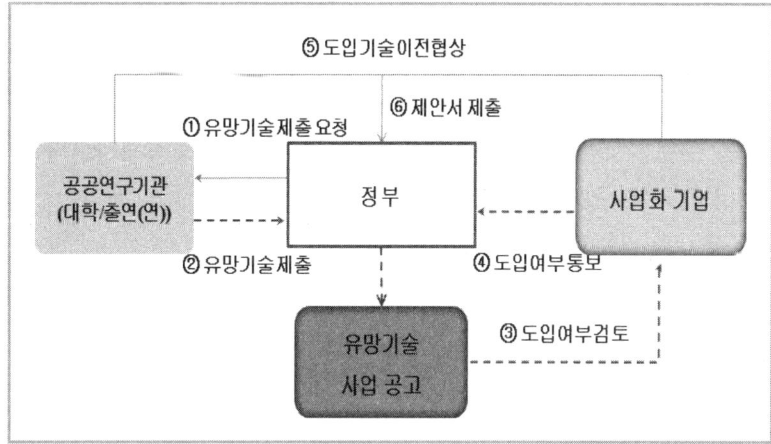

6.2 공동연구기술 이전

6.2.1 공동연구사업화의 중요성

공동연구기술의 이전은 공공연구기관과 기업이 공동으로 기술을 연구, 개발하여 사업화하는 방식이다. 대부분 기술개발기간이 길고, 복잡한 연구 사업을 대상으로 한다. 그러므로 공동연구를 통한 기술이전사업화의 중요성은 다음과 같다.

① 공동연구기업에게 기술이전 비율이 상대적으로 높다.

② 프로젝트 참여기업은 그 기술을 직접 사용하기 때문에 개발 후 수요기업 탐색 및 요구 등의 기술상품화과정을 생략할 수 있다.

③ 암묵적 지식에 대한 별도의 이전과정이 필요 없다.

④ 연구 인력의 사업화 진출이 가능하고, 기업의 우수 인력확보 또는 장기적인 기술보유 등의 기회를 확보할 수 있다

그리고 공동연구를 통한 기술이전은 많은 인력과 자본이 요구되며, 참여하는 연구기관과 기업을 모집해야하고, 상대기업에 관한 신뢰가 필요하다.

6.2.2 공동연구사업 유형

공동연구는 주로 기술개발기간이 길고, 성능검사 등 기업자체시설과 장비의 부족 등으로 임상실험을 할 수 없을 때 연구기관이 보유한 자원과 장비 등을 활용하여 공동으로 기술을 연구·개발하고, 사업화하는 유형이다.

공동연구기관은 정부의 지원을 받기 용이하므로 과다한 자금부담이 발생하여도 조달하는데 어려움이 적고, 국내외 자원과 장비활용을 용이하게 할 수 있다는 장점이 있다.

그러므로 공동연구사업은 출원비용, 결과물의 소유, 성공기술과 실패의 기준, 기술개발을 통한 비밀유지 및 개발 후 사업화과정을 통한 개량기술 등의 문제점을 충분히 고려하여 결정한다.

그리고 지적재산권의 소유와 수익배분은 연구기관 단독소유, 공동소유 및 기업 단독 소유로 크게 구분하여 결정한다.

① 연구기관 단독소유권을 가진 경우는 기업에게 무상의 통상실시권을 허여하거나 기업에게 유상의 전용실시권을 허여한다.

② 공동소유로 할 경우는 기업과 연구기관의 자기실시 및 제3자 실시에 따른 수익배분과 제3자 실시에 따른 수익만 배분하는 방법을 선택한다.

③ 기업단독 소유권을 가진 경우는 서로 간의 실시권을 상호 부여하는 상호 크로스라이선스 등을 포함한 자기실시와 제3자 실시에 따른 소유와 총체적 수익의 배분 또는 수익만을 배분하는 방법 등으로 사업화를 결정한다.

그리고 자원동원에 따른 공동연구유형으로 재원 분배형, 재원 분담형, 혼합형이 있다.

① 재원 분배형

주관 연구기관과 참여연구기관이 연구비재원을 배분하여 분담하는 유형이다. 이 방법은 참여 연구기관의 초기 연구비부담이 없고, 전체 연구비 규모가 커지지 않아 연구결과 부담이 축소될 수 있다. 반면 주관연구기관의 연구비가 축소되고, 참여연구기관의 지적재산권의 지분이 감소될 수 있는 단점을 가진다.

② 재원 분담형

연구비는 주관연구기관이 주관하고, 참여연구기관은 연구재원을 현금 또는 현물로 분담시키는 유형이다. 이 형태는 주관연구기관의 연구비가 증대되고, 참여연구기관은 지적재산권의 지분을 확대할 수 있다. 빈면 참여연구기관이 연구비를 부담해야하고, 전체 연구비규모의 확대에 따른 연구결과 부담이 증가할 수 있다.

③ 혼합형

연구비동원의 혼합 형태로 참여연구기관의 연구비가 증가하나 적극적인 연구수행에 참여할 수 있으며, 정부출연금 배분에 의한 주관연구기관의 부담이 감소할 수 있다.

다만 참여연구기관의 연구비를 부담해야하고, 전체 연구비 규모의 확대에 따른 연구결과 부담이 증가하며, 참여연구기관의 지적재산권 지분이 감소할 수 있는 특징이 있다.

6.2.3 공동연구사업 추진

공동연구기술의 이전은 대부분 산업체, 연구소, 대학이 연계되어 진행한다.

- 대학은 기반기술과 핵심기술을 개발하고, 시험결과를 분석하며, 표준화 기술개발을 주도한다.
- 연구소는 핵심 및 응용기술을 개발하고, 시험환경을 구축하며, 이를 시험하고, 표준화토록 기술개발분야를 수행한다.
- 기업은 상용화기술 및 제품개발, 시험시스템을 구축하고, 현장에서 이를 시험하며, 경제성 및 시장 환경을 분석하는 역할을 수행한다.

산학연공동연구에서 역할분담이 잘 이루어지고, 서로의 인프라가 충분히 구축될 때 공동주체 간의 상호작용을 통해 연구자원의 효율적인 활용이 가능하다. 이 경우 공동연구를 통한 기술이전의 사업화는 성공확률이 높다.

공동연구사업의 단계별 추진은 공동연구계획의 수립부터 사후관리까지 공동연구계획의 수립, 제안서 작성, 공동연구자의 선정, 공동 연구계약의 체결, 사후관리 등의 단계를 거치고 있다.

① 공동연구계획을 수립할 때에는 참여기관 모두에 적합한 이해관계가 성립되도록 목표를 선정한다.

② 제안서를 작성할 때는 기술 및 시장, 특허분석 등을 고려한 평가가 이루어지고 난 후, 연구목적, 연구시기, 예산 등을 포함한 과제 수행계획서를 작성한다.

③ 공동연구자의 선정은 인적, 물적 기반을 포함한 기술개발 능력 등을 포함하여 평가한 후 선정한다. 이 경우 공동연구자나 기관의 인적, 물적 기반을 포함한 기술개발 능력에서 많은 차이가 있다면 기술개발을 할 때 개발지연과 기술개발실패의 우려 등을 감안하여 신중히 평가하고, 선정한다.

④ 공동연구계약의 체결은 대부분 지침이나 규정에 기반을 두고 이루어지며, 공동연구자나 기관의 신뢰도가 요구되는 사항이다. 그리고 계약을 체결한 이후에도 공동연구를 하는 연구자나 기관을 신뢰해야하고, 신뢰할 수 없는 경우를 항상 염두에 두어야 한다.

⑤ 사후관리는 대부분 기술이전 기관들이 역할을 수행하게 된다. 주로 유사기

술을 사용한 기관이나 사업자와의 법적 분쟁이나 소송, 차후 기술 개발의 지표 제시, 기술의 개량이나 보강 등이다.

6.3 연구소기술이전

6.3.1 연구소기술이전이란

연구소 연구자가 직접 기술을 개발하고, 연구개발기술을 사업화하는 방식이다. 이 경우의 이전기술은 주로 새로운 발명품, 선구자적 과학 원리를 적용한 개발기술, 그리고 이러한 기술을 일상생활에 쓰일 수 있도록 장치나 기계를 만드는 경우의 기술이다.

연구소기업은 기술개발과 사업화를 함께 수행하기 때문에 사업화 위험성이 높은 단점이 있으나 별도의 기술수요자와 계약이 필요 없고, 연구자의 개발기술을 직접 사업화한다는 측면에서 신뢰를 쌓을 수 있다는 장점이 있다.

연구소기술이전의 이유는

① 개발기술이 시장 수요창출을 하기 이전단계에 있어 이전을 받을 수 없는 경우

② 시장수요에 앞선 기술을 이전받아 사업화함에 무리가 있는 경우

③ 기술성과 시장성은 좋으나 자체 개발비용을 직접회수 하고자 하는 경우이다.

연구소기업의 기술사업화 유형은 공동 출자형, 연구원 창업형, 기술 이전형이 있다.

① **공동 출자형**: 연구기관이 출자하고, 직접 참여하여 개발기술을 사업화하는 방식이다. 이 때 기술사용의 대가는 배당금, 지분매각 등으로 이루어진다. 이 방식은 사업추진 절차가 복잡하다는 단점을 가지나 사업의 타당성분석 등으로 적극적인 사업화추진이 가능하고, 기술의 지속적 개량이 가능하며, 수익금활용에 대한 융통성이 우수하다는 장점이 있다.

② **연구원 창업형**: 연구원이 창업을 통해 사업화하는 방식으로 기술실시계약,

현금출자 및 융자를 통한 사업화를 추진하며, 기술의 사용대가는 기술료를 면제하는 대신 경상로열티로 한다. 동 방식은 기술의 후속개발과 사업화에 적극적이나 연구기관의 입장에서는 특별한 이득이 없다.

③ **기술 이전형**: 사업화기업에게 기술실시계약에 따라 기술을 이전하고, 이전기술을 사업화하는 방식이다. 기술의 사용대가는 기술료와 경상로열티가 된다.

이 방식은 기술이전절차가 단순하고, 간편한 반면 사업화 사전기획이 미흡하며, 사업화지원에 대한 한계와 경상기술료 확보에 어려움이 존재하는 단점이 있다.

6.3.2 연구실기술사업화

1. 연구실기술사업 유형

연구실의 연구자가 직접 기술을 개발하고, 개발기술을 사업화할 때에 이루어지는 자체사업화방식이다. 연구실기술의 사업화유형은 연구소사업화 유형과 유사하며, 연구소사업과 연구원사업, 연구실사업 등 세 가지 유형으로 구분할 수 있다. 각 유형별 차이를 살펴보면 다음 표와 같다.

[연구실기술사업 유형]

구분	연구소 창업	연구원 창업	연구실 사업
목적	연구소 직접 사업화	연구원 사업화	기술이전 사업화
사업수단	기술출자	기술실시 계약	기술실시 계약
기술대가	수익배당, 지분매각	기술료 면제	기술료 지불
수익금	공동개발 투자, 지출	연구원 인센티브 등	연구원 인센티브 등
연구지원	연구원파견, 기술지도	연구원 겸직	연구원파견, 기술지도
세제지원	세제 감면	세제 감면	지원 없음
기타지원	보조금지원 가능	자금보증	없음
장단점	이전절차복잡 적극적인 사업추진 지속적 기술개량 수익금 활용 융통성	후속기술개발 및 사업화 적극적	이전절차 간편 사업화사전기획미흡 사업화 지원 한계 경상기술료 확보 난

2. 연구실기술의 사업화대상

① 시장수요를 창출하지 아니한 상태에서 기술이전을 할 수 없는 경우

② 시장의 수요를 예측하고, 개발한 기술을 이전받아 사업화하고자 하나 우려되는 경우

③ 기술성과 시장성이 우수한 기술을 직접 자체 사업화하여 이익을 회수하고자 하는 경우

④ 선구자적 위치에서 새로운 기술을 개발하고, 그 기술을 일상생활에서 장치나 기계 등을 만드는 경우다.

3. 연구실기술의 장단점

연구실기술의 사업화 장점은 기술수요자와 기술이전계약을 할 필요가 없고, 계약당사자의 신뢰를 높일 수 있으며, 계약과 시장진출에 필요한 시간 및 시기의 조정이 용이하다는 점이다.

반면 단점은 연구실기업의 사업화방법은 대체로 기술의 발굴부터 마케팅/사업화까지 모든 과정을 연구실에서 담당하여야 하므로 위험부담이 크고, 많은 지식과 자본을 동반하여야 하며, 학문적인 지식을 갖추어야 한다.

4. 연구실기술 사업 프로세스

연구실기업의 사업화단계는 후보 기술의 발굴부터 연구실기업의 지원 및 관리에 이르기까지 많은 단계를 거처야 한다. 이러한 단계별 상세한 내용은 다음 그림과 같다.

[연구실 기술사업 단계]

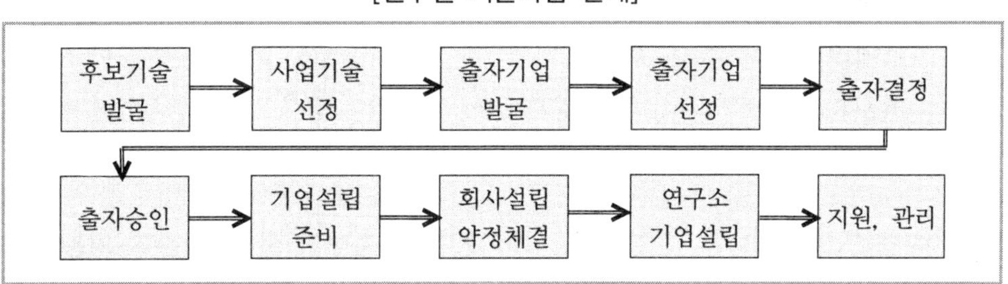

6.4 기술거래

6.4.1 기술거래

기술거래는 기술을 도입하고자 하는 자와 기술을 이전하고자 하는 자간에 매매, 교환, 임대차, 증여 등으로 기술의 양수도 계약, 라이센스 계약, 노하우 실시권 계약, 기술용역계약 등을 맺고, 기술을 거래하는 것을 말한다.

즉 기술거래에 대한 타당성, 적격 파트너의 물색, 기술이전 관련 협상 및 계약 관련자문 등 기술이전을 원활히 하기 위한 전반적인 활동을 말한다.

우리나라에서 기술거래 알선업무를 담당하는 기관으로는 중소기업 기술거래소(1999. 1)와 한국기술거래소(2000. 4)가 있다.

기술의 판매는 주로 기술이나 서비스를 수요자 또는 소비자에게 마케팅과정을 통해 대가를 받고 이전하는 것이다. 이러한 기술판매는 기술개발자가 자체적으로 사업을 추진할 역량이 부족하거나 여건이 되지 아니할 경우 제3자에게 해당 사업의 실행역량을 제공하고, 기술개발 자는 그 대가로 개발비용을 회수할 수 있도록 기회를 만들어 주는 방식이다.

따라서 기술의 판매는 판매계약으로 이루어지며, 계약은 일반적으로 3단계를 거치고 있다.

- 1단계: 사업주체의 발굴로서 해당 기술을 사업화하기에 가장 적합한 사업을 발굴하고, 선정한다.
- 2단계: 사업주체와의 기술판매협상을 진행한다. 기술판매협상 시에는 가급적 기술담당, 사업담당, 계약담당 등이 참여하는 것이 바람직하다. 기술판매 협상은 판매계약조건을 결정하는 것으로 양자 간의 협의에 충실하며, 계약에 따른다.
- 3단계: 계약서의 작성이다. 양자 간에 협의한 내용을 종합 정리하여 계약서 형태로 표현한다.

대체로 기술판매계약은 명문화하고, 계약기간, 기술이전 방식, 기술료 지불방식, 비밀유지조항, 해약조건 등을 포함시킨다. 특히 기술이전을 할 때는 특허권의 내용과 각종 기술자료 등을 제공하고, 노하우 등 기술전수를 위해 교육을 실시하거나 기술개발자가 일정기간 동안 사업부에 직접 파견하여 이전기술에 대한 지도와 자문을 할 수 있도록 한다.

6.4.2 기술의 소유권

기술이전은 사업화기술에 대한 소유권 이전과 실시권한 허여로 구분한다. 소유권 이전은 기술판매자가 보유한 특허권, 실용신안권, 디자인권, 상표권 등을 포함한 기술자산의 소유권을 기술구매자에게 이전시키는 것이다.

그리고 사업화기술의 실시권한 허여는 기술판매자가 특허권을 포함한 기술자산의 소유권을 유지하되, 기술구매(사용)자에게는 이를 사용할 수 있는 권리를 허용하는 방식이다. 이 때 기술사용자는 허여된 기술을 사업화할 수 있으며, 해당하는 기술료 등을 부담한다.

[기술권한이전의 형태]

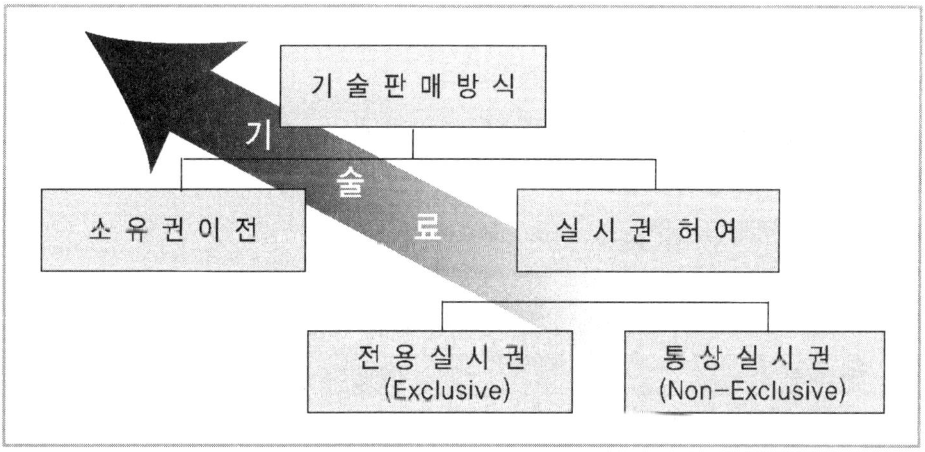

6.4.3 기술료

1. 기술료란

일반적으로 기술료(Royalty)는 실시권자 또는 양수인이 기술의 소유권자로부터 기술권리의 양허로 실시권한을 부여 받거나 기술자체를 양도받을 때 그 권리의 사용자가 지급하는 금전적 또는 대물적 대가이다.

즉 기술료는 특허, 노하우, 컴퓨터프로그램 등 지식재산권 전반에 대한 실시권한(License)의 대가로서 실시권자(Licensee)가 실시권한 허여 자(Licensor)에게 지급해야할 실시료 또는 사용료이다.

다만 정부의 R&D사업의 기술료는 연구개발 결과를 실시하는 권리를 획득하는 대가로 국가 또는 소유권자 등에게 지급하는 금액으로 정의하고 있다.

기술료의 결정은 정해진 기준이 없기 때문에 대체로 계약자유의 원칙에 따라 당사자 간의 합의로 결정한다. 그리고 특정 기술거래 대가의 타당성은 당해 기술의 경제적 가치평가와 밀접하게 관련되어 있다.

2. 기술료의 종류와 산정방식

기술료는 쌍방의 계약에 의해 정해진다. 일반적으로 기술거래형태에 따라 차이가 있으며, 기술이전 시 계약가격과 무관하게 조직 간의 기술이전에 따른 비용이 추가 발생할 수 있다.

대체로 추가비용은 주로 엔지니어링 전단계의 기술교환비용, 공정 및 생산설계와 엔지니어링 이전비용, 이전과정에서의 연구개발 인력 비용, 기술적용을 위한 사전 훈련, 학습, 문제해결과 관련된 비용 등이다.

이러한 추가비용은 기술거래 비용으로 발생하나 기술가치 평가에서는 직접반영하지 않는 것이 일반적이다.

기술대가의 종류를 살펴보면 다음 표와 같다.

[기술거래별 대가]

구　분	기술거래 내역
기술거래 형태별 기술대가	• 기술매매(양도)의 경우 : 정액의 기술매매대금 • 기술실시, 사용 허락권 : 정액 또는 변동사용료 • 기술의 현물출자 : 지분 및 현금의 배당금 • 비금전적 목적의 제휴 : 여타의 경영지원
기술라이센스별 기술대가	• 기술실시, 사용실적과 비례관계에 있는 기술대가 • 기술실시, 사용실적과 비례관계에 있지 않는 정액의 기술대가

그리고 정부 등이 일반적으로 적용하는 기술료는 기술거래 후의 경영성과에 비례하여 정하는 경상기술료와 성과와 무관하게 부담하는 고정금액의 정액기술료가 있다. 이들 기술거래 대가의 구체적인 산정방식은 아래와 같다.

① 정액기술료(Fixed Royalty)

정액의 기술료를 수급할 수 있도록 정한 기술료이다. 기술도입 자가 기술의 사용, 계약제품의 판매 등과 관계없이 일정한 금액을 정액으로 기술료를 지급하는 방식이다.

- **일괄(Lump Sum)기술료**: 기술이전 전체에 대한 총액을 정액으로 지급하는 총액기술대가
- **선불금(Initial Down Payment)**: 기술거래의 초기단계에 정액으로 미리 지급하는 기술대가
- 도면료, 마이크로필름 등의 기술자료 대가
- 기술지도 및 연수 등에 대한 대가

② 실적기술료 또는 경상기술료(RR, Running Royalty)

기술료의 사용실적에 비례하여 산정한 기술료이다. 생산량과 판매량 등 기술의 활용정도에 비례하여 기술의 대가를 결정한다. 그리고 기술료는 정률법(percentage royalty)과 정액법(per unit royalty)으로 구분하여 정한다.

실적기술료는 일반적으로 예상매출액과 판매실적의 차이에 따른 손해를 줄일 수 있어 가장 많이 활용되며, 유형은 아래와 같다.

- **제조원가에 연동하는 기술료**: 기술제품의 제조원가에 일정 율(%)을 곱하여 산출한다. 제조원가의 종류가 다양하고, 제조원가의 산출방식 및 구성요소들이 서로 다를 수 있으므로, 이 방식을 사용하고자 할 경우는 산출공식 및 구성요소 등에 대하여 사전에 명확히 합의하여야 한다.
- **원가절감에 연동하는 기술료**: 당해 기술의 이선으로 절감되는 원가금액 또는 생산성 향상금액 등에 사전 합의한 일정 율(%)을 곱하여 산출한다.
- **순이익에 연동하는 기술료**: 당해 기술의 사용 및 실시를 통해 얻게 되는 세전 순이익의 일정 율(%)을 기술대가로 결정한다. 이 방법은 순이익 규모로 확정하기 어렵고, 기술도입자의 기업비밀 유출이 우려되는 단점이 있다.
- **매출액에 연동하는 기술료**: 계약제품의 매출액 또는 순 매출액에 일정 율(%)을 곱하여 기술 대가를 산출한다. 이 방법은 실무상 사용빈도가 가장 높은 유형이다.
- **계약제품의 단위에 연동하는 기술료**: 계약제품의 개수, 부피, 중량 또는 계약제품에 사용될 부품, 원자재, 에너지 등 기술의 사용 정도와 비례관계에

있게 되는 기준단위에 일정금액을 곱하여 기술 대가를 결정한다.

계약제품의 가격하락, 물가변동 등에 경직성이 있으나, 산출이 간편하고 산출 결과에 대한 검증이 용이하여 사용빈도가 증가하는 추세에 있다.

③ **혼합방식의 기술료**: 정액기술료와 경상기술료를 혼합하여 기술료를 산정하는 방식이다. 혼합기술의 대표적인 산정방식은 최저기술료와 최대기술료 방식이 있다.

- **최저기술료(minimum payment)**: 기술도입 자는 도입기술의 사업부진으로 경상기술료 발생을 회의적으로 볼 때, 도입사업의 실적에 상관없이 고정된 일정의 금액을 최소한도 기술제공자에게 지급하는 기술료이다.

  최저기술료는 최저매출액을 추정하고, 추정금액에 미달할 경우에도 당해 금액의 매출을 달성한 것으로 간주하여 기술료를 획일적으로 결정하는 방식이다. 그러므로 최저기술료는 실시권자에게 독점적 실시권을 줄 경우에 관철시키는 기술료 확보전략의 하나이다.
- **최대기술료(maximum payment)**: 최고의 상환액을 정하고, 실제 발생되는 기술료와 관계없이 지불하는 형태로 제조, 판매에 의한 기술료 조건을 동결하여 더 많은 생산동기를 부여하는 기술료이다.

  통상 라이선스기술이 미완성이거나 실시권자가 기술을 완성시켜 사업화를 성공시킬 필요가 있는 경우 실시권 허여 자가 해당 기술의 개발비용 또는 그 일부를 회수하는 조건으로 기술료를 지불하는 방식이다.

3. 경상기술료

일반적으로 사업화기술의 판매기술료는 기술판매자의 경우 선불금 위주로, 기술구매자의 경우는 경상기술료 위주로 요구조건을 제시하고 있다. 그러나 대부분의 기술료는 기술을 사업화하고, 제조, 판매 등으로부터 얻은 성과에 비례하여 기술료를 지급하는 경상기술료의 형태로 협의한다.

따라서 경상기술료의 결정은 기술료의 추정이 매우 중요하므로 다음과 같은 자료를 수집하고, 산출된 매출액 등에서 기술료(율)를 곱하여 금액을 정한다.

- 기술공급제품의 생산, 판매 등에 관한 사업계획서
- 기술공급제품의 원자재 조달, 구매계획 등에 관한 정보
- 계약제품의 판매, 마케팅 등을 위한 판매관리비 계획

- 기술공급 제품매출액의 추정자료
- 기타 기술공급제품의 이익추정 자료

충분한 자료의 수집이 완성되면 경상기술료의 추정 절차는 다음과 같다.

① 기술공급제품의 계약기간 동안 총 예상매출액을 추정한다.

② 공제항목의 금액을 계약기간의 연도별, 계약모델별로 추정한다.

③ 공제방법은 개별적 항목의 실제 추정방법, 업종별 평균치 적용방법, 일괄 공제 방식에 의한 공제금액 추정 방법 등에서 개별 사정을 고려하여 적용한다.

④ 이렇게 매출액에서 공제금액을 제하고 남은 순 매출액을 구한다.

⑤ 순 매출액이 정해지면 여기에 경상기술료(율)를 곱하여 기술료를 산출한다. 특히 계약제품의 개수, 무게, 부피 등 단위당 기술료 결정방식일 경우는 계약제품의 사업물량에 단위당 기술료를 곱하여 결정한다.

4. 기술료 징수사례

정부출연금으로 개발된 기술의 기술료는 연구결과 획득한 성과물을 사용, 양도, 대여 또는 수출하기 위해 실시 또는 실시계약을 체결한 경우에 대부분 징수한다. 그리고 징수방법은 정액기술료 납부방식과 경상기술료 방식으로 구분하고 있다.

① 정액기술료 징수방식

기술료는 정부출연금의 40% 이내로 하고 있다. 대기업과 중소기업 간의 차등적용하며, 중소기업을 우대적용하고 있다. 그리고 납부기간은 5년 이내로 하며, 균등분할 납부를 가능토록 하고 있다.

그리고 납부할 기술료의 감경제도를 두고, 혁신성 과제의 경우 납부할 기술료의 30%를 감경하거나 일시 또는 조기납부의 경우에는 20% 이하의 기술료를 낮추어 주고 있다.

기술료 납부금액의 산정은 실제 지원받은 출연금에서 기술료를 곱하여 계산하며, 계산식은 다음과 같다.

계산식= (정부 출연금 - 정산 또는 환수금액) × 기술요율

② 경상기술료 징수방식

경상기술료는 협약과 실시계약에서 정한 금액으로 하되 착수기본료와 매년 매출액의 일정비율이 된다. 징수기간은 매출실행 회계연도부터 5년, 과제협약 종료 후 7년 이내에서 징수하며, 대기업과 중소기업 간의 차등을 두고, 중소기업을 우대한다.

매출이 발생될 경우 기술료를 확정하며, 협약 또는 실시계약에서 정한 10% 이내의 착수기본료와 매년 매출액의 일정비율로 정한 금액으로 징수한다. 대체로 기술료는 5% 이내에서 차등 적용하며, 징수금액은 정부출연금액을 초과하지 않고 있다.

③ 기타 기술중개수수료

기술거래를 위한 별도의 수수료 규정은 없으나 기술거래를 주선한 기관에서 기술이전금액의 일정 수준(율)을 중개수수료로 징수하고 있다.

5. 사업화 성과평가

기술사업화 성과를 관리하기 위해 해당과제에 대한 평가를 실시한다. 평가의 유형에는 연차평가, 단계평가, 최종평가 및 특별평가가 있다. 평가결과 혁신성과, 보통, 성실수행 판정사업은 과제의 권리와 관련하여 기술료를 징수하게 된다. 그리고 불성실 사유로 중단하거나 조기종료 등의 판정을 받은 경우에는 과제참여제한 또는 출연금 환수 등의 제약을 받는다.

- **연차평가**: 해당연도의 과제별 성과를 평가하며, 과제종료 시 결과를 점검하고, 현장실태를 조사한다. 그 결과 계속, 중단, 조기종료 단계로 구분하여 평가판정하며, 평가결과 불성실 사유로 중단평가를 받은 사업에게 과제참여 제한과 정부출연금 환수 등의 조치를 한다.
- **단계평가**: 추진 단계별 평가이며, 단계별 협약결과를 평가한다. 주로 현장실태와 다음단계 사업계획서를 평가하며, 판정결과는 계속, 중단, 조기종료가 있다.
- **최종평가**: 과제를 종료한 때 평가되며, 혁신성과, 보통, 성실수행, 불성실수행으로 결과를 판정한다.
- **특별평가**: 과제의 수행기관이 갑작스런 경영악화, 수행지연 등의 사유로 성과관리가 어려운 경우에 평가한다.

Chapter VII

자체기술사업

7.1 자체기술사업
7.2 기술사업계획
7.3 기술사업계획서수립

Chapter Ⅶ 자체기술 사업

7.1 자체기술사업

7.1.1 자체기술 사업이란

사업화 주체가 자체 보유기술이거나 이전받은 기술을 적용 또는 활용하여 사업화하는 기술사업화 방식이다. 대부분 기술이전과 거래방식의 사업화보다 자기기술을 적용하여 자체사업화로 제품 또는 서비스를 생산하거나 효용성을 높이는 형태를 취하고 있다.

보유기술은 대부분 창의성을 요구하는 혁신기술이며, 수요자의 니즈에 의한 기능과 효용성을 겸비한 품질향상, 가격인하, 공정개선 및 신제품 생산 등을 가능토록 하는 기술이다.

그리고 사업화방식은 자체개발한 기술을 직접사업화하거나 기술보유자가 새로운 기업을 설립하여 사업화하는 방식, 자체개발기술이 없는 경우 기술을 이전받아 사업화하는 방식, 기술제품의 위임범위에서 사업화하는 방식 등이 있다.

- **자체기술 직접사업화**: 기존 기업에서 보유한 기술이나 개발된 기술을 사업화하는 방법이다. 그 유형은 신 재품생산, 제조공정의 개선, 기존제품이나 제조공정의 기능 또는 성능향상, 제품생산 원가의 인하 등의 사업화이다.
- **독립형태 기술창업(Spin-Out)**: 기술개발자 또는 보유자가 새로운 기업을 설립하여 사업화하는 방식이다. 혁신적 기술제품으로 대부분 신제품 형태로 기술의 사업화하는 방식이 되며, 수요자의 니즈를 분석하고 사업화의 타당성이 검증된 기술의 사업화에 적용되는 방식이다.
- **분사형태 기술창업(Spin-Off)**: 기술창업 방식과 다르게 사내 직원이 직접 연구에 참여한 개발기술을 사업화코자 분사형태로 기업을 설립하고, 사업화하는 방식이다. 대부분 기업자체가 사업화할 경우 사업규모, 시설

설비, 인력운영 등의 측면에서 사업화 요건이 적절하지 않다고 판단할 때 기술사업화를 추진하는 방식이다.

- **이전기술 직접사업화:** 기존 기업에서 기술의 이전을 통해 획득한 기술을 직접 사업화하는 방식으로 연구개발 환경이 미흡한 기업에서 주로 선택하는 기술사업화 방식이다.
- **적용의뢰기술의 사업화:** 생산설비 또는 인력을 갖춘 기업에서 보유기술자의 기술을 단순 적용하도록 의뢰하여 사업화하는 방식이다. 이 방식은 직접 기술사업화로 분류함에는 다소 문제가 있으나 기술의 사업화 적용적인 측면에서 기술적용의 사업화로 분류하고 있다.

7.1.2 자체기술 사업기회

기술사업자는 가치창조의 사업기회를 포착하는데 매우 어려움이 따른다. 기회란 일반적으로 주어진 목적을 달성하는데 필요한 일련의 호의적 조건들이다. 현재의 상태와 미래의 증진가능 상태와의 차이를 메우고 남은 이득이 유효한 사업기회라고 한다.

따라서 사업기회는 이미 사업관련 제반여건이 잘 마련된 경우와 그렇지 못한 경우를 고려할 수 있다. 전자는 사업자가 실제로 사업을 추진만 하면 될 수 있는 기회이고, 후자는 미래적 사업기회로 실제 사업화를 할 수 있도록 사전여건을 갖추어야 하는 기회이다.

미래의 사업기회로 실제 사업화할 수 있는 사진적 구비여건은 다음과 같다.

① **기술적 발견:** 전자산업, 생명공학 및 첨단기술 제품 등
② **인구의 변화:** 의료산업, 서비스업 등
③ **생활습관 및 기호:** 의류산업, 문화산업, 스포츠산업 등
④ **재해 및 재난:** 방위산업, 관광업 등
⑤ **자원의 발견:** 석유산업, 광업 등
⑥ **정부규제:** 환경산업 등

또한 사업자의 사업기회는 일정한 기간 동안 제한적으로 포착되고, 한시적으로 활용하는 기회의 창(Window of Opportunity)이라 부른다. 주어진 기회의 창에서 사업기회를 적절히 포착한 기업은 성공하고, 그렇지 못한 기업은 실패한다.

그러므로 기술 사업가는 사업기회를 추구하기 위해 기회의 창은 열려 있어야 하고, 충분히 지속되어야 한다.

그리고 사업의 기회는 실시간의 함수이다.[1] 역사적인 특정시점의 상황과 여건이 성숙되어 있을 때만 사업기회가 진정한 기회가 되는 것이다.

7.1.3 자체기술 사업추진

자체기술사업의 추진은 우선 기술의 사업타당성 분석결과 사업성이 있다고 판단된 기술을 추진한다. 따라서 사업의 추진은 사업타당성분석 결과에 따라서 성과관리를 할 수 있도록 사업계획서의 수립이 완성되고, 효율적 사업의 목표관리를 할 수 있을 때 추진한다.

기술사업화는 목표설정으로 수립된 계획에 따라 구체적인 사업화조직과 인력의 운영, 기술개발과 생산, 마케팅, 자금조달, 재무관리 등을 중점적으로 추진하게 되며, 관리를 통해 실질적 사업화를 추진한다. 이러한 사업추진의 설명은 다음 그림과 같다.

[기술적용 사업추진]

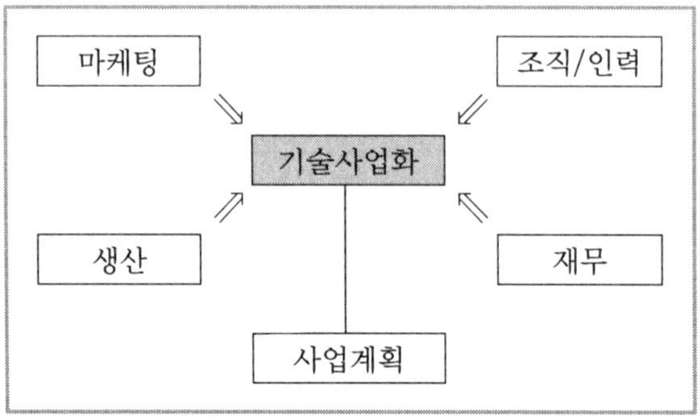

마케팅
조직/인력
기술사업화
생산
재무
사업계획

1) Jeffry A. Timmons, New Venture Creation: Entrepreneurship for the 21st Century, Fourth Edition(Burr Ridge: Irwin, 1994:90-92

7.2 기술사업계획

7.2.1 사업계획의 의의

사업계획(Business Plan)은 추진할 기술사업의 목표를 정하고, 이를 달성하도록 구체적 세부추진 내용을 명시한 입안서류이다. 기술사업의 추진전략과 예산 등을 포함하며, 계획사업의 효율적 수행을 설계한다.

사업계획서는 주로 사업자가 사업아이디어에 대한 사업타당성 검토결과 사업성이 있다고 평가된 경우에 작성하며, 기업 현황, 사업의 개요, 시장의 구조적 특성, 제품/서비스의 기술적 특성, 경영전략 및 예측된 경영성과 등을 일목요연하게 표현한다.

특히 잠재적 투자자에게 제안된 사업의 가능성과 각종 위험을 평가하고, 실사를 수행하기 위한 출발점이 되도록 하는 서류이며[2], 사업자 자신을 위해서는 사업성공의 가능성을 높여줌과 동시에 계획적인 사업을 가능케 하는 자료이다.

사업계획서를 작성하는 주체는 기업가 또는 기업의 경영진 등이 될 것이며, 작성주체에 의한 사업계획서는 다음과 같은 목적으로 작성한다.

- 사업목표를 명확히 한다.
- 중복과 낭비적인 활동을 최소화 한다.
- 내부적 관리에 목적이 있다.
- 자금조달과 인・허가에 목적이 있다.

이러한 사업계획서는 충분한 활용목적을 달성할 수 있도록 계획하며, 사업계획서의 작성원칙은 다음과 같고, 계획화의 특성을 감안하여 원칙에 충실하도록 한다.

- 구체적으로 작성한다.
- 객관성을 유지하여야 한다.
- 핵심내용을 강조하고 부각시켜야 한다.
- 가급적 전문용어의 사용을 피하고, 단순하고 보편적인 표현을 한다.

---

2) Jeffry A. Timmons, New Venture Creation: Entrepreneurship for the 21st Century, Irwin/McGraw-Hill,1999,p.293

- 실현될 수 있는 내용이어야 한다.
- 문제점과 향후 위험요소를 심층 분석해야 한다.
- 공공의 수익성을 가미한다.
- 목적과 용도에 맞추어 작성해야 한다.

그리고 사업계획서의 형태(Form)는 정해진 표준 사업계획서가 없으며, 일반적으로 내·외부용 사업계획서와 장·단기사업계획서로 구분하여 사업의 목적 또는 용도에 따라 적절하게 작성한다.

7.2.2 주요구성 요소

사업계획서에 포함시켜야 할 주요 구성요소는 사람, 사업기회, 외부환경 및 협상의 요소가 동태적으로 작용하여 성패를 결정하는 사업과정의 요소를 중심으로 이루어져야 한다고 W. A. Sahlman은 주장하고 있다.[3)]

1. 사람

사업자와 경영진의 구성 및 이들의 경력 등을 말한다. 여기에는 다음 내용이 고려되어야 한다.

① 사업자와 주요경영진은 누구이고, 이들의 과거 업적은 무엇인가?
② 이들에게 사업기회의 추진과 직접 관련된 기술과 경험을 갖고 있는가?
③ 이들을 알고 있는 사람은 누구이고, 평판은 어떠한가?
④ 환경적응 능력은 어떠하고, 미래의 기업에게 다가올 수 있는 위험을 어떻게 대처할 것인가?
⑤ 경영진에 추가할 사람과 능력 있는 자를 선발할 준비가 되어 있는가?
⑥ 사업 동기는 무엇이고, 이들이 회사에 얼마나 투자하고 있는가?
⑦ 사업자와 경영진의 각 개인과 이들 상호간의 협력관계에 대한 객관적인 정보를 어디서 입수할 수 있는가?
⑧ 사업자나 경영진의 주요 멤버가 이직할 경우에 대두되는 결과는 무엇인가?

3) W. A. Sahlman, "Some Though on Business Plan," in W. A. Sahlman, H. Stevenson, M. Roberts, and A. Bhide, The Entrepreneurial Venture, Harvard Business School Press, 1999, pp.138-176

2. 사업기회

주어진 시장 환경에서 추진하고자 하는 기술사업화 기술의 확보, 시장규모와 성격, 주요고객, 수익 또는 성과실현, 사업추진 동기와 필요성, 기대효과 등에 대한 사업화 성공실현이 가능한 여건의 포착이다.

시장의 규모와 성격은 판매하고자 하는 제품/서비스의 시장을 파악할 수 있도록 시장의 크기와 성장속도, 진입장벽 등을 말하며, 경쟁관계의 시장 또는 대체시장은 존재하는가? 사업아이템은 매력적인가? 등이 된다.

또한 주요 고객은 누구이며, 이들 고객에게 어느 정도 필수적인 제품인가? 가격과 구매의사를 결정할 수 있는 수준인가? 그리고 수익실현 가능성과 성장가능성, 산업계에 파급되는 기대효과 등을 얻을 수 있는가? 이다.

따라서 사업기회의 포착은 시장 환경과 사업자의 능력, 기술사업화 동기 또는 필요성 등을 포함한다.

3. 경쟁과 외부환경

현재의 경쟁관계에 있는 기업과 잠재적 경쟁기업에 대한 파악과 분석이다.

① 현재의 경쟁관계에 있는 기업은 어떤 기업이고, 경쟁기업이 통제하는 자원은 무엇이며, 강약점은 무엇인가?

② 기업이 진입하는데 경쟁기업은 어떠한 반응을 보일 것인가? 경쟁기업의 진입에 기업은 어떻게 대응할 것인가?

③ 사업기업 이외에 어떤 기업이 동일한 사업기회를 파악하고 이용할 것인가?

④ 잠재적 기업 또는 현새의 경쟁기업에게 전략적인 제휴관계를 맺고 협력할 가능성은 있는가?

그리고 기업 주변의 외부환경에 대한 파악 및 분석을 포함한다.

① 경기변동, 인플레이션, 환율, 이자율, 조세정책, 금융정책, 정부규제, 인구, 기술변화 등 기업의 성패에 직간접 영향을 미치는 외부환경의 변화에 대해 경영진은 알고 있는가?

② 외부환경의 변화가 사업의 성패에 미치는 영향은 어떠하며, 외부환경이 악화될 경우 경영진은 어떻게 대응할 것인가?

③ 기업이 정부규제 등을 긍정적인 방향으로 변화시킬 수 있는 가능성이 있는가?

7.2.3 사업계획서 구성

일반적으로 사업계획서는 다음 표와 같다. 계획서는 목차, 요약, 회사현황, 제품 및 서비스, 마케팅 계획, 제조 및 운영계획, 경영진과 조직, 소유구조, 재무계획, 부록과 참고자료 등을 포함하고 있다.

대부분 사업계획서는 일반적인 계획서를 기준하여 작성하되 작성목적과 용도에 따라 약간의 차별적인 계획서를 작성한다. 다만 인허가와 신청, 투자 등을 위한 사업계획서는 내용과 작성형식이 수요기관의 요청에 의해 일정하게 정한 경우에는 그 양식에 따른다.

[사업계획서 구성]

구성내용	구성내용
▷ 표지와 목차 ▷ 기업체 현황 1. 회사개요 2. 회사연혁 3. 창업동기, 경영이념, 사업전개방안 ▷ 조직 및 인력현황 1. 조직도 2. 인력구성의 특징 3. 대표자, 경영진, 주주 현황 4. 종업원현황 및 고용계획 ▷ 기술현황 및 기술개발계획 1. 제품의 내용과 기술현황 2. 제품 아이템 선정과정 및 사업전망 3. 기술개발투자 현황 및 계획 ▷ 생산 및 시설계획 1. 생산 및 시설현황 2. 생산 공정 3. 원. 부자재 사용 및 조달계획 4. 시설투자계획	▷ 마케팅 판매계획 1. 시장조사 및 분석 가. 목표시장 나. 시장규모 및 시장점유율 2. 판매현황 3. 연도별 판매계획 및 마케팅 전략 ▷ 재무계획 1. 재무현황 가. 최근 주요 재무상태 및 영업실적 나. 금융기관 차입금 현황 2. 재무추정 가. 현금흐름분석표 나. 추정 대차대조표, 추정 손익계산서 3. 향후 수익전망 ▷ 사업추진 일정계획 ▷ 부록 및 참고자료 1. 공장입지 및 공장설립계획 2. 자금조달계획 3. 시설근대화 및 공정개선계획 4. 기타 첨부서류

그리고 사업계획서의 작성은 예시된 부분을 필요에 따라 전부 또는 일부를 발췌하여 작성할 수 있다. 또한 작성된 사업계획서는 신뢰성을 높이거나 구체적인 사항을 파악코자 하는 경우에는 쉽게 확인할 수 있도록 다음과 같은 서류를 첨부한다.

- 정관
- 법인등기부 등본과 사업자등록증 사본
- 최근 3년간 결산재무제표
- 경영진, 기술진 이력서 및 자격취득 서류
- 지적재산권(특허, 실용신안 등) 및 신기술 보유관계 증빙서류 등

7.3 기술사업계획서수립

7.3.1 기술사업화의 개요

① 사업의 배경

기술사업계획서는 계획사업의 사업화배경과 필요성을 제공하며, 사업목적, 기대효과, 차별화, 성장가능성, 새로운 생산품과 개발내용, 경제적 추이와 미래 산업동향 등을 바탕으로 함축성 있고, 간결하게 기술한다.

주로 기술사업화의 목적과 목표시장에 대한 설명, 비전의 제시 및 사업 본질의 설명 등을 배경에서 기술한다.

그리고 기술사업화가 추구하는 명확한 목표를 설정하고, 사업의 기대되는 효과를 제시하되 사업의 개념과 경쟁우위, 시장점유율, 성장성, 수익성, 생산성, 유동성 등을 제시한다. 산업구조, 시장의 규모와 성장률, 경제적 또는 기술적 추세 등을 제시하고, 진입하려는 시장, 제품/서비스, 고객 등을 함께 설명한다. 그 외 기업의 경영이념과 기업가 정신 등을 기술한다.

② 주요사업(제품)소개

주요사업의 소개는 단순한 계획서보다 경험과 사실적 자료 등을 바탕으로 차별화된 새롭고 구체적인 가치창조를 제시한다.

- **제품의 개요**: 제품에 대한 구체적설명과 개발가능성, 보유기술과 확보전략 등을 포함한다.
- **제품의 특성과 용도**: 제품의 용도, 특성과 우수성, 가치(저작권, 상표권, 특허권 등) 등이다.
- **제품개발 계획 및 보유 기술인력**: 기술개발의 필요성, 개발목표와 내용, 기술인력 확보와 기술 인력의 양성 등이다.
- **경쟁제품과의 차별성 및 사용자의 효율성**: 경쟁제품의 정의, 현재 상황, 차별화 및 기능 등 경쟁자와 비교기술, 사용자의 효율성과 기능성 등의 제시이다
- **제품의 신뢰성**: 공인기관의 제품시험 결과 등의 제시이다.

③ 조직 기구도

사업화를 추진할 수 있는 조직체계를 제시한다. 조직은 부 또는 팀 단위까지 표시하며, 기업의 경영전략을 추진할 수 있도록 조직을 구성한다. 즉 기술과 전문분야의 능력, 체계적인 운영시스템, 전략적 조직설계 등을 갖춘 경쟁력 있는 조직운영을 나타낸다.

대표자와 경영/기술진은 직위, 성명, 연령, 학력, 이력과 노하우, 직무능력, 과거의 실적, 자격보유 내용 등을 각각 상세하게 기술하여 경쟁력을 갖춘 기업임을 설명한다.

그리고 주주현황은 주요 주주와 주식 수, 출자액, 주당 액면금액 등을 제시하고, 대주주와의 관계 등을 기술한다.

④ 관계회사

기업과의 출자관계, 대표이사 또는 대주주와의 관계, 기술지원관계 등을 제시한다. 관계회사의 내용은 기업명, 설립일, 주생산품, 총자산, 자본금, 매출액, 출자 지분, 거래내용 등이다. 그리고 가능한 주요 판매거래처의 경우에는 거래규모와 결재조건 등을 간략히 제시한다.

외부전문가를 활용하는 경우에는 법률, 회계, 마케팅, 재무관리, 기술개발 등의 필요한 서비스 내용과 전문가의 인적사항, 소속, 학력, 경력, 과거업적, 역할과 보수 등을 제시한다.

특히 기업의 금융거래는 매우 중요하므로 금융거래내역을 작성한다. 가능한 금융기관별 자금용도에 의한 차입금액과 차입기간, 채권보전과 관련된 신용보증서 담보 또는 부동산 담보 등을 구체적으로 나타낸다.

7.3.2 생산계획수립

매출액 또는 예상매출액을 기준하여 주생산품과 부생산품에 대한 생산 가능성과 기술개발계획을 수립한다. 각 제품의 제품명과 규격, 성능, 품질정도 등이 구체화되고, 그에 소요되는 시간과 비용 등을 설계하며, 설비투자, 기술인력, 재고, 구매 및 품질관리 등 생산 활동과 관련된 사항을 입안한다.

① 제품(상품)은 주 생산품과 부생산품으로 구분하며, 규격과 인증 내용은 성능과 품질정도에 따라 구분 표시한다. 그리고 제품의 개요 란에는 제품의 용도, 기능, 실용성, 안정성, 주요고객 및 거래처 등을 제시한다.

② 기술현황은 기술내용과 특성(기술의 우위성)을 포함하여 제품개발 현황과 기업의 개발역량을 평가 받을 수 있도록 그 내용을 구체적으로 제시한다.

개발과정에서의 예상되는 문제점과 개발시간, 원가에 미치는 영향 등을 기술하고, 특허권, 저작권, 상표권, 계약상의 권리, 지적재산권 등에 대한 내역을 함께 구체적으로 기술한다.

그리고 기술현황, 사업화가능성 및 전망, 그리고 향후 R&D 투자계획을 개발목표, 개발인력 구성, 개발소요자금, 제품개발 가능성 및 기술능력, 제품의 특성 및 경쟁력 등을 파악할 수 있도록 설명한다.

연구개발비 투자는 시험연구비, 기술개발비, 교육훈련비, 견본품, 시제품 금형비 등의 투자액이 연간 매출액에서 차지하는 비율로 표시한다.

③ 생산시설은 생산비와 생산량에 관한 정보를 제시하고, 품질관리, 생산관리, 재고관리 방법을 논의하며, 서비스 문제와 관련된 고객 불만족을 최소화하는 방안에서 시설계획을 수립한다.

설비투자계획은 향후 3년 동안 도입예정인 설비의 설비명과 규격, 수량, 확장방법과 시기 등을 제시한다. 공장건설을 계획하는 경우에는 면적과 공장형태, 시설 및 설비구입, layout, 공사일정, 생산규모 등을 기술한다.

생산계획의 수립은 고용수준, 재고수준, 생산능력 및 하청 등을 고려하여 생산수준과 생산요소를 결합한 계획이 되도록 한다. 계획의 고려요소(input)는 판매량, 생산비용, 생산율(조업도 : 잔업과 유휴시간), 생산능력 및 하청, 고용수준(고용, 해고 등), 재고수준(또는 추후납품) 등이다.

그 외 생산계획수립 시 원료의 공급능력, 시장의 위치, 수송비용, 임금, 토지 및 건축비, 세금 등을 충분히 고려한 입지결정(location decisions), 생산 공정에서 시간과 비효율을 제거하는 작업공정 혁신시스템, 품질경영 등이 포함되도록 한다.

7.3.3 기술마케팅계획수립

시장조사결과 시장의 매력도를 검증하고, 사업가능성에 적합한 마케팅 전략의 제시와 방법 등을 계획한다. 계획의 수립은 우선 목표시장을 제시하고, 주문현황, 구매계약, 구매의향서 등을 제시하여 시장성을 입증한다. 만약 자사 제품에 대한 고객의 부정적인 반응이 있을 경우에는 이를 극복할 수 있는 방법을 제시한다.

목표시장이 정해지면 판매실현 가능한 규모를 제시한다. 시장의 규모와 관련된 시장전체의 동향을 고객 그룹별, 지역별로 구분하여 추이를 기술하고, 이에 적합한 규모를 확인한다.

그리고 제품의 수명주기(Product Life Cycle), 구매력에 영향을 미치는 소비자의 연령구조, 소득수준, 지역별 인구구조, 가구 수 등 환경적 요인, 경쟁관계, 시장점유율 등을 제시한다.

신제품의 경우에는 개발에 관한 경쟁회사의 동향, 매출액, 시장점유율, 유통방법, 생산능력을 파악하고, 재무상태, 수익성, 자금조달능력 등을 조사하며, 이들 고객을 흡수할 수 있는 근거를 제시한다.

특히 마케팅전략구축을 위해 SWOT분석을 가장 유용하게 활용한다. 분석방법에는 Strength(강점), Weakness(약점), Opportunities(기회), Threats(위협)의 분석을 통한 전략구축이다.

이 방법은 기업이 속한 조직을 경쟁자와 비교했을 때의 강점과 약점을, 그리고 외부 상황으로 자신을 제외한 모든 기회와 위협을 하나의 도구로 결합함으로써 상황분석을 전략적으로 접근할 수 있도록 하는 기법이다.

이 방법에서 전략의 도출은 강점을 강화하고, 약점은 보완하며, 기회를 활용토록 강점을 이용하고, 위협에 대항하도록 약점을 방어한다.

7.3.4 조직 및 인력계획수립

인력계획은 기업의 환경변화를 사전에 예측하고, 경영성과를 높일 수 있도록 인력계획을 수립한다. 기업의 목적, 목표, 예산, 조직구조에 따라 인력수요와 인력공급을 예측하며, 수요와 공급의 차이를 추정하여 인력계획의 목표로 정하는 계획이다.

인원현황은 생산직, 사무직, 전문직, 일용직 등으로 크게 구분하되 생산직의 경우에는 기술계와 기능계를, 사무직은 임원, 영업직, 일반사무직 등으로 세분화하여 인력계획을 수립한다.

일반적으로 조직의 유형은 라인조직과 스텝조직으로 구분하지만 기술사업화를 위한 경쟁력 강화조직으로는 팀제조직과 사내벤처분사 조직 및 기술혁신 조직(창의적 조직) 등을 고려할 수 있다.

임금과 복리후생비부문의 계획은 우선 임금체계의 결정이다. 시간급제(고정급제), 성과급제(변동급제) 및 연봉제 등을 기업실정에 적합토록 결정한다. 퇴직금과 복리후생비를 추정하여 반영하되 복리후생비의 계획은 특별한 경우를 제외하고 동업평균 수준을 감안하여 정한다.

인력계획에는 핵심역량의 향상을 위해 직무교육과 다양한 학습 지원체제를 갖추는 교육내용, 참가자 수, 실시기관, 교육효과 등을 세시한다.

특히 새롭고 유용한 아이디어를 창출할 수 있도록 숙련과정과 교육훈련의 강화 및 제안제도 등을 도입하여 기업혁신을 강도 높게 추진할 수 있도록 제시한다.

7.3.5 재무계획수립

기술사업화의 재무계획은 필요에 따라 중장기계획과 단기계획으로 구분하여 작성한다. 일반적으로 3~5년간의 중장기재무계획을 수립하나 1년 이하의 단기계획을 수립하는 경우도 있다.

재무계획서를 수립하는 과정에서 유의되어야 할 사항은 다음과 같다.[4)]

4) J. Finnerty, Corporate Financial Analysis, McGraw-Hall, 1986,pp.441-442

① 회사의 장단기 재무목표를 상호간 일관성이 유지되도록 설정한다.
② 미래 경영환경 분석과 평가에서 도출된 다양한 가정과 기업의 주요 재무정책을 토대로 다양한 경영전략이 미치는 재무적 결과를 추정한다.
③ 추정된 재무적 결과를 설정된 장단기 재무목표에 비추어 평가하고, 재무정책의 선택과 장단기 자금조달프로그램은 어떤 것을 취할 것인가? 를 결정한다.
④ 미래 경영환경의 전개방향이 회사가 기대하는 방향과 다를 경우를 대비하여 기본적인 재무전략을 변경시키는 위기대처계획을 준비한다.

외부 경영환경에서 회사의 능력과 한계에 대한 평가, 경쟁기업의 업종 및 경제동향의 평가 등을 토대로 기업의 의지와 목적이 설정되는 재무계획을 수립한다.

계획수립은 추정손익계산서, 추정대차대조표, 추정현금흐름표, 추정제조원가명세서 등으로 구성한다. 계획기간 중의 경영성과와 재무구조 등을 조직, 생산, 마케팅 등의 계획에 의거하여 산출하고, 그 결과는 추정매출액, 비용, 이익, 운전자본, 고정자산 시설투자, 자금소요 등으로 나타낸다.

- 추정 손익계산서(income statement)

기술사업화에서 실행계획의 신뢰성을 높이도록 손익관련 자료는 적어도 3개년 추정치로 나타낸다. 계획서의 작성은 사업연도별로 구분하며, 사업연도 중 실행금액 전체를 합친 금액으로 표기한다. 그리고 회계연도 중 사업화가 시작된 초기 연도는 당해 연도 실제사업기간 동안의 실적을 나타낸다.

금액의 표시는 사업연도별, 계정과목별로 누적시키며, 신뢰성 확보 축면에서 합리적 산출근거를 제시하여 계획서로의 타당성을 부여토록 한다. 또한 누락 가능한 감가상각비와 성과급여 등은 계획에 반영하여 실효성을 얻을 수 있도록 한다.

매출계획은 생산과 마케팅결과 얻은 사업성과를 제시하며, 원가는 실제 생산에서 투입된 비용을 산입한다. 판매 및 일반관리비는 인력계획과 운영자산 규모 등을 감안하여 비용으로 계상하고, 차입과 예금 등으로 발생할 수 있는 금액은 영업외 금액으로 반영한다.

- 추정 대차대조표(balance sheet)

대차대조표는 자산과 부채 및 자본의 내역을 제시하는 자료이다. 자산에는 유동자산과 비 유동자산, 부채에는 유동부채와 비 유동부채, 자본에는 자본금과 이익잉여금 등으로 구성한다. 그리고 대차대조표의 작성은 회계연도가 끝나는 결산일을 기준일로 하여 현재 보유금액을 나타낸다.

유동자산(current assets)은 현금 및 예금, 유가증권, 외상매출금, 받을 어음, 재고자산 등이며, 정적수준을 계상하여 기술사업화에 따른 성과판단의 오해의 소지가 없도록 한다. 특히 과다한 매출채권과 받을 어음, 재고자산 등은 기업의 활력을 떨어뜨리거나 자금의 악화와 유지비 부담을 가중시키고, 투자자산의 확대 원인이 되므로 주의를 요한다.

그리고 비 유동자산은 과다하게 투자할 때 기업비용 부담을 증대시키기 때문에 적정수준으로 계획하며, 영업권과 특허권, 연구개발비 등의 자산은 누락되지 않도록 반영한다.

부채는 차입기간 1년을 기준하여 유동부채와 비유동부채로 나누며, 자기자본에 의한 조달과 대칭되는 소요자금 조달 방법으로 적정수준에서 자금조달 계획을 마련한다. 부채 의존도는 가능한 축소시켜 기업부담을 줄이면서 자기자본으로 건전경영을 할 수 있도록 한다.

자본금은 기업의 조직형태, 규모와 건전성 등을 가늠하는 척도로 활용되기 때문에 조달 가능한 수준에서 적정규모를 반영하며, 사업화초기의 당기손익 발생 가능성을 감안하여 추정한다.

- 추정 현금흐름표

대차대조표와 손익계산서를 기준하여 작성한다. 기업이 현금을 어디서 조달(현금유입)하며, 어떻게 사용(현금유출)하고, 현금과 예금으로 보유하는 사금은 얼마나 되는가? 를 파악토록 하는 것이다.

이상과 같이 재무계획에서 추정재무제표가 완성되면 적정수준의 재무비율을 구성하고 있는가를 확인한다. 적정수준의 비율이 없으면 동업종 평균비율과 확인할 필요가 있으며, 대체로 유동성비율, 부채비율, 자산회전율, 수익 및 성장성 비율, 이자보상비율 등을 확인한다.

Chapter VIII

사업타당성분석

8.1 사업타당성분석 개요

8.2 시장성분석

8.3 기술성분석

8.4 수익성분석

8.5 성장성분석

8.6 경제성분석

Chapter Ⅷ 사업타당성 분석

8.1 사업타당성분석 개요

8.1.1 사업타당성 분석이란

사업타당성분석(Feasibility Study)은 기술사업화를 시행하기 이전에 기술을 사업화할 수 있는가의 판단을 얻기 위한 사전분석이다. 기술을 사업화하기 위해 실시권자가 사업을 구상하거나 사업의 다각화 또는 사업 확장 등의 경우에 사업화를 판단할 수 있도록 하는 분석이다.

이해산, 박종식(2008)은 사업타당성 분석을 신규로 고려하고 있는 사업아이디어에 따라 사업의 핵심요소인 사람, 기술, 자금을 활용하여 제품을 생산하고, 판매하는 행위 또는 서비스의 제공으로 기업의 가치와 수익을 증대시키는 등 기업의 고유 목적을 달성할 수 있는가를 조사 분석하는 것이라고 하였다.

이러한 타당성분석은 계획내용을 합리적이고, 일관성 있게 정리하거나 현실성 있게 체계적이며, 객관적으로 평가한다. 또한 특정사업의 성공가능성에 대한 정보를 파악하고, 판단할 수 있도록 한다.

즉 사업타당성 분석은 사업추진능력, 시장성, 경제성, 기술성, 수익성, 성장성, 안정성 등을 분석하거나 평가하며, 총체적인 과정을 통해 향후 사업화의 성공가능성을 종합적으로 검토한다.

그리고 사업타당성분석은 사업주체의 사업추진능력, 제품의 생산과 판매에 따르는 제반분야의 기술적인 문제, 시장조사와 판매가능수요의 예측, 손익추정 및 경제성 등에 관한 정보를 검토한다.

분석과정은 선별과정과 탐색과정이 있으며, 전자는 적합하지 않은 사업프로젝트를 제외하는 과정이고, 후자는 주어진 사업아이디어를 최대한 실현 가능하도록 적응시키고, 수정 또는 보완하는 방법을 모색하는 과정이다.

결국 이러한 과정은 사업아이디어의 미래를 투시하고, 시나리오를 설정하며, 현실적으로 가시화하는 시각과 자세를 견지한다. 따라서 주어진 사업의 구상이 그 실현 가능성을 최대한 드러내도록 분석하고, 종합하는 것이 사업타당성분석의 기본목적이 된다.

[사업타당성분석]

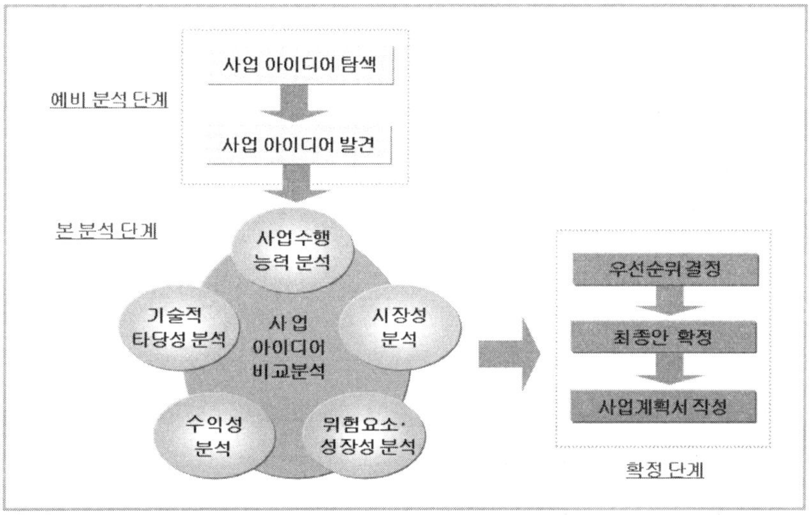

예비 분석 단계
사업 아이디어 탐색
사업 아이디어 발견
본 분석 단계
사업수행 능력 분석
기술적 타당성 분석
사업 아이디어 비교분석
시장성 분석
수익성 분석
위험요소·성장성 분석
우선순위결정
최종안 확정
사업계획서 작성
확정 단계

사업타당성분석을 하면 다음과 같은 효과를 얻을 수 있다.

① 사업화주체의 주관적인 사업구상에서 객관적이고, 체계적인 사업성분석으로 사업화의 성공률을 높일 수 있다.

② 사업성분석을 통해 사업화 요소를 정확히 파악함으로써 사업화기간의 단축과 효율적인 사업화추진이 가능하다.

③ 사업아이템의 시장성, 기술성, 경제성 등의 항목을 분석함으로써 알지 못했던 세부사항을 사전에 인지하게 되어 경영의 효율화를 도모할 수 있다.

④ 사업화의 구성요소를 정확하게 파악함으로써 경영능력을 향상시키고, 필요한 지식습득과 보완할 사항을 미리 확인시켜 준다.

8.1.2 분석의 중요성

사업타당성분석은 기술의 사업화단계에서 시장실패, 시스템실패, 조정실패, 죽음의 계곡을 최소화하거나 피할 수 있는 방법 등을 모색하기 위해 분석하는데 중요한 의미가 있다.

특히 우리나라는 기술사업화의 성과창출보다 기술개발투자 등 비용절감과 조정에 무게중심을 두고 있어 개발기술의 사업화 성공률이 매우 낮으며, 소요비용의 투입은 상대적으로 높은 편이다. 또한 분단국가로서 군사부문의 기술사업화 범위를 제한하는 경우가 많기 때문에 기술사업화의 타당성분석은 사전에 충분히 분석되어야 하는 중요성을 가지고 있다.

그리고 사업타당성분석은 기술사업의 성공률을 높이고, 사업계획서의 수립과 사업추진절차 등을 마련할 수 있도록 하거나 사업화추진에 기여토록 하므로 다음과 같은 중요성을 확인할 수 있다.

① 기술사업화기업이 변화하는 환경에 적응하지 못하면 기술사업화는 실패하게 된다. 변화된 환경에서 사업을 지속적으로 추진하기 위해 적합한 기술의 발굴과 생산의 증대, 시장의 확장, 사업 분야의 다각화 등 환경변화에 대응하여야 한다. 이렇게 대응하기 위해 사업화 전 단계에서 사업성을 충분히 분석하고, 사업화기업이 대처할 수 있도록 미비점을 보완하거나 최선의 대안을 모색토록 하는 것이 중요하다.

② 기술사업화나 투자에는 거대한 자본이 소요된다. 그리고 이러한 투자에는 반드시 상응하는 보상이 전제된다. 거대한 자본의 투자로 인해 회수 불가능하게 되거나 손실이 발생될 경우를 우려하고, 사전 예방하거나 손실규모를 줄일 수 있다는 측면에서 사업성검토는 중요하다.

일반적으로 사업화나 신규투자에 앞서 반드시 그 성공가능성에 대한 다각적인 검토와 분석이 전제되고, 분석된 정보에 의해 사업화 가능성이 낮은 투자는 기피하여 성공할 수 있는 확률을 높이도록 한다.

③ 사업성검토에서 얻은 정보는 사업을 추진하는 주체가 지니고 있는 약점을 보완하고, 미래의 위험상황에 대비할 수 있도록 하는 전략정보로 이용될 수 있다는데 중요하다. 예를 들어 수익성은 있으나 기술성, 경쟁력, 자금능력 등이 경쟁기업에 비해 취약하다는 분석정보를 입수했다면 향후 무엇을 집

중적으로 보완해야 할 것인가를 가늠할 수 있기 때문이다.

그리고 사업의 타당성 분석은 다음과 같은 이유로 필요하다고 하였다.(노순규, 2006)

① 기업의 미래를 정확하게 파악하고, 그를 통해 체계적 설계를 구성한다.
② 사업의 위험요소를 사전에 적출하여 그에 상응하는 대비책을 마련함으로써 사업의 성공가능성을 증대시키고, 타당성이 없는 사업에는 투자를 회피하여 자원의 효율성을 높인다.
③ 능력과 환경에 알맞은 사업의 적정한 목표를 설정하고, 범위와 규모 등을 제시한다.
④ 각종 투입변수를 조정하고, 위험을 감안한 최적의 사업대안으로 전략적 목표를 더욱 명확히 한다.
⑤ 사업상의 중요도를 도출하여 경영의 효율성을 높인다.
⑥ 환경의 기회와 위협, 자사의 강점 및 약점 등을 사전에 정확하게 파악하고, 거시적 관점에서 전략적 경영능력을 제고시킨다.
⑦ 생산 및 판매의 가능성을 파악하고, 협상능력을 향상시킨다.

8.1.3 분석의 기본체계

기술을 기반으로 하는 사업성 평가는 다양한 형태로 발전되어 왔다. 기술개발 및 활용능력을 평가하는 기술력 평가, 특정 기술의 사업화를 통해 잠재적 수익 중에서 기술이 기여한 부분을 화폐적 가치로 산정하는 기술가치 평가, 기술 및 시장의 경쟁력, 수익성 등을 포괄적으로 파악하는 기술사업 타당성 평가 등이다.

사업타당성분석은 대체로 기술사업화기업에게 주관적인 사업구상에서 객관적이고, 체계적인 사업타당성분석을 통해 실행력을 높이고, 계획된 사업의 높은 성공률을 확보할 수 있도록 한다.

이렇게 기술사업화를 위해 필요한 사업타당성분석은 그 방법이 일정하게 정해진 것은 없으나 전략적 적합성분석, 사업화능력 및 경제적 타당성분석을 하고 있다.

- 전략적 적합성분석은 사업영역, 사업의 매력도 및 내부 적합도에 대한 분석이다.
- 사업화능력은 사업의 아이템, 자금 조달, 인력과 조직의 능력분석이다.

- 경제적 타당성분석은 시장성, 기술성, 수익성, 성장성 등의 분석이다.

그 외 단계별 분석방법으로 1단계 예비사업성분석과 2단계 사업성분석이 있다.

- 예비사업성분석은 우선 사업화기술(사업아이디어)의 선별과정이 선행되고, 선별된 후보아이디어에 대한 예비사업성분석과 사업자의 적응도를 분석하여 사업아이템의 우선순위를 도출한다.
- 사업성분석은 후보사업 아이디어의 선정이 결정될 경우에는 사업아이템에 대한 사업수행능력과 적합성, 시장성, 기술적 타당성, 성장성, 수익성 등의 실질적 사업타당성을 분석한다.

이 때 사업타당성분석은 사업타당성 검토 목적에 따라 약간의 차이가 있을 수 있으므로 분석 목적을 감안하여 사업성 평가요소와 그 가중치를 다르게 적용할 수 있으며, 일반적으로 분석방법을 요약하면 다음과 같다.

① 수행능력 및 적합성

계획사업은 사업자의 적성과 자질, 계획사업의 수행능력 및 해당 업종에 대한 적합도 등에서 사업의 성공여부를 판단한다. 여기에 사업의 추진은 사업자에 따라 성공여부가 좌우되므로 이들의 경험·지식, 창의력과 사업의지, 자금동원 능력 등을 분석하고, 분석된 계획사업의 수행능력과 해당 업종에 사업자가 적합한가를 분석한다.

② 시장성분석

새로운 사업의 시작은 소비자들에게 매출로 연결될 수 있는 시장을 가지고 있는가? 의 문제이다. 그러므로 시장의 수요와 크기, 진입장벽, 가격, 마케팅 전략 등이 신규시장을 확보할 수 있는 충분한 경쟁력을 가지고 있는가? 를 분석한다.

시장성분석 요소는 국내외 수급동향 및 중장기 수급전망, 시장의 위치를 포함하는 시장특성 및 유통경로, 거래조건 등의 시장구조, 경쟁 상태와 향후 경쟁제품의 출현가능성, 가격구조 및 가격동향, 진입장벽, 목표시장 선정 및 판매전략 등으로 할 수 있다.

③ 기술성분석

기술적 타당성분석이란 제품의 생산과 관련되며, 원가추정을 위한 기초자료를 제공하고, 사업에 영향을 미치는 여러 가지 요인을 고려하여 기술적 대안을 비교·검토하며, 제품이 원만하게 생산될 수 있는가? 를 분석한다.

제품에 대한 특성, 화학적 반응, 기계적 기능, 생산 시스템, 공정 등 생산제품에 대한 철저한 조사분석과 더불어 공장입지, 시설계획 및 생산시설 규모, 생산능력 및 조업도, 원재료 조달 및 제품 1단위에 대한 원재료 소요량 산정, 기술 및 기능 인력 확보, 예상불량률 및 개선 가능성 등을 종합적으로 분석한다.

④ 수익성과 경제성분석

경제성이란 최소의 재료와 경비, 노력 등으로 최대의 이익을 발생시키려는 경제활동의 가장 기본이 되는 원리이며, 수익성은 기업의 목적인 이익을 극대화하는 경영활동의 성과다.

따라서 수익성과 경제성분석은 사업화를 통한 향후전망을 현재의 시점에서 분석하는 것으로 근거자료가 되는 추정손익계산서, 추정대차대조표, 자금수지예상표 등 추정재무제표로 분석한다.

가장 중요한 부문은 자금조달 및 운용으로 사업에 필요한 총 소요자금의 적정한 규모산정과 조달가능성을 자금조달상의 위험분석과 함께 추정하고, 조달된 자금이 투자와 기업운영을 위해 적기에 적정수준에서 운용되고 있는가? 를 분석한다.

분석단계에서 검토되어야 할 주요내용은 총사업비의 명세, 초기 자본소요액 및 사업에 관련된 현금수지 분석과 재무예측, 재무 분석으로 얻은 투자수익률, 손익분기점, 적정생산량, 가격, 차입금 상환재원 및 차입금 상환능력 등을 분석한다.

⑤ 성장성 및 안정성분석

계획사업의 장기적 성장가능성의 분석이다. 사업아이템의 사이클 판단과 성장을 위한 기업전략, 기업환경 변화, 추진세력의 등장과 성장 지원체제, 성장가능성의 지속여부와 산업평균을 능가하는 성장세 등을 분석한다.

그리고 기업성패에 중대한 영향을 미치는 기업 환경요소 중 기업경영에 치명적으로 미칠 수 있는 영향과 위험요소를 추정하고, 자력에 의한 대응능력의 보유수준과 위험요소에 대한 정확한 대응전략의 수립이 가능한가? 의 여부에 의한 안정성을 분석한다.

그리고 사업타당성을 분석하고, 평가하는 모델은 다양하나 대표적으로 BMO모델, SRI모델, GE 전략적 사업계획 도표 등이 있다.

[사업타당성 모델 유형]

구분	주 요 항 목	
BMOModel	시장매력도(60)	• 매출이익가능성 • 성장가능성 • 산업재편가능성 • 위험분산도 • 경쟁상황 • 특별한 사회적 상황
	자사적합도(60)	• 자금조달 • 마케팅 능력 • 제조능력 • 기술기반 • 원자재조달 • 경영지원
SRI Model	외적결정요인	• 수요측면 요건 • 공급측면 요건 • 산업전망 • 기술요건 • 정책영향
	내적결정요인	• 기업역량 테스트 • 기업경쟁력 테스트
GE 전략적 사업계획 도표	시장매력도	• 시장성장률 • 시장 규모 • 시장수익률 • 경쟁강도 • 수요변동성 • 자본집약도 • 기술안정성 등
	경쟁적 위치	• 상대적 시장점유율 • AS • 가격경쟁력 • 품질수준 • 연구개발성과 • 시장 지식 • 생산효율성 등

8.1.4 재무비율분석

1. 재무비율분석의 의의

재무비율분석(financial ratio analysis)이란 재무제표상의 두 항목을 비율로 산출하여 기업의 재무 상태와 경영성과를 분석·판단한다. 재무비율은 사업수행 결과 나타난 재무자료 또는 추정재무자료를 기준하여 분석하며, 기술사업화의 성과를 총체적으로 종합하여 분석할 수 있다는데 의의가 있다.

이러한 재무비율분석의 유형은 정태비율분석과 동태비율분석이 있다.

- 정태비율분석은 일정한 시점의 기업재무자료를 이용하여 분석하는 방법으로

대차대조표에 나타난 자료에 관한 비율분석이다.

- 동태비율분석은 일정기간 동안의 기업경영성과를 분석하는 것으로 손익계산서 항목에 관한 비율분석이다.

그 외 유형은 관계비율분석과 구성 비율분석이 있다.

- 관계비율분석은 재무제표상의 항목과 항목간의 관계를 비율로 나타내어 분석하는 방법으로 항목비율분석이라고도 한다.
- 구성 비율분석은 손익계산서의 총매출액을 100%로 하여 각 항목을 총매출액에 대한 백분율로 표시하고, 대차대조표의 총자산을 100%로 하여 각 항목을 총자산에 대한 백분율로 표시하여 분석하는 방법이다.

그리고 재무 분석은 실수법, 비율법, 추세법, 손익분기점법 등의 방법이 있으나 본장에서는 가장 많이 적용하는 비율법을 중심으로 설명한다.

2. 재무비율분석의 종류

재무제표를 분석하는데 가장 널리 이용되는 분석방법에서 비율법은 구성비율법, 특수비율법, 표준비율법과 지수법 등이 있다.

- **구성비율법**은 전체를 100으로 하여 각 구성부분을 전체에 대한 백분비로 표시하여 분석하는 방법이다.
- **특수비율법**은 관계비율법이라고도 하며, 재무제표의 한 항목과 다른 항목과의 관계를 비율로 표시하는 분석방법으로 기업의 수익성과 유동성 또는 안전성 등을 분석할 때 사용하는 방법이다.
- **표준비율법**은 실제의 비율과 비교하여 판단할 표준비율을 판단기준으로 분석하는 방법이다.
- **지수법**(index method)은 가중비율종합법이라고도 하며, 월(Wall)에 의해 최초로 제시된 비율분석의 종합적 관찰방법이다. 지수법은 주요비율 및 표준비율의 선정과 가중치 부여에 있어서 주관적 요소가 개입되어 객관적인 평가기준이 될 수 없는 한계점이 있다.
- **추세분석**(trend analysis)**법**은 재무 상태나 경영성과의 변화추세를 판단하는데 사용하는 방법이다. 경영성과를 판단하고, 앞으로의 추세를 예측하는

주요한 자료의 제공이라 본다. 실수의 추세분석은 어떤 시점에서 재무제표의 각 회계수치를 100으로 하고, 그 이후의 각 항목들이 어떻게 변화하고 있는가를 백분율로 표시하여 추세를 판단한다. 즉 시간이 경과함에 따라서 재무비율이 어떠한 추세로 변하는가를 관찰하여 미래를 예측하려는 방법이다.

그리고 재무비율분석은 재무비율의 성격과 특성에 따라 일반적으로 유동성비율, 레비리지비율, 활동성비율, 수익성비율, 성장성비율, 시장성비율 및 생산성비율 등 7가지 기본 형태로 구분하고 있다. 이들 각각의 비율에 대한 특수성을 기준하여 사업별 타당성을 분석한다.

① 유동성비율(liquidity ratios)

기업의 단기채무 지급능력을 측정하기 위한 비율로 유동비율과 당좌비율이 있다.

- **유동비율**(current ratio)은 유동자산을 유동부채로 나눈 비율이다. 기업의 단기지급능력을 판다하는 대표적인 지표로 이용되며, 일반적인 기준은 200% 이상 수준을 제시하고 있다.
- **당좌비율**(quick ratio)은 유동자산에서 재고자산을 뺀 당좌자산을 유동부채로 나눈 비율이며, 단기지급 능력을 판단한다.

② 레버리지비율(leverage ratios)

기업이 어느 정도 타인자본에 의존하고 있는가를 측정하는 부채성비율이다. 레버리지비율은 기업경영에 따른 위험을 누가 부담하고 있는가? 를 나타낸 비율로 부채비율과 자기자본비율이 있다.

- **부채비율**(debt ratio)은 타인자본과 자기자본의 관계를 나타내는 대표적인 비율이다. 일반적으로 동 비율이 낮을수록 재무구조가 건전하다고 판단한다. 특히 부채비율이 너무 높으면 부채상환능력 상실과 수익실현 불가능 상태가 될 수 있다.
- **자기자본비율**(net worth to total assets)은 총자본 중에서 자기자본이 차지하는 비중을 표시하는 비율이다. 이 비율이 높을수록 기업의 안정성이 높다고 할 수 있다.

③ 활동성비율(activity ratios)

기업의 자산이 얼마나 효율적으로 활용되고 있는가? 를 나타내는 비율 군이며 매출액에 대한 주요자산의 회전율로 나타난다.

- **재고자산회전율**(inventory turnover)은 연간매출액을 재고자산으로 나눈 비율이다. 재고자산의 회전속도이며, 기술제품의 사업화정도를 가름할 수 있는 척도가 될 수 있다.
- **매출채권회전율**은 매출액을 외상매출금과 받을 어음 등의 매출채권으로 나누어 매출채권의 현금화 속도를 측정하는 비율이다.

④ 수익성비율(profitability ratios)

기업의 경영정책과 의사결정 및 경영활동 등을 나타내는 결과로서 일정기간동안의 경영성과를 의미하며, 경영활동의 수익성과를 종합적으로 측정하는 비율이다.

- **매출액이익률**(profit to net sales ratio)은 매출액과 매출총이익, 영업이익, 당기순이익을 비교하는 비율 중에서 매출총이익과 매출액을 비교하는 비율이다. 매출액총이익율은 기업의 판매능력, 생산효율 등을 측정하는 비율이다.

  매출액영업이익률은 매출액에서 매출원가와 판매비 및 일반관리비를 차감하고, 남은 영업이익을 매출액과 비교하는 비율로서 고유한 경영활동의 수익성 및 영업활동능력을 측정하는 비율이다.

  그리고 매출액순이익률(Net income to sales)은 납세 후 순이익과 매출액을 비교하는 비율로서 기업의 전체적인 능률과 수익성을 판단하는 비율이다.
- **자본이익률**(return on assets ratio)은 기업에 투자된 총자본이 얼마나 효율적으로 운영되고 있는가? 를 측정하는 비율이다. 총자본 또는 총자산과 순이익을 비교하는 총자본이익률과 주주가 기업에 투자한 자본에 대한 수익성을 측정하는 자기자본과 순이익을 비교하는 자기자본이익률이 있다.

⑤ 성장성비율(growth ratios)

기업의 당해 연도 경영규모 및 기업 활동의 성과가 전년도에 비하여 얼마나 증가하였는가? 를 나타내는 지표이다.

- **총자산증가율**은 기업에 투하되어 운영된 총자산이 낭해 연도에 얼마나 증가하였는가? 를 표시하는 비율로 기업의 전체적인 성장규모를 측정하는

지표이다.

- **자기자본증가율**은 내부유보 또는 유상증자 등을 통해 자기자본이 당해 연도에 얼마나 증가하였는가? 를 표시하는 지표이다.
- **매출액증가율**은 매출액이 당해 연도에 얼마나 증가하였는가? 를 표시하는 비율이며, 기업의 성장률을 판단하는 대표적인 비율이다.
- **순이익증가율**은 기업 활동의 최종성과인 순이익이 당해 연도에 얼마나 증가하였는가? 를 나타내는 비율이다.

⑥ 생산성비율(productivity ratios)

기업 활동의 능률 내지 업적을 측정, 평가하고, 발생원인과 성과배분의 합리성 등을 분석하는데 사용되는 비율이다. 최근 생산성은 기업경영의 성과를 부가가치생산성이라는 개념으로 측정하고 있다.

여기서 부가가치란 기업이 외부로부터 구입한 생산물에 노동과 자본을 투입하고, 생산 활동을 거쳐 새로운 가치를 창출한 부문으로 부가가치는 법인세차감전순이익, 인건비, 금융비용, 임차료, 조세공과, 감가상각비로 구성된다.

그리고 부가가치는 생산 활동에 노동과 자본을 투입하여 창출되므로 부가가치 생산성은 노동생산성과 자본생산성으로 구분한다.

⑦ 안정성비율(stability ratios)

조달된 자본이 기업의 자산에 얼마나 적절히 배분되고 있는가? 를 측정하며, 장기적으로 기업의 경기변동과 시장여건 변화 등에서 잘 적응할 수 있는가? 를 검토하기 위한 비율 군이다.

- **고정비율(fixed ratio)**은 자기자본을 고정자산에 얼마나 배분하고 있는가? 를 나타내는 비율이다. 자기자본이 고정자산에 투입된 자본의 고정화 정도를 측정하는 비율로 고정자산을 자기자본으로 나눈 비율이다. 고정비율은 일반적으로 100% 이하이다.
- **고정장기적합률**은 자기자본과 고정부채를 고정자산에 얼마나 안정적으로 배분하고 있는가? 를 나타내는 비율이다. 따라서 고정설비에의 투자는 장기자본 범위 내에서 이루어져야 한다는 뜻에서 고정장기적합률의 일반적인 기준은 100% 이하로 보고 있다.

8.2 시장성분석

8.2.1 시장성분석이란

시장성분석이란 교환과 거래가 이루어지는 시장을 분석한다. 시장현황을 정확하게 파악하고, 향후 시장상황을 예측하며, 시장 참가자들의 구성과 이익 극대화를 위한 전략을 살펴본다. 그리고 가격, 수급상황, 시장 점유율 등을 체계적으로 파악하는 일련의 과정이라 할 수 있다.

기술사업의 상품 또는 서비스를 판매할 수 있는 해당 시장의 상태를 분석하는 방법으로 시장의 구조(Structure), 형태(Conduct), 성과(Performance)를 분석하며 SCP분석이라 한다. 즉 시장조사를 통해 시장을 발견하고, 그 시장자료를 수치화하여 경영성과를 높일 수 있는 가능성을 분석하는 것이다.

시장성분석 시에는 시장의 규모와 특성, 수요와 공급 구조 및 점유율, 시장의 형태와 성과 등을 조사한다. 조사가 완료되면 이를 토대로 진입시장의 개발과 기존 상품/서비스에 대한 차별화 전략, 추정 판매량 등을 분석한다. 이 때 대체할 수 있는 기존 상품시장인가? 소비자가 진정으로 소비욕구를 가질만한 시장인가? 를 면밀히 검토한다.

시장성분석은 1940년대 이후 산업 및 시장에 대한 분석에서 출발하였으며, 시장지배력을 판단하고, 시장집중도를 가장 중요한 척도로 보았다. 즉 시장의 집중도가 높을수록 경쟁 제한적인 시장상태를 나타내고, 이윤율은 높아진다고 보았다.

그 후 Bain(1951)은 시장성 분석을 시장집중도로 대표되는 시장구조와 이윤율로 대표되는 시장성과 간의 관계를 실증 분석하는 것이라고 하였다. 그리고 Schmalensee(1989)는 시장구조와 시장성과에서 집중도는 이윤율에 정(+)의 관계를 나타낸다고 하였다.

따라서 시장분석은 시장의 성과를 높이는 작업으로 사업자의 주관적인 판단을 버리고, 실제수요를 현실에 가깝게 예측해야 하며, 고용효과, 국가 및 지역 경제의 활성화, 수출 또는 수입품 대체효과 등 사회적 공익도 함께 고려하여야 한다.

특히 누가 얼마나 계획상품을 구매할 것인가? 를 예측하는 경우에 자신이 개발한 상품/서비스가 가장 뛰어난 것이라고 자신하는 기술지향성을 가진 예비사업자에게는 발명가의 오류(Great Mousetrap Fallacy)를 범하기 쉽다.

그러므로 사업화기업들이 시장수요 예측 시 오류를 범하기 쉬운 부문을 다음과 같이 제시하고,[1] 이러한 부문은 시장분석을 통해 검토하거나 충분히 감안하여야 할 것이다.

① 깊이 있는 잠재시장분석에 중요성을 인정하지 않는다.

② 시장잠재성예측 시 주로 직관에 의존한다.

③ 시장잠재성분석 시 수준이하로 체계적이지 못하다.

④ 시장정보해석 시 부정적 정보를 무시하거나 편견적이다.

⑤ 제품의 상업화에 필요한 업무사항들을 과소평가한다.

⑥ 마케팅 관련 예산을 과소 책정한다.

8.2.2 시장성분석 절차

시장성분석은 그 목적 또는 분석의 수준에 따라서 다양한 절차가 있다. 일반적인 절차를 살펴보면, 우선 시장성분석에 앞서 보다 철저한 계획을 세우고, 그 다음 시장분석 절차를 순서에 따라 진행토록 하여야 한다.

[시장성분석 단계]

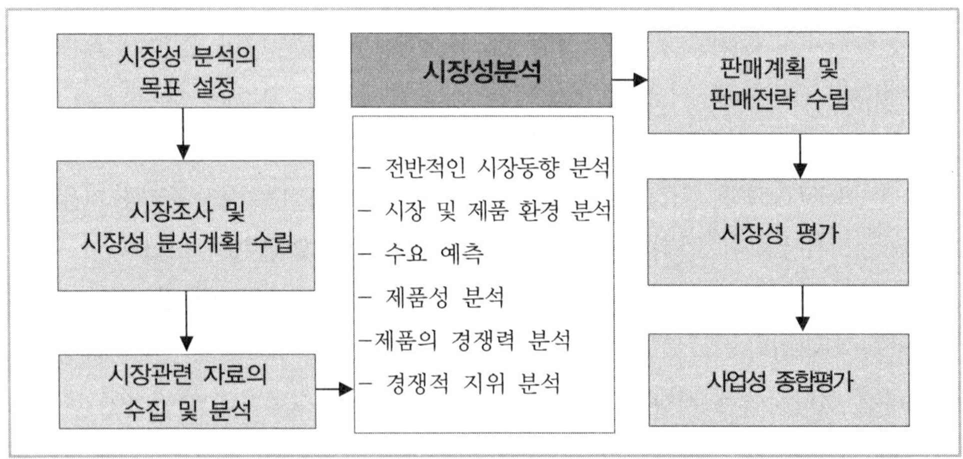

1) Gerald E. Hills, 'market analysis and marketing in new ventures: Venture Capitalists' Perception.' In John A. Hornaday, Fred Tarpley, Jr., Jeffry A. Timmons, and Karl H. Vesper, Frontiers of Entrepreneurship Research, 1984(Wellesley: Babson Center for Entrepreneurial Studies, 1984):43

시장성분석은 준비단계, 분석목표의 설정, 시장조사, 시장성분석에 대한 계획의 수립, 시장관련 자료의 수집 및 분석으로 진행한다.

준비단계 이후의 분석은 실질적인 시장성 분석을 수행하게 되며, 전반적인 시향동향분석, 시장 및 제품/상품 환경 분석, 수요예측, 제품/상품성 분석, 제품/상품의 경쟁력분석, 경쟁적지위분석 등을 한다.

끝으로 평가단계는 판매계획 및 판매 전략을 수립하고, 시장성평가 및 사업성종합평가를 수행한다.

1. 분석대상의 명확화

분석대상의 명확화는 분석하려는 대상을 분명하게 규정하는 단계이다. 이 단계에서는 조사대상, 조사범위, 조사내용이 구체적으로 규정되어야 한다. 예를 들어 창업을 위한 시장성분석을 하는 경우 조사목표로 다음의 사항을 설정하는 것이 일반적이다.

① 전체 시장규모, 경쟁제품과 유사제품에 대한 시장분석, 시장(제품)환경 분석, 소비자 구성분포 및 변화추세 등 전반적 시장동향의 분석사항의 설정이다.

② 품질수준, 경쟁제품과의 비교, 특성파악, 경쟁회사 재무상태 및 영업실적 등을 포함한 제품성과 제품의 경쟁적 지위 분석사항의 설정이다.

③ 경쟁사의 시장점유율현황, 제품별 판매 가능량 추정, 판매전략 수립 등 수요예측분석사항의 설정이다.

2. 분석의 설계

시장조사를 수행하고, 통제하는 구체적인 틀을 만드는 단계이다. 이 단계에서는 조사내용 검토, 조사방법 결정, 조사일정 작성, 예산의 편성 등에 관한 구체적인 골격을 만들어야 한다.

분석설계를 위한 시장조사 및 시장성분석 계획수립에서 고려되어야할 사항 중 중요한 내용은 다음과 같다.

① 시장성분석의 목표

- 시장동향에 대한 분석이다. 시장의 규모, 동일하거나 대체 가능한 혹은 유

사한 제품/상품에 대한 시장의 특성과 구조, 고객의 구성 및 분포 등을 분석한다.

- 시장 및 제품/상품 환경 분석이다.
- 수요예측이다. 시장 또는 제품/상품 환경의 변화에 따른 예측이다.
- 제품/상품성 및 경쟁적 지위분석이다. 경쟁사의 재무 상태나 영업실적 등을 통해 경쟁적 지위를 분석하고, 경쟁제품과 자사제품 간의 특성, 품질, 가격수준 등을 비교해 본다.

② 시장조사 및 시장성분석 계획

- 분석항목의 범위와 수준을 결정한다.
- 자료수집의 범위, 원천 및 방법을 결정한다.
- 분석에 소요되는 인력, 기간 및 비용 등을 계획한다.
- 수요예측, 시장성 분석 등의 기법을 결정한다.
- 시장성분석의 일정계획을 수립한다.

③ 시장관련 자료의 수집 및 분석

시장관련 자료의 수집 및 분석은 객관적인 해석이 필요하다. 시장자료의 수집은 기존의 자료를 활용하며, 부족할 경우 추가 자료를 확보할 필요가 있다.

이와 같이 수집된 시장자료를 종합적으로 분석하여, 현재 시장의 크기, 시장 점유율, 시장 성장추세 및 전망, 유통과정 등 시장의 특성을 분석한다.

④ 그 외 분석설계

- 분석항목의 범위와 수준 결정이다. 조사자의 능력과 분석계획 기간에 적절한 항목 선별, 약식분석과 전문기관에 의한 정밀분석방법을 결정한다.
- 자료수집 범위, 수집 처 및 자료수집 방법의 결정이다. 공공기관의 통계자료와 연구자료, 자체설문조사 등의 자료수집방법에 대한 구체적 방법을 결정한다. 이 때 자료는 타당성, 공평성, 신뢰성을 충분히 고려한다.
- 소요인력, 분석기간 및 소요예산계획의 수립이다.
- 자가 판단법, 설문조사에 의한 예측법, 과거 통계자료에 의한 시계열분석법 등 수요예측방법을 결정한다.

- 시장성분석의 일정계획을 사업개시시점을 고려하여 수립한다.

3. 자료의 수집

분석 설계된 내용에 따라 자료를 수집한다. 이 때 자료의 수집은 자료를 이용하는 목적에 부응하고, 이용자에게 신뢰할 수 있는 자료가 되어야 한다.

가능한 정부기관 등이 제시한 자료를 수집하되, 부득이한 경우에는 일간신문 또는 전문지의 공개자료 등을 활용토록 한다.

그리고 자체생산 자료는 이미 회사가 다른 목적으로 수집해 놓은 자료 또는 시장조사에서 직접 수집한 자료를 활용한다.

만약 시장을 통해 직접 자료를 수집할 경우에는 응답자, 유사상황 및 실험 등의 방법으로 수집한다. 응답자로부터의 자료 수집방법은 신상품에 관한 의견, 태도, 지식, 행동 등에 대해 면담과 설문지 등을 활용하거나 직접 관찰한다.

유사상황에 대해서는 관련된 지역, 시장, 고객 군을 대상으로 심층적 조사를 하되, 실제상황과 유사한 가상현실을 주요시장 변수로 하고, 가격인상과 매출감소의 인과관계를 발견하는데 중점을 둔다.

4. 시장수요예측

기업은 시장의 특징을 파악하고, 시장의 잠재성을 측정하며, 시장수요의 장·단기 예측을 한다. 이 때 시장의 수요예측은 특정산업, 기업, 상품/제품라인, 상품/제품군, 상품/제품아이템 등을 나타내는 군집과 국내·외 시장 등의 지리적 위치, 장단기 시산적 차원 및 소비자와 기업체 등의 고객 유형 등 4가지 측면에서 주로 파악한다.

시장의 특징은 정기시장과 비 정기시장, 상설시장과 임시시장, 전문시장과 비선문시장, 도매시장과 소매시장 등을 구분하여 분석하고, 구매방법, 구매형태, 거래조건 등의 특징을 분석한다.

시장의 잠재성은 기업의 상품/서비스가 기존시장을 진입할 경우의 매출 잠재성을 분석한다.

그리고 시장수요는 예측 방법에 따라 차이가 나타나고, 상품의 특징과 마케팅 활동에 영향을 받게 되므로 기업의 전체시장에 대한 잠재성과 기술기업 자체의 시장수요를 파악한다.

시장수요를 파악하는 방법에는 분해법과 조립법이 있으며, 분해법은 시장이나 산업전체의 자료를 기업과 관련된 단위로 분리하는 방법이고, 조립법은 고객의 자료를 종합하여 산업이나 시장수준의 자료를 파악하는 방법이다.

이들 방법은 표준산업분류 체계에 속하는 특정산업집단의 상품구매 수준과 종업원 수 등을 하나 이상의 통계자료와의 관련성을 찾는 방향에서 이루어져야 한다. 다만, 미래의 수요를 예측할 경우에는 정성적 예측법, 시계열분석법, 인과분석법 등을 이용한다.

정성적 예측은 경영자의 의견, 영업 및 유통업자의 예측, 구매자의 조사 등으로부터 예측하고, 시계열분석에 의한 예측은 추세, 사업시즌, 경기변동과 패턴 등 수리적 분석을 통해 예측한다. 인과분석법에 의한 예측은 선행지수를 사용하는 방법과 회귀분석법 등을 통한 예측을 한다.

[수요예측기법]

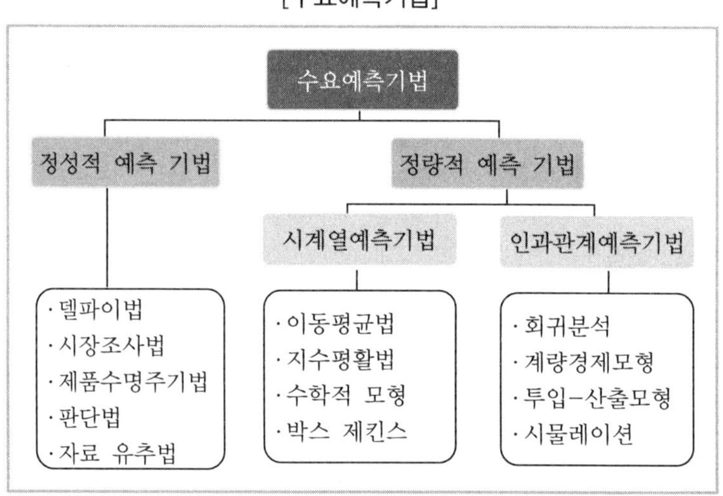

5. 보고서의 작성

시장성분석에서 시장규모, 시장점유율 등에 관한 객관적 기준은 없다. 따라서 시장성 유무의 평가는 해당사업을 추진해나갈 사업주체의 주관적 판단에 의해 결정된다. 그러나 통상적인 시장성 유지의 조건에는 다음과 같다.

- 경쟁업체와 대비해 볼 때 연도별로 점진적인 시장점유율의 확보가 가능해야 한다.
- 계획기간 내에 손익분기점 매출에 도달할 수 있어야 한다.

① 시장성유무 평가

시장성유무에 대한 객관적기준이 없기 때문에 평가기준을 정형화하는데 한계가 있다. 그러나 일반적으로 시장성이 있다는 것은 경쟁업체와 대비하여 향후 점진적인 시장점유율 확보측면에서 가능하고, 계획한 기간 내에(운영자금 소요기간 내) 손익분기점에 도달할 수 있는 경우를 말한다.

이 때 사업기업의 경우에는 자신의 사업계획과 제품/서비스에 대해 긍정적이고, 유리하게 해석하는 경향이 있으므로 이에 대한 주의를 요한다.

② 판매계획 및 전략수립

시장성 분석대상으로 포함시키는데 다소 무리가 있으나 판매전략 또한 시장성 분석에서 중요한 의미를 지니고 있다. 즉 시장성분석은 적정한 판매 전략과 연계될 때 가치가 있는 것이기 때문이다.

마케팅계획(영업계획)은 제품별, 지역별 판매계획을 수량과 금액으로 표시하게 되고, 광고와 판촉 계획은 판촉활동과 판매방법, 광고매체, 광고시기 및 광고 선전 비용 등을 포함하며, 판매비용 계획은 고객과의 접촉, 제품의 인도, 수금 등에 소요되는 비용을 포함한다.

그리고 판매계획과 판매 전략은 시장조사와 분석결과를 종합하여 수립한다. 일반적인 마케팅기법들을 도입하여 사용할 수 있으며, 환경 분석과 3C분석(자사분석(Company), 경쟁사분석(Competitor), 고객 분석(Customer))으로 타깃마케팅(STP)전략을 세운다.

즉 시장세분화, 표적시장 선정 및 포지셔닝으로 구성된 마케팅전략을 수립하며, 시장세분화를 통해 표적시장을 설정하고, 상품의 포시서닝을 통해 자사상품이 경쟁사상품과 어떻게 다른가? 를 인식시킨다. 그리고 사업자는 전체시장속의 세분화된 특정시장의 소비자욕구에 대응하는 마케팅활동을 할 수 있도록 한다.

- 시장세분화(Segmentation)

서로 다른 욕구를 갖는 시장을 몇 개의 소비자 그룹으로 분류하는 것이다. 시장세분화의 기준은 지역과 규모 등 지리적 특성, 인구 통계적 특성, 형태적인 특성 등을 기준 한다.

시장세분화의 기능은 수익성이 보장되는 시장을 확인하고, 마케팅 노력에 의해 효율적으로 접근될 수 있는 세분시장을 확인하며, 세분화된 시장에 적합한 효율적인 마케팅믹스를 가능토록 한다.

- 표적시장 선정(Target)

세분화된 시장 중에서 사업화기술이 경쟁상황을 고려할 때 자사에게 가장 좋은 경쟁우위의 시장기회를 제공할 수 있는 특화된 시장을 표적시장이라 한다. 그러므로 기업에게 가장 유리한 표적시장의 선정은 시장세분화 변수를 두 개 이상으로 구성한 매트릭스를 통해 매력도를 평가하고, 평가결과 매력적인 세분화된 시장에서 표적시장을 발견한다.

- 시장 위치화(Positioning)

포지셔닝이란 상품의 핵심요소와 제품의 차별성을 변수로 고객의 마음속에 위치를 정하는 것이다. 경쟁우위 혹은 차별화요인을 중점사항으로 표적시장에서 위치를 정한다. 경쟁제품과의 효과적 경쟁을 하기 위해 두 요인을 마케팅에 믹스하여 소비자의 의식에 알맞은 자사제품의 위치를 선정한다.

8.2.3 시장성분석 평가요소

시장성분석의 최종목표는 계획사업에 대한 판매예측, 즉 앞으로 생산할 기술제품이 시장에서 얼마나 팔릴 것인가? 이다. 매출의 최종목표를 달성하기 위해 평가기준이 되는 시장조사 범위를 결정해야 하며, 조사자는 그 목표와 수준에 맞게 조사항목을 선정하고, 분석하여야 한다.

가능하면 광범위하게 시장분석 범위를 정하고, 구체적으로 조사한다. 그러나 그 범위가 넓으면 조사의 어려움과 분석목적에서 이탈될 우려가 있고, 많은 시간과 비용이 소요되기 때문에 조사자가 적정한 범위를 정하고, 적합한 통계 처리방법을 활용하여 분석한다.

시장성분석 범위는 대체적으로 시장규모, 경쟁성 및 장래성에 중점을 둔다. 시장규모는 유통구조와 시장의 크기, 예상되는 고객의 수, 추정되는 매출액 등이 되고, 경쟁성은 경쟁자의 범위, 가격과 품질, 각종비용 등 비교우위 여부의 분석이 되며, 장래성은 잠재고객, 수익성을 포함한 사업가능성, 진입장벽, 구매성향 등으로 한다. 일반적인 시장성분석항목을 살펴보면 다음과 같다.

1. 전체적인 시장동향분석

① 시장현황 조사

시장성분석에서 우선적으로 조사되어야 할 내용은 기존제품과 유사경쟁제품에 대한 전체적인 시장현황 파악이다. 시장분석을 하기위해 정확한 자료의 수집이 필요하게 되므로 정부, 공공기관, 연구기관, 학계, 협회 및 언론기관 등이 제시하는 자료를 폭넓게 수집하고, 현장방문을 통해 실질적이고, 구체적인 자료와 정보를 수집한다.

조사대상 자료는 주로 시장규모, 시장의 특징 및 구조, 소비자 행태, 경쟁기업의 시장진출 추가 가능성, 대체제품의 상존, 가격과 서비스, 동업자의 경쟁 관계, 제품의 사이클 등에 대한 현황조사이다.

② 시장동향 분석

기술제품 또는 서비스를 매출로 실현시키기 위해 시장을 파악할 수 있도록 시장동향분석을 한다. 시장동향분석은 영업규모의 산정과 사업아이템의 사업추진 및 위험부담 능력 등을 확인코자 시장규모의 분석과 시장의 특성 및 구조, 소비자 분석을 한다.

- 시장규모의 분석은 판매 영역별·고객별 잠재수요를 분석하고, 국내·외 동일한 제품에 대한 대체 또는 유사제품의 수급실적과 사이클 등을 분석한다.
- 시장의 특성 및 구조의 분석은 시장의 일반적 성격, 주요 수요처, 고객의 수용가능성, 유통구조 및 특성, 변화추세, 동업계의 일반적 판매조직과 판촉전략 등을 분석한다.
- 소비자분석은 제품소비형태, 소비단위, 구매동기 및 소비자 욕구형태, 소비자구성분포 및 변화추세 등을 분석한다.

③ 시장규모분석

사업을 성공적으로 이끄는 가장 큰 핵심요인은 제품이 얼마나 팔리는가? 를 가름하는 매출규모의 추산이 되므로 관련시장에 대한 전체 시장규모 및 특성·구조, 소비자, 매출과 수익성 등을 분석한다.

시장분석은 사업아이디어가 참신하고, 품질이 우수하며, 고도의 첨단기술제품이라

하여도 제품이 팔리지 않으면 기술사업화는 실패한다. 또한 기술사업화는 평평한 지구시대(world is flat)를 맞아 글로벌경쟁이 격화되고, 기업 가치에서 무형자산의 비중이 상승되며, 개방형 기술사업화 경영이 가속화되고 있다. 이러한 환경을 반영한 시장규모를 분석한다.

파악된 자료와 정보는 기존 제품과 유사경쟁제품 전반에 대한 시장동향을 파악하고, 전체시장조사와 동향분석 결과를 기준하여 사업화기업의 전반적인 시장규모를 분석한다.

따라서 시장규모분석은 다음과 같은 내용의 분석을 한다.

- 유사제품을 포함한 전체시장의 규모이다.

  국내 내수시장, 국내 생산규모, 해외 전체시장 및 수출입규모 등을 파악한다. 시장규모분석에는 판매 영역별·고객별 잠재수요분석, 최근 3년 정도의 국내외 동제품과 대체가능제품 또는 유사제품에 대한 수급실적분석이 포함된다.

- 예상시장의 규모와 확보가능한 시장점유율 확인이다.

  아이템에 의해 창출되는 시장으로 향후 3년간 확보할 수 있는 시장규모와 점유율을 수량, 금액 그리고 백분율로 파악한다.

- 시장의 특성 및 구조분석이다.

  시장의 일반적 성격, 주요 수요처, 잠재고객과 수용가능성, 고객의 특성, 고객변화의 추세와 유통경로상의 특성은 무엇이며, 동업계의 일반적인 판매조직(영업방식, 영업형태, 판매방식 등)과 동업계의 일반적인 판촉전략(광고방식, 광고형태, 영업전략)은 어떠한 것이 있는가? 를 확인한다.

- 소비자분석이다.

  사업의 성패는 소비자들의 반응에 달려 있기 때문에 소비자들의 반응을 분석한다. 수요계층, 소득, 나이 등 소비자에 대한 일반적 분석은 물론 수요예측의 제품별 구체적 내역을 분석한다.

  즉, 소비자의 구성분포(지역별, 연령별 등)와 소비자의 변화추세(현재의 성향 및 변화추세), 제품의 소비형태(정기적 또는 일시적 구매, 재 구매의 순환주기 등), 제품의 소비단위, 구매 동기, 소비자의 수요자극 요소 및 경향 등을 분석한다.

- 매출실현과 수익성분석이다.

  시장을 통해 매출실현이 추구될 수 있는가? 의 판단이며, 매출실현을 통해 얻고자 하는 이윤을 충분히 확보할 수 있는가? 의 확인이다.

2. 제품 또는 서비스분석

시장성분석은 특정제품 또는 서비스에 대한 시장의 내용·특성·수요 등을 분석한다. 제품/서비스성은 기술성분석에서 검토되어야 하지만 제품 또는 서비스 자체의 강점과 약점 분석, 라이프 사이클, 보급률, 대체 또는 유사품의 시장진입 여부, 실용성과 경제성, 가격경쟁력 등에 대한 분석을 포함한다.

3. 경쟁적 요소분석

시장성분석 중 가장 중요한 요소에 해당하는 부문이 경쟁적 요소분석이다. 경쟁기업의 범위에는 동일 한 제품 또는 상품을 생산하는 기업은 물론 유사품 또는 대체품을 만드는 기업까지 포함하여 분석한다.

분석대상으로 선정된 경쟁기업은 기본적인 재무상태, 생산능력과 생산실적, 기술개발과 소비자 선호, 시장점유율 등은 물론이고, 기타 주요 경쟁요소를 비교한다.

이때의 재무 상태는 자사와 경쟁사와의 재무 상태를 비교분석하게 되며, 자본금, 총자산, 부채규모, 상시종업원 수, 매출액 규모, 영업이익, 당기순익 등을 대상으로 비교하고, 생산능력 및 생산실적은 사업장규모를 감안하여 비교한다.

특히 주요경쟁요소로서 제품라인 구성내용, 주력제품, 주력상권, 설비 특성, 제품기획력, 가격정책과 경쟁력, 판매방법, 제품/상품에 대한 기술과 품질수준, 신제품개발 능력 등을 비교한다.

시장점유율 또는 시장지배력은 사업화제품의 시장 독점도를 나타내는 지배력이다. 계획시장의 사업화기업이 지배할 수 있는 정도를 확인하고, 수익창출을 기대할 수 있는 지표로 이용한다. 따라서 시장의 점유율이 중요시 되는 이유는 제품이나 상품의 시장평가를 반영하고, 경영자의 지위와 이익의 척도로 판정되기 때문이다.

4. 채산성분석

제품 또는 서비스에 대한 채산성분석은 사업의 수익성을 측정하는 분석이다. 아무리 많은 매출액을 실현한다 하여도 채산성이 없다면 기술을 사업화함에는 한계가 있고, 사업화아이디어는 부적합하다. 즉 전체매출액은 적어도 수익성이 좋으면 선호되는 사업이고, 높은 경영성과를 얻을 수 있다. 채산성분석에는 제품원가 및 영업비용 분석, 도매가/소매가 및 마진율 분석, 제품가격 분석을 포함하는 것이 일반적이다.

5. 제품성과 판매전략 분석

생산 또는 판매하고자 하는 제품/서비스성과 판매 전략을 분석한다. 제품/서비스의 강·약점을 분석하기 위해 잠재 수요자에 의한 제품이미지 조사(앙케트)와 제품의 특성, 품질을 비교하고, 제품의 기능, 브랜드 보유여부 등을 분석한다.

제품/서비스성이 충분하면 사업자는 판매 전략을 검토하게 된다. 즉 경쟁사와의 판촉 및 광고 전략을 비교하고, 광고 등에 의한 판매량 증대효과를 분석하며, 판촉 및 광고 전략과 효율적인 영업전략 분석, 판매 및 영업조직의 효율성제고방안 등을 분석하여 최선의 영업 전략을 모색한다.

6. 수요예측

시장성분석의 최종적인 주된 내용은 판매되는 제품/서비스의 수량(또는 매출액) 측정에 있다고 하겠다. 수요예측이 사업성 분석과정에서 중시되는 이유는 판매계획, 생산계획, 자금조달계획 등이 수요예측의 추정에서부터 출발하기 때문이다.

수요예측을 하기위한 분석요소는 시장점유율 분석, 판매량 증감원인 분석, 판매전망 분석 및 불황적응도 분석 등이 있다.

① **시장점유율 분석**: 국내·외 주요경쟁업체의 시장 점유율을 분석하고, 최근 3년간 주요 경쟁업체의 시장점유율 변동추이를 분석하며, 시장점유율 확보가능성을 검토한다.

② **판매량증감요인 분석**: 소비자성향 변화추이를 분석하고, 제품소비형태, 구매동기, 소비자 연령분포, 소비자세분화, 기호의 변화 등을 분석하며, 대체상품(제품)의 동향 및 출현 가능성과 경쟁사와의 광고전략 등을 비교한다.

③ **판매전망의 분석**: 각 판매영역에 있어서의 제품별 판매 가능량(향후 3 년간)과 연도별 판매전망을 예측한다.

④ **불황적응도 및 계절성분석**: 불황기의 수요변동을 예측하고, 계절성 제품의 수급대책을 분석한다.

8.3 기술성분석

8.3.1 기술성분석이란

기술 분석은 기술의 흐름 및 동향, 국내외 기술수준, 기술의 파급효과 및 응용성 등을 체계적으로 파악하는 일련의 과정을 말한다.[2)]

기술성분석은 계획된 기술을 제품 또는 용역으로 생산하거나 판매하기위한 기술적 측면에서 분석하며, 평가요소는 ① 계획제품의 용도, 품질, 경쟁성 검토, ② 생산능력의 검토, ③ 생산 공법과 공정검토, ④ 입지의 적합성, ⑤ 시설계획의 검토, ⑥ 생산자원의 검토, ⑦ 시설소요자금의 검토 등이 있다.

기술성분석에 앞서 기술을 사업화하기 위해서는 개발 및 생산기술의 사업화 가능한 정도를 확인하는 완성도 기술이 있어야 하고, 사업을 누가 할 것인가? 하는 사업의 주체를 결정해야 한다. 이러한 요건이 충족되면 사업성(기술성) 분석을 통해 사업화의 성공가능성을 평가한다. 이를 요약하면 아래 그림과 같이 3가지 요건으로 볼 수 있다.

[기술사업화의 3대요건]

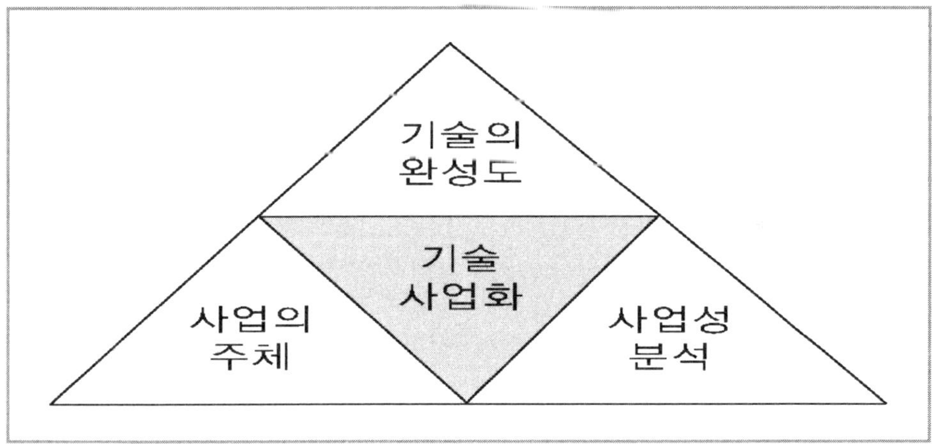

2) 고병렬, 신흥순, 권영일, 구영덕, 노현숙. 기술시장 정보분석 : 개념 및 분석의 관점(2004), KISTI

8.3.2 기술성분석

1. 제품의 경쟁력분석

계획제품 또는 서비스의 용도와 품질경쟁력을 파악하기 위해 제품의 사용용도, 제품의 특성과 제품의 기능, 물리·화학적 특징, 품질 및 기술의 수준을 비롯하여 기술보유 내용, 기술의 적용방법, 기술의 장래성, 주요 소비처 등을 분석한다.

경쟁력분석의 방법은 통상 두개 또는 다수의 대상제품/서비스를 상호 비교하는 방법을 사용한다. 예를 들면 내마모성을 비교하고자 할 때, 5점 척도(매우 강함, 강함, 보통, 약함, 매우 약함) 또는 7점 척도(극히 강함, 꽤 강함, 강함, 보통, 꽤 약함, 극히 약함, 매우 약함) 등을 사용하여 경쟁품과 계획품을 비교한다.

비교되는 계획품은 비교분석과정에서 경쟁품에 비해 차별적 우위성을 갖고 있는 것이 무엇이며, 계획품이 지니고 있는 약점이 무엇인가? 를 확인하고, 이를 보안하기 위해서 무엇을 어떻게 조치해야 하는가? 에 대한 검토이다. 따라서 계획품의 성격에 따라 검토해야 할 내용을 다르게 할 수 있으며, 일반특성에 의한 검토 내용은 다음과 같이 제시할 수 있다.

- 제품의 용도 및 주요 소비처
- 제품의 기능 물리·화학적 특징
- 특허, 실용신안 등 품질 및 기술의 수준
- 제품 및 기술의 경쟁력
- 국내외 경재업체 현황
- 대체기술 여부 등 기술의 장래성

2. 생산능력분석

생산능력분석은 계획하고 있는 사업의 현재와 미래수요를 감안하여 시설 및 설비의 생산능력이 계획사업에 차질 없이 충분히 생산할 수 있는 능력을 갖추고 있는가? 를 분석한다.

최적생산능력은 미래의 예상수요, 경쟁업체의 생산능력, 보유하고 있는 인력의 작업능력, 자본조달능력 등을 고려한 장기평균비용이 최소가 되는 생산규모이다. 따라서 이들 각각의 능력은 기대되는 시장수요와 경쟁업체와의 원가비교 등을 통해 생산능력을 산정한다.

① 생산능력의 산정

생산능력은 기술적인 제약 없이 정상적으로 가동되는 상태를 가정하고, 특정 생산설비가 생산할 수 있는 최대생산능력을 말한다.

이 때 생산능력은 1일 가동시간과 연간 가동일 수에 따라 달라질 것이므로 제품특성상 1일 가동시간과 연간 가동일 수가 관례적으로 정해진 경우가 아니면, 통상 1일 8시간, 연간 300일을 기준으로 계산한다.

그리고 유리, 철강, 도금, 시멘트 등 주 생산설비의 가동중단이 불가능한 경우에는 1일 24시간, 연간 365일을 기준으로 생산능력을 산정한다.

계획사업의 실제생산량은 학습부족, 기술의 미숙, 불량품, 시장여건 등의 영향을 받으므로 산정된 생산능력에 미치지 못하는 경우가 일반적이다. 그러므로 이들 요인을 감안하여 추정된 가동률에 최대 생산가능 량을 곱하여 총생산가능 량을 구한다.

생산능력의 산정은 각각의 특성에 따라 산정방법이 다양하므로 필요한 생산능력 산정방법을 선택하고, 그 방법으로 산출한다.

대표적인 산정방법의 사례를 살펴보면, 각 공정별 생산능력을 파악하여 최소공정능력을 기준으로 산정하는 방법, 생산이 주공정과 부 공정으로 이루어지는 경우 주공정의 능력을 기준으로 산정하는 방법, 조립업종의 경우 투입인력에 의해 산출하는 방법, 석유화학설비와 같이 설비제조업자가 보장생산능력을 기준으로 산정하는 방법 등이 있다.

② 생산능력의 적정성검토

특정 계획사업의 최적생산규모를 계산하는 것은 불가능하므로 경쟁업체와의 경쟁, 시장수요 등을 고려하여 적정여부를 판단한다. 즉 실무적으로는 동종기업들 중 생산규모 상위 50%에 속하는 기업들의 평균생산능력을 계산하여 계획사업의 생산능력과 비교하고, 계획사업의 가능판매액과 계획사업의 생산능력을 대비하여 적합성여부를 검토한다.

그리고 계획사업의 손익분기점을 계산하고, 계획사업의 생산능력과 비교하여 적정성여부를 판단한다. 즉 계획사업의 손익분기점비율(손익분기점의 매출액/추정된 매출액)이나 안전한계(margin of safety)비율[(추정된 매출액—손익분기점매출액)/추정된 매출액]을 계산하여, 모범기업 또는 경쟁기업의 생산능력과 비교하는 것이다.

일반적으로 손익분기점비율이 50% 이하이면 매우 우수한 경우로 평가되며, 80% 이상이면 불량한 것으로 평가하고 있다. 안전한계 비율은 큰 값을 가질수록 더욱 우수하고 안전한 기업으로 평가한다.

3. 생산 공법과 공정분석

신규 사업의 기술성분석에서는 계획제품의 생산을 위한 생산 공법과 생산 공정은 우수한 품질의 제품을 생산하거나 생산원가를 줄일 수 있는 직접적인 요인이 되므로 이들이 적합한가? 에 대한 분석을 한다.

- 생산 공법의 검토

  생산 공법을 검토할 때는 계획하고 있는 공법과 경쟁기업의 공법을 상호 비교한다. 분석은 투자금액, 제조원가, 품질, 생산성, 기술진보 수준 등의 측면에서 한다.

  또한 채택한 공법이 실천가능성이 있는가? 또는 진부 화된 공법은 아닌가? 를 검토하여야 하며, 비록 국제적으로 인정된 최신공법이라 할지라도 경제성과 성공사례 등에 대한 추가적인 분석을 수행해야 한다.

  그리고 채택한 공법은 특허권 침해여부, 특허권사용관계 및 사용계약의 체결여부 등을 함께 검토한다.

  그 외 석유화학제품 등 다양한 생산 공법이 적용되는 경우에는 공법들 사이에 고유한 장·단점이 있을 것이므로 현재 또는 미래의 가능여건을 고려하여 가장 유리한 공법을 선택한다.

- 생산 공정의 검토

  생산 공정의 검토는 공정과 경쟁기업의 공정을 상호 비교하며, 투자비용, 제조원가, 품질, 생산성 등의 측면에서 우열을 분석한다. 그리고 계획하고 있는 공정에 특허가 있는 경우 특허권자와의 사용여부 및 계약체결 가능성도 검토하고, 생산 공정절차와 내용에 문제점이 없는가? 를 검토하며, 공정의 균형여부를 파악할 필요도 있다.

4. 입지의 적합성분석

공장, 창고, 판매시설 등을 포함한 계획사업의 사업장이 들어설 입지의 선정은 대체로 한번 선정하면 쉽게 바꿀 수 없고, 제품의 제조원가와 판매가격 결정에 크게 영향을 미치므로 입지의 적합성을 분석한다.

입지의 적합성분석은 일반적으로 자연적, 경제적 및 사회적 입지분석은 물론 정부시책과 토지이용 제한, 환경문제 등을 함께 고려한 분석이 되도록 한다.

구체적으로 인력의 수급, 용수, 전력, 공해는 물론 원재료 조달, 보관, 물류, 인허가, 세금 및 금융 등의 지원편의를 높게 요구하기 때문에 모든 조건이 가능한 충족될 수 있는 최선의 입지여부를 평가한다.

즉 입지의 적합성이 낮으면 제품생산의 차질과 원가 또는 물류비용부담을 유발하고, 가격의 인상요인이 되며, 시설투자 비용을 증가시키는 등의 원인을 제공한다.

5. 시설계획분석

계획사업의 시설계획에 대한 검토는 토지, 건물, 기계장치 등 고정자산의 질적·양적 적합성 여부를 평가한다. 주요 계획시설 및 계획시설의 적정성을 함께 분석하며, 시설배치의 합리성과 계획시설의 장래성, 공사 진행계획의 절차와 일정 등을 분석한다.

- 계획시설의 적정성

  시설계획은 사업자의 자본투자가 수반되는 부문으로 투자로 인한 수익성 창출을 감안할 경우에는 계획시설의 적정성분석은 신중히 검토되어야 한다. 계획시설의 적정성분석을 위해 시설규모 및 생산능력분석, 사업규모 대비 계획시설의 적정성, 부대시설의 내용, 규모 및 적부와 자동화 정도의 합리성 등을 분석한다.

- 생산시설의 검토

  생산시설에 대한 검토는 부지와 공장 면적, 기계보유대수 등 양적인 측면과 생산성과와 성능 등 질적인 측면에서 분석한다. 고정자산이 얼마나 적정 수준으로 보유되고 있는가? 의 적합여부를 검토하고, 품질과 원가면에서 경쟁기업의 생산시설과 어떻게 다른가? 를 평가한다.

  공정분석을 전제로 한 생산설비를 결정하고, 기계·설비의 적합성, 생산설비의 경제성을 분석하며, 부작용과 위험부문을 검토한다.

  그리고 토지의 경우에는 제품의 성격 및 생산능력 등을 추정하여 소요면적을 산정하고, 확보된 토지가 이에 적정수준인가? 를 검토한다. 또한 건물의 경우에는 제품, 제조공정, 제조공법, 시실내용 등을 고려하고, 소요면적, 구조와 배치 등을 참작하여 건축할 건물의 적합성을 평가한다.

- 시설의 장래성과 합리성

 계획된 시설은 충분한 장래성확보와 합리적인 시설배치이다. 따라서 계획시설의 장래성은 생산기계의 진부화에 따른 교체 용이성, 시설개체 시기 및 재원, 생산설비의 대체 가능성 또는 호환성 등을 분석한다.

 시설배치의 합리성분석에는 작업 공정과의 연계성, 원재료 및 완제품 운반경로 관련 부대시설과의 연결, 작업환경 및 작업 능률, 관계법규 등과의 관계를 분석한다.

- 공사 진행계획의 검토분석

 공사의 진행일정 및 절차, 공사소요기간, 착공 및 완공시점, 시운전기간 등 공사 진행계획이 합리적이고, 타당한가? 를 분석한다. 이 때 현재진행 중인 공사는 계획한 대로 순조롭게 진행될 것인가? 를 함께 검토한다.

 또한 건설공사는 시설공사 진행계획을 분석하되 계획시설의 착공 및 완공계획, 시운전계획 등을 포함하여 분석한다. 그리고 지질검사, 설계, 엔지니어링 등 전문기술분야의 전문가 보유 또는 외부 전문기술을 이용할 수 있는 제도적 장치 등을 마련하고 있는가? 를 함께 분석한다.

6. 생산자원 분석

기술성분석에서는 원재료, 노동력, 유틸리티, 기술수준 등 제품생산에 투입될 자원의 소요량 및 질, 자원의 확보가능성, 자원사용의 효율성 등을 검토하여 적정한 원가에 생산이 가능한가? 를 분석한다.

특히 기술적인 적합성 여부는 다음 내용을 포함하여 분석한다.

- 채택한 기술과 제조방법의 적정성 여부
- 수요변동에 따른 안전재고량(적정재고량)사정
- 재고유지 시설형태, 규모 및 재고 유지비의 최소화 방안
- 생산능력 및 목표가동률의 산정
- 생산능력 및 생산계획의 연도별 부합
- 생산요소의 조화성 있는 생산능력 및 가동률 사정
- 주요 원·부재료의 종류, 원재료 및 부재료 조달의 용이성과 원자재 파동 가능성, 원재료 소요수급의 원활성
- 생산조직 체계도, 생산 인력의 기술수행 능력, 생산 전문 인력 현황 등의

생산조직 및 인력의 효율성

- 생산 공정 및 공장자동화 효율성 분석을 포함한 생산방식과 생산 공정의 효율성 등

① **원부재료**

계획제품을 생산하는데 투입되는 원·부 재료의 내용, 소요량, 요구되는 품질 및 규격, 조달 등을 평가하여 생산 시의 차질가능성과 원가부담, 보관창고 및 시설장비의 추가소요 등 원·부재료로 발생될 수 있는 문제점을 파악한다.

원·부재료의 내역 및 소요량은 일반적으로 계획제품 단위당 원·부재료별로 표시한다. 분석은 경쟁업체와 비교하되 원·부 재료비 구성상의 장·단점을 파악하고, 국내·외 수급상황, 가격동향, 소요재료의 조달가능성을 평가하며, 품질과 가격 면에서 경쟁가능성을 분석한다.

철강, 석유화학, 목재, 점토, 시멘트 등 원재료 물동량이 큰 제품의 경우에는 소요원자재의 조달가능성에 대한 검토와 원자재의 수송비 부담을 감안하여 입지와 연계된 원재료 부문을 검토한다.

② **노동력**

계획사업에 필요한 소요인원, 노동력의 질, 임금수준, 노동력의 확보가능성 등을 검토하고, 인원계획이 적절한가? 를 분석한다. 소요인력은 설비 및 공정별로 구분하여 한 번 교대하는데 필요한 인원수를 산정하여 적정인원을 계상한다.

소요인력은 기술자, 숙련공, 미숙련공으로 구분하여 노동력의 질에 따른 소요를 산정하고, 특히 기술자 또는 기능공 중 특별한 자격능력 및 자격조긴이 필요한 경우에는 이들의 확보계획과 확보가능성을 검토한다.

임금수준은 동종업계의 임금수준을 조사하여 계획사업과 대비하여 검토하되 제시하고자 하는 임금수준으로 인력을 충분히 확보할 수 있을 것인가? 를 함께 검토하고, 이렇게 확보된 인원으로 생산성을 높일 수 있는 적정수준의 인력계획 인가? 를 분석한다.

③ **유틸리티(utility)**

제품생산을 위해 필요한 전력, 용수, 연료 등은 많은 규제와 제약을 받고 있으

므로 소요되는 자원의 양, 조달가격, 조달가능성 등을 조사하고, 필요한 자원을 충분히 계획된 조건에 알맞도록 지원 될 수 있는가? 를 분석한다.

유틸리티소요량은 원 단위를 기준으로 산정하고, 소요량의 적합성여부를 경쟁업체 또는 이론적 계산 값과 비교하여 적합성여부를 분석한다.

④ 기술수준

계획제품을 생산하는데 요구되는 기술의 내용과 수준, 적용범위 등을 열거하고, 이를 계획된 사업을 위해 확보 가능한 기술수준인가? 를 비교한다. 만약 자체적으로 조달할 수 있는 기술수준이 부족한 경우라면 기술습득방안 또는 기술도입방안을 제시하고, 그 타당성을 조사하여야 한다.

기술도입에 관한 내용과 계약사항 검토는 기술의 도입가능성과 기술도입의 경제성 등을 다른 회사의 기술도입사례와 비교하여 평가한다.

그리고 기술발전의 동태적 측면에서의 기술혁신 수준의 파악과 핵심요소로의 기술의 창출·획득·활용 측면을 분석한다. 또한 기술 환경도 분석한다.

- **기술의 조망**: 향후 기술의 발전추세를 예측하고, 대응하는 기초를 제공한다.
- **기술예측**: 경쟁우위에 미치는 제품기술, 공정기술, 서비스기술의 개발정도와 경쟁기업의 기술적 위치, 잠재적 대체기술의 발전양태 등을 예측한다.
- **기술수명 주기**: 기술사업화의 기술, 제품, 공정, 시스템의 수명주기에 대한 분석이다. 기술의 수명주기는 전략적 대응을 위해 중요하며, 특징은 다음과 같다.

[기술수명주기별 주요특징]

구분	태동기	성장기	성숙기	쇠퇴기
성과 불확실성	높음	보통	낮음	매우 낮음
기술의 활동영역	잘 모름	증가	안정적	감소
기술개발 투자	보통	높음	낮음	매우 낮음
경쟁력 영향	매우 낮음	보통	매우 높음	감소시작
상업화 필요기간	장기	중기	단기	단기
주요기술	신흥기술	선도, 핵심기술	기반기술	기술대체
기술전략	제품혁신	제품, 공정혁신	공정혁신	기술대체
기업전략	차별화	차별화	원가우위	사업축소

* 자료 : 정선양, 2007.

- **외부환경 분석**: 미래 기업에게 영향을 미칠 수 있는 기회와 위협요인을 도출한다. 새로운 기술능력을 보유한 침입의 위협과 기존 기업들 간의 경쟁 등의 분석이다.
- **내부환경 분석**: 기업의 기술역량에 대한 객관적 평가를 목표로 기업에서 축적한 기술적 성과와 향후 기술혁신관련 역량을 분석한다.
- **기술포트폴리오 분석**: 기술 지향적 외분환경 분석과 내부환경 분석을 바탕으로 도출된 전략요인을 비교 검토하여, 전사적 또는 사업부 차원의 기술포트폴리오를 분석한다.

7. 시설소요자금

기술성분석에서는 시설투자에 소요되는 자금의 적정성여부를 철저하게 분석하여야 한다. 왜냐하면 시설투자는 대부분 규모가 크고, 그 결과가 장기간에 걸쳐 나타나며, 한번 투자하면 중도 수정이 어렵고, 단기적으로는 수정이 불가능하기 때문이다.

만약 시설투자가 과다하게 투자되고 있다면 고정비의 초과부담은 물론 필요 이상의 감가상각비 부담으로 오랜 기간 동안 생산원가에 큰 압박요인으로 작용할 수 있다.

또한 시설의 적정수준을 초과하는 경우에 초과시설의 부담금을 차입금으로 충당하였다면 재무비용을 증가시키는 원인으로 작용하여 기업의 수익성을 더욱 나쁘게 하고, 나아가서 경영수지를 악화시키는 요인으로 작용하기 때문에 기업경영의 정상화를 더욱 어렵세 할 것이다.

시설소요자금의 적정성검토 방법에는 토지, 건물, 기계장치 등 각종 고정자산 항목별로 계획사업의 수치와 경쟁업체의 수치를 상호 비교하는 방식을 이용할 수 있다.

인플레이션을 감안하여 생산단위당 투자비를 비교 검토할 수 있으며, 손익분기점분석 기법을 이용한 정보와 가능매출액에 대한 추정정보를 토대로 계획사업의 영업레버리지가 적절한가? 를 검토할 수 있다.

8.4 수익성분석

경영분석의 일차적인 초점은 수익성 검증이다. 기업의 수익성분석은 기업의 제반 정책과 의사결정의 종합적인 결과이기 때문에 기업 활동의 중요한 목적중의 하나로써 이익의 극대화를 추구함에 있다.

수익성은 기업의 이익이나 손실을 나타내는 정도 또는 규모를 말한다. 이러한 규모는 단순히 이익을 냈다고 해서 수익성이 좋다고 말하기 어려운 경우가 있다. 그러므로 목표이익 또는 동 업계 평균수준의 이익달성도를 비교하여 분석한다.

수익성은 투자 자본을 운영하고, 얻은 이익의 정도이기 때문에 보통 자기자본이익률로 표현하거나 측정한다.

이 때 기업의 수익전망은 추정손익계산서에 근거하여 연도별 예측치가 산정되며, 매출액, 매출총이익, 영업이익, 경상이익 및 세전당기순이익, 당기순이익 등을 통해 나타나고 있다.

수익전망은 동 업계 수준과의 비교를 통해 과다(소)하지 아니한가? 또는 자체 영업규모에 비해 과다(소)하지 아니한가? 를 종합적으로 판단하고 비교분석한다.

비교분석할 수 있는 동 업계분석지표는 한국은행발행 기업경영분석을 활용하며, 중소기업협동조합중앙회, 산업은행 등이 발행하는 경영지표 등을 활용하는 경우도 있다.

수익성비율의 대표적인 비율은 총자본순이익률, 총자본경상이익률, 자기자본 순이익률, 자기자본 경상이익률, 매출액 순이익률, 매출액 경상이익률 등이 있으며, 이들의 비율산식은 다음과 같다.

① **총자본 순이익률**(ROI: Return on investment)은 순이익과 총자본의 관계를 표시하는 비율로 총자본 100에 대하여 순이익이 몇 %나 되는가? 를 나타내는 비율이다. 수익력을 총괄하는 대표적인 비율이며, 기업에 투자된 유동자산과 비유동자산을 포함한 총자본으로 얻게 되는 당기순이익의 비율이며, 일명 투자이익률이다.

② **자기자본 이익률**(ROE, Return of Equity)은 당기순이익과 자기자본을 대비한 비율로서 당기순이익이 자본금과 이익잉여금 등을 포함한 자기자본의 몇 %를 실현하고 있는가? 를 산출하며, 투자된 자기자본의 수익력을 판단하는 비율이다.

③ **매출액 순이익률**(ratio of net profit to net sales)은 매출액에서 당기순이익의 실현비율로 실질적 기업의 수익성 비율이 되며, 사업기업의 기준척도가 되는 비율이다. 매출액을 100으로 할 때의 순이익은 몇 %인가를 나타내는 비율로 당기순이익을 당기 매출액으로 나누어 산출한다.

④ **손익분기점**(break-even point)은 사업화결과 총비용과 총수입금액이 일치되는 시점의 경과 기간 또는 금액을 말한다. 즉 기업의 매출실현을 통한 순수익의 발생시점을 확인하므로 사업타당성의 적합도를 평가한다.

총비용은 매출 실현을 위해 직접 생산에 투입되는 원자재 구입비, 노무비, 경비 등의 변동비와 직접 생산과 관계없으나 기업운영을 위해 고정적으로 지출되는 인건비, 건물유지비 등의 고정경비를 합친 금액이다. 그리고 총수입액은 사업화한 제품 또는 서비스의 매출총액이다.

손익분기점분석은 사업의 시작부터 총수입과 총비용의 두 선이 합쳐지는 점까지의 경과된 기간 또는 금액을 분석한다. 이는 수입금에 의한 이익실현 시점의 매출액 규모(수량과 금액)를 산출하게 하고, 산출된 매출액을 기준하여 얼마간의 기간이 경과되었는가? 를 파악함으로써 이익실현 시기를 확인하는 분석방법이다. 그리고 산식과 그림은 다음과 같다.

$$\text{손익분기점 매출액} = \frac{\text{고정비}}{1 - \dfrac{\text{변동비}}{\text{실제매출액}}}$$

- 변동비=총비용-고정비-특별손실
- 고정비=판매비와 일반관리비+노무비의1/2+제조경비-외주가공비
  +영업외비용+재고조정중의 고정비

[손익분기점산출 도표]

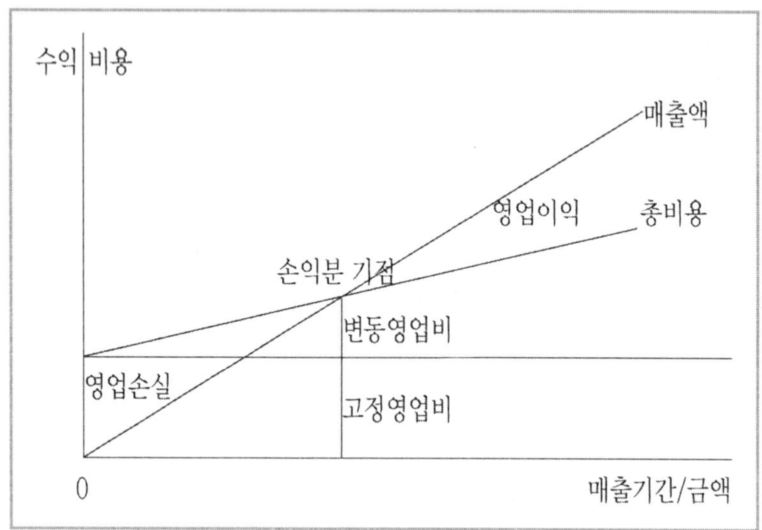

8.5 성장성분석

8.5.1 성장성분석이란

성장성은 일반적으로 기업의 규모나 영업성과가 기준년도와 비교하여 얼마만큼 증가 또는 감소하였는가 하는 것을 의미하고 있다. 성장성분석은 이와 같이 성장의 내용과 원인을 올바로 분석하여 기업의 규모나 영향력 등이 커져가는 방향과 지속가능성을 파악한다.

성장성에 대한 분석목적은 기업의 장기 안정성을 도모하는데 있으므로 기업의 내외 환경의 변화에 적절히 대응할 수 있는 새로운 방책을 모색한다.

그리고 성장한다는 것은 특별한 사유가 없는 한 일반적 추세에 따라 성장하게 되며, 예측을 가능토록 하고, 분석의 합당성을 제시하므로 대체로 다음과 같은 사항이 일반적인 경향이라 하겠다.3)

- 각 성장률은 비율로 표시하게 되므로 기업규모의 확대에 따라 장기적으로 둔화되는 경향이 있다.

3) 양남하, 새경영분석, 신론사, 2001. p.159-160

- 각 성장지표의 성장은 모두 동일한 것이 아니라 성장순위가 다르다. 그러나 장기적인 관점에서 일반적으로 ① 총자본, ② 이익, ③ 매출액, ④ 종업원수와 같은 순위로 성장하는 경향이 있다.

이밖에도 급속히 성장하는 기업의 경우에는 위의 항목을 제외한 유형고정자산의 성장률이 높게 나타나거나 자기자본의 성장이 높게 나타날 경우도 있다.

따라서 기업의 성장성은 치열한 경쟁 속에서 생존하기 위해 무조건 기업의 규모를 키우는 전략보다 질적 성장을 바탕으로 양적성장을 추구하도록 하는 것이 바람직한 성장이다.

이러한 관점에서 기업은 총자산증가율보다 매출액증가율이 높아야 하고, 매출액증가율 보다는 부가가치증가율이 높아야 하며, 부가가치증가율보다 순이익의 증가율이 높아야 한다는 기본원칙이 지배하는 성장이 바람직하다.

총자산증가율 〈 매출액증가율 〈 부가가치증가율 〈 순이익증가율

그리고 성장성분석에는 다음 사항에 유의한다.

- 일반적으로 높은 성장성은 미래의 수익창출능력을 향상시킬 것이다. 그러나 무분별한 성장전략은 재무구조와 수익성을 악화시켜 지급불능위험에 처할 가능성이 높으므로 현금흐름분석을 중심으로 한 유동성분석과 수익성분석을 종합적으로 고려하여야 한다.
- 성장성분석은 성장률 자체의 검토뿐만 아니라 제품 및 산업의 특성, 산업 내의 경쟁구조 등 성장률에 영향을 미칠 질적 요인에 대한 분석도 아울러 실시한다.

8.5.2 주요성장성분석

기업의 성장성은 미래 지향성을 분석하는 것으로 과거의 실적과 미래의 장기계획을 전제로 하는 분석이다. 과거의 실적을 기준한 추세분석은 각종 지표를 적용한 분석이 되나 장기계획에 의한 분석은 장기계획이 순조롭게 이행될 수 있는가? 를 분석한다.

그러므로 주로 연도별 생산 및 판매계획의 타당성, 인력충원과 수익전망의 합리성, 시설투자의 합리성, 자금조달·운용계획의 실현성 등을 예측하고, 검증한다. 성장성 분석에서 중요한 분석사항은 다음과 같다.

① 제품의 수명주기와 신제품의 개발전망을 분석한다. 해당 제품시장의 제품별 사이클과 신제품의 개발상황 등이 어떻게 변하고, 추진되는가? 를 예측하고 분석한다.

② 위험요소를 분석한다. 위험요소는 수익성과 함께 성장성에 영향을 미치며, 기업환경이 바뀌거나 각종 가정이 변할 경우 환경변화에 대응할 수 있는 위험요소를 제거하거나 대응할 수 있는가? 를 분석하고, 위험통제 범위를 확인한다.

③ 추정재무계획의 실현가능성을 분석한다. 추정손익계산서에 의한 목표매출의 달성과 이익의 실현, 투자계획의 이행 등 달성가능성을 분석한다.

④ 조직운용과 인력충원계획을 분석한다. 기업의 조직운영 형태와 규모, 인력운영 및 비용부담 등 미래 지향적인 운영상황의 분석이다.

8.6 경제성분석

경제성이란 최소의 재료와 경비, 노력으로 최대의 이익을 발생시키려는 경제활동의 가장 기본이 되는 성질이다. 경제성은 크게 규모의 경제성(Scale Merit), 범위의 경제성(Scope Merit), 속도의 경제성(Speed Merit) 및 시스템의 경제성(System Merit)으로 구분하고 있다.

이제까지 공업화과정을 통해 소품종 대량생산의 규모의 경제성이 강조되었으나 최근에는 수요의 다양화에 따른 다품종 소량생산 방식으로 변화하고 있다. 이렇게 제품의 유형은 넓어지고, 다양화되면서 업무의 다각화를 요구한다. 이로 인한 범위의 경제적 효과를 중요시 하고 있다.

그리고 최근의 정보화의 진전과 점차적인 스피드와 네트워크의 중요성이 커지면서 속도를 중심으로 하는 속도의 경제성이 추구되고, 조직간 또는 기업 간의 역할을 결합하는 시스템적 네트워크의 구축을 지향하는 시스템의 경제성을 요구한다.

여기에 기술의 고도화는 기업자체의 특화된 기술영역을 제외하고, 외부기업의 가치 활동에 의존하는 현상이 활발하게 이루어지고 있다. 즉 제조방식의 경우 설계와 상품기획 등을 포함한 자사 소유의 공장에서 독점 생산하던 것을 외부공장에게 발주하여 공장 없이 생산하는 기업역할의 탈 경계화가 이루어지고 있다. 또한 제품의 경쟁력은 단일기업의 관리구조와 학습조직에 의한 결정에서 기업 간 관계구조 또는 학습관계에 의한 영향을 받고 있다.

1. 규모의 경제성

규모의 경제성이란 규모의 확대를 통해 실현되는 가장 전통적인 경제적 효과를 말한다. 원가우위의 본원적 전략을 추구하면서 가격 중심적 경쟁력과 이익확보능력을 중시한다. 그러므로 각 기업들은 독립적이면서 기업 간 관계를 대립적이고, 경쟁적 관계로 유지한다.

이 때 경쟁우위요소는 대부분 생산기술, 설비, 자본 등을 기반으로 하는 제조력 중심의 원가우위 능력이다. 그러므로 규모의 경제성은 내부 시설투자를 통한 생산능력 확장과 합병으로 조기 확보할 수 있다.

2. 범위의 경제성

범위의 경제성은 공정상 필요한 투입요소를 여러 분야에서 공동으로 활용할 경우 얻게 되는 경제적 효과이다. 즉 인적지원, 물적지원, 재무지원 및 정보지원 등을 공통적으로 사용하는 최적의 조합을 형성하게 되며, 공통의 생산요소에는 설비, 기술, 정보와 노하우 등이 있다.

3. 속도의 경제성

속도의 경제성은 많은 시장거래의 단계를 거치는 것보다 유통기관(단계)을 통합하여 신속한 조달과 공급으로 얻게 되는 경제적 효과이다. 유통기관의 통합은 가격의 질충, 디자인 협상, 계약의 절충 등 유통시간을 단축시켜 속도의 경제성을 더해 준다. 그리고 정보기술과 통신기술을 바탕으로 정보획득을 통해 경쟁우위를 확보토록 한다.

속도의 경제성을 나타내는 대표적 시스템은 QR(Quick Response System), ECR (Efficient Consumer Response)로서 제조업체와 유통업체를 네트워크로 연결하여 소비자의 욕구에 효율적으로 신속하게 대응하는 생산판매통합시스템을 들 수 있다.

4. 시스템의 경제성

기업들은 각각의 기술력을 바탕으로 전문화를 추구하고 있다. 이런 가운데 특화되지 않는 영역들은 기업외부의 특화된 능력에 의존하고, 외부업무 위탁으로 경제적 효과를 얻는다.

기업 활동은 철저한 전문화를 추구하고, 거시적인 산업조직 차원에서 개별화된 기업의 전문화 활동과 연계하여 시스템화하는 네트워킹을 구축한다. 이로써 탈 경계과정을 구축하여 다음과 같은 효과를 얻는다.

① R&D지원 효과

서로 다른 분야의 연구개발기술과 인력의 공유, 통합, 조정을 할 루 있으므로 더욱더 전문성을 확보하고, 유사기술의 중복투자와 자원의 손실을 줄일 수 있다.

② 정보와 자원의 시너지 효과

기업 간의 상호 보완적인 기능의 결합으로 자원과 정보의 절약과 효율성을 높일 수 있는 시너지효과를 얻을 수 있다.

③ 경험과 학습효과

기업의 경험과 학습된 지식, 기술의 상호연결을 통해 경제적 효과를 얻을 수 있다. 특히 점차적으로 새로운 지식과 기술이 나타나고, 제품주기의 단축과 수요의 개성화, 다양화, 소 로트(lot 혹은 JIT)화 등은 다양한 부문 간의 협조의 필요성이 커지고 있다.

여기에 다품종 소량생산에 따른 물적 시설과 인적 능력의 리스(lease)화, 외주화는 연결의 필요성을 높여주고 있다. 즉 경험의 공유, 축적된 노하우의 활용 등으로 기술과 자원의 교환 등을 확장시키고 있다.

Chapter Ⅸ

기술가치 평가

9.1 기술가치 평가개요

9.2 기술가치 평가방법

9.3 기술완성도 평가

9.4 MBO평가

9.5 현금흐름할인법 평가

Chapter IX 기술가치 평가

9.1 기술가치 평가개요

9.1.1 기술가치 평가란

기술의 가치평가는 기술을 활용한 비즈니스로부터 창출한 가치를 평가하는 것으로 사업화를 통해 발생할 수 있는 기술의 경제적 가치를 가액·등급 또는 점수 등으로 표현한다.

기술의 가치는 "공정 시장가치"를 의미하며, 자발적으로 수요자와 판매자간에 교환될 수 있는 재산권의 금액이다. 그리고 재산권을 소유함으로써 미래에 얻을 수 있는 경제적 효익에 대한 현재가치이다.

평가대상 기술은 특허등록을 포함한 지적재산권과 등록되지 않은 기술, 노하우, 거래비밀, 컴퓨터소프트웨어, 경제적으로 유리한 계약 등을 포괄한다.

이러한 기술의 평가는 기술평가, 기술가치 평가 및 기술력 평가 등으로 크게 구분하여 볼 수 있다.

① 기술평가(Technology Assessment)

1996년 Daddario 위원장(미 하원 과학연구개발 소위원회)은 기술평가에 대한 정의로 정책현안들을 파악하고, 여러 가지 대안들이 미칠 제반 영향들을 평가하여, 그 결과를 제시하는 것이라 하였다.

대상기술의 좋은 점과 나쁜 점에 대해 기술 내부 또는 외부적 사항의 경제적, 환경적, 사회적 선택을 위한 체계적 기대와 예측을 기술평가라고 정의한다.(Strasser)

기술평가는 기술집약형 중소기업의 경우 현금흐름 창출능력을 정확하게 평가할 수 없다는 단점을 가지고 있다. 그러나 향후 현금흐름 창출능력을 갖추고 있으면서 가시적 성과를 보이지 못하는 기업에게 한계를 극복할 수 있도록 한다.

그리고 기술보증기금은 기술자체에 대한 수준의 평가에서 대상기술의 기술성, 시장성, 사업타당성 등을 분석하고, 그 결과를 금액, 등급, 의견 등으로 표현하는 것이라고 하였다.

② 기술가치 평가(Technology Valuation)

기술가치 평가란 사업화기술로 창출되는 미래수익을 현재가치로 환산하는 활동으로, 담보 또는 기술거래를 위한 자산의 가치로 활용하기 위해 행해지는 개별기술에 대한 평가활동을 말한다.

산업통상자원부 고시(기술평가기준 운영지침)는 사업화 하려는 기술이나 사업화된 기술이 그 사업을 통하여 창출하는 경제적 가치를 기술시장에서 일반적으로 인정된 가치평가원칙과 방법론에 입각하여 평가하는 것으로 정의하고 있다.

따라서 투입되는 비용과 수익을 비교분석하는 경제성 평가나 기술의 이용주체가 기술개발 또는 흡수, 혁신할 수 있는 능력의 평가와 구분된다.

기술 가치는 실제가격이 아니라 교환과정에서 지불되거나 보유자산의 경제적 이득을 적합성, 사업성, 시장성 등으로 평가하여 금액, 등급, 의견, 점수로 판단하는 가치이다.

그 기술을 현금기준으로 환산하여 표시함으로써 기술의 가치를 확인할 수 있고, 거래 가능한 재회나 서비스와 결합되어 부가가치를 창출할 수 있는 정도를 파악할 수 있다.

결국 기술가치의 평가는 그 기술에 대한 가치를 산출하는 것으로 주로 기술수명과 수익의 추정, 여유 현금흐름 추정, 할인율 추정, 사업가치 추정, 기술기여도 추정 등에 의해 평가 되며, 수익접근법에 의한 현금흐름할인법으로 산출한다.

③ 기술력(technological capability)평가

기술력이란 기술 지식을 효과적으로 활용하는 능력을 말하며, 기술력 평가는 투자·생산·혁신에 있어서 기술지식을 얼마나 효율적으로 사용하느냐의 평가이다.

생산능력은 생산설비를 가동하는 능력이고, 투자능력은 새로운 생산설비를 설치

하고, 생산량을 확장시키는 능력이다. 그리고 혁신능력은 새로운 기술을 개발하는 능력이다.

이러한 기술의 현 위치와 미래의 변화속도를 파악하기 위해 기술력 평가를 하며, 기술역량의 크기는 상대적인 비교의 개념이다. 따라서 어려운 측정지표를 설정하고, 국가별, 산업별, 기업별로 기술력을 비교한다. 다만 기술자체가 본질적으로 지식정보이기 때문에 정량적 평가방법을 보편화하는데 한계가 있다.(홍순기, 2004)

9.1.2 평가목적

기술가치 평가의 목적은 다음 표와 같이 거래 등 다양하다. 기술가치의 평가는 주로 기업의 대차대조표에 나타난 유·무형자산의 가치평가이다. 대차대조표에 직접 나타낼 수 없는 기술과 지식 등에 대한 가치평가를 포함한다.

그리고 최근의 지식과 기술에 대한 비중이 점점 높아지고, 기술가치의 수요가 점점 늘면서 재무제표에서 제외된 실질적인 기술가치 평가를 하여야 한다는 기술가치 평가목적이 요구되고 있다.

[기술가치 평가 목적]

구 분	평 가 목 적
거래	기술자산의 구입, 판매, licensing을 위한 거래가격 사정
금융	기술자산의 재무증권화 또는 대출담보 설정
세무	기술자산의 기증, 처분, 상각을 위한 세무계획 이행
전략	기업의 가치증대, 기술상품화, 분사, 인수합병
청산	기업청산시의 자산평가, 채무상환계획 수립
소송	특허권침해, 채무불이행, 기타 재산분쟁 소송

이러한 기술가치 평가는 규모가 커진 지식기반자산에 대한 실질적인 가치를 산출할 수 있게 되고, 기업의 실질가치 접근으로 가치에 대한 신뢰성을 확보할 수 있는 효과를 얻는다.

또한 최근 활성화되는 기업의 인수합병, 합작투자, 사업 분사 및 전략적 제휴 등의 객관적인 기술의 가치를 제공함으로써 외부적 요인에 의한 유·무형자산의 다양한 확보를 가능토록 한다.

9.1.3 평가대상

기술가치 평가의 대상은 등록된 지적재산권인 특허, 실용신안, 의장, 상표, 컴퓨터 프로그램과 미등록의 기술적 노하우(특수 제품 기술공법, 설계도면, 회로도, 기술사양서, 설비운전지침서, 배합 및 조합 기준서, 원가계산서, 물질 수치표, 특정 경험 또는 지식의 유무형적 권리 등)등이다.

그리고 기술가치의 평가영역은 기술에 대한 기술성, 시장성, 사업성 등의 평가를 대상으로 한다. 기술성평가는 해당기술의 우수성 자체를 평가하고, 시장성평가는 특정기술을 사업화하는 경우 해당기술이 관련시장에 어떠한 영향을 미칠 것인가를 평가하며, 사업성평가는 기술성과 시장성 평가를 바탕으로 기술의 사업성이 있는가? 를 평가한다.

[지식재산권의 체계]

구분	구체적 내역
산업재산권	-•특허 : 높은 진보성의 기술적 사상 -•실용신안: 진보성의 정도가 낮은 기술적 사상 -•디자인: 공업 상 이용가능성이 있는 심미적인 창작 -•상표: 영업자의 신용 및 수요자의 오인혼동 방지
저작권	-•저작권 : 독창적 표현 -•저작 인접권
신지식재산권	-•영업비밀 -•반도체칩(회로배치설계) -•컴퓨터 프로그램 -•데이터베이스

1. 기술성평가

기술성평가는 기술의 상용화특성과 사업화가능성을 찾는데 있다. 즉 기술동향에 부합되는 기술의 완성도가 높고, 향후 발전가능성이 크면서 기술에 대한 권리가 충분히 보장되는 기술을 우선적으로 발굴하는데 있다.

① **기술완성도**: 현 시점에서 기술의 개발상태가 어느 단계에 있는가?를 평가한다.

② **기술의 속성**: 기술의 속성은 원천기술인가, 개량(응용)기술인가, 개발기술인가? 를 평가한다. 다만 발명의 경제적 가치는 고려하지 않는다.

③ **기술동향과의 부합성**: 평가기술이 기술의 발전방향과 동향이 얼마나 잘 부

합되고 있는가? 를 평가한다. 즉 대체기술 유무와 그 기술과의 우위성을 평가한다.

④ **기술수명주기**: 기술의 향후 활용도를 측정할 경우 수명주기는 어느 정도인가? 를 평가한다. 특허권의 경우 최대한 확보될 수 있는 권리 잔존기간을 평가한다.

⑤ **권리의 강도**: 기술의 이전 등 기술침해에 대한 권리를 충분히 뒷받침 할 수 있는가?의 정도를 평가한다.

⑥ **권리저촉 가능성**: 지적재산권이나 이용관계에서 제3자와의 저촉정도 또는 라이선스 의사여부를 평가한다.

2. 시장성평가

기술의 시장성평가는 기술을 사업화할 경우 시장의 수요가 존재하고, 해당 시장의 성장성이 높으며, 상용화가능성이 크고, 시장진입장애가 낮은 기술을 발굴하는데 있다.

① **상용화가능성**: 기술을 사업화할 경우 상용화가능성은 어느 정도인가? 를 평가한다.

② **산업적 파급효과**: 기술사업화 가능한 시장이 존재하고, 산업적 파급효과가 어느 정도인가? 를 평가한다.

③ **시장성장성**: 기술사업화시장의 성장추이를 평가한다.

④ **기술수요가능성**: 기술제품의 수요를 평가한다.

⑤ **시장진입용이성**: 시장진입의 경우 제도 또는 규제 등의 외적장벽과 장려요인들의 존재여부를 평가한다.

다만, 벤처기업은 대부분 자산규모와 기업조직이 적고, 과거실적이 없는 경우가 많기 때문에 높은 위험수준을 감안하여 평가하여야 한다. 그리고 사업성평가는 기술성, 수익성 및 경영역량으로부터 도출하여야 한다. 이를 살펴보면 다음과 같다.

① 기술성은 기술의 혁신적 속성, 환경적 속성, 사회적 속성 등이다.

- 혁신적속성은 창의성, 공학적 속성, 완성도나 신뢰성, 모방가능성, 응용가능성, 신기술 출현속도나 수명주기, 수명주기 상 위치 등이다.
- 환경적속성은 대체/보완기술 존재, 기술 분야 전체에서의 위치 등 다른 기

술과의 관계이다.

- 사회적속성은 소유자의 권리, 사회적/법적 지원/규제, 문화적 거부 등이다.

② 시장성은 시장의 규모와 시장에서의 수익활동의 정도이다.

③ 수익성은 기업 활동의 경영성과이고, 영업활동으로부터 나타난 사업화 추진 결과이다.

④ 경영자의 사고나 경영능력, 경영진 전체에 대한 이해이다.

- 경영자의 확고한 비즈니스 의지와 사고의 건전성
- 시장에 대한 지식과 시장지향적인 사고능력
- 기술 분야에 대한 전문성 혹은 이해력
- 기업의 정체성과 비전 설정과 직원과의 공유
- 유연한 전략적사고
- 경영진 내부의 단결 및 주요 주주와의 관계유지 능력
- 핵심직원의 이직을 막을 수 있는 인화능력과 인센티브부여 능력 등

3. 유동성평가

기술이전의 경우 기술도입이 용이한 기술인가? 를 확인하기 위해 기술이전의 신뢰성과 권리안정성을 평가한다.

기술이전의 신뢰성은 대상기술의 추가개발 필요성, 기술도입 후 기술지원 및 기술지도 유무, 라이선스 제약조건 등을 아래와 같이 평가한다. 그리고 권리의 안정성은 권리침해에 따른 대응능력을 평가한다.

① **추가개발 필요성**: 기술의 사업화과정에서 이전기술 이외의 기술을 추가개발하거나 새롭게 발명을 추진할 필요가 있는가? 를 평가한다. 이 때 추가할 필요가 있을 경우에는 필요한 기간 등을 고려하여 평가한다.

② **기술지원 유무**: 도입기술이 시장에서 기술경쟁력을 유지할 수 있도록 지원 유무를 평가한다. 지적재산권자의 연구개발 성과를 지속적으로 활용할 수 있는가? 의 평가이다.

③ **지술지도 유무**: 기술지도가 충분치 않을 경우에는 성과를 기대할 수 없기 때문에 지도 유무를 평가한다.

④ **라이선스제약**: 권리자의 라이선스정책에 의해 실시기간, 실시지역 등 제약조건의 존재를 평가한다.

4. 사업성평가

기술이전으로 지적재산권 활용을 할 때 사업수행가능성과 수익성을 평가한다. 사업수행가능성은 사업장애요인, 특허 기여도, 대체기술 출현가능성 및 침해기술의 대응성 등을 아래와 같이 평가한다.

그리고 사업화수익성평가는 사업자의 기존 시장규모를 고려하고, 이전기술을 활용한 기대 수익률을 평가한다.

① **사업장애요인**: 인허가요건, 판매망확보, 사업화비용 등을 평가한다.

② **특허기여도**: 기존제품에 이전기술이 제품에 미치는 기술적 기여도를 평가한다.

③ **대체기술 출현가능성**: 이전기술제품의 효과와 유사한 효과를 나타낼 수 있는 새로운 기술개발의 실현가능성을 평가한다.

④ **침해대응용이성**: 타 경쟁사의 모조품제조 용이성과 쉽게 시장침투가능성을 모니터링 할 수 있는가? 를 평가한다.

9.2 기술가치 평가방법

기술가치의 결정은 대체로 이익에 기여한 요소별 기여율을 감안하여 로열티로 산출하는 것이 일반적이다. 이는 특허 또는 노하우 등에 대한 개별적 이익산정과 기여율 산정이 대체로 어렵고, 불가능한 경우가 있기 때문에 평가기관들은 본장에서 설명되는 평가기법의 적용을 따르고 있다.

주요 기술가치 평가기법은 비용접근법, 시장접근법, 수익접근법 및 실물옵션접근법 등의 방법이 있다. 그 외 개별기술이 가지고 있는 특성에 따라 기술평가 방법(모델)이 서로 다르게 적용될 수 있으며, 실물 옵션법은 비교적 최근에 소개된 방법으로 현장에서 널리 쓰이지 않고 있다.

9.2.1 기술가치 평가접근법

1. 비용접근법(Cost Approach)

비용접근법은 일정한 평가시점에서 기술을 개발하거나 획득하는데 소요되는 모든 비용을 기준으로 평가하는 방법이다. 기술의 현재가치를 산정하는 방법으로 비용을 계산할 경우 동일한 자산을 만들거나 동일한 효용을 창출하는 개량된 방식이다.

비용접근법은 대체원가(cost of replacement)개념으로 대상기술의 재개발에 필요한 비용의 추산이며, 개발일지에 나타난 연구자의 급여, 시제품 제작비, 인허가와 특허등록 제 경비 등을 합친 화폐의 현재가치로 환산한다.

비용접근법은 생산하는 방법에 따라 재생산비용과 대체비용으로 구분한다. 그리고 비용접근법은 기술가치 평가 시에는 수익접근법의 보완방법으로서 사용된다.

기술가치=개발투하 총비용 ± 가치조정요소

재생산비용은 원형과 기능, 재질, 형태 등의 모든 면에서 완전히 동일한 기술을 개발할 경우 소요되는 비용으로 원래의 기술을 개발하기 위하여 현재까지 투입된 직간접 비용과 동일한 비용이다.

반면에 대체비용은 동일한 성능(효용)을 갖는 기술의 개발 또는 입수에 소요되는 비용으로 원래의 기술을 현재의 여건에서 개발할 때에 소요되는 비용이다.

비용접근법의 장단점은 우선 평가대상 기술을 개발하기까지 소요된 물적, 인적 자원의 가치를 합산한 후 이를 현재가치로 산정하는 방법이기 때문에 측정이 비교적 용이하다는 장점이 있다.

그러나 대상기술의 수익성에 근거를 두고 있지 않기 때문에 향후 기대 수익에 대한 고려가 불가능하고, 미래의 수익창출 능력이 고려되지 않는다는 단점이 있다. 또한 비용접근법은 통상적으로 기술개발비용으로 그 기술 가치를 확인할 수 없고, 대부분의 기술에 대한 공정시장가치를 충분히 제시하지 못하며, 개발비용과 미래수익의 상관성이 낮다는 점이다.

2. 시장가치접근법(Market Approach)

시장가치접근법의 유형은 시장가치접근법과 비 시장가치접근법이 있으며, 시장가치 접근법에는 비용접근법/자산접근법, 시장사례접근법 및 소득접근법이 있다.

[시장가치접근법]

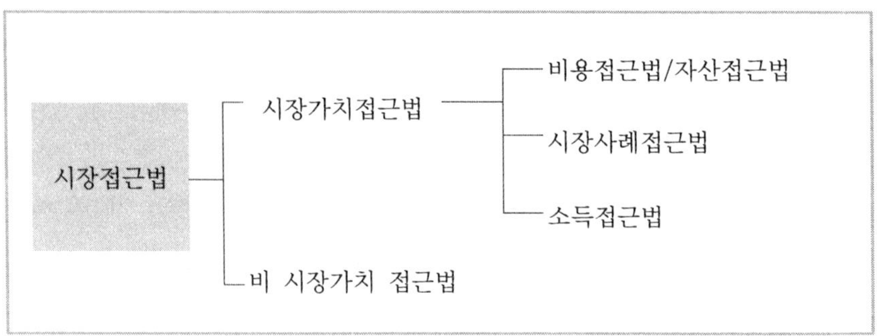

- **비용접근법**: 평가대상과 동일한 효용을 제공할 수 있는 대상에 투입되는 비용으로 가치를 평가하는 방법이다.
- **시장사례접근법**: 비교 가능한 기업사례를 기준한 가치측정평가방법으로 평가대상과 비슷하거나 대체가 가능한 대상의 각종 시장거래를 바탕으로 가치평가를 하는 방법이다.

  비교대상기업의 존재는 공개주식시장, 인수합병시장 및 대상기업의 과거 지분거래 자료가 되며, 동일/유사산업 내의 기업이고, 자료의 입증가능성과 공정한 거래가격으로 량과 질적 측면에서 유사성과 대체성이 있어야 한다. 다만 평가대상기업의 소득흐름이 안정적이지 못한 경우에는 피하여야 한다.
- **소득접근법**: 미래소득을 할인하거나 자본화과정을 거쳐 현재가치를 추정하는 방법이다, 미래소득의 현재가치에 입각한다는 점에서 현재가치법이라 불리기도 한다. 소득접근법의 유형에는 수익자본화법, 현금흐름할인법, 자본구성 비율의 가중평균 자본비용법이 있다.

  소득접근법 추정에서 소득의 개념이 다양하므로 지표 간의 일치성을 유지하여야 하며, 예측의 신뢰성 확보를 위해 최고최선의 원칙/가장 빈도 높은 원칙을 적용한다.

  그리고 현금흐름분석은 사용기간이 장기일 때 현재가치를 키우게 되므로 보통 2-5년의 기간을 정하며, 목적에 따라 약간의 차이를 두는 것이 좋다.

  기술수명은 기술적, 기능적, 경제적 진부화나 물리적 마모, 법적인 규제 등을 고려하여 결정한다.

그 외 위험의 반영을 위한 위험척도는 해당기업의 위험과 기업이 속한 산업 자체의 위험, 시장에서의 통상적인 투자수익률이 되며, 벤처기업의 위험척도는 대체로 시장에서의 투자수익률 이상의 수준에서 형성되도록 한다.

이상의 시장가치접근법은 다음과 같은 방법으로 평가하여야 한다.

① 사업화기술과 유사한 기술을 시장사례에서 비교하고, 시장가치를 추정하는 시장가치접근법 방식이다. 자발적 의사에 따라 거래되는 비교자산의 가격을 바탕으로 기술자산의 가치를 평가한다.

이러한 가격은 적절한 마케팅이 이루어지고, 이해관계가 없는 독립적인 거래에서 구매자와 판매자 사이에 자발적인 결정을 하였으며, 평가일 현재의 재산권의 추정 교환가액이다.

기존 거래시장에 대한 효율성, 완전성, 비교가능성을 평가하고, 가치평가 목적에 부합하는가를 고려하며, 시장이 평가하는 미래 효용의 현재가치를 측정하는 방법이다. 따라서 활발하고 공개적인 시장과 비교할만한 기술들의 교환이 필요하다.

② 시장가치개념에 의존하지 않고, 특수하게 부가되는 가치의 추정은 비 시장가치접근법으로 한다. 즉 시장참여자의 매매능력을 고려하지 않고, 자산의 경제적 효용이나 기능만을 고려하거나, 예외적이고, 비정상적인 시장상황이 미치는 영향을 고려하는 가치평가를 말한다. 이러한 비 시장가치는 특수가치, 사용가치, 투자가치, 계속기업가치, 보증가치, 과세가치, 잔존가치 및 청산가치 등이 있다.

국제가치평가기준에 의한 평가방법은 감가상각된 대체비용(Depreciated Replacement Cost)법을 사용하며, 시장가치 추정치에 개량과 관련하여 발생한 총 대체원가를 더하고, 물리적 손실, 진부화 등으로 인한 감가상각 누계 액을 차감하여 구한다.

③ 시장가치는 경제적 가치이다. 개인적인 가치판단(호가)보다 시장참여자 전체의 집단적인 가치판단을 중시하며, 추상적인 개념으로 형성될 수 있는 여러 가격 중 가장 빈도 높은 가치로 평가한다.

④ 시장가치 결정은 최고, 최선의 조건 혹은 채택가능성이 가장 높은 사용조건으로 결정한다. 다만 신기술인 경우 평가대상기술에 대한 필요정보와 충분한 시장자료를 얻기 어렵고, 매매사례에 대한 비교대상이 없기 때문에 시장가치접근법은 사용할

수 없다.

3. 수익접근법(Income Approach)

수익접근법은 기술을 활용하여 미래에 예상되는 기대수익을 예측하고, 이를 현재가치로 평가하는 방법이다. 이 방법은 기업의 이윤추구를 목적으로 기술의 사업화추진에 따른 기술의 가치를 평가하기 때문에 가장 현실적인 방법이라 할 수 있다.

기술자산을 활용하여 장래 얻을 수 있는 미래현금흐름을 현재가치로 환산하여 평가하는 방법이기 때문에 평가대상이 되는 기술자산이 장래에 창출할 수 있는 현금흐름을 계산한다. 다만, 미래가치의 예측 및 기업의 총산출물 중 기술의 기여도를 산정하는 과정에서 투입되는 변수들이 모두 예측변수이기 때문에 이 변수의 추정 폭이 커질 경우 추정 자체가 무의미하게 될 가능성이 있다는 단점을 가지고 있다.

$$\text{기술가치 평가액} = \sum_{t=1}^{n} \frac{FCF_t}{(1+r)^t} \times \text{기술기여도}$$

t: 년수
n: 기술의 경제적 수명
FCF: 여유현금흐름
r: 할인율

따라서 기술가치 평가 시에는 수익접근법을 기본으로 하고, 비용접근법과 시장접근법을 보완적 방법으로 활용하는 방법이 요구된다. 그리고 수익접근법의 평가절차와 구체적 평가내용은 다음과 같다.

① 가치평가

수익접근법은 우선 사업화가능성을 체크하기 위해 약식평가과정을 통해 예비평가를 한다. 예비평가가 완료되면 정성적 분석을 통한 기초분석과 정량적 분석을 통한 사업가치 평가를 한다. 그리고 기술의 기여도를 추정하여 기술 가치를 산정한다.

수익접근법의 정성적 평가는 해당기술의 사업추진타당성평가가 되며, 기술이 적용될 신규사업프로젝트에 대한 기술성, 권리성, 시장성, 사업성을 평가한다.

그리고 정량적 평가는 정성적 평가결과 사업타당성분석을 전제로 재무 분석 등의 평가를 한다.

② 정성적 평가

- **기술성평가**: 사업화기술에 대한 기술적 경쟁력을 분석하며, 국내외 기술동향 및 경쟁·대체기술분석, 기술의 활용성, 완성도, 타 기술대비 비교우위성 등을 평가한다.

  기술성분석의 평가항목은 대체로 혁신성, 파급성, 활용성, 전망성, 차별성, 독창성, 첨단성, 대체성, 모방용이성, 진부화 가능성(기술수명), 비교우위성 등이다.
- **권리성평가**: 시장에서의 독점적 지위확보 여부와 경쟁으로부터의 사업의 보호정도를 파악하는 평가이며, 권리의 안정성, 권리의 범위, 기술과 사업의 연관성 등을 분석한다.
- **시장성평가**: 기술사업화 구현에 따른 시장의 현상을 평가하며, 해당 산업의 특성과 환경, 시장구조, 제품현황, 시장진입장벽, 국내외 시장동향, 관련 정책 등을 조사분석하여 시장경쟁력을 평가한다.
- **사업성평가**: 기술사업화 추진주체에 대한 사업화 기반역량, 경영요인 등을 분석하고, 사업화능력을 평가한다.

③ 정량적 평가

- **기술의 경제적 수명추정**: 기술이 시장에서 경쟁우위를 지니는 미래의 평균적인 시점까지의 기간을 추정한다. 이 때 추정은 일반적으로 인용특허수명을 기초자료로 사용한다.
- **매출액 추정**: 매출액은 사업화기술이 적용된 제품단위로 추정하며, 수익기간별 매출액을 추정한다.
- **재무분석**: 기술사업화 재무제표에 의해 매출원가, 판매관리비, 운전자본, 자본지출 등을 분석한다.
- **경제적 이익흐름**: 기술사업화를 통한 현금흐름을 추정한다.
- **할인율**: 사업위험분석으로 대상기술의 사업화와 연관된 사업위험을 정량화한 할인율이다.

  가중평균자본비용 등 다양한 방법을 적용하여 산출하며, 일반적인 할인율은 기술위험(기술의 우수성, 경쟁성, 모방용이성, 권리안정성과 사업화 환경)과 시장 및 사업위험(시장의 성장성, 경쟁성, 진입가능성, 생산용이성, 수익성, 안정성)으로 구분하여, 각 항목별 일정한 가중치를 부여하는 방법으로 산출한다.

- 기술기여도(technology factor): 사업 가치에서 사업화기술이 공헌한 비율이며, 사업화기술이 이익창출에 기여한 상대적비중이다. 따라서 기술 가치는 기술의 사업가치(business value)에서 기술기여도를 곱한 금액과 같다.

  기술기여도의 산정은 원가측면에서 차지하는 개별기술비중을 매출액에 적용하여 산정하는 원가비중법을 적용하는 것이 바람직하다.

[수익접근법 평가절차]

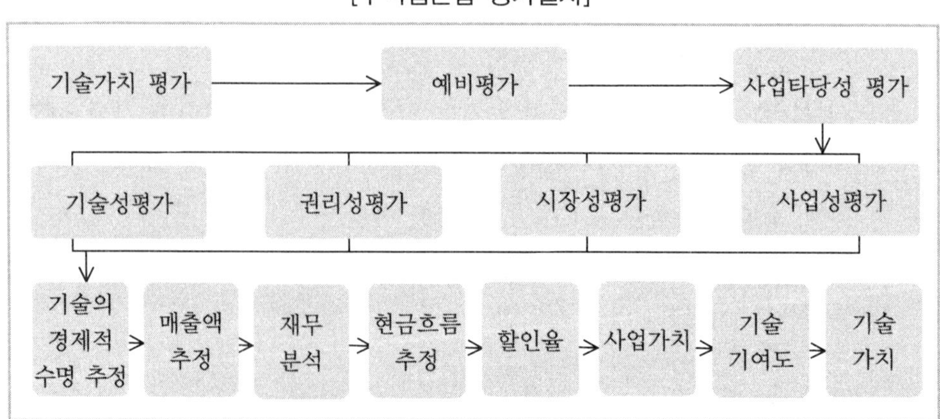

4. 로열티 공제법

사업화기술을 보유하므로 기술소유자는 지급해야할 로열티 지불액을 절감하는 효과가 있기 때문에 절감된 로열티지불액을 추정하여 현재가치로 환산하는 방법이다.

주로 사용하는 모형은 다음과 같으며, 예비평가와 정성적 평가에 의한 사업타당성평가를 한다. 그리고 기술의 경제적 수명, 매출액추정 및 할인율추정 등 정량적 평가를 통해 기술 가치를 산정한다.

$$\sum_{t=1}^{n} \frac{\text{합리적실시료율} \times \text{실시료기준액}}{(1+R)^{T}} \times \text{담보요소}$$

- 합리적 실시요율은 동종·유사기술 분야의 실시요율 데이터를 기준으로 조정한다.
- 실시료 기준액은 로열티 산정의 기초가 되는 매출액의 지식재산권 부문의 금액이다.(실시료 기준액 = 추정매출액 × 지식재산권보호부문의 비율)
- 담보요소는 권리안정성, 권리보호성, 권리행사용이성과 지식재산권의 거래 시장성이다.

5. 실물옵션접근법(Real-Option Approach)

실물옵션(real options)이란 새로운 투자기회를 일종의 옵션으로 보는 개념이다. 즉 투자 안을 하나의 옵션으로 분류하고, NPV(순현재가치)법과 같은 전통적인 투자의사결정기법의 문제점에 대한 대안으로 투자의사결정의 새로운 가치산정접근법을 적용하여 평가하는 방법이다.

실물옵션을 이용하여 투자 안을 평가하는 과정에서는 투자에 따른 현금흐름의 현재가치를 투자비용의 현재가치로 나눈 비율과 투자수익률의 변동성을 각각 측정하여 동태적인 의사결정을 한다.

그리고 실물옵션은 불확실한 시장과 성장에 대한 경영적 유연성을 평가하고, 투자 포트폴리오와 관련된 실물옵션을 규명하며, 관리 및 행사를 통해 주주가치를 창출한다.

다만, 실물옵션접근법의 문제점은

- 전략적 투자자들에 대한 가치평가와 관리는 할 수 있으나 전통적 접근법은 불확실성에 대한 빠른 환경의 변화에서 투자의 경제적 가치를 정확히게 포착할 수 없다.
- 불확실성의 노출정도를 변경시킬 수 있으므로 불확실성 정도가 증가할수록 투자안의 가치를 증가시키나 전략적 투자의사결정은 구체적인 기회로 평가되므로 불확실성의 정도가 심화될수록 투자안의 가치는 감소한다.

9.2.2 신기술평가

신기술의 평가는 공정혁신(Process Innovation)이나 제품혁신(Product Innovation)의 차이와 무관하고, 시장성장곡선과 시장점유율 변화에 따라 영향을 받으므로 다음과 같은 이유로 이윤율의 변화를 평가한다.

- 기술의 경제성은 시장이 지배하므로 예측을 불허한다.
- 신규시장 창출 시에 경제적 수익성 예측은 시장성장곡선에 대한 이해와 시장점유율에 따라 좌우된다.
- 기존시장의 경제적수익성예측은 시장성장곡선에 대한 이해와 시장점유율에 따라 좌우된다.

신기술평가 방법은 단기적으로 현금흐름할인모형(DCF Model)과 특허분석법을 사용하며, 중기적으로는 회귀모형(Regression Model)으로 평가한다. 이를 구체적으로 살펴보면 분석방법은 다음과 같다.

1. 현금흐름할인모형(Discounted Cash Flow Model)

예상되는 미래의 현금흐름을 현재가로 환산하여 가치를 평가하는 방법이다. 기술의 수명기간 동안의 미래수익과 투자비용을 현재가치로 환산하고, 현재가치로 환산된 수익과 비용을 비교하여 가치를 평가하는 방법이다.

가치평가방법의 장점은 통상적인 계산방식이고, 계산이 용이하다. 그러나 미래 수익흐름의 예측이 어렵고, 불확실성과 위험의 개념도입이 어렵다는 단점을 가지고 있다.

2. 특허분석법

특허분석법은 기술적 위치분석과 산업분석을 포함한 기술가치 종합분석으로 이루어진다.

- 기술적 위치분석은 특허맵(Patent Map)을 작성하고, 기술관련 국제 특허를 재분류 정리하며, 기술개발 흐름을 파악함으로써 기술위상을 확인하며, 타 기술과의 관계 및 기술경쟁력을 분석한다.
- 산업분석은 가치사슬(Value Chains)을 파악하는 단계로 생산시스템의 핵심적 활동을 파악한다. 그리고 가치사슬 상의 1차 증식기술의 위상을 파악하고, 원가절감효과를 산출하기 위해 경쟁 환경과 하부구조를 파악 분석한다.
- 기술가치 종합분석은 총 시장규모를 파악하고, 생산규모와 원가절감효과를 분석한다. 여기에 투자비용과 잠재적 경제수익을 분석하는 기술가치 종합

분석을 한다.

3. 회기분석모형

개별기술의 가치평가모형으로 R&D 투자와 기업이윤(또는 매출액 변화) 간의 상관관계분석과 상대적 기술수준, 시장규모 변화, 기술개발투자규모 등 주요 결정 요인으로부터 신기술 관련 결정요인들의 예상치를 도출하고, 상관관계식에 이를 대입함으로써 해당기술의 가치를 평가한다.

이들 가치평가의 회귀분석모형(Regression Model)은 다음과 같다.

$$\ln Y = \alpha + \beta 1 \ln TR + \beta 2 \ln MK + \beta 3 \ln RD + e$$

Y: 이윤의 개념으로 정의된 기술가치
TR(technology ratio): 상대적 기술수준
(개발 후의 기술수준을 세계 최고 기술수준으로 나눈 비율)
MK: 시장의 성장규모
RD(R&D): 해당 기업의 기술개발투자규모
e: 오차항
α, $\beta 1$, $\beta 2$, $\beta 3$: 계수항

9.2.3 가치평가적용

수익접근법은 회계 상 순이익을 가치요소로 부여하기 때문에 장기적으로 기업가치의 창출과 관련된 현금흐름분석을 한다. 기술가치의 평가는 현금흐름분석에서 미래 현금흐름의 기대치를 해당 현금이 갖는 위험수준의 반영률로 할인한 현금흐름할인접근법으로 평가한다.

따라서 기업의 가치평가와 기술의 가치평가는 기본적으로 세 가지 차이점을 나타내고 있다.

① 대부분의 기술(무형자산)은 수명이 한정되어 있다는 점이다. 그러나 일반적으로 기업과 기업발행증권은 반증(예, 도산이 확실한 경우)이 없는 한 그 생명이 영원하다고 가정(계속기업의 가정)한다.

② 다른 모든 조건이 동등한 경우에는 무형자산(기술)에 대한 투자는 기업의 전반적인 투자에 비해 더 큰 위험을 수반한다. 이러한 현상은 기술자산에 대한 수익접근법 적용 시 추가적인 위험에 대한 할인율을 반영하여야 한다는 것을 의미한다.

③ 수익접근법을 적용하여 무형자산(기술)의 가치평가를 하는 경우에는 평가대상 무형자산(기술)은 직접적으로 발생하는 이익만을 고려한다. 이에 비해 기업의 가치평가는 평가대상기업으로부터 발생된 모든 이익이 고려의 대상이 된다.

따라서 중소기업 금융지원을 위한 기술신용보증기금의 경우에는 기업 대부분 수익성이 없기 때문에 기술성과 사업성을 기반으로 기술평가모형(kibo technology rating system)을 만들어 가치평가에 적용하고 있다.

동 모형의 지표는 사업성공가능성과 사업의 부실화위험을 동시에 고려한 평가방법으로 45개의 지표로 구성한다. 그리고 평가기준은 밸런스 매트릭스방법을 이용해 개별평가지표에 대한 등급 또는 평점부여 방식을 택하고, 사업부실화 예측을 위해 성장성, 수익성, 안정성을 로지스틱회귀분석 모델을 활용하고 있다.

9.3 기술완성도 평가

9.3.1 기술완성도 평가요소

기술의 성능수준은 기술의 완성도를 통해 더 큰 효용성을 나타내고 있다. 기술은 성능목표의 달성, 품질, 신뢰성, 재현성, 경시변화(Stability), 수율, 원가경쟁력 등 종합적 완성도를 확보할 때 사업화를 위한 적합성을 높이기 때문이다.

기술완성도 평가모델에는 해당 기술의 유용성과 경쟁성을 평가하는 미 컨설팅사 Arthur D. Little이 최초 고안한 TF(technology factor)모델이 있다. 이 모델은 유용성과 경쟁성을 각각 9개 평가항목으로 아래 표와 같이 구성하며, 각 항목은 5점 척도로 평가한다. 그리고 평가결과는 총 18개 항목을 종합하여 해당 기술의 완성도를 정량적으로 나타내고 있다.

[기술성 평가 모델]

9.3.2 유용성평가

기술완성도에서 유용성평가항목은 소요자금규모, 개발전망, 소요시간, 수명, 사업부와 경쟁사의 유용성, 장애요소, 구내의향 및 학습가치 등 9개 평가항목으로 한다.

① 사업화소요사금의 규모

사업화에 소요되는 자금의 규모는 기술을 적용하기 위해 필요한 자금규모이다. 사업부의 규모와 자본력으로 사업화에 필요한 투자를 감당할 수 있는가이다. 그리고 투자수익률 측면에서 너무 많은 투자를 필요로 할 때 예상 매출규모는 클 수 있으나 시장에서 실패할 수 있다는 우려를 감안하여 평가한다.

② 지속적 기술개발 전망

지속적 기술개발전망은 앞으로 계속 유용한 기술이며, 계속적으로 추가 R&D 계획이 되어 있는가이다. 그리고 이미 R&D가 끝났다면 더 이상의 기술지원은 없는가? 를 평가한다.

③ 사업화 소요기간

사업화소요시간의 평가는 기술을 사업화하는데 소요되는 기간으로 완전한 사업화단계까지 소요기간, 기술개발 이후 소비자의 평가/인증/구매까지 소요기간이다. 그리고 사업화기간이 길수록 수익성에 대한 확신과 낮아지는 기술 가치를 감안하여 평가한다.

④ 유효 경제수명

유효 경제수명은 기술의 경제적수명은 몇 년이고, 목표 자본수익률을 올릴 수 있을 만큼 수명이 긴 기술인가? 이다. 그리고 사업부/경쟁사의 동종/이종 기술과의 경쟁에 의해 결되는 유효경제수명과 통상적으로 남은 특허 권리기간 등을 함께 평가한다.

⑤ 사업부에 대한 유용성

사업부에 대한 유용성은 사업전략과 기술의 부합, 기술적용에 필요한 인프라와 목표시장 진입가능성, 기술을 수용할 조직 등을 평가한다. 그리고 기술이 기존인프라를 보완할 경우 사업부에게 경쟁 우위성을 제공하고, 파급효과를 줄 수 있는 기술사업 인가? 를 평가한다.

⑥ 경쟁사에 대한 유용성

경쟁사에 대한 유용성은 사업기술이 다른 경쟁사들에게도 유용한가? 이 기술을 활용하거나 기술을 적용할 때 필요한 투자규모와 투자의지는 있는가? 를 평가한다.

⑦ 기술사업화의 장애요소

기술의 사업화를 위해 추가적인 공장 및 판매인력, 새로운 시설과 기술, 기술사업화 투자규모 등 기술사업화 장애요소를 평가한다.

⑧ 고객의 구매의향

고객의 구매의향은 기술을 사용한 제품/서비스를 구매할 경우 고객의 자발적인 구매의향이 있는가? 에 대한 평가를 한다.

⑨ 특허의 학습가치

특허의 학습가치가 크면 노하우나 개발은 필요성이 적고, 특허의 경제적 가치는 높아진다. 그러므로 특허의 학습가치 평가기준은 기술사업화를 위한 R&D 부문의 도움과 기술적용의 노하우에 대한 필요성, 그리고 얻을 수 있는 학습가치를 기준으로 한다.

9.3.3 경쟁성평가

기술완성도의 평가에서 경쟁성평가항목은 9가지이며, 대체기술, 경쟁자에게 미치는 영향, 복잡성, 차별성, 법적관리, 전략적 지위, 적용성, 가치소멸성 및 대체가능성 등으로 평가한다.

① 대체기술

대체기술평가에서 검토할 사항은 다른 방식을 채택한 동일 또는 유사한 제품/서비스의 존재여부, 동일시장에서 경쟁이 예상되는 제품과 방식의 존재여부, 다른 종류의 기술로 대체할 수 있거나 이미 존재 또는 존재할 수 있는 대체기술이 사업화기술의 가치를 낮출 수 있는가? 등의 평가를 한다.

② 경쟁사에 미치는 영향

경쟁자에 미치는 영향은 경쟁자가 누구이며, 기술과 시장점유율에 어느 정도의 영향을 미칠 수 있는가? 를 평가한다.

③ 기술의 복잡성

기술의 복잡성은 기술사업화의 복잡성으로 시장진입에 얼마나 장애가 되며, 제품보증을 꺼려할 정도로 리스크가 크게 존재하는가? 를 평가한다.

④ 차별화

차별화항목에서 검토할 사항은 기술사업화에 대한 고객들의 가격지불의향, 강화시켜 줄 수 있는 시장점유율과 시장에서의 위치, 경쟁사와의 차별화가 가능하다면 가치에 긍정적인 영향을 줄 것인가? 를 평가한다.

⑤ 특허의 법적 관리

특허의 법적인 관리항목에서 평가할 사항은 다음과 같다.

ⓐ 특허권의 강도와 넓이

- 특허가 사업적 이윤의 근간이 되는 기술적 내용의 핵심을 포함하고 있는가?
- 특허권을 침해하지 않고 설계하는 것이 얼마나 어려운가?
- 특허의 차단효과는 무엇인가?
- 특허권의 범위가 넓고, 혁신성이 높을수록 가치를 끌어낼 확률이 높은가?

ⓑ 특허의 방어능력

- 특허권의 침해사실이 검출하고, 쉽게 증명될 수 있는가?
- 기술이 독특하여 특허로 방어하는 공정이 유일하게 사용될 수 있는 것인가?

ⓒ 회피가능성

- 특허권의 침해 없이, 사용가능한 대체기술을 개발하는 것이 어느 정도 가능한가?
- 기술특허에 허점은 없는가?
- 추후 채울 수 있는 것인가?

ⓓ 특허의 권리기간

- 특허의 권리기간과 기술의 유효수명과는 관련이 있는가?
- 특허의 권리기간이 짧다면 사업에 부정적 영향을 미칠 것인가?

ⓔ 전략적 지위

- 이 기술로 회사가 선도적 위치에 오를 수 있는가?
- 기술보호를 받지 못하면, 경쟁적 지위를 손상 받게 되는가?

ⓕ 지역적 적용성

- 어느 지역에서 이 기술이 상업적으로 적용 가능한가?
- 기술의 사업화능력이 특정지역에 국한되어 있는가, 아니면 세계적인가?

ⓖ 기술가치의 소멸가능성

- 왜, 언제쯤, 어떻게 기술이 쓸모없게 될 것인가?
- 기술이 쓸모없게 될 가능성이 얼마나 있는가?

ⓗ 기술대체의 가능성

- 이 기술의 대체기술을 개발할 것인가? 지금인가, 미래인가?
- 어떤 상황에서 그렇게 될 것인가?

9.4 BMO 평가

1. BMO기법의 의의

BMO기법은 미국Bruce Merrield(1987)박사가 제안하고, 일본의 Ohe교수가 개정한 사업추진 타당성평가방법론이다. 벤처기술을 양적으로 나타내는 기술력 평가모델로 후보기술 사업을 평가하는 과정은 3단계로 구분하고 있다.

① 1단계: 개발기술을 사업화할 경우 가능성을 가지고 있는가? 즉 신사업단위의 '매력도'가 어느 정도인지를 측정한다.

② 2단계: 사업화기업의 핵심역량 또는 경영자원으로 후보기술 사업을 충분히 수행할 수 있는가? 를 평가한다. 이를 사업의 '적합도'라고 부른다.

③ 3단계: 사업의 성공가능성(사업도)을 얼마나 높일 수 있는가? 를 분석·평가한다.

2. BMO 평가항목

BMO기법의 평가항목은 사업화기술의 매력도와 그 기술에 대한 적합성평가이다. 평가방법은 순차적, 누적적으로 평가하며, 평가항목의 만점은 60점이고, 총점은 120점이다.

매력도는 해당 기술 사업이 지니고 있는 고유의 성격을 나타내는 것으로서, 평가항목은 6개로 이루어지며, 60점을 만점으로 한다.

적합성은 해당 사업에 대한 자사의 역량에 대한 적합정도를 나타내는 것으로서,

평가항목은 6개의 항목으로 이루어지며, 60점을 만점으로 평가한다. 이들 단계별 구체적 평가방법은 다음과 같다.

① 우선 1단계 평가는 사업매력도 평가이다. 사업매력도 평가결과 60점 만점에서 35점 이상을 얻으면 2단계로 넘어가고, 35점 미만이면 사업성이 미흡하다고 보아 보완하거나 포기한다.

② 2단계는 자사의 역량(사업자)과의 부합도 평가이다. 매력도와 적합성의 점수가 80점 이상인 경우는 3단계로 들어갈 수 있다. 만약 80점 미만인 경우는 사업을 보류하거나 재검토 한다.

③ 마지막 3단계는 사업화 성공확률에 대비시키는 단계이다. 이상의 조건을 충족하면 성공확률은 80% 정도가 될 것으로 추정한다.

[BMO 기법의 평가항목별 배점]

X. 사업의 매력도		Y. 자사와의 적합성	
평가항목	가중치	평가항목	가중치
시장규모	10	자금력	10
성장성	10	마케팅력	10
경쟁력	10	제조력	10
리스크분산	10	기술력	10
업계의 재구축	10	원재료 조달력	10
사회적 우위성	10	매니지먼트 지원	10
계	60		60

3. 매력도의 평가기준

사업화매력도평가는 사업의 본질적인 가치를 평가하며, 평가결과 좋은 사업인가?를 판단한다. 평가에는 매출 및 이익 발생의 가능성, 시장성장률, 경쟁상황의 분석, 시장세분화의 위험분산도, 업계 재구축의 가능성, 특별한 사회적 우대상황 등을 평가 자료로 활용한다.

① 매출 및 이익발생 가능성은 일반적으로 사업 참여 5년 이후의 추정시장규모와 투자효율(ROI=연평균이익/(투자액+잔존가)/2)을 각각 평가한 후 그 결과를 합산하여 평가하며, 수익의 잠재성을 본다.

② 성장성은 사업 참여 5년간 시장의 연평균성장률(Compound Annual Growth Rate)을 평가한다. 대체로 연평균 20%이상 성장가능성을 보일 때 성장잠재성이 높다고 한다.

③ 경쟁력은 동업 선발기업과 사업화기업의 대응력수준의 강도, 제품수명주기(product life cycle)가 5년 이상 지속가능성, 특허, 노하우, 지적재산권, 상표 등에 의한 방어능력을 평가하여 세 가지 모두를 합산한다.

④ 시장세분화의 위험분산은 시장 세그먼트(Market Segment)가 다양하다면 사업화실패를 줄일 수 있기 때문에 가능한 한 시장을 세분화하는 것이 바람직하다. 신규 사업의 초기단계에서는 하나의 세그먼트에 집중해야 하는가? 를 평가한다.

⑤ 업계의 재구축가능성은 혁신적 기술/노하우에 의해 업계 재구축을 이룰 가능성, 제품과 서비스를 혁신적인 형태로 제공하는가? 를 평가한다.

⑥ 특별한 사회적우위성은 정치/사회/환경/공정거래 등의 문제에 있어서 우위성이 있는가? 를 판단하여 평가점수를 부여한다.

4. 적합성의 평가기준

사업의 적합도 평가는 매력도 평가결과 좋은 사업이라면 그 사업을 추진할 특별한 이유가 있는가? 를 평가한다. 매력적인 산업 내에서 훌륭하게 사업을 영위할 수 있는가? 여부로 자금력의 정도, 마케팅 능력의 적합성, 제조, 운영능력의 적합성, 기술 및 서비스 기획력, 원재료·부품·정보입수 능력, 경영층의 사업지원정도를 전략지표로 한다.

① 자금력은 투자규모와 자금조달 측면에서 막대한 자금을 회사가 투자할 수 있는가? 를 판단하여 평가점수를 부여한다.

② 마케팅능력은 현재의 마케팅능력과의 적합성으로 기존의 마케팅능력으로 시장개척이 가능한가와 새로운 판매망을 개척하고, 새로운 경영 팀을 확보하여 교육시키고 있는가? 를 판단한다.

③ 제조력은 현재의 시설/인력/노하우의 적합성으로 기존의 제조력을 그대로 사용할 때 가능한가? 를 판단하고, 평가점수를 부여한다.

④ 기술력은 현재의 기술/서비스/ 기획력과의 적합성으로 신제품을 개발하고, 개발기술을 고객 니즈에 적합토록 다양화하는 개선능력과 새로운 기획과

서비스를 제공할 수 있는 기획력 및 지속력의 평가이다.

⑤ 원재료조달력은 원자재/부품/제품조달력, 서비스업의 경우 정보 수집력으로 필요한 양질의 원자재/부품을 싼 가격에 충분히 확보할 수 있는가? 의 평가이고, 서비스업의 경우 고객정보, 신용정보를 확보할 수 있는가? 를 평가한다.

⑥ 매니지먼트지원은 사업에 대한 경영자의 충분한 지원의 평가로 기업의 비전과 사업영역에 부합하며, 경영자가 필요 자원/인력 등을 충분히 지원하는가? 에 대한 평가이다.

강력한 사업추진자의 유무는 사업을 추진할 전담인재의 확보가 있는가? 의 평가로 신규 사업은 겸직시키지 않고, 전담해야 한다는 것을 알 수 있도록 평가한다.

5. 평가 종합

BMO 평가기법의 핵심이 되는 전략요소 지표는 앞의 두 단계에 각각 여섯 가지가 있다. 신사업 후보를 평가할 때는 매력도와 적합도 지표마다 10점 만점으로 평점하고, 합친 점수에 사업성공 가능성의 정도인 사업도를 도출한다.

미국의 사례를 보면 사업도 120점 만점(매력도+적합도=사업도) 중 80 또는 85점 이상을 신사업채택 기준으로 삼고 있다.

우리나라는 신규 사업의 성공곡선(success curve)에 의한 120점 만점에서 70점을 받은 사업을 추진할 경우의 생존 확률은 30%였고, 85점을 받은 신사업의 생존확률은 80%이다.

이들 점수를 참조할 때 똑같은 조건에서 시장의 환경과 사업주체에 따라 결과가 다르게 나올 수 있다. 총점은 대체로 85점 이상으로 평가된 사업의 성공률이 높은 것을 확인할 수 있다.

그리고 BMO기법을 적용한 평점결과를 평면으로 나타내면 다음 그림과 같다.

[사업화 추진결정도]

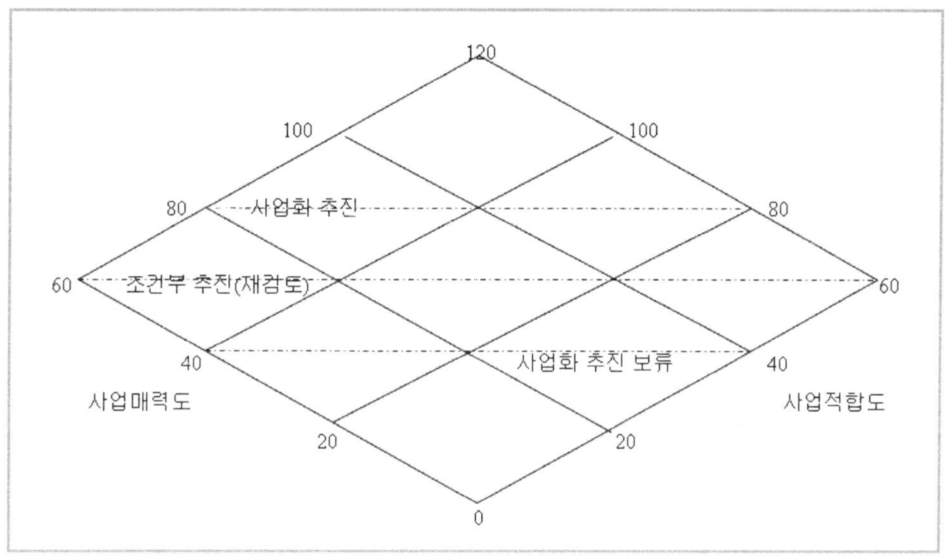

9.5 현금흐름할인법 평가

9.5.1 현금흐름할인법이란

기술의 가치는 불확실성 시대에서 기술의 이전, 인수합병, 기술금융 등을 추진할 때 매우 중요한 정보가 된다. 그리고 기술 가치는 기술투자와 연구개발 등 의사결정과 중장기적 기업의 경영전략을 수립할 수 있도록 함으로써 지속적인 기업의 성장과 이익창출을 하는데 도움을 준다.

이러한 기술의 가치는 평가를 통해 확인되며, 기술가치의 평가는 경영자, 기술개발과 기술인력, 재무구조, 시장규제, 투자자의 심리, 정부정책 등 다양한 원인으로부터 영향을 받고 있다.

그리고 기술의 적정 가치를 평가할 경우 한계가 있고, 획기적인 평가방법이 제시되지 아니하므로 평가에 어려움이 있을 수 있다.

그러므로 기업의 존재목적과 투자목적 등을 고려하여 평가방법 중 가장 논리적이고, 우월한 평가방법으로 수익접근법에 의한 현금흐름할인법을 사용한다.

현금흐름할인법(Discounted Cash Flow methods, DCF)은 기술의 가치를 현재가

치로 평가하는 방법이다. 즉 어떠한 기술(자산)을 보유함으로써 기대되는 미래현금흐름을 그 기술(자산)에 내재되어 있는 위험을 반영한 적정할인율로 할인한 현재가치로 기술의 가치를 평가하는 방법이다.

또한 기업이 미래에 얻을 수 있는 예상현금흐름(Free Cash Flow)을 기대수익률로 할인한 현재가치로 평가하는 방식이다. 미래현금흐름과 예측된 현금흐름의 불확실성을 반영한 할인율로 평가하게 되며, 절대적 가치보다 이용 가능한 정보를 활용하는 추정가치로 평가한다.

다만 현금흐름할인법의 평가는 주요변수(미래현금흐름, 할인율, 성장률, 잔존가치 등)에 대한 평가자의 주관적 판단이 개재될 여지가 있고, 평가결과를 이해하기 위해 전문지식을 필요로 하는 등의 단점이 있다.

현금흐름할인법의 현재가치(PV, present value)는 화폐의 시간가치에 기초하며, 현재시점의 가치이다. 자산의 수명기간(n, 주식은 기업의 영속성을 가정하기 때문에 무한대, 채권은 잔존 만기, 자산은 내용 연수) 동안 미래의 현금흐름을 할인율(r)로 할인한 가치로 볼 수 있다.

할인율을 사용하는 이유는 현재의 100원과 미래의 100원이 금액으로 동일하나 가치는 동일할 수 없기 때문에 화폐의 시간가치이론에 기인한 불확실성(Risk)을 할인율로 반영하는 것이다.

반면에 미래가치(FV, future value)는 이자율을 고려한 미래 특정시점의 가치이다. 그러므로 미래가치와 현재가치와의 관계는 PV X (1+r)n = FVn이 된다.

이것은 현재가치를 n 기간 동안 r의 수익률로 투자하면 미래가치가 되고, 미래가치를 r의 할인율로 할인하면 현재가치가 된다는 뜻이다. 즉 단기간의 미래가치는 현재가치와 동일하나 장기간의 가치는 이자율을 가산한 금액만큼 차이를 나타낸다는 의미이다.

따라서 현금흐름할인법은 다음과 같은 의미를 가진다.

① 기업 가치는 미래의 순 현금흐름의 기대치를 해당현금흐름이 갖고 있는 위험수준을 반영한 할인율로 현가한 값이다.

② 미래 순 현금흐름은 기업에 투자한 주주와 채권자들에게 배분 가능한 현금흐름을 의미한다.

③ 전략적 차원에서 매우 광범위하게 사용되는 방법이다.

④ 현금흐름할인법을 이용한 기업가치 평가는 거시경제변수, 수요산업 및 원

가에 대한 체계적 분석을 바탕으로 하며, 향후 5년 또는 10년간의 순 현금흐름을 추정하고, 기업의 가치를 평가한다.

그리고 현금흐름할인법을 적용할 경우에는 기본 전제로서 다음과 같은 내용을 고려하여야 한다.

① 법인세는 현금의 유출이므로 현금흐름은 법인세 납부 후를 기준으로 한다.

② 특정 투자 안으로부터 기대가 되는 현금흐름을 추정할 경우에는 다른 투자안의 현금흐름이 해당 투자 안에 증분효과(Incremental effects)로 미치는 영향을 고려한다. 이 때 특정 투자에 추가된 순 운전자본(Net working capital)의 소요액도 현금흐름 추정에 포함한다.

③ 과거에 이미 발생한 비용은 현재의 투자결정에 영향을 미치지 않기 때문에 매몰원가(Sunk cost)는 현금흐름에서 제외한다.

④ 기업이 특정 투자 안을 결정함으로써 발생하는 기회비용(Opportunity cost)은 순 현금흐름에 반영한다.

⑤ 기업의 이자비용은 할인율을 통하여 반영되는 항목이므로 현금흐름의 계산에서 이자비용을 제외한다.

⑥ 감가상각비는 현금유출이 없는 비현금비용으로 현금유출에서 제외한다.

⑦ 현금흐름은 장기간에 걸쳐 추정하므로 현금흐름에 영향을 미치는 인플레이션이나 물가상승 등을 고려한다.

현금흐름할인법의 특징은 아래와 같다.

① 화폐의 시간적 가치와 기업의 수익성을 고려한 평가방법이다.

② 회사에 대한 재무적인 결과를 바탕으로 한 평가방법이다.

③ 계속기업을 전제로 한 평가방법이다.

④ 기업의 위험이 반영된 평가방법이다.

9.5.2 평가방법

현금흐름할인법(DCF)에 의한 기업가치 평가방법을 산식으로 설명하면 기업 가치는 영업현금흐름을 가중평균자본비용으로 나눈 값이 된다.

$$V = \sum_{t=1}^{n} \frac{FCFt}{WACC^2} + \frac{TVn}{(1+WACC)^2}$$

V : 기업가치

FCFt : t기간 자산의 현금흐름

WACC : 가중평균자본비용

TVn : n기의 잔존가치

영업활동의 가치는 해당 잉여현금흐름(FCF, free cash flow)을 가중평균자본비용(WACC)으로 할인한 값이고, 각각의 FCF 합이 기업전체 영업활동의 현금흐름이다.

잉여현금흐름을 가용현금흐름이라고도 한다. 기업이 영업활동으로 수입한 금액에서 운영비 등을 지출하고 남은 금액이기 때문이다. 이는 장래 투자, 배당, 내부유보, 원리금 상환 등의 재원으로 사용할 수 있으므로 기업가치 평가에서 중요한 금액이 된다.

잉여현금흐름의 계산방식은 다음과 같다.

FCF = 세후영업이익 +감가상각비-자본적 지출-운전자본 증가

- 세후영업이익 = 영업이익 X(1-실효세율)
- 자본적 지출 = 신규설비 투자 + 대체설비투자
- 운전자본 증가 = 영업활동 상의 채권-영업활동상의 채무

그리고 현금흐름에서 현재시점의 가치를 현재가치라 하며, 현재가치의 산식은 다음과 같다.

$$\text{현재가치(PV)} = \frac{CF1}{(1+r)} + \frac{CF2}{(1+r)^2} \cdots\cdots \frac{CFn}{(1+r)^n}$$

CF : 현금흐름

r : 할인율

n : 기간

현금흐름을 기준으로 미래 특정시점의 가치는 미래가치라 한다. 미래현금흐름의

예측은 기업의 과거실적을 바탕으로 하며, 아래 사항을 고려하여 재무제표를 추정하고, 미래현금흐름을 예측한다.

첫째, 시장상황을 고려하여 매출액과 매출원가를 추정해야 하며

둘째, 변동비와 고정비의 구분이 있어야 하고

셋째, 법인세율을 계산해야 하며

넷째, 투자예상액의 추정이 필요하다.

미래가치에서 현재가치를 산출할 경우 미래현금흐름을 할인율로 할인하며, 이때 할인율은 자본원천에 따라 각각 주어진 할인율을 적용한다.

그리고 각 자본의 구성 비율을 가중 평균한 기대수익률을 가중평균자본비용(WACC, Weighted Average of Capital Cost)이라 한다.

대상기업의 내재가치를 평가하는 할인율이며, 자기자본비용과 타인자본비용의 가중평균 값이다. 산식을 살펴보면 다음과 같다.

① 타인자본비용(Kd) = 차입금이자율 × (1 - 유효법인세율)

② 자기자본비용(Ke)은 기업이 자기자본으로 달성하여야 할 최소의 수익률을 의미하는 것으로 주로 CAPM(capital Asset Pricing Model)을 사용한다.

$$자기자본비용 = Rf + b \times (Rm - Rf)$$

- b(시장에서의 체계적 위험): 개별기업의 위험도가 자본시장평균수익률의 몇 배인가를 나타내는 계수이다. b값을 신뢰할 수 있기 위해서는 적어도 2년 이상의 데이터를 사용한다.
- Rf(무위험자산의 수익률): 국공채 등 위험이 없는 자산의 투자수익률을 의미한다.
- Rm(시장의 기대수익률): 종합주가지수상승률 또는 3년 만기 보증회사채 수익률을 의미한다.
- Rm - Rf(리스크 프리미엄): 국내 시장은 주식시장과 무위험자산 간의 리스크를 프리미엄으로 반영하는데 한계가 있다. 그러므로 미국 증권시장 리스크 프리미엄을 이용한다.

③ 위 자본비용에서 가중평균자본비용(WACC)의 산출은 다음 식과 같으며,

타인자본비용은 이자율이 되고, 자기자본비용은 무위험 수익률과 위험 프리미엄을 합친 금액이 된다.

WACC = 타인자본비용 × 타인자본비중 + 자기자본비용 × 자기자본비중

9.5.3 미래현금흐름 추정

투자(Investment)는 현재의 현금흐름을 포기하고, 그 포기의 대가로 미래의 현금흐름을 얻는 것이라고 정의할 수 있다. 인플레이션 또는 부도 등으로부터 투자회수에 실패할 위험과 현재의 현금흐름을 포기한 기회비용을 포함할 때 미래의 현금흐름은 당연히 교환의 대가인 현재의 현금흐름보다는 커야 한다.

할인율은 보유자산에 내재된 위험을 반영한 적정 할인율이 되며, 추정된 현금흐름에 내포된 위험에 비례하고, 위험이 큰 자산일수록 크며, 위험이 적은 자산이면 상대적으로 적다.

투자안의 경제성 평가는 투자로부터 비롯될 미래의 현금흐름을 적정 자본비용으로 할인하여 구한다. 그러므로 미래의 현금흐름을 추정할 때는 기본적으로 투자안의 시행으로 인해 발생하는 현금흐름증분(Incremental Cash Flow)으로 평가한다.

예를 들어보면

1) 1억 원을 1년 동안 년4%의 금리로 정기예금 하였을 때 1년 후 1억 4백만 원의 원리금을 얻을 수 있다면. 1년 후 미래가치는 1억 4백만 원이고, 미래가치에서 년 4%의 할인율로 할인할 경우 현재가치는 1억 원 된다.
2) 신기술에 대한 투자의 경제성평가 사례를 살펴보면 다음과 같이 나타나고 있다.

- 최신기술제품개발에 2천만 원을 투자한다.
- 내용연수 5년, 잔존가치 10%, 정액상각, 5년 후 장부가액으로 매각조건이다.
- 법인세 30%, 가중평균자본비용 10%, 매년 8백만 원의 인건비를 절감하는 가정이다.

미래현금흐름과 현재가치 추정

(단위 : 천원)

구분	투자시	1년차	2년차	3년차	4년차	5년차
기계	−20,000					2,000
운전자금	500	800	1,000	700	400	300
순운전자금	−500	−300	−200	300	300	400
인건비절감		5,600	5,600	5,600	5,600	5,600
감가상각비		1,080	1,080	1,080	1,080	1,080
할인율(%)		1.1	1.21	1.331	1.464	1.610
현금흐름		6,380	6,480	6,980	6,980	9,080
현재가치		5,800	5,350	5,240	4,770	5,640

1) 인건비 절감= 8,000−법인세 혜택 포기(8,000X30%) = 5,600
2) 감가상각비 = (20,000−잔존가(20,000X0.1))/5년 X 법인세(30%) = 2,700
3) 현금흐름 = 인건비 절감액 + 감가상각비 + 순운전자금
4) 현재가치 = 현금흐름/할인율

따라서 5년 동안의 미래현금흐름의 총 현재가치는 2,680만원이고, 현재가치가 투자금액 2천만 원보다 680원 초과되기 때문에 투자 안은 채택한다.

만약 동일 조건의 5천만 원 기계구입을 했다면 현재가치는 3,293만 원으로 투자액 대비 -1,707 만원 부족하여 투자가치 없는 것으로 투자 안은 거부되어야 한다.

9.5.4 자본과 비용평가

1. 운전자본 평가

운전자본(working capital)이란 기업을 운영하는데 필요한 자본으로 기업의 단기적인 재무건전성과 기업의 효율성을 나타낸다. 따라서 운전자본은 재무적 안전성을 평가하는 중요한 기준이 된다.

운전자본의 산출은 매출채권, 재고자산, 선급금 등 유동자산에서 매입채무, 선수금 등 유동부채를 차감하여 금액을 산정한다.

운전자본 = (매출채권 + 미수금 + 미수수익 + 선급금 + 선급비용
+ 파생상품자산 + 이연법인세자산 + 재고자산) − (매입채무
+ 미지급금 + 선수금 + 예수금 + 미지급비용 + 보증금
+ 이연법인세 부채 + 기타유동부채)

즉 운전자본 = 유동자산(Current Assets) - 유동부채(Current Liablilities)

그리고 기업의 단기적인 지급여력을 알려주기 때문에 운전자본이 줄어든다는 것은 유동자산에 비해 유동부채가 늘어나는 것을 의미한다. 또한 운전자본의 부족은 기업의 유동성위기와 지급능력 부족으로 신용불량 상태가 될 수 있다.

매출이 크게 늘어나면 운전자본도 함께 늘어난다. 이 때 매출액이 늘어나는 비율보다 운전자본이 급속히 늘어난다면 현금사정이 나빠지고 있다는 의미이다.

그러므로 동일한 매출액을 실현시키기 위해 운전 자본의 크기는 큰 것보다 작은 것이 바람직하다. 이는 비율(운전자본/매출액)이 낮은 경우에는 현금흐름이 더 좋을 가능성이 크다고 보기 때문이다.

그리고 자산대비 비율(운전자본/자산총액)은 높을수록 고정자산으로 투자한 부분이 작기 때문에 재무적 위험이 낮다고 볼 수 있다.

기업의 매출액은 시장규모와 시장점유율에 대한 예측을 근간으로 평가대상기업의 경쟁력과 공급능력을 추정한다.

매출액 추정방법은 다음과 같으며, 수요예측은 과거매출 자료를 분석하거나 설문 등을 통해 정량적 기법 또는 정성적 기법을 통해 예측한다.

- 매출성장률(시장규모 성장률 X 시장점유율)을 추정하여 산출
- 시장규모와 시장점유율을 이용하여 추정
- 매출물량에 매출단가를 적용하여 추정한다.

2. 자본비용 평가

기업의 자본비용은 장부 가치를 배제한 시장가치기준으로 총자본에서 차지하는 각각의 비용을 가중 평균한 금액이다. 일반적으로 가중평균자본비용을 자본비용이라 한다.

시장가치를 기준 하는 것은 자본을 제공한 채권자와 주주가 평균적으로 요구하는 수익률을 측정하기 위함이다. 이것은 기업가치 극대화를 위한 투자결정과 자금조달결정의 기준이 되고, 기업의 재무적 의사결정에 가장 중요한 변수가 되기 때문이다.

그리고 기업의 자기자본비용은 정해진 이자급부가 발생하지 아니하는 주주들의 만족할만한 요구수익률이 된다. 수익률은 자본자산가격결정모형으로 계산할 수 있다.

자기자본비용 = 무위험이자율 + 베타 (시장 위험 - 무위험 이자율)

- **무위험 이자율**: 선진국의 국채율이다.
- **베타**: 시장의 움직임에 시장가치의 민감한 반응을 보여준다.
- **시장위험 - 무위험이자율**: 시장위험프리미엄이다.

부채비용은 기업의 채권이율이나 은행차입이자율을 반영한 금액이다. 다만 이자급부는 법인세 공제혜택을 받고 있으므로 공제해당금액을 가감한다.

타인자본비용은 법인세율을 곱하여 계산하여야 한다. 법인세율을 곱하는 이유는 자기자본비용에서 법인세율이 사전 반영되어 있기 때문에 중복계산을 방지하고, 동일한 조건을 만들기 위해서다.

부채비용 = 이자율-(이자율 X 법인세율)로 산출한 비용이 된다.

자본비용의 산출은 자기자본가치(S), 타인자본가치(B), 법인세율(t)을 가중 평균하여 산정한다.

자본비용=타인자본비용×(1-t)×(B/(B+S))+자기자본비용×(S/(B+S))

예를 들어보면

- 부채비용이 연 8%(즉 액면지급이자), 자기자본비용은 11%, 법인세율이 25%, 각각의 자본 구성 비율은 타인자본 40%, 자기자본 60%이라면 요구수익률 k는 다음과 같이 산출한다.

$$k = 0.08(1-0.25) \times 0.4 + 0.11 \times 0.6 = 9\%$$

- 그리고 A 기업이 우선주에 투자하는 투자자들에게 10%의 배당을, 보통 주식에는 7%를, 회사채에는 5%의 금리를 보장한다는 조건으로 자금 조달한 결과 우선주의 비중이 10%, 보통주는 50%, 회사채는 40%였다고 가정할 때

$$WACC = (0.1*0.1)+(0.07*0.5)+(0.05*0.4) = 6.5\%$$

- A 기업의 가중평균자본비용은 6.5%이고, 이 기업의 수익률이 6.5%보다 높으면 수익창출능력이 좋은 것으로 판단할 수 있다.

3. M&A가치평가

기업의 M&A를 통한 거래의 이득을 산출하기 위해서는 다음과 같은 방식을 적용한다.

순이득 또는 순손실 = 합병 후 시장가치(VAT)-(인수기업시장가치(VA) +
피인수기업시장가치(VT)-피인수기업제공 프리미엄(PT)-인수이업제반경비(E)

M&A를 통해 가치창출이 있기 위한 조건으로 VAT-VA-E>VT+PT이 성립되어야 한다. 합병 후 시장가치에서 피인수기업의 시장가치와 인수기업의 시장가치를 공제한 가치는 시너지효과이다.

그러므로 피인수기업의 시장가치에서 시너지효과를 합한 기대가치는 인수가격 협상의 기준이 된다. 그리고 피인수기업의 부채를 승계할 경우에는 기업의 해당 부채를 차감하여 인수가격 기준으로 정한다.

결국 M&A를 통한 이득은 피인수기업의 기업 가치에서 실제인수가격과 인수비용을 공제한 금액이 된다.

9.5.5 시장가치비교법과 차이

시장가치비교법이란 기업의 재무상황 또는 영업환경이 유사한 기업의 가치를 비교하여 평가대상기업의 가치를 평가하는 방법이다. 평가를 위한 가장 중요한 구성요소는 유사 또는 비교 가능한 대상기업의 선택이다. 그리고 표준화된 가격 또는 비율, 순이익, 순자산, 매출액 등 가치산정의 기초가 되는 자료 등이다.

시장가치비교법을 이용한 가치산정은 주로 기업의 인수합병거래가격을 산정하거나 기업공개 시의 주식가치의 평가, 성장기업의 목표주가산정 등을 할 경우 주로 산정한다.

시장가치비교법을 적용하는 경우에 다음의 단계를 거친다.

1단계: 표준화된 가격이나 비율을 결정한다.
2단계: 비교대상기업을 조사 분석하고, 선정한다.
3단계: 비교대상 기업의 시장가치를 계산한다.
4단계: 평가대상 기업의 추정가치를 계산한다.

그리고 시장가치비교법을 적용할 때 비교대상기업의 선정조건은 다음과 같다.

① 평가대상 기업은 영업위험과 재무위험, 잠재적 성장률, 기업규모 등이 유사한 기업으로 한다.

② 동일한 산업 또는 동일한 사업구조를 가진 기업을 선정대상 기업으로 정한다. 이 때 동일산업 또는 사업이나 업종의 기준은 영업위험, 자본구조, 산업성장성 및 회계처리 방법 등이 유사하거나 가능성이 높은 기업으로 한다.

③ 영업위험은 동일산업 또는 동일업종기업으로 유사한 제품이나 원재료를 구성한 기업으로 한다.

④ 재무위험은 부채비율, 이자보상비율 등이 유사한 기업으로 한다.

⑤ 잠재성장률은 이익유보율과 ROE(자기자본이익률)가 유사한 기업으로 하며, 기업규모는 총자산, 순자산, 총매출액, 주식의 시가총액 등 현금흐름에 영향을 미치는 내용이 유사한 기업으로 한다.

그 외 시장가치비교법을 적용할 경우에는 다음 사항을 고려한다.

① 비영업용 자산을 고려한 가치추정이 되어야 한다.

② 기업의 회계처리방법의 차이가 있는가를 살피고, 고려하여야 한다.

③ 기업의 주어진 환경에 따라 다르게 추정되는 성장률 차이를 고려하여야 한다.

④ 현금흐름에 반영되지 아니한 기업의 규모를 파악하고, 추정한 기업의 규모 차이를 고려하여야 한다.

이러한 시장가치비교법의 적용은 다음과 같은 장단점을 가지고 있다.

우선 장점은 적용이 쉽고 빠르다. 현금흐름할인법에 비해 미래성과추정이 간략하고, 평가시점의 시장분위기를 반영할 수 있다는 점과 평가결과에 대한 분석이 쉽다.

반면 단점은 유사한 비교대상기업을 선정할 수 없을 경우에는 기업의 특성을 충분히 반영할 수 없기 때문에 평가기업의 가치를 왜곡할 수 있다. 그리고 위험, 성장, 현금흐름 등에 대한 고려사항이 생략될 수 있다.

특히 현재의 시장이 일시적으로 과대평가되거나 과소평가되는 경우에는 평가대상 기업의 가치에도 영향을 미치게 된다. 또한 비교대상 기업의 선정기준이나 재무자료 활용방법 등을 단순 조작하여 평가기업의 가치를 바꿀 수 있는 위험을 내포하고 있다.

Chapter X

기술개발

10.1 기술개발
10.2 기술개발추진
10.3 신기술제품개발
10.4 지식재산권 개요
10.5 심사와 등록
10.6 국제특허

Chapter X 기술개발

10.1 기술개발

10.1.1 연구개발이란

1. 연구개발이란

기술혁신의 주체는 혁신자(innovator)이고, 기술혁신을 대표하는 활동은 연구개발이다. 연구개발에서 헤르쯔(Hertz, 1950)는 연구란 '쉽게 해결책을 얻을 수 없는 문제에 인간의 지능을 조직적으로 적용하는 것'이라고 정의하고 있다.

또한 잭슨과 스퍼록(Jackson & Spurlock, 1966)은 연구란 '분석 및 실험에 의하여 새로운 사실을 발견하고, 이용함으로써 현재의 지식을 확장하는 것을 목적으로 하여 신중하게 지향하고, 조직화하는 것'이라고 정의하였다.

우리나라의 미래창조과학부는 연구를 연구소·연구부서 등에서 행하는 본래의 활동, 즉 연구에 필요한 사색, 고안 ,정보·자료수집, 시작품의 제작, 실험, 검사, 분석, 보고 등과 연구의 실시에 필요한 기계, 기구, 장치 등의 제작, 동식물의 재배, 문헌조사 등의 활동이라고 말한다.

이러한 기술의 연구개발은 과학을 응용하여 자연의 사물을 인간생활에 유용하거나 상업적 이익에 부합될 때 파이로트과정을 거쳐 대량 생산으로 가공하는 수단을 기술(Technology)이라 하고, 새로운 지식을 찾아내는 접근방식으로 사업적 필요에 따라 적용할 수 있도록 지식을 얻는 것을 연구(Research)라 하며, 개발(Development)은 기존의 것과는 다른 제품과 공정을 생산으로 이끄는 활동이라고 한다.

따라서 기술혁신 과정에서 연구개발은 과학기술지식을 활용하여 새로운 제품과 공정을 제시하거나 생산부문에서 발생된 문제점들을 해결하는 기능을 수행한다.

기술개발의 목적은 기업의 이익을 확보하고, 시장 환경변화에 대응하며, 기술자산의 가치유지와 기업의 존속 등을 함에 있다.

결국 기술개발과 기술혁신은 지속적 경쟁우위의 핵심요인이자 기업의 가장 중요한 도전요인이다(Keizer et al, 2003).

2. 기술개발의 목표

연구개발을 통해 달성하고자 하는 구체적인 목표의 설정이 필요하다. 기업의 체질, 사업의 실체 및 제품 또는 서비스의 성격 등을 감안하여 기초연구, 응용연구 및 실용화연구로 단계별 사업목표를 설정한다.

사업목표는 정성적 목표와 정량적 목표가 있다. 정성적 목표는 1단계에서 연구개발된 기술을 근간으로 보다 심화된 2단계 기술개발을 할 수 있도록 목표를 제시한다.

정량적 목표는 최종목표를 정하고, 그 가운데서 단계별, 기간별 구체적인 연구개발 목표를 제시한다.

이렇게 제시된 목표는 최종목표를 달성하기 위한 기술개발 단계를 정하는 것으로 기술기반의 구축과 기술시현, 기술실증 등의 구체적 목표를 제시한다.

그리고 단계별 연구개발 목표를 기간별로 세분하여 목표를 제시한다. 일반적으로 기술 환경의 급속한 변화를 감안하여 장기계획을 요구하는 경우를 제외하고, 5년 이하의 중 단기 연구개발 사업목표를 설정한다.

[연구개발 사업목표]

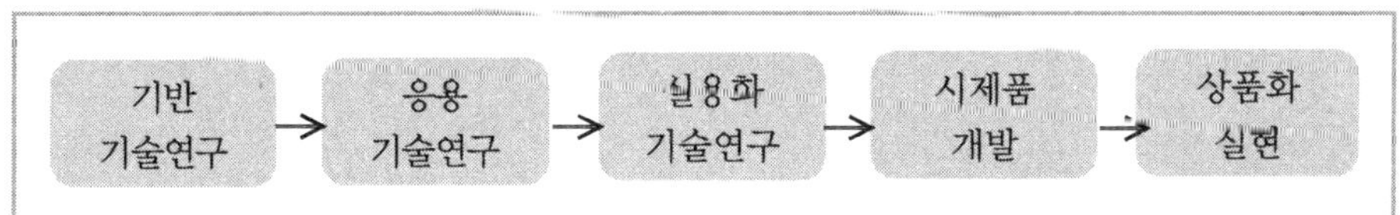

3. 연구개발의 유형

연구개발은 새로운 지식을 획득하거나 기존 지식을 활용하여 새로운 방법을 찾는 창조적 노력과 탐구활동으로 사업화하기 이전까지를 말한다. 연구개발은 기초연구(basic research)와 응용연구(applied research), 그리고 연구 성과를 기초로 하여 제품화까지 진행하는 개발연구(development research)로 분류하고, 비연구개발에는 시험생산과 상업화가 있다.

[연구개발의 유형]

구분	과학기술부	미국 과학재단
기초연구	새로운 과학적 지식을 획득하기 위하여 최초로 행해지는 독창적인 연구	특정 영리목적이 아닌 과학적 지식의 진보를 위해 행하는 새로운 조사
응용연구	기초연구 결과를 이용하여 특수한 실용적인 목적과 목표에 새로운 과학적 지식을 획득하기 위한 독창적인 연구	새로운 과학적 지식의 발견 및 현재 제조중인 상품에 관한 특정의 상업적 목적을 가진 조사
개발연구	기초 · 응용연구 등에서 얻은 지식을 이용하여 새로운 재료 · 제품 및 장치의 생산이나 개선을 위한 실제적인 활동	연구 성과 또는 과학적 지식을 제품 또는 공정에 적용하는 것을 목적으로 하는 비일상적인 기술 활동

그 외 원천연구는 '제품이나 서비스를 개발하는데 필수 불가결한 독창적 기술로서 지속적으로 부가가치를 창출하고, 다양한 기술 분야에서 응용이 가능한 기술을 개발하는 연구 활동'이다.

원천연구는 주로 기초, 응용연구에서 이루어진다고 보고, 기초연구와 응용연구의 일부를 원천연구의 범위로 정하고 있다. 기초연구나 응용연구, 실제경험으로부터 얻어진 지식을 이용하여 새로운 제품 및 장비를 생산하거나, 새로운 공정, 시스템 및 서비스 설치, 이미 생산 또는 설치된 것을 실질적으로 개선하기 위하여 행하여지는 체계적인 연구 활동이다.

또한 연구개발 목표를 포트폴리오 접근방식으로 분류하면 점진적 연구개발, 혁신적 연구개발, 기초적 연구개발로 구분한다(Roussel et al. 1991).

- 점진적 연구개발(Incremental R&D)은 작은 규모의 '연구'와 큰 규모의 '개발'을 의미한다. 기존의 과학 또는 공학적 지식을 바탕으로 약간의 기술적 발전을 도모하는 것이 연구개발이며, 현존하는 지식을 현명하게 적용하는 것을 목표로 한다.
- 혁신적 연구개발(Radical R&D)은 큰 규모의 '연구'와 '개발'을 의미한다. 현존하는 과학적·공학적 지식이 바람직한 결과를 가져오지 않을 때, 새로운 지식을 발견하여 이를 유용한 방향으로 연구개발 하는 것이다.
- 기초적 연구개발(Fundamental R&D)은 '개발'활동 없는 큰 규모의 '연구'를 의미한다. 아직까지 알려지지 않은 사항을 과학적 또는 기술적으로 발견하는 연구이며, 미래의 잠재적 능력을 배양하고, 그 기술의 상업화를 준비하는 활동이다.

이들 연구개발 활동의 특성을 살펴보면 다음과 같다.

① 불확실성이 크고 프로젝트 단위로 수행된다.

② 대규모 투자가 필요하며, 투자회수기간이 길다.

③ 기초연구, 응용연구와 개발의 단계를 따라 수행된다.

④ 연구개발 활동은 상호의존적이고, 과제들 간 연계성이 높다.

⑤ 경우에 따라서는 R&D 결과가 우연(serendipity) 또는 부산물로 창출될 수 있다.

4. 연구개발 기획

기술기획은 기술전략을 입안하고, 진도를 파악하며, 목표를 달성하는 활동이다. 기술기획은 기업의 기술전략을 입안하고, 입안된 전략이 실행단계에서 기술성과를 나타내는 전 과정이 된다. 여기에는 경영전략과 연계하여 기술투자의 방향을 설정하는 분야를 포함한다.

그리고 연구개발 기획은 기업의 연구역량강화를 위해서 실행력 있는 기술전략의 수립과 모니터링하는 기술기획을 포함하며, 상품기획, 프로젝트기획을 체계적으로 수립한다.

일반적으로 연구개발 기획은 목표의 설정, 현황분석 및 문제점 파악, 대안의 제시와 선택, 우선순위 결정, 수행 및 평가의 단계를 거치고 있다.

- 목표의 설정은 목표를 구체화하는 단계로 기술, 인력, 시설, 장비 등을 기업의 능력범위 내에서 설정한다. 그리고 목표는 명확하게 실징하며, 목표달성을 위해 제시되는 지침을 수반한다.
- 현황분석 및 문제점파악은 철저한 분석을 통해 기술과 사업화현황 및 문제점을 파악한다. 그리고 현재의 상황과 목표사이의 차이에서 발생 가능한 장애요인을 규명하고, 해결을 위한 기획을 한다.
- 대안의 제시 및 선택은 시행가능 여부, 기대효과, 효율성, 현실성, 합리성 등을 충분히 검토한 후 최적의 대안을 선택한다.
- 우선순위 결정은 한정된 자원으로 효율적인 목표달성을 위해 기획자의 가치가 부여되는 우선순위를 결정한다.
- 수행 및 평가는 효과적인 기획이 되기 위해 기획, 조직, 감독, 지휘, 예산집행 등의 업무수행계획이 수립되어야 한다. 그리고 사업의 가치를 판단하는 사업의 평가를 한다.

5. 달성도 평가

기술개발 목표의 달성정도를 평가한다. 최종적인 성과목표에 도달하는 구체적 실행과정으로 일정 기간 동안 수행한 단계별 연구개발의 목표대비 달성정도를 평가한다.

평가는 단계별 달성정도를 구체화시키는 작업이고, 연구 집단과 측정가능성을 고려한 확인이다.

단기평가의 경우에는 평가주기를 고려하여 목표의 달성정도를 평가한다. 그리고 종료사업과 목표기한 내 도달한 연구개발은 성과목표 대비 달성정도를 평가한다.

장기계속사업은 각 단계별 지원기간, 규모, 연구기관 등 사업특성을 고려하여 설정한 성과목표의 달성도를 평가하고, 사업종료 시점이 특정된 기한 사업은 최종 목표와 단계별 목표를 감안하여 달성정도를 평가한다.

10.1.2 기술개발계획

1. 기술개발전략

기술개발전략은 시대적 환경변화에 따라 변천되고 있다. 1980년대 마이클 포터(Michael Porter, 1980)는 연구개발의 출발은 "5가지 영향요인(five forces)"과 "본원적 전략(generic strategies)"이라고 하였다.

경쟁을 결정하는데 미치는 영향으로 신규진입, 경쟁정도, 대체품 위협, 구매자와 공급자 교섭력 등 5개 경쟁요소를 제시하고, 이들 요소들이 경쟁관계에 따라 수익률이 결정된다고 하였다. 그리고 경쟁우위의 원천이 되는 전략은 비용우위전략, 차별화전략 및 집중화전략이 있다고 하였다.

Miller & Morris(1999)는 연구개발전략을 4세대로 구분하였다. 1세대를 기초연구, 2세대를 응용연구, 3세대를 소비자의 욕구충족을 위한 상품과 서비스 생산을 위한 기술개발에 중심을 두었으며, 마지막 4세대는 전통적 관행을 벗어난 연구개발에 중점을 두는 시기라고 하였다.

Tushman Michael L & Anderson Philip(1997)는 연구개발을 불확실성과 수익성의 관점에서 지식구축, 전략적 위치선정, 사업투자단계로 구분하고, 단계별 계획은 불확실성을 줄이고, 수익성을 키우는 진행이 되도록 하여야 한다고 하였다.

[전략적 R&D 계획의 진행단계]

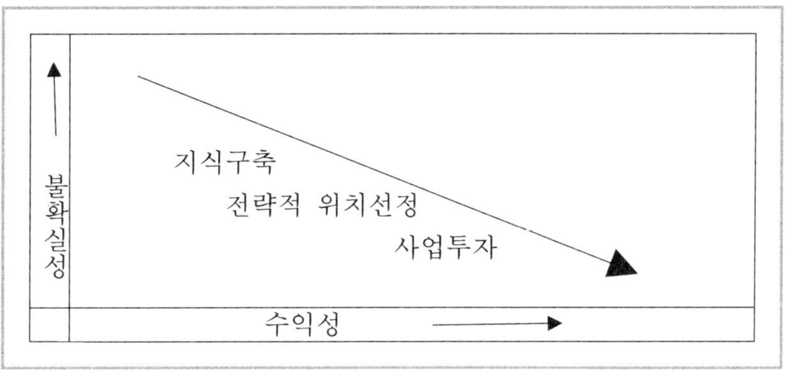

그 외 연구개발 관리방식의 발전에 따른 전략계획의 진화를 살펴보면 다음 표와 같이 요약할 수 있다.

[R&D 방식과 전략의 진화]

구 분	1세대	2세대	3세대
관리방식	소수의 경영자와 연구자의 통찰력과 직관	프로젝트 관리시스템	목적 지향적이고, 전략적 관리
경영과 전략적 상황	장기전략 체계가 없음	전략체계는 부분적으로 존재	전체적인 전략체계
기술과 연구개발 전략	사업전략과의 뚜렷한 연계결여	프로젝트 단위의 전략적 체계	기술/연구개발, 기업전략을 통합한 전사적

2. 연구개발추진

연구개발의 추진은 기업의 핵심역량에서부터 나온다. 기업의 핵심역량은 지속적인 경쟁우위의 원천으로 경쟁기업에 대해 절대적인 경쟁우위를 창출하게 하는 기업의 독특한 자원과 능력의 조합이다.

다양한 기능, 기술 및 지식흐름의 통합이며, 타사가 쉽게 흉내 낼 수 없을 정도의 차별화와 독특성이 있는 우월적인 내부역량을 갖추는 일이다. 기업의 우월적 핵심능력은 보유할수록 더 많은 이익을 창출하기 때문이다.

핵심역량의 조건은 가치창출, 경쟁자와 차별화, 확장력 및 복사불가능을 요구한다. 그리고 최근의 연구개발 전략에 대한 규범적(normative) 관점은 상품-시장 관점과 자원기반 관점을 통합하는 방향으로 변하고 있다. 이것은 결국 전략과 기술의 연계를 의미하는 것이다.

연구개발은 수립된 연구개발계획에 따라 추진한다. 개발계획은 목표달성을 위한 연구기획, 연구수행 및 성과평가 등 일련의 과정에 대한 의사결정이며, 효율적이고, 체계적인 위치를 정한다.

즉 기술사업화전략과 연계된 기술전략의 수립, 연구개발 포트폴리오 전략수립, 개별프로젝트 계획/실행/평가단계로 이루어지는 과정에서 아이디어의 수행방법과 자원의 배분, 우선순위의 결정 등을 한다.

- **연구기획단계**는 사업화기술과 시장 등의 조사를 통해 아이디어를 탐색하고, 고객의 니즈를 파악하는 단계이다.
- **연구개발단계**는 발굴된 아이디어를 구체적으로 구현하고, 제품화를 위해 활동하는 단계로 연구 인력과 개발예산 관리, 연구개발 조직 및 프로젝트 관리, 성과평가 등을 한다.
- **연구개발평가단계**는 연구개발 활동자체의 평가와 연구개발을 통해 얻은 결과물의 당초 목표에 비추어 성취도를 측정하고, 판단하는 단계이다.

연구개발 계획의 수립방법은 연구개발 목표를 달성하기 위한 실천 지향적인 전략계획의 수립이 되도록 한다. 연구개발 담당자뿐만 아니라 기획, 총무, 생산, 판매부서 등이 함께 참여하여 전략을 수립한다. 그리고 전략 계획에 포함되어야 할 내용은 다음과 같다.

① 경쟁력을 갖춘 기술과 수준
② 개발 기술의 해당하는 위치(개척자와 추종자 등)
③ 기업이 영위하고자 하는 기술 분야
④ 신제품의 유형과 공략할 시장
⑤ 각 사업 영역의 성장정도

연구개발 계획의 유형은 전사적 기술개발 전략과 분야별 기술개발 전략으로 구분할 수 있다.

① 전사적 기술개발 전략

기업전체적인 차원에서 연구개발 전략을 수립하며, 중장기 경영 프로젝트와 밀접한 연계성을 지니고, 개발효과가 설득력을 가지도록 한다.

② **분야별 기술개발전략**

전사적 연구개발계획의 하위 개념으로써 사업부나 특정 제품 또는 기술 분야별로 수립되는 전략이다. 단기 실천계획, 연도별 연구개발 계획, 연도별 투자계획 및 인원계획 등에 중점을 두도록 한다.

10.1.3 기술개발과 기술사업화

연구개발은 기업의 이익추구를 위해 생산비용을 줄이거나 새로운 제품을 생산하며, 경영관리기법을 발전시키는 방법이라고 할 수 있다.

즉 새로운 제품의 생산은 탐색, 선별, 평가, 결정과 제품의 기능, 성능, 형태 등의 개량, 그리고 공정설계 및 운전방법 등을 찾아내는 것까지 포함한다. 생산비용의 축소는 원가의 혁신으로 경쟁력을 높이거나 이윤의 폭을 크게 할 수 있도록 대체자재의 개발, 공정, 설비 및 운전방법 등의 혁신을 한다.

그리고 경영관리기법의 발전은 수정, 보완 및 운영요령의 개발 등 새로운 경영관리기법을 만드는 것이다. 이러한 관리기법의 발전은 기술획득전략의 하나인 자체연구개발의 R&D 프로젝트(연구과제) 관리를 통해 이루어진다.

연구개발결과는 실제 기업의 제품 또는 서비스생산 활동으로 연결하기 위한 엔지니어링, 시험생산, 양산체제구축 및 판매활동을 할 수 있도록 한다.

즉 연구개발과 기술사업화는 연구개발된 기술을 기업의 생산 활동에 직접 응용할 수 있도록 하는 과정으로 상호 밀접한 연관성을 가지고 있다.

10.2 기술개발추진

10.2.1 기술개발조직

연구개발은 기본적으로 창의성, 불확실성, 비정형성, 자율성 등이 요구되며, 연구개발수행은 비조직직이고, 탈조직적 성향이 강하다.

그러므로 연구개발조직은 경영조직과 서로 다르다. 경영조직은 유지관리를 위한 조직이나 연구개발조직은 위험 부담이 높고, 조건부 탄력적 조직이며, 많은 시행착오와 실패를 극복해야 하는 조직이다. 또한 새로운 변화를 추구하는 단속적 조직이고, 경영조직과 차별화된 별도의 조직이다.

이러한 연구개발조직의 직무설계는 아담 스미스이론에서 분업의 원리를 적용하여 작업자의 일을 줄이는 직무전문화와 기존직무를 단순기능으로 전환하는 직무확대 방안을 반영하여 설계한다.

① 신제품개발팀의 구성

신제품개발팀은 인적자원 구성측면에서 기술자원으로부터 접근성. 부서간의 의사소통과 협조의 효율성 등을 감안하여 개발성과를 높일 수 있도록 구성한다.

팀의 크기는 개인적인 노력과 전문적인 지식을 모을 수 있는 규모의 활용이 문제해결능력을 높일 수 있으므로 제품의 과제별 중요도, 구분 등에 따라서 크기를 결정한다.

또한 팀의 구성은 마케팅, 연구개발, 생산부서간의 의사소통을 원활히 할 수 있도록 구성한다. 마케팅부서와 연구개발부서, 연구개발부서와 생산부서간의 협력이 부족하면 신제품 개발단계에서 개발비용 상승과 제품개발기간 지연 등의 부작용이 나타날 수 있으므로 이를 미연에 방지할 수 있도록 한다.

그리고 다양한 배경의 전문가들로 구성할 때는 폭넓은 지식기반을 제공할 수 있고, 다양한 각도에서 문제제기와 아이디어를 제시할 수 있는 장점이 있다.

따라서 개발팀은 여러 분야의 전문가로 팀을 구성하고, 다양한 정보의 원천을 확보하는 방법이 선택되도록 한다.

다만 공통점이 없는 자들로 팀을 구성할 경우에는 목표와 관점을 통합시키는데 어려움이 있고, 구성원 간 대립과 응집력을 떨어뜨릴 수 있다는 단점이 있으므로 이를 감안하여야 한다.

② 신제품개발팀의 구조

신제품개발팀은 보편적으로는 기능적, 경량급, 중량급, 자율적 팀의 4개 유형으로 분류한다.

- 기능적 팀: 구성원들은 소속 기능부서(R&D, 마케팅, 생산 등)에서 업무를 수행하고, 개발팀에서 주기적으로 만나며, 프로젝트를 수행한다. 대체로

팀은 한시적으로 운영되며, 구성원 개인은 전체 업무량의 10% 미만을 투여하고, 팀의 업무와 연관된 활동을 한다.

- **경량급 팀**: 구성원들은 기능부서에 소속되고, 부서의 관리자들이 팀원의 평가와 보상에 대한 권한을 가지고 있다. 한시적인 성격을 지니며, 구성원들은 대부분의 시간을 일반적인 직무수행에 할애한다.

  경량급 팀의 관리자들은 하위직급으로 보직하며, 팀 내부의 협조와 프로젝트 성공가능성이 기능적 팀보다 다소 높다.

- **중량급 팀**: 각 기능부서에서 차출된 구성원들은 프로젝트 관리자와 함께 배치된다. 프로젝트 관리자들은 일반적으로 기능부서의 관리자보다 높은 직급이다.

  중량급 팀 내의 핵심그룹은 대부분 모든 시간을 프로젝트에 할애하나 한시적인 조직의 성격을 가진다. 그러므로 플랫폼 프로젝트에 적합하다.

- **자율적 팀**: 기능적 팀에서 분리된 구성원들은 개발팀에서 모든 시간을 사용한다. 팀 구성원들은 높은 계층의 관리자와 함께 배치되며, 프로젝트 관리자들은 여러 직무부서의 자원들을 통제하는 권한이 있다.

  자율적 팀은 신제품 개발을 위해 매우 빠르고, 효율적으로 대처하며, 특히 그 개발 프로젝트가 기존의 기술과 방식을 탈피하는 경우에 보다 탁월한 성과를 보일 수 있다.

③ 신제품개발팀의 관리

신제품개발팀이 효율적이기 위해서는 리더십과 관리정책이 팀의 구조와 적합하여야 한다.

- **리더십**: 팀 리더는 팀의 활동방향을 지시하고, 프로젝트 목표에 일관성을 유지하며, 팀과 경영진 수뇌부 사이에서 의사전달자의 역할을 수행한다.
- **팀 운영**: 개발목표를 명확히 제시하고, 헌신을 유도하기 위해 중량급 팀 또는 자율적 팀으로 프로젝트를 수행한다.

  프로젝트의 목표를 명확하게 설정하는 것은 구성원들이 프로젝트의 목적과 우선순위에 대한 올바른 이해를 돕는데 있다. 목표의 이해는 신제품 개발 과정의 구조화를 도와주고, 공동의 성과진작을 위한 팀 구성원간의 협력을 활성화시키기 때문이다.

- 가상의 팀 관리: 최근 IT 기술이 발달하면서 가상의 팀을 운영하고 있다. 가상의 팀 구성원들은 멀리 떨어져있지만, 화상회의, e-mail, 그룹웨어, 인터넷 채팅 등을 이용하여 긴밀하게 현안을 협의하고, 문제에 대한 개선안을 도출한다.

  다만 가상의 팀은 의사소통 채널에 의존하기 때문에 대면할 수 있는 기회가 적고, 기준과 통용어를 설정하는데 중요한 장애를 가진다는 단점이 있다. 그리고 가상의 팀은 신뢰구성, 분쟁해결, 암묵적 지식교환 등에서 많은 문제점을 내포하고 있다.

10.2.2 인적자원관리

인적자원은 조달과 유지, 활용, 개발, 보상에 관한 계획적이고, 조직적인 관리활동을 하여야 하며, 이들을 체계적으로 관리할 필요가 있다.

인적자원관리의 주요내용은 인적자원계획(Human Resource Planning), 인적자원 확보, 배치, 개발(Human Resource Development) 및 활용(Human Resource Utilization) 등이 된다.

인적자원의 관리는 기업의 목표를 효율적으로 달성할 수 있는 수단으로 관리한다. 그러므로 생산성 목표와 유지목표를 균형 시키고, 개인과 조직의 니즈를 조화시키며, 근로생활의 질을 충족시키는데 목표를 둔다.

인적관리의 방법에는 성과달성, 유지 및 촉진활동으로 코칭, 리더십, 보상 등이 있으며, 관리를 위한 정보수집과 관리 활동에는 평가와 행정 등이 있다.

인적관리의 유형에는 인력확보계획과 운영으로 실현된 성과를 비교하고, 차이를 발견하여 수정하는 관리적 측면과 조직특성에 따라 내용과 효율성을 적용하는 제도적 측면, 그리고 기술, 노동시장, 사회가치관, 경제환경, 법적환경의 변화와 노조활동 등 환경적 측면이 있다.

그리고 인사관리에는 기능적 인사관리와 과정적 인사관리가 있으며, 이를 구체적으로 살펴보면 다음과 같다.

① 기능적 인사관리

인사관리의 기본기능은 유능한 인재를 확보하고, 육성개발하며, 이들에 대한 노동력의 유효활동과 공정성 보상 및 유지활용에 있다. 그러므로 고용관리와 개발관리의 영역을 포괄하는 노동력 관리, 작업환경을 추구하는 근로조건의 유지개선관리, 인간관계관리 및 노사관계관리 등을 주요 활동으로 한다.

② 과정적 인사관리

직무계획과 인력계획을 수립하는 인사관리활동과 수립된 인사정책 및 기본방침을 구체적으로 실천하는 최고경영자, 관리자, 인사직원 등 인사조직, 그리고 인사관리 활동의 실시결과를 종합적으로 평가하는 과정별 인사평가시스템으로 관리한다.

10.2.3 아이디어수집

기술혁신을 생성하는 새로운 지식, 즉 아이디어의 창조가 필요하다. 아이디어의 원천은 변화에 적응하기 위한 자기 자신의 지식시스템을 형성하고, 지식시스템은 개인의 주관을 형성하며, 주관의 형성은 환경과의 상호작용을 통하여 인식한다. 결국 이러한 인식은 새로운 아이디어와 개념을 형성하는 원천이다.

원천으로부터 아이디어를 수집하고, 발명을 성공시키기 위해 메모의 생활화, 자료수집의 습관화, 팔리는 발명품에 집중, 빠른 특허출원 등을 실천하여야 한다. 수집된 아이디어는 발명품이 되어 경제적 이득을 발생시키고, 생산성을 향상시키며, 안정성이 보장되도록 한다.

아이디어를 도출하기 위한 방법은 브레인스토밍, 브레인라이팅, 노트 수집법, 델파이법, CBS, TRIZ법 등이 있다. 이들을 요약 설명하면 다음과 같다.

① 브레인스토밍(Brainstorming)은 아이디어를 많이 끌어내는 발상법이다. 5-6명으로 구성하고, 이들로부터 산출된 아이디어를 선정하며, 선정된 아이디어를 해결하는 기법이다. 짧은 시간에 많은 아이디어를 창출할 수 있는 장점이 있다. 그리고 브레인스토밍은 다음과 같은 규칙에 따라 진행하여야 한다.

- 타인을 비판하는 발언을 삼가야 한다.
- 자유분방한 분위기를 유도한다.
- 아이디어 양을 중요시 한다.
- 다른 사람의 아이디어에 새로운 아이디어를 추가한다.

② **브레인 라이팅**(Brain writing)은 아이디어와 아이디어를 연결하는데 초점을 둔다. 6명으로 구성하며, 각자는 아이디어를 3개씩 재출하고, 제출된 아이디어에 각각 3개씩 아이디어를 추가하는 방법이다. 6회를 반복하면서 추가/수정/연장선상의 아이디어를 도출하고, 집약 정리하는 기법이다.

③ **노트 수집법**은 도출된 개인의 창조성을 전체의 문제해결을 위해 확장하며, 개인의 잠재된 사고와 통찰력을 불러내는 방법이다.

④ **델파이기법**(Delphi technique)은 계획안을 설명하고, 다수의 전문가 집단을 선정하여 문서로 계획안에 대한 의견을 응답토록 한다. 전문가의 응답 내용이 합의에 도달되도록 하는 방법이다.

⑤ 기타 CBS는 카드를 이용한 브레인스토밍(BS)으로 참가자 전원의 발언을 만족시키기 위해 아이디어를 카드에 기업하여 제출하는 방법이다. 그리고 TRIZ법은 주어진 문제에서 가장 이상적인 결과를 얻기 위해 모순을 찾아내고, 극복하는 혁신적 해결 방법론이다.

10.2.4 기술개발평가

연구개발평가의 목적은 동기부여와 조직 활동을 진단하는데 있다. 그러므로 연구개발의 평가는 평가대상을 객관적으로 검토하고, 평가하며, 적합성, 효율성 및 효과성을 측정한다. 이 때 연구과제의 평가시스템은 연구개발 단계별 적절한 평가절차와 척도로 구성하여야 한다.

① **연구개발의 적합성**(appropriateness)은 연구개발 성과를 정책이나 전략적 우선순위, 시장과 사회적 요구에 얼마나 부합하는가를 평가한다.

② **효율성**(efficiency)은 주어진 투입자원으로 어느 정도의 연구 성과를 창출하며, 연구개발목표의 달성을 위해 투입자원을 얼마나 절약할 수 있는가를 측정한다.

③ **효과성**(effectiveness)은 투입자원보다 연구개발 성과가 설정된 목표를 충분히 달성하였는가를 평가한다.

그리고 연구개발평가방법은 경영목표와 평가목적에 따라 다른 척도로 평가할 수 있다. 일반적으로 연구개발과제의 복잡성, 독창성, 구체성 정도에 따라 계량지표와 정성적 지표를 적절히 혼합하여 평가척도로 사용한다.

계량지표는 구체적이고, 계량화가 가능한 항목에 대한 객관적 척도에 따라 성과를 수치로 나타낸다. 예를 들면 목표치 달성정도, 프로젝트 기간과 비용에 대한 계획대비 실적 등이다.

반면에 정성적 지표는 평가자의 주관적 판단에 근거를 둔 평가방법으로 조직문화, 리더십, 연구원 사기, 개발기술의 추정가치 등이 주로 사용된다.

연구개발평가시스템은 평가대상의 수준에 따라 차이를 두며, 대상별 평가범위를 살펴보면 다음과 같다.

① **연구자의 평가**는 연구능력을 평가하며, 보고서, 논문, 특허, 인용횟수, 수상실적 등의 연구 성과를 통해 판단한다.

② **연구부서의 평가**는 그 부서 또는 그룹에 속한 연구자들의 연구 성과를 종합하여 평가한다,

③ **프로젝트 평가**는 사전, 중간, 사후평가로 구분하며, 사전평가는 연구개발의 타당성 점검이고, 중간평가는 프로그램이나 프로젝트의 효율성에 영향을 미치는 수행과정과 절차 등을 점검하고 평가한다. 그리고 마지막으로 사후평가는 목표대비 달성도를 평가한다.

④ 기타 R&D조직, 기업수준, 산업수준 및 국가수준 등의 평가를 한다.

10.3 신기술제품 개발

10.3.1 기술개발투자

기업의 연구개발 활동은 미래의 성장과 발전을 추구하는 과정에서 일어나는 경영활동이다. 그러므로 기업은 다음과 같은 목적을 통해 수익실현을 함께 이룩한다.

① 새로운 과학적성과를 실용화하여 새로운 가치를 창출하고, 새로운 시장을 제공한다.

② 고객이 만족할 수 있는 높은 신뢰도, 고품질의 상품과 서비스, 시스템 등을 가능토록 한다.

③ 고객의 요구수준을 충족시키면서 낮은 가격의 생산방법 확보로 기업이윤 창출을 위해 공헌한다.

그리고 연구개발투자는 기업가치 제고를 위한 주요수단으로 기술개발 역량을 강화하고, 경쟁력을 갖춘 차별화된 서비스 확보와 효용 있는 제품 또는 서비스를 얻기 위해 이루어진다. 따라서 연구개발투자전략은 위험을 최소화시키고, 성과를 극대화시키는 전략을 추진하여야 한다.

결국 기술개발투자는 다음과 같이 정의된 활동프로그램이 될 수 있도록 한다.

① 기업의 목적달성을 위한 역할과 기대되는 목표의 설정

② 기술제품의 영역, 시장, 기술유형 등의 선택 기준설정

③ 혁신목표를 달성하기 위해 정의된 활동

10.3.2 신기술제품개발

1. 신기술제품개발이란

신제품(new product)이란 지금까지 일치된 견해는 없지만, 대체로 소비자의 인식 내지 이미지 측면에서 새로움(newness)이 있어야 하며, 혁신제품, 모방신제품, 제품 확장 등을 포함한 다음의 세 가지 개념을 포함한 기술개발품이다.

- 지금까지 찾아볼 수 없었던 본래의 혁신적인 신제품
- 다른 회사에서 그 전부터 생산 판매되고 있지만, 자사에서는 처음으로 생산·판매하는 자사의 신제품
- 실질적으로 그 전부터 생산 판매되고 있는 제품에 대하여 디자인·부속품·포장 등을 새로이 개량한 신제품

신기술품은 주로 연구개발을 통해 얻어지는 독창적인 기술제품, 개량된 기술제품, 개선된 기술제품 등이다. 즉 개발자의 관점에서 보면 시장에서 새로운 기술제품이거나 새로운 공정을 이용하여 생산하며, 소비자의 관점에서 보면 기존의 기술제품과 다른 기술제품을 말한다.

따라서 이러한 신기술품의 개발목적은 사업범위의 확장, 유휴설비 또는 부산물의 활용, 특정설비나 기술상의 숙련의 활용, 경쟁의 대처, 새로운 고객의 확보 및 잠재고객의 판매 증대, 기존제품 진부화의 상쇄 및 업계 내 선도적지위의 확보 또는 유지 등에 있다.

2. 신기술제품 개발형태

신제품 개발은 새로운 수요를 충족하거나 새로운 방식으로 생산하고, 제품전략상 상당한 제품의 개선이나 모방 등에 의한 새로운 제품을 개발하는 것이다.

그러므로 제품의 수명주기단축, 경쟁의 세계화, 기술변화의 속도 등 기업 환경의 변화 등은 신제품 개발을 강요하고 있다.

이러한 신제품의 개발은 개발의 어려움과 신제품 실패에 따른 기업의 경영위협이 존재하므로 개발이 제약되고, 기피요인으로 작용한다. 대체로 신제품개발형태를 살펴보면 아래 표와 같이 요약할 수 있다.

[신제품 개발형태]

		소비자	
	참신성	높음	낮음
기업	높음	혁신제품	모방 신제품
	낮음	제품 확장	제품개선

신제품의 개발관점에서 살펴보면 재무성과에 초점을 둔 계획개발과 프로젝트 성과에 관점을 둔 커뮤니케이션, 그리고 제품개발과정에 영향을 미치도록 한 문제의 해결을 우선하는 개발형태가 있다.

3. 신기술제품 개발과정

신기술제품의 개발과정(개발 프로세스)은 통일된 단계를 제시할 수 없다. 개발기술에 따라 정할 수 있으며, 일반적으로 아이디어 개발단계, 제품 컨셉의 개발과 테스트단계, 사업성 분석과 제품설계 및 개발단계, 테스트 마케팅단계, 신제품 출시단계를 거치도록 하고 있다.

① 아이디어 창출(idea generation): 소비자욕구나 불만사항, 경쟁제품에 대한

강약점, 제품의 컨셉, 최고경영자와 엔지니어 등으로부터 도출한다.

② **아이디어 평가(idea screening):** 아이디어 수를 축소시키는 단계로 소비자에게 유용한가? 기업이익에 기여되는가? 기업목표에 부합 되는가? 등의 기준을 적용한다.

③ **제품개념의 개발과 테스트:** 연구 자료의 활용과 기술축적, 제품컨셉의 확립 등 제품개념을 개발하고, 검증한다. 그리고 기존제품과 비교하여 제품의 위치, 사용자의 관점을 반영한다.

④ **마케팅 전략개발:** 사업성 분석을 통한 마케팅전략을 개발된다.

⑤ **제품개발 구체화:** 시장성이 충분하다면 실제 제품을 구체화한다. 제품의 설계와 시작품의 테스트를 추진한다.

⑥ **시험마케팅과 상업화:** 생산시스템 설계와 특정지역을 선정하여 마케팅프로그램을 적용하고, 시장반응을 조사한다. 조사결과 반응이 좋으면 출시시기와 출시지역을 결정하고, 생산 판매를 개시한다.

[신기술제품개발과정(1)]

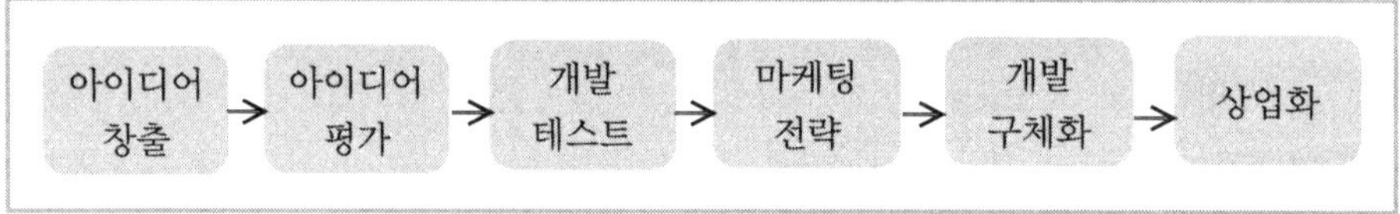

또한 신제품의 개발과정을 발상기획, 연구개발, 제품설계, 생산준비, 양산시작, 생산판매 등 6단계로 구분하여 추진한다. 이를 구체적으로 살펴보면 다음 표와 같다.

[신기술제품개발과정(2)]

단계	세부단계
1. 발상기획	•정보수집: 연구자, 판매자, 고객, 경쟁자, 유통정보, 특허정보 •아이디어 창출: 발상기법 활용 •선정심사: 빈약한 아이디어 제거
2. 연구개발	•연구 활동과 기술축적: 사내 연구자산, 외부 연구자료 활용 •제품개념 개발: 목표에 대한 제품효용도 작성 •시작과 마케팅전략 개발: 시작, 제품개념 확립, 마케팅 믹스

단계	세부단계
3. 제품설계	•제품의 설계: 주요 속성 형상화, 안정성, 원가기획, 포장 •시작품테스트: 기능, 내구성, 안정성, 비용, 소비자테스트 •사업가능성 분석: 손익계획, 투자의 경제성, 리스크분석
4. 생산준비	•생산시스템 설계: 공정설계, 작업설계, 설비공구, 검사기준 •시장테스트: 시작품에 대한 시장반응 분석, 리스크분석
5. 양산시작	•양산시작: 상세 생산조건의 확인 •검사: 문제점 파악 및 검토, 수정, 기능수정, 검사규격수정
6. 생산판매	•품질, 시간, 비용관리: 생산개시, 초기 유동관리 •시장도입: 광고, 선전, 판매촉진, 고객만족 시스템 •사업성과 확인: 달성도, 개량과제의 발견 및 처치

4. 신기술제품 개발전략

Cooper(1993)는 신제품개발전략으로 다음과 같이 5개의 전략을 제시하고 있다.

① **기술지향 전략**: 연구개발(R&D) 지향적으로 첨단기술의 적용, 혁신적이고, 적극적인 기술개발, 신제품 아이디어의 획득 등의 공격적인 신제품개발 전략이다.

② **균형전략**: 기술지향성과 마케팅지향성을 동시에 보유하고 있는 이상적인 신제품 개발전략이다.

③ **마케팅 지향적 전략**: 강한 마케팅지향성으로 신제품의 경쟁적인 우위를 추구하며, 기술적인 능력은 부족하나 방어적인 신제품 개발 프로그램을 보유하는 전략이다.

④ **보수적 전략**: 상대적으로 낮은 연구개발비용을 지출하고, 위험성이 낮은 성숙기의 모방제품을 주로 제조하는 전략이다.

⑤ **다양한 전략**: 많은 연구개발 비용을 동반하고 새로운 제품, 시장, 유통, 광고 등을 추구하는 전략이다.

5. 신기술제품 개발관리

기업은 고객의 욕구를 충족시키되 생존경쟁에서 살아남을 수 있도록 새로운 기술에 의한 제품을 개발하고, 개발된 기술을 사업화한다. 이 때 사업화를 위한 신기술품의 개발은 개빌 담당자와 마케팅, 생산, 인사부서의 효율적인 기능적 연계·통합 속에 이루어지도록 한다.

신제품의 개발은 개발기간의 단축 등 투입비용을 최소화 시키도록 노력하며, 다른 기업 또는 산업영역에서 개발되는 제품들과 호환성을 높이는 개발을 하되 다른 신제품과의 양립성을 고려하여 개발한다.

만약 이러한 개발의 대처가 미흡하면, 개발과정의 지연, 예산을 초과하는 비용투입 등의 결과를 야기하므로 다음과 같은 효율적 관리방안을 준수하여야 한다.

① **규정준수**: 표준규정 준수 프로세스를 통해 조직전체에서 일관성을 유지할 수 있도록 한다.

② **변경 및 구성관리**: 효과적인 변경 및 구성 관리 프로세스를 통해 추가혁신, 제품의 품질향상, 제품의 비용절감, 시장진입 시간단축 등의 효과를 거둘 수 있도록 한다.

③ **신제품 도입관리**: 기업들은 치열한 경쟁우위, 비용절감, 고객의 니즈를 위해 신제품 도입프로세스를 개선한다.

④ **포트폴리오관리**: 제품개발팀의 성공적인 제품개발 및 프로젝트 계획실행을 위해 포트폴리오를 관리한다.

⑤ **품질 및 안정성관리**: 품질개선방법을 신속하게 채택하여 일관되고, 반복적으로 적용할 수 있도록 한다.

⑥ **프로그램관리**: 방대한 기술제품과 프로젝트 데이터를 단일 환경에서 축적, 관리 및 공유한다.

그 외에 기술제품 개발 초기단계에는 아래 내용을 철저히 관리한다.

① 자원배분 관리

개발초기단계는 많은 시간과 자원의 투여를 막아주고, 후속단계를 실천하는데 도움이 되도록 한다. 그리고 집중적 관리는 아이디어의 선별에 대한 의사결정과 자원배분에 중점을 둔다.

② 개발방안의 강구

개발에 앞서 주어진 프로젝트를 수행할 수 있는 최선의 대안이 있는가? 를 살펴본다. 그리고 개발과정에서 올바른 고객과 시장정보를 가질 수 있도록 시장조사를 한다.

③ 인원의 배치와 조직의 구성

과업을 효과적으로 수행할 수 있는 능력보유 인력을 개발팀에 집중함으로써 업무수행을 향상시킨다. 그리고 프로젝트 성격에 적합한 책임자를 두고, 적절한 리더십을 발휘토록 한다.

④ 외부조직과의 협력

불확실성이 높아지고 문제의 규모가 커질수록 개발관리자는 문제해결의 한계에 직면한다. 이러한 어려움을 탈피할 수 있도록 문제의 본질에 대한 명확한 인식과 해결방안을 제시하여야 한다.

해결방안으로는 외부 조직, 고객, 외부연구소, 공급자, 유통업자, 경쟁사 등의 협력 또는 전략적 제휴를 통한 복잡성의 해결이다.

⑤ 조직학습 능력의 함양

개발과정에서 얻게 된 지식과 경험을 활용하는 것이 매우 중요하다. 개발과정의 공식화, 문서화 등의 노력, 비공식 네트워크를 통한 지식이전, 지식 전달자로서의 팀 리더의 역할을 강조한다. 그리고 복잡성에 대한 조직학습 능력을 향상시키려면 다음과 같은 노력이 필요하다.

- 복잡성에 대한 문제해결 등을 상세히 기록한다. 이 때 당시의 상황 과 배경 등을 함께 기록한다.
- 기존의 성공 또는 실패한 관리방안과 자사는 물론 타사의 경험도 함께 정리한다
- 이들 자료는 창의적이고, 체계적으로 분류하여 기업에 적합한 관리 모델을 구축한다.
- 지식과 정보의 공유를 위한 의사소통과 후속 프로젝트로의 기술이전 노력을 한다.

10.3.3 아이디어수집 및 선발

1. 아이디어 수집

신기술제품 개발에 필요한 정보는 고객, 사내연구자, 판매담당자, 경쟁자, 유통과

특허정보 등의 정보원으로부터 수집하며, 조사방법은 다음과 같다.

① **고객조사**: 고객의 욕구와 요구를 포착하는 것이 아이디어 탐색의 시작이다. 조사는 새로운 제품의 아이디어에 대한 직접적인 질문보다 현재 사용 중인 제품의 문제점을 파악하는 과정에서 보다 많은 아이디어를 구한다.

② **첨단과학과 기술조사**: 과학적 연구를 통해 신제품아이디어를 수집한다. 동 조사는 가능한 자사보다 대학 또는 연구 기관, 산업계의 지적재산권, 학회 정보 등을 이용하는 것이 효과적이다.

③ **경쟁기업조사**: 동종기업의 신제품개발 활동과 신규 사업의 판매활동, 주요 목표 등을 주의 깊게 관찰 조사한다.

④ **영업판매점조사**: 고객의 니즈를 직접적으로 파악할 수 있는 영업담당자와 판매점을 통한 조사를 한다.

2. 신아이디어 제안

아이디어는 학습, 수집, 축적된 다면적 지식의 조합에 의해 얻어진다. 따라서 신기술제품 아이디어 발굴기법은 다음과 같다.

① **속성열거법**: 대상의 속성을 열거, 정리, 세분화하고, 개개의 속성을 변화시켜 새로운 속성을 조합한 후 아이디어 또는 개선안을 창출하는 방법으로 기존제품의 개선에 많이 활용되는 기법이다.

② **강제연상법**: 몇 가지 대상 기술제품을 열거한 후 그 가운데 하나의 제품을 선택하여 모든 제품과 비교하는 기법이다.

③ **문제분석법**: 소비자로부터 새로운 정보를 구한 후 제품에 대한 심층적 분석을 통해 아이디어를 제안하는 기법이다. 즉 소비자를 통해 특정제품의 사용법에 관한 문제점을 질문하고, 소비자의 수요와 욕구를 탐구한다.

④ **브레인스토밍**: 선발된 소수의 구성원이 집단회의를 통해 리더가 제기한 문제점을 각자의 자발적 의사에 따라 제시하고, 제시된 유용한 아이디어로 문제를 해결하려는 그룹창조 활동을 통한 개발기법이다.

⑤ **발상체크리스트**: 체크리스트를 이용하여 아이디어를 발상토록 하는 기법으로 단시간 내 다각적인 분석이 가능하여 보다 좋은 아이디어를 도출할 수 있다.

3. 신아이디어 선발

부실한 신제품 개발은 진전될수록 이미 투자한 비용만이라도 회수하려는 경향이 있고, 사업화를 강행할 때는 비용낭비를 초래할 수 있다. 그러므로 아이디어의 선발단계부터 기술품의 개요, 목표시장, 경쟁상황, 추정매출규모, 가격, 개발소요기간과 비용, 투자효율, 조잡한 내용 등을 구체적으로 파악하고, 사업화차질을 방지하며, 손실을 줄이는데 도움이 되도록 한다.

또한 최선의 아이디어를 선별할 때는 파악된 자료들이 기업의 목적, 전략, 경영자원, 시장, 기술능력 등과 어느 정도 적합한가를 판단하여야 한다.

그리고 제안된 아이디어의 선별단계에서 잠재가능성에 대한 통찰력 결여로 좋은 아이디어를 버리는 오류와 나쁜 아이디어를 채택할 수 있는 오류가 존재하므로 주의를 요한다.

일반적 아이디어 선발에서 체크리스트의 항목별 내용은 다음 표와 같다.

[선발체크리스트]

항목	내용
1. 시장	• 대상고객과 시장규모, 구매능력 등은?
2. R&D투자	• 소요 연구개발비의 투자규모는?
3. 유통구조	• 상품의 유통구조, 유통망은 있는가?
4. 경쟁기법	• 경쟁정도와 경쟁기법은 있는가?
5. 제조설비	• 필요한 설비투자는 얼마나 해야 하나?
6. 경쟁력 유지기간	• 경쟁력 우위 지속기간은? 수명 주기는?
7. 윤리와 합법성	• 사회적 기업과 합법성이 있는가?
8. 가격	• 판매가격은? 지나치게 비싼가?
9. 촉진	• 제품 개요를 소비자에 어필할 수 있는가?

10.4 지식재산권 개요

10.4.1 지식재산권 개요

지식재산권(Intellectual property right)이란 인간의 정신창작물에 관한 권리의 총칭이다. 동산, 부동산 등의 유체물에 대한 유체 재산권과는 반대되는 인간의 지적,

정신적 산물이다. 즉 외형적인 형태가 없는 무체물에 대한 재산권으로 일종의 무체재산권이다.

지적노력의 결과가 시장에서 거래될 때 일정한 경제적 가치를 가지며, 소유권이 설정되면 지식재산이 되고, 이러한 지식재산에 대한 법적인 권리가 부여되면 지식재산권이 된다.

따라서 지식재산권은 기술사업화를 위해 획득한 권리로서 기업들이 가지는 배타적 권리이다. 이러한 지식재산권의 지위는 헌법에 그 근거를 둔다. 오늘날 다수의 견해는 지식재산권은 배타적 지위를 부여하여 발명과 창작을 유인하거나 장려하고, 공개하도록 하여 경제발전을 도모하는 광의의 경제법적 권리라고 본다. 그러므로 국가는 신기술 획득과 산업발전을 위해 지적창작물을 법률로 보호해 주고, 창작활동을 장려하거나 지식재산권을 보호하고 있다.

10.4.2 지식재산권의 분류

지식재산권의 유형에는 특허, 상표, 실용신안, 의장, 영업비밀, 저작권 등이 있다. 이러한 지식재산권은 산업재산권, 저작권, 신지식재산권으로 구분하고 있다. 특히 지식재산권은 특허법 등 각종 법률에서 주로 정하고 있으며, 권리의 취득과 보호를 받고 있다.

- **산업재산권(법)**: 산업발전을 목적(특허, 실용신안, 상표, 디자인)
- **저작권(법)**: 문화발전을 목적
- **신지식재산권(법)**: 최근에 지식재산권으로 인정받기 시작

[지식재산권의 분류]

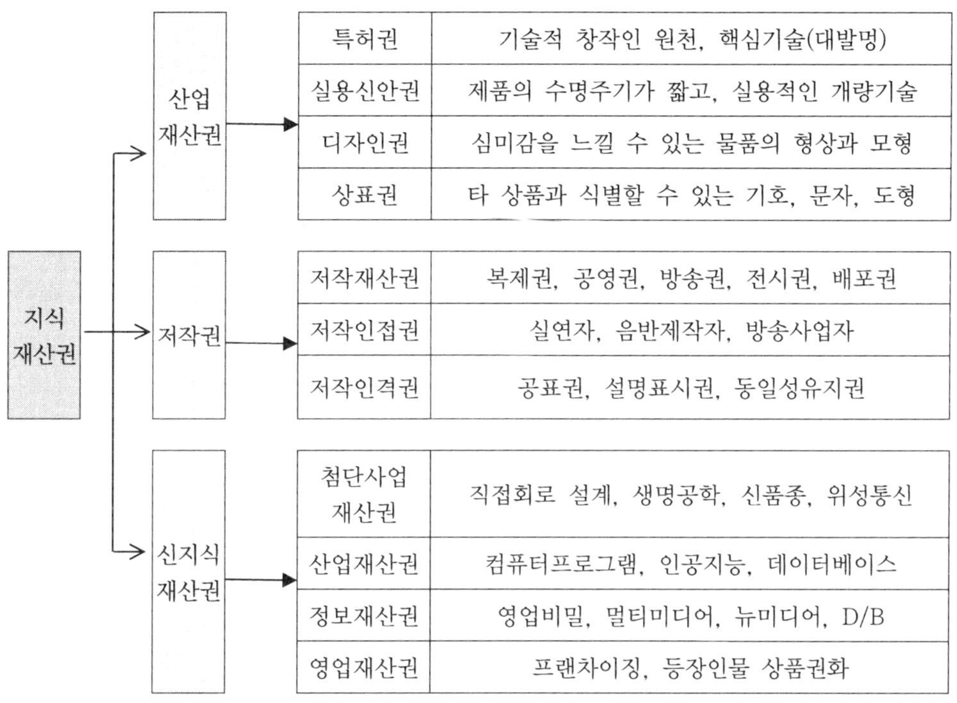

1. 산업재산권(industrial property right)

① 특허권(Patent)

특허권은 새롭고 유용한 기계, 제조품, 산업상의 방법 등과 기존의 것들에 대한 중요한 발전성과 등에 대해 주어지며, 새로운 화학적 합성물, 식품 및 의약품과 이들의 생산방법에 대해서도 부여한다.

특허권은 일종의 재산권으로 인정되며, 인적 재산권의 속성을 갖는다. 따라서 특허권은 타인에게 매도(양도)되거나 담보물이 될 수 있고, 특허권자(발명자)의 사후 상속인에게 승계될 수 있다.

특허권자는 자신의 발명품의 제조·사용·판매에 대한 독점권을 가지므로 타인에게 특허실시를 허락할 수 있으며, 특허실시권자로부터 사용료(royalty)를 받거나 기타의 보상을 받을 수 있다.

일반적으로 특허출원제도에는 2가지의 기본방식이 있다. 벨기에·이탈리아·스페인·스위스 등의 국가에서는 출원요건이 갖추어지면 모든 출원자에게 특허권을 인정한다.

또 다른 출원제도는 특허권을 부여하기 전에 발명품의 독창성 여부에 대한 심사를 거칠 것을 요하는 제도이다. 미국, 독일·네덜란드·스웨덴·오스트리아·일본·소련 등이 채택하며, 이들 나라들은 사전심사제를 두고 있다.

우리나라도 출원제도를 택한다. 특허는 발명에 관하여 가지는 독점적·배타적 지배권이며, 공업소유권의 하나라 보고, 넓은 의미로는 실용신안권·의장권을 포함한다.

특허권의 존속기간은 출원공고가 있는 경우에는 그 공고가 있는 날부터, 출원공고가 없는 경우에는 특권의 설정등록이 있는 날부터 15년으로 하며, 특허출원 일부터 20년을 초과할 수 없다(특허법 제88조).

② 실용신안권(Utility Model Right)

실용신안권은 본질적으로 물품에 대한 고안을 보호의 대상으로 하는 제도이다. 고안이란 물건의 형상, 구조 또는 이들의 조합을 말한다. 따라서 방법발명, 물건을 사용하는 방법 발명, 물질 발명, BM 발명은 실용신안으로 보호를 받을 수 없다.

또한 원천기술은 반드시 특허를 출원하여야 하고, 개량발명은 실용신안으로 출원하여야 한다는 명확한 기준이 없으므로 특허 또는 실용신안권의 출원은 출원인의 자의적 판단에 따라 선택한다. 그러나 양자는 출원과 권리주장 측면에서 다소 차이를 두고 있다.

특히 실용신안은 주로 두 가지 측면에서 특허로 보호받는 발명과 다르다.

- 실용신안의 기술적 진보는 발명특허가 허여되는 발명의 경우에 요구되는 기술적 진보보다 더 적다.
- 실용신안법에 규정된 보호기간은 특허권보다 짧다.

그리고 실용신안등록은 특허권과 같이 신규성, 진보성, 선원주의, 명세서의 기재방식 등의 실체적 요건은 심사하지 않고, 출원 후 방식적 요건과 기초적 요건만을 만족하면 등록된다.

이러한 선 등록제도는 출원 후 3개월이 경과하면 실용신안권을 획득할 수 있다. 그리고 선 등록제도에 의하여 등록 받은 실용신안권의 존속기간은 출원일로부터 10년까지이다.

특허와 실용신안에 대한 차이는 다음 표와 같다.

[특허와 실용신안 비교]

보호대상	특허	실용신안
정의	자연법칙을 이용한 기술적 사상의 창작으로써 발명수준이 고도인 것	자연법칙을 이용한 기술적 사상의 창작으로써 물질의 형상, 구조, 조합에 관한 실용성이 있는 고안
존속기간	신청등록이 있는 날부터 특허출원일 후 20년	신청등록이 있는 날부터 출원일 후 10년
심사청구기간	출원 후 5년 이내	출원 후 3년 이내

③ **디자인권**(Industrial Design Right)

디자인권은 물품의 형상, 모양, 색채 또는 이들의 결합, 글자체 등을 포함한다. 디자인권의 등록요건은 공업 상 이용가능성이 있고, 출원 전 인터넷, 전시, 간행물 등을 통해 일반대중에게 공개되지 아니한 신규성이 있어야 한다. 그리고 널리 알려진 형상, 모양, 색체 또는 이들의 결합에 의하여 창작할 수 없는 디자인이어야 한다.

디자인의 판단기준은 도면이 되며, 디자인 권은 등록결정을 받고 특허청에 디자인등록을 하여야 한다. 이 때 디자인권의 존속기간은 디자인권의 설정 등록이 있는 날부터 15년이다.

디자인권은 디자인보호법에 따라 디자인권자는 업(業)으로서 등록디자인 또는 이와 유사한 디자인을 실시할 권리를 독점한다. 여기서 업은 영리를 목적으로 실시하는 것(디자인에 관한 물품을 생산, 사용, 양도 또는 수입, 청약 등의 행위)을 포힘히며, 반복적으로 행해지는 모든 권리이다.

④ **상표권**(Trade mark right)

상표권은 자기의 상품을 타인의 상품과 식별하기 위해 사용하는 표장이다. 상표권의 유형에는 다음과 같다.

- 자기의 성명·명칭 또는 상호·초상·서명·인장 또는 저명한 아호·예명·필명과 이들의 저명한 약칭을 보통으로 사용하는 방법으로 표시하는 상표.
- 등록상표의 지정상품과 동일 또는 유사한 상품의 보통명칭·산지·품질·원재료·효능·용도·수량·형상(포장의 형상을 포함한다)·가격 또는 생산방법·가공방법·사용방법 및 시기를 보통으로 사용하는 방법으로 표시하는 상표
- 등록상표의 지정상품과 동일 또는 유사한 상품에 대하여 관용하는 상표와

현저한 지리적 명칭 및 그 약어 또는 지도로 된 상표

- 등록상표의 지정상품 또는 그 지정상품의 포장의 기능을 확보하는데 불가결한 입체적 형상으로 되거나 색채 또는 색채의 조합으로 된 상표

상표권의 판단기준은 표장(견본)으로 하며, 권리 존속기간은 상표권 설정 등록이 있는 날부터 10년이며, 유일하게 10년씩 존속기간을 갱신할 수 있다.

상표권자는 지정상품에 관하여 그 등록상표를 사용할 권리를 독점한다. 다만, 그 상표권에 관하여 전용사용권을 설정한 때에는 전용사용권자가 등록상표를 사용할 권리를 독점하는 범위 안에서는 그러하지 아니하다.

[상표와 디자인의 차이]

디자인	상표
물품의 외형상 나타나는 미적 창작물	자타상품과 구별하기 위한 식별표지
타인의 모방 방지기능	출처표시기능, 품질보증 및 광고 선전기능
물품 자체의 외관이므로 물품의 구체화	물품 자체와 크게 상관없음

2. 저작권(Copyright)

저작권이란 창작물을 만든 저작자가 자기 저작물을 통제하고, 그로부터 이익을 얻을 수 있는 권리를 말한다. 저작권은 창작과 동시에 발생하나 등록을 하면 등록일로부터 저작물을 창작, 공표한 것으로 추정 받는다. 그리고 저작자는 사후에라도 저작권의 침해에 대하여 대항할 수 있는 이점이 있다.

저작권등록은 저작자나 상속인 등이 할 수 있다. 그리고 저작권 등록의 유형은 협의의 저작권의 등록, 저작권 변동등록, 출판권 설정등록, 출판권 변동등록, 저작인접권(실연자, 음반제작자, 방송사업자 등)등록, 저작인접권 변동등록 등이 있다.

또한 저작권은 저작재산권 양도나 처분제한, 저작재산권을 목적으로 하는 질권의 설정, 이전, 변동, 소멸 또는 처분제한은 등록을 하지 않으면 제3자에게 대항할 수 없다.

저작권은 저작자의 생존기간(저작인격권)과 저작자 사망 후 50년간(저작재산권)을 유지하며, 저작권의 침해는 저작자의 명예를 훼손하거나 저작물 또는 그와 실질적으로 유사한 표현물을 허락 없이 이용하는 경우이다.

3. 신지식재산권(New Intellectual Property Right)

과학기술의 급속한 발전과 사회여건의 변화에 따라 종래의 지적재산법규의 보호범주에 포함되지 않으나 경제적 가치를 지닌 지적창작물을 신지식재산권이라 한다.

WTO설립협약 제2조에 의한 지식재산권의 범위는 다음과 같다.

① 문학, 예술적 및 과학적 작품
② 연출, 예술가의 음반 및 방송
③ 인간 노력의 모든 분야에서의 발명
④ 과학적 발명
⑤ 산업디자인
⑥ 등록상표, 서비스마크, 상호, 기타명칭
⑦ 부정경쟁방지에 대한 보호 등에 관한 권리와 공업, 과학, 문학 또는 예술 분야의 지적활동에서 발생하는 기타 모든 권리

즉 전통적인 특허권을 비롯한 산업재산권과 저작권 등의 지식재산권으로는 보호하기 어려운 컴퓨터프로그램, 인공지능, 생명공학, 영업비밀 등을 말하며, 그 유형은 다음 표와 같다.

[신지식재산권의 유형]

첨단산업재산권	반도체 설계, 생명공학기술
산업재산권	컴퓨터프로그램, 소프트웨어
정보재산권	데이터베이스, 영업비밀, 뉴미디어
기타 재산권	프랜차이징, 지리적 표시, 캐릭터, 도메인네임, 상표 등

이들의 보호는 별도의 법률로써 받으며, 영업비밀의 경우 부정경쟁방지 및 영업비밀보호에 관한 법률, 컴퓨터 프로그램 보호법, 종자산업법 등이 대표적이다.

10.5 심사와 등록

10.5.1 특허출원의 범위

특허출원의 범위는 다음과 같다.

- 특허출원은 원칙적으로 1발명 1특허출원을 원칙으로 한다.
- 그러나 하나의 총괄적인 발명의 개념을 형성하는 1군의 발명에 대하여는 2 이상의 복수개의 발명이라도 1특허출원을 할 수 있다.

그리고 2인 이상이 공동으로 발명한 때에는 특허를 받을 수 있는 권리는 공유로 한다. 특허를 받을 수 있는 권리가 공유인 경우에는 공유자 전원이 공동으로 특허출원을 하여야 한다. 여기서 공동발명자는 기술적 사상의 창작자체에 관계하지 않은 자, 즉 단순한 관리자나 보조자 또는 후원자 등은 공동발명자가 될 수 없다.

10.5.2 심사절차

① **심사주의**: 특허요건의 전부를 심사하여 특허여부를 결정하는 방식이다.

[심사주의의 장단점 및 보완제도]

장점	단점	심사주의 보완제도
•권리안정성, 신뢰성 높음 •부실특허 예방 •특허 분쟁 사전 방지	•권리설정 지연 •심사에 많은 인력, 비용 •심사 기간 장기화 •사회 공개가 늦어짐	•심사청구제도 •우선 심사제도 •출원공개제도 •조기공개제도 •확대된 선원 제도

- 심사청구제도

  심사청구제도는 심사를 청구한 출원 건에 한해 특허청이 심사하는 제도이다. 심사청구의 요건은 특허청에 그 절차가 계속 중인 출원이고. 누구든지(제3자도) 가능하며. 출원일부터 5년 이내에 해당한다.

  따라서 출원과 동시에 심사청구를 행하는 것이 일반적이지만, 다음의 경우에는 출원 이후의 적당한 시점에서 심사를 청구하거나 취하 또는 5년이 경과하도록 방치하는 경우도 있다.

- ○ 출원내용의 수정,
- ○ 변경의 가능성이 있어 재출원의 가능성이 높은 경우,
- ○ 출원인이 출원내용을 확인하지 못하고 출원한 경우,
- ○ 특허를 받기는 어렵지만 타인 또는 타사가 동일한 기술을 특허 받는 것을 방어하기 위한 출원(방어출원) 등의 경우이다.

• 우선 심사제도

우선 심사는 다른 출원보다 먼저 심사하는 제도이다. 특허출원 후 1년 6개월이 경과되면 출원의 내용이 공개되므로 출원중인 기술을 제3자가 도용하는 경우 등을 미연에 방지함에 목적이 있다.

즉 출원 후 빠른 시간 내에 출원심사를 완료함으로써 조기 권리확보를 할 수 있어 출원관련 분쟁을 없애고, 출원인의 이익을 보호할 수 있다.

다만 우선 심사는 분쟁의 소지가 있을 수 있기 때문에 분쟁을 미연에 방지할 수 있도록 보다 면밀한 검토를 한다. 그러므로 기술의 범위를 좁게 보고 심사를 진행할 우려가 있기 때문에 특허권의 범위가 좁아질 우려를 감안하여 제3자 실시를 이유로 하는 우선 심사의 신청은 주의를 요한다.

② 보정 및 보정제한주의

특허출원서의 방식이나 출원명세서 또는 도면에 기재된 내용에 하자가 있을 경우 그 흠결을 적정하게 치유할 수 있는 기회를 부여함으로써 출원인을 보호하는 제도이다.

보정제한주의는 보정의 내용과 시기에 일정한 제한을 가하는 것이다. 보상방법은 명령에 의한 보정과 자진보정이 있으며, 보정 시기는 원칙적으로 특허결정등본 송달 전까지이다.

③ 공개주의(출원공개)

출원 후 1년 6개월이 지나면(조기공개 가능) 그 출원내용을 일반에 공표한다. 이는 제3자가 이를 문헌적 또는 연구적으로 이용할 수 있도록 하며, 중복투자 및 중복연구를 방지하는데 있나. 다만 국방상 비밀 등을 요하는 경우에는 예외로 하고 있다.

그리고 출원공개주의의 장단점은 아래와 같다.

[공개주의의 장단점]

장점	단점
•경고할 권리 발생 •보상금 청구권 발생 •기술공개 통한 기술마케팅 수단	•해외출원 가능기간 1년으로 단축 •제3자의 모방용이 •경쟁사에게 정보제공의 기회제공

3. 등록절차상 원리

특허권의 발생요건으로 등록이라는 행정처분을 요하느냐에 따라 등록주의와 무등록주의로 구분한다. 특허권의 존부와 그 범위를 명확하게 공시하기 위하여 각국은 대체로 등록주의를 채택하고 있다.

이렇게 특허등록을 할 경우에는 특허권의 설정등록을 받고자 하는 자 또는 특허권자는 특허료를 납부하도록 하고 있다.

[특허등록절차상 원리]

<table>
<tr><th>구 분</th><th>기 간</th><th>납부금액</th></tr>
<tr><td>설정등록료 납부
(특허법 제79조)</td><td>등록결정일로부터 3개월 내</td><td>등록료</td></tr>
<tr><td rowspan="2">추가납부
(특허법 제81조)</td><td>특허료 납부기간 만료일로부터 6개월 내</td><td>등록료(특허료)의 2배</td></tr>
<tr><td colspan="2">추가납부기간에 납부하지 않으면 특허권을 포기한 것으로 간주</td></tr>
<tr><td rowspan="2">특허권 회복
(특허법 제81조의 3)</td><td>추가납부기간 만료일로부터 6개월 내
/사유 종료일부터 14일 내
(단, 책임질 수 없는 사유)</td><td>등록료(특허료)의 2배</td></tr>
<tr><td>추가납부기간 만료일로부터 3개월 이내
(단, 실시중인 발명)</td><td>특허료의 3배</td></tr>
</table>

4. 기타원리

- **서면주의:** 특허출원서를 비롯한 모든 서류는 서면 또는 전자문서로 작성하여 제출하여야 한다.
- **양식주의:** 법령이 정하는 일정한 양식에 따라야 한다.
- **국어주의:** 특허서류는 국어로 기재하여야 한다.
- **직권주의:** 심판 및 출원심사에 있어서 당사자의 신청유무에 관계없이 증거조사 등을 할 수 있는 원칙. 특허에 관한 심사 내지 심판절차상의 주도

권이 누구에게 있느냐에 따라 당사자주의와 직권주의가 있다.

10.5.3 특허등록

1. 특허등록의 의의

특허의 등록은 특허권에 대한 권리의 설정, 변경, 소멸 기타 특허권에 관련된 일정한 사항을 등록원부에 기재하고, 기록하는 일련의 행정행위를 말한다.

2. 등록요건

특허등록의 요건은 주체적 요건, 객체적요건 및 절차적 요건을 구분하여 볼 수 있으며, 그 내용은 다음과 같다.

① **주체적 요건**: 기술을 개발한 자와 출원한 자가 갖추어야 할 요건

- 권리능력(특허법 25조): 외국인에 대한 상호주의
- 특허 받을 수 있는 자(특허법 33조): 발명자 또는 승계인
- 무 권리자(특허법 34조): 타인 발명 도용
- 공동출원요건(특허법 44조): 특허 받을 권리가 공유인 경우 공동으로 출원

② **실체적(객체적) 요건**: 개발된 기술이 갖추어야 할 요건

- 발명의 성립성(특허법 29조): 자연법칙, 기술적 사상, 창작, 고도
- 산업 상 이용가능성(특허법 29조): 산업입법
- 신규성(특허법 29조1항): 새로운 발명인지 여부
- 진보성(특허법 29조2항): 기존 기술보다 진보된 발명인지 여부
- 불 특허사유(특허법 32조): 공서양속, 선량풍속 해할 염려

③ **절차적 요건**: 출원이라는 법률행위로서 갖추어야 할 요건

- 명세서 기재요건(특허법 42조): 명세서, 청구범위 기재 요건
- 특허출원의 범위(특허법 45조): 하나의 출원에는 하나의 발명을 기재한다.
- 선원요건(특허법 36조): 동일 발명의 경우 먼저 출원한 자에게 특허 출원을 한다.
- 확대된 선원요건(특허법 29조3항): 선원범위를 청구범위에서 명세서/도면 전체로 확대한다.

특허등록요건의 중요성은 다음과 같다.

- 특허권은 독점배타적인 재산권으로서 재산적 가치가 있는 준 물권
- 재산적 가치가 창출될 수 있는 것은 특허권에 독점권이 있기 때문에
- 등록요건을 정확히 이해하는 것이야말로 무형의 재산을 증가시킬 수 있다.

10.5.4 등록절차

1. 등록절차

특허출원의 절차는 다음과 같다.

- 선 등록(기술)여부조사
- 사용자 등록신청
- 출원서 등 각종 서식작성
- 출원서 등 제출
- 접수증 및 출원번호통지서 수령
- 수수료 납부 등이다.

특허출원을 하는 경우 신청서류는 다음과 같다.

- 신규 등록 신청 시
  특허결정 등본 송달일로부터 3개월 이내에 등록신청서와 함께 최초 3년분의 등록료를 납부하여야 한다.
- 이전 등록신청 시
  양도인의 인감날인 및 인지가 첨부된 양도증, 등록세 납부영수증, 대리인에 의해 절차를 밟는 경우 위임장, 공유의 경우 공유자 전원의 동의서 등이다.
- 전용 또는 통상실시권 등록신청 시
  전용 또는 통상실시권 계약서 및 허락서, 6개월 이내에 발행된 인감증명서, 대리인에 의해 절차를 밟는 경우 위임장, 전용실시권자가 통상실시권을 허여하는 경우 특허권자의 동의서 등이 필요하다.

2. 등록료 납부

- **최초등록**: 최초 3년분의 등록료를 결정등본을 받은 날로부터 3개월 내에 특허청 등록과에 납부한다.

- **년차료 납부**: 4년차 등록료부터는 새로운 연차가 시작되기 전에 매년 또는 일괄하여 권리자가 자진 납부한다.
- **추가납부 기간**: 등록료 또는 년차료 납부기간 내에 등록료를 납부하지 못했을 경우 경과일로부터 6개월 이내에 2배 납부한다.

3. 전자출원 방법과 절차

- **출원인코드 신청**: 특허청에 출원절차를 진행하기 위해 본인의 사용자 식별코드를 부여받는 단계
- **전자문서 이용신고**: 전자출원을 이용하기 위해 신원을 확인하는 단계
- **인증서 발급**: 온라인출원 및 전자문서교환을 위해 공인인증서를 등록하거나 특허청인증서를 발급하는 단계
- **서식/명세서 작성**: 출원서식을 특허 홈페이지 또는 소프트웨어를 이용하여 문서 작성하는 단계
- **온라인 제출**: 작성된 전자문서를 특허청에 온라인 제출하고, 출원번호를 부여받는 단계
- **제출결과 조회**: 특허청에 제출한 출원서식의 처리결과 및 진행 상태를 확인하는 단계

4. 특허관리

우리나라는 특허를 홍보수단으로 인식하는 경향이나 미국 등 해외 국가들은 기업경영전략의 주요 사항으로 인식하고 있다. 따라서 특허관리전략은 다음과 같다.

① 특허출원을 위한 원천특허 확보

② 특허 매입에 의한 원천특허 확보

③ 개량특허 확보에 의한 크로스라이센스

④ 기술이전, license out 전략이다.

10.6 국제특허

10.6.1 해외특허출원 개요

특허권의 효력은 속지주의를 채택하므로 특허가 등록된 그 나라 안에서만 효력이 생긴다. 따라서 대한민국 특허청에 등록한 특허권은 국내를 벗어나 다른 나라영토까지 권리를 주장할 수 없다. 그러므로 특허권의 효력을 얻기 위해서는 그 나라로부터 별도의 특허를 획득하여야 한다.

해외에서 특허를 출원하는 방법은 2가지가 있다. 하나는 특허를 받고자 하는 나라의 특허청에 직접 특허출원하는 방법으로 '파리루트'가 있다.

다른 하나는 특허협력조약의 국제조사를 이용한 국제특허출원방식으로 특허협력조약에 가입한 나라에서 특허출원을 쉽게 할 수 있도록 하는 제도이다. 이 방법은 특허를 받고자 하는 국가를 지정하고, 특허협력조약에 의한 국제출원서를 제출하면 해당국의 특허를 출원한 것과 같은 효력을 인정해 주는 제도다.

1. 해외출원의 결정요소

- 사업전략에 맞게 대상국가 선정
- 시장 고려
- 제조국가 고려
- 특허기술의 life cycle 고려
- 특허출원에서 등록, 유지비용 고려
- 특허권이 제대로 보호 가능한지 여부

2. 출원경로(Paris Route)

- 전통적인 해외특허출원은 국내 출원 후 12개월 이내에 조약에 의한 우선권을 주장하여 특허출원을 하고자 하는 국가에 각각 개별적으로 특허출원을 하는 방법이다.

  예를 들어 특허출원을 하려는 나라가 미국, 일본, 중국, 독일, 프랑스 등 5개 국가라면 각 나라의 언어로 된 명세서와 도면 등 출원 서류를 준비해 각 국가별로 특허출원을 하여야 한다.

- 국내출원 후 1년(12개월) 이내에 우선권을 주장하고, 대상 국가에 출원한다.

10.6.2 PCT 출원

특허협력조약(PCT, Patent Cooperation Treaty)은 국제출원과 관련된 특허절차의 번잡을 조금이나마 간편하게 하는 취지에서 만든 조약이다.

출원을 원하는 자에게 희망하는 나라마다 별도로 출원할 경우 시간과 비용, 언어, 법령 등의 불편을 덜어줄 수 있도록 마련한 제도이다. 즉 출원하는 국가에서 출원서를 제출하면 동시에 특허를 받고자 하는 국가의 특허청에 출원을 신청한 것과 같은 효력을 가진 제도다.

PCT에 의한 국제출원절차는 다음과 같다.

① 국제특허출원서를 접수받은 특허청은 제출 서류의 적정여부에 대한 방식 심사를 한다.

② 특허청은 수리관청으로 출원자가 제출한 국제특허출원서를 국제조사기관(ISA, 우리나라, 오스트리아, 오스트레일리아, 미국, 일본 등)과 국제사무국에 송부한다.

③ 국제조사기관은 'PCT국제조사'를 실시하고, 해당 기술이 특허를 신청했는지 등에 관한 선행기술 검색과 특허획득 가능성에 대한 적정여부를 심사한다. 그리고 심사보고서와 견해서를 작성하여 출원인과 국제사무국에 통보한다.

④ 국제사무국은 우선 일부터 18월경과 후 국제출원 일체와 국제조사보고서를 국제공개 한다.

⑤ 국제예비심사를 청구하는 경우에는 산업상의 이용가능성, 신규성, 진보성을 판단한 국제예비심사보고서를 작성하여 출원인에게 통보한다.

⑥ 통보받은 출원인은 통보자료를 기초로 실제 얻고자 하는 국가에 국제출원의 번역문과 수수료 등을 납부하고, 해당국 특허 심사를 받는다.

10.6.3 PCT 국제특허의 특징

- 출원인은 하나의 국제특허출원서에 하나의 언어로 작성제출하기 때문에 하나의 방식요건만 충족시키면 된다.
- 국제단계에서 특허요건에 부합되게 특허청구 범위 및 발명의 상세한 설명에

대하여 보정할 수 있다.

- 국제단계에서 국제조사, 국제출원공개, 국제예비심사를 통해 특허성 여부에 대한 예비적 판단을 할 수 있다.
- 특허비용은 지정국의 국내단계 진입을 원하는 국가에만 납부하면 된다.

그리고 PCT출원방식의 장단점은 다음과 같다.

장 점	단 점
• 국제출원일을 지정 국의 출원일로 인정받아 출원일 인정 요건이 간편하고, 출원일을 앞당길 수 있음 • 국제조사, 국제예비심사, 국제보정을 통해 특허취득 가능성을 높일 수 있음 • 하나의 출원서만 작성하면 되므로 출원방법이 용이 • 특허가능성이 낮은 출원에 대하여 무모한 해외출원을 방지할 수 있음 • 초기의 과도한 비용부담을 낮출 수 있음	• 지정 국 비용 외에 별도의 국제특허출원비용을 추가 부담함 • 각 지정 국의 실제특허취득 시점이 전통적인 방법에 비하여 훨씬 늦고, 권리 존속기간이 짧아짐

Chapter XI

기술인력

11.1 기술 사업가
11.2 사업자의 자세
11.3 사업조직구성
11.4 사업조직운영

Chapter XI 기술인력

11.1 기술 사업가

11.1.1 기업가정신

기술의 사업화는 혁신적 창의력과 추진력이 겸비된 기업가(Entrepreneur)에 의해 추진되며, 창의적 기업가 정신(Entrepreneurship)이 깊이 뿌리 내린 자에 의해 사업화가 이루어진다.

기업가정신의 본질은 1800년 경 프랑스의 경제학자 세이(J. B. Say)에 의하면 "경제적 자원을 생산성이 낮은 영역으로부터 생산성과 이득이 높은 영역으로 이전시키는 사람"이라고 하면서 'Entrepreneur'라는 용어를 제창하였다. 즉 무에서 유의 가치를 창조하고, 축적하는 행위라고 할 수 있으며, 현재 주어진 자원의 제약에서 부를 창출할 수 있는 기회를 적절히 포착하는 과정이고, 창의력, 팀워크 및 추진력 등을 요구한다.

조셉 슘페터(Joseph A. Schumpeter)는 '경제발전의 원동력은 내부로부터 옛것을 쇄신하는 창조적 파괴과정이며, 그 과정에서 창업 기업가는 핵심적인 역할을 수행한다'고 제시하였다.[1)]

거즈너(Kirzner)는 '보유하고 있는 정보나 지식상의 차이 등에서 발생하는 사업기회를 추구하여 변화를 가져오고, 시간의 흐름으로 불확실성이 해소되며, 선도기업과 추종기업 간의 격차를 줄이는 과정이 형성되어 균형과 불균형이 반복되는 과정에서 창업 기업가가 핵심적 역할을 한다'고 하였다.

또한 가트너(William B Gartner)는 기업가 정신에 대해 전문가 의견 조사를 통

1) Joseph A. Schumpeter, the Theory of Economic Development: An Inquiry into Profits, Capital, Credit, Interests, and the Business Cycle(New Brunswick: Transaction, 1934, 1983):66

해 창업기업가, 혁신, 조직의 창조, 가치창출, 이윤추구, 성과와 척도, 독창성, 창업자이면서 경영자라고 말했다.2)

피터 드러커는 본질적으로 가지고 있어야 할 '자기혁신의 바탕에서 변화를 탐구하고, 변화에 대응하며, 변화를 기회로 이용하는 실천'이라고 하였다.3)

결국 기업가정신은 기술과 노하우를 가지고, 도전과 개척정신으로 창의력과 혁신성을 발휘하여 높은 성취욕구, 자존감, 민첩성, 인내력 등에 의한 새로운 기술사업화의 신화를 창조하는 기회를 만들어 내는 정신을 말한다.

기업가정신은 산업사회의 등장과 함께 자율적으로 나타났다고 본다. 산업혁명부터 고찰되는 기업가정신은 경험적이고, 합리적인 기업가로 인식되고 있다.4)

그 후 1990년대 미국의 산업경쟁력을 회복시키는 첨단기술의 발달, 모험적인 기업가 정신, 우수한 인력 집합체 등은 위험부담과 그에 상응하는 보상을 전제로 가치 있는 새로운 창조, 위험과 불확실성에서 수익과 성장을 목적으로 하는 혁신적 경제조직을 창출했다.

최근에는 시장경제에서 사회에 공헌하는 기업일 때 발전될 수 있다는 사회적 기업가 정신이 나타나고 있다.

이렇게 기업가정신은 기업환경에 따라 학자들마다 다양한 요소들을 제시하고 있다. 그 중 대표적인 구성요소는 혁신성과 진취성, 위험감수성, 성취욕구, 자율성, 사회성, 목표지향성, 자존감, 창의성, 도전의식, 성장지향성, 장인의식 등이다.

많은 학자들이 제시하는 혁신성, 위험감수성 및 진취성은 서로 밀접한 적합관계를 맺고 있으며, 다음과 같다.

① 혁신성(innovation)은 Schumpeter(1934)가 처음 강조한 대표적인 핵심요소이며, 기업의 발전과 향상된 경제의 효율성이나 복지를 이끄는 기업가 정신이다.

② 위험감수성(risk-taking)은 불확실성이 존재하는 사업에서 위험을 감수하고, 기회를 포착하려는 위험 선호적 의사결정 정신이다. Cantillon으로부터 기

2) William B. Gartner, "what are we talking about when we talk about Entrepreneurship?" Journal of Business Venturing, 1987,5:15-28

3) Peter Ferdinand Drucker, The Innovation and Entrepreneurship: Practice and Principles, 2004

4) P. Mantoux, The Industrial Revolution in the Eighteenth Century: An Outline of the Beginnings of the Modern System in England, rev. ed., preface by T,S. Ashton, New York and Evanston(1961), pp373-376.

업가정신의 주요 구성요소로 간주되었고, Miller(1983)는 핵심적 요인으로 제시했다.

③ 진취성(Pro activeness)은 기업이 시장기회를 빨리 포착하고, 주도적 위치를 구축하는 기업가 정신이다. 즉 시장 내의 적극적인 경쟁의지와 우월한 성과를 도출하려는 직접적이고, 강도 높은 수준의 도전자이다.

11.1.2 벤처기업가

고도의 기술력을 사업화시키는 벤처기업은 사업화의 성공적 요인을 기업가(Entrepreneur) 자신이라 하며, 기술력보다 사업자와 팀 구성원의 자질 및 과거의 입증된 성공에 가장 높은 비중을 두고 있다.[5)]

그리고 생계유지의 목적으로 사업화하는 단독 기업에 비해 여러 사람들이 팀워크를 이루어 사업화하는 공동의 기업이 성공하는데 용이하고, 번창하는데 기여하는 것을 보여주고 있다.

성공적인 사업자의 특징은 다양하나 공통적인 특징을 살펴보면 대체적으로 다음과 같다.

① 창의성과 혁신력

② 자원획득과 경제적 조직의 창설

③ 위험과 불확실성 하에서의 수익 잠재성 추구를 지적한다.

미튼(Mitton)은 성공적인 사업자의 일반적인 특징으로 다음과 같이 추론했다.

① 큰 그림을 볼 줄 아는 시각
② 독특한 사업기회를 끄집어내는 능력
③ 대의에 전적으로 헌신하는 성향
④ 완전한 통제에 대한 욕구
⑤ 정의에 대한 효용주의적 관심
⑥ 불확실성에 대한 취향
⑦ 인맥을 활용하는 성향
⑧ 고 능력을 환영하는 태도
⑨ 특별한 노하우 등.

그리고 컨설턴트 래니 굿맨(Lanny Goodman)은 창업가에게는 전략적 계획이 가장중요하고, '창업자 자신에게 충분히 매력적이고, 생활의 활기를 자극할 수 있어

5) Jeffry A. Timmons and David. E. Gumpert, "discard many old rules for rising venture capital," Harvard Business Review, January-February, 1982

야 한다.'라고 말했다.[6)]

결국 성공적인 기업가의 특징은 일관되게 말할 수 없고, 산업과 시장의 특수성, 주변 환경, 기업자의 경험 등 다양한 여건 속에서 특수성을 반영한 특징이 존재한다고 볼 수 있다.

11.1.3 기술 사업가능력

경직된 수직구조(계선조직)의 조직형태는 급변하는 환경에 유연하게 대처할 수 없다. 따라서 변화하는 기업환경에서 새로운 사업기회를 신속하게 대처할 수 있도록 기업의 조직 구성원들은 스스로 새로운 사업기회를 창출하고, 대응할 수 있도록 조직을 만들어야한다.

그리고 실패에 굴복하지 않고, 계속 도전하는 협동과 공유의 문화를 만드는 것도 절대적이다. 이러한 경영문화를 구축할 때 사업화는 성공할 수 있으므로 기업은 의지와 경영철학을 갖추도록 조직체계와 문화를 만들어야 한다.

하버드 대학의 McClelland 교수와 미시간 대학의 Atkinson 교수는 인간의 동기와 심리에 관한 연구에서 사람들은 다음 세 가지 필요에 의해 동기부여(욕구)를 받는다고 한다. 즉 성취욕구, 힘의 욕구, 타인과 유대관계의 욕구가 그것이다.

① 성취욕구는 다른 사람들을 능가해서 목적한 바를 이루어 내고 싶은 욕구이다. 그러므로 사람은 자기 스스로 설정한 목표를 향해 자기와의 싸움을 한다. 즉 자기와의 싸움에서 보다 높은 목표를 설정하고, 이 목표가 달성될 때 성취감을 느낀다.

② 힘의 욕구는 다른 사람에게 영향력을 행사하고 싶은 욕구이다. 이는 어떤 특정인을 앞지르거나 능가하고, 명성 또는 높은 직위를 획득하고 싶은 욕구도 포함된다.

③ 유대관계의 욕구는 다른 사람과 우호적인 관계 유지와 상호친목 관계유지 욕구이다.

따라서 기업가는 자신의 지도력과 능력이 절대적으로 중요하다. 지도력은 많은 요소들이 복합적으로 작용하는 가운데 나타나는 결과이므로 자질보다 지도자 자신,

6) Michael Hopkins, "the world according to me," Inc., January 1998:64-69

임무, 환경, 배경 등에 의해 결정된다고 본다.

그 외에 새로운 아이디어에 대한 열정과 외부 자원획득을 위한 설득력, 상황변화에 대한 융통성과 유연성, 위기관리 능력과 근면성, 변화하는 고객의 욕구를 포착하려는 능력, 기타 기술적, 재무적, 인적 자원의 축적능력 등을 필요로 하며 성공한 기업가에서 흔히 찾아볼 수 있다.

11.2 사업자의 자세

11.2.1 사업자의 자세

1. 성공기업의 자세

사업을 준비하는 자에게는 사업을 할 수 있는 특별한 자세가 필요하다. 만약 진입장벽이 거의 없는 완전경쟁 시장은 경험이나 기술에 크게 구애받지 아니하므로 일정한 제품과 자금만 있으면 쉽게 시장을 진입할 수 있다. 그러나 시장에 진입한 후 사업화 추진과정을 통해 치열한 경쟁관계가 유발되면 생존의 위험을 높이는 원인이 된다.

이럴 때 위험부담을 줄이고, 성공적인 사업과 운영을 위해서는 다음과 같은 사업자의 자세를 가지는 것이 필요하다.

① 사업자는 기업이 성공할 수 있다는 자신감을 가진다.
② 사업 환경과 시장의 변화를 정확하게 파악한다.
③ 사업자는 기업의 사업목적을 분명하게 설정한다.
④ 사업자는 철저한 준비를 통해 실패를 줄이고 성공을 유도한다.
⑤ 진입장벽이 용이한 시장 진입을 위해 충분한 경쟁력을 갖춘다.

그러나 다음과 같은 사업자는 결코 성공하는 기업이 될 수 없으므로 주의를 요한다.

① 현실에 안주하고 꿈과 이상이 없는 자세
② 용기와 이를 극복할 수 없는 자세
③ 모든 일에 명확하지 못하고 우유부단한 자세

④ 스스로 해결할 수 있는 능력을 상실하고, 남에게 의지하여 해결하려는 의존적 자세 등

2. 사업자의 자기분석

기술사업화를 하고자 하는 자는 대체로 다음과 같은 자기분석을 한다.

- 미래의 성공을 가름하는 통찰력이 있는가의 분석이다.

  그 예로 IT분야에서 컴퓨터 황제 빌 게이츠, 이건희, 손정의 등을 살펴보면 이들은 대체로 미래의 뛰어난 통찰력을 발휘한 자들이라는 것을 알 수 있다. 빌 게이츠는 컴퓨터가 사회의 필수 불가결한 요소가 될 것을 예상하면서 애플사를 만들었고, 손정의는 소프트웨어의 중요성을 간파하여 일본 내의 독점 판매권을 확보했으며, 이건희는 반도체메모리분야 기술개발투자 확충으로 세계적 기업으로 삼성전자를 성공시킨 인물이다.
- 인성을 볼 수 있는가 이다.

  부하 직원들의 인성에 대한 직관력이 필요하다. 경영자는 동업자, 부하 직원, 거래 파트너에 이르기까지 배려와 더불어 살면서 미래를 개척하고, 함께 발전할 수 있는 능력이 있는가의 분석이다.
- 보다 나은 방향으로의 발상을 의미하는 창의력이다.

  창의력의 보유자는 항상 긍정적인 사고를 하며, 다른 사람들의 의견을 받아들일 자세가 되어 있기 때문에 직원들이 엉뚱한 제안을 하더라도 기업경영의 활력소로 활용하고 있다.
- 지도력이 있는가의 자기분석이다.

  지도력은 그 집단이 위기에 처해 있을 때 잘 나타난다. 지도력이 강한 사업자라면 사업 중 닥치는 여러 가지 어려움을 잘 극복하고, 회사를 반석 위에 올려놓을 수 있다.

11.2.2 CEO의 조건

기업의 CEO는 경영센스를 연마하고, 인간적인 매력으로 사람을 끌어당기며, 강력한 리더십을 발휘하되, 결단의 포인트를 잘 잡아야 한다.[7]

1. 경영센스의 연마

CEO의 경영센스에 대한 선악이 그 기업의 장래를 결정하게 되므로 경영센스에는 다음과 같이 5가지 요소가 있으며, 이들 요소는 상호작용한다.

① 선견지명

사업과 관계된 업계의 움직임, 상품의 동향, 유통의 변화 등에 관한 선견지명이 있어야 한다. 이는 경영센스 중에서도 가장 중요한 부문이라고 본다. 고도의 정보화 시대에서 수많은 정보를 입수하고, 남의 의견에 따르는 사업자 보다 자기 나름대로의 뜻과 계획을 정리하여 미래를 개척할 수 있는 사업자가 되어야 한다.

② 경영자세

기업경영에 전력을 집중할 수 있는 자세가 필요하고, 해내고야 말겠다는 의욕이 있어야 한다. CEO가 전심전력을 다해 경영에 몰두 한다면 직원들은 모른척하고 지나치거나 방조하지 아니할 것이다.

③ 실행력

아무리 훌륭한 생각이나 의견이 있더라도 그것을 구체화 시키는 실행능력이 없으면 무용지물이 될 것이다. 따라서 CEO는 자신이 결정하고, 실행할 수 있는 입장에 있으므로 주저함이 없이 옳은 판단은 실행으로 옮길 수 있는 실행력을 갖추어야 한다.

④ 유연성

공격적인 업무자세를 취하는 CEO는 많지만 기업경영이 어려울 때에 물러서는데 신속한 결단을 내리는 CEO는 많지 않다. 경영환경은 수시로 변하므로 변화의 물결에서 유연하게 대처할 수 있는 기업은 성공한다.

그리고 결단의 타이밍이 중요하다. 어려운 순간에는 스스로 판단의 기회를 획득할 수 있도록 주변으로부터 객관적 자문을 받을 수 있는 여건을 조성하고 결단의 기회를 상실하지 않도록 한다.

---

7) 고바야시 마사히로, 작은 회사의 사장학, 아이피에스, 1991. P 39-70

⑤ 내성력

자기 자신을 냉정히 바라보는 능력은 경영센스를 향상시키는 커다란 포인트가 되고 있다. 잘되고 있는 부문은 어떤 것이고, 원인은 무엇인가, 실패한 부문이 있다면 그 요인은 무엇인가를 꾸준히 파악 분석하여야 한다.

2. 인간적인 매력

CEO에게는 인간적인 매력이 필요하다. 인간적인 매력에는 포용력, 꿈, 일, 유복함, 사회적 평가가 있으며 이를 인간적인 매력은 사람을 끌어당기는 힘이 있다.

① 그 사람이 갖고 있는 포용력은 인간에 대한 깊은 애정을 바탕으로 하고, 부드러움과 엄격함으로 사람을 대하도록 한다.

② 회사의 꿈은 장래의 비전이 되므로 꿈이 있을 때 종업원은 매력을 가지게 된다.

③ CEO는 열심히 일하고 놀고 할 수 있어야 한다. 단순한 일벌레가 되어서도 아니 되고, 일을 하지 않는 CEO가 되어 종업들로부터 원성의 대상이 되거나 미움의 대상이 되어서는 곤란하다.

④ 종업원은 CEO의 여유 있는 생활을 강조할 때 매력을 느끼고, CEO는 실력자라는 평가를 받을 때 인간적 매력을 느낀다. 즉 CEO를 따르면 문제없다는 안심감과 기대감이 사람을 끌어당기고 있다는 것이다.

3. 새로운 발상

기술사업하는 항상 새로운 발상이 필요하다. 그러므로 기업은 채용, 교육, 승진, 동기부여, 책임과 권한, 보직 등에서 발상의 전환을 유도하는 조직을 관리하여야 한다.

그렇게 할 때 직원에게 동기를 부여하고, 신규 사업에 도전하며, 새로운 발상의 체제로 전환될 것이다. 그리고 좋은 소재를 모으고, 훈련으로 단련된 기능을 활용할 수 있도록 혁신될 것이다.

① 직원의 동기부여

동기부여는 새로운 방식으로 색다른 노무관리를 통해 성공할 수 있다. 일의 결과에 대한 성과배분을 중요시하고, 자기가 주역으로 일할 수 있는 분위기를 만들어

줄 때 매우 활기차게 일할 수 있으므로 과감한 권한의 위임과 그들의 힘을 최대한 끌어낼 수 있는 방법의 선택을 요구한다.

② 신규 사업에 대한 도전

기업은 항상 새로운 일에 도전하지 않는다면 침체되고, 퇴보할 것이므로 새로운 상품, 고객, 판매망, 사업아이디어 등을 찾아 도전할 필요가 있다. 경쟁기업의 출현과 경제제품 또는 대체제품의 출현은 도전정신이 없을 때 기업을 방어할 수 없게 되므로 신규 사업의 도전은 필요하고, 도전의 결정은 사업자의 몫이 되는 것이다.

③ 관리체제의 정비

기업의 실정에 맞도록 조직을 정비하여야 한다. 그리고 연봉제, 사원지주제, 장기연수, 담당 정년제, 자격제도, 성과급, 포상 등의 도입으로 종업원의 근무의욕을 높이고, 애사정신을 함양시키는 체제로 전환하여야 한다.

4. 강력한 리더십

CEO는 곧 기업이라 해도 과언이 아닐 정도의 무에서 유를 창조하며, 기업경영을 책임져야하기 때문에 강력한 리더십의 발휘를 요구한다.

① 진두지휘

CEO는 공사를 확실히 구별하고, 행선지를 밝혀 종업원으로부터 우려를 불식시키며, 진두지휘를 통해 기업의 목적을 수행하면서 해결점을 찾아야 한다. 이럴 때 종업원은 CEO를 신뢰하고, 부하직원은 기업을 위해 활약할 수 있기 때문에 진정한 리더십을 발휘할 수 있다.

② 충분한 하의상달

CEO는 종업원의 이야기를 잘 듣는 조직이 되어야 한다. CEO는 종업원의 생각과 상황을 알고 있을 때 강력한 리더십을 발휘할 수 있기 때문이다. 종업원의 이야기는 충분히 듣고, 알고 있는 부문의 경우에도 그 말을 가로막지 않는 자세가 중요하다.

③ 경영철학

CEO는 임무와 목적을 이루는 언행일치의 기본 원칙에 충실하며, 신뢰와 진실성을 갖추어야 한다. 그리고 시간 관리와 부하 직원에게 업무위임과 책임감을 가져야 한다.

또한 CEO는 끊임없이 학습하고, 문제들을 해결하며, 조직이 역경을 이기도록 도와주는 등의 가치를 창출하여야 한다고 피터 드러커는 말했다.

5) 결단

CEO의 결단은 앞으로 나가고, 뒤로 물러서며, 중단하는 사업화의 중대한 결정으로 대부분 CEO의 몫이고, 결단의 타이밍은 매우중요하다. 즉 기업가의 결단은 기업의 존폐를 가름하고, 투자자의 손실(익) 규모를 결정하는 중요한 조치이므로 다음과 같은 결단시점을 확인하여야 한다.

① 망설일 때의 결단

좋고 나쁜 것을 분명히 인식할 경우에는 결단을 쉽게 할 수 있으나 그렇지 아니할 경우에는 망설이고, 고민을 거듭하게 되며, 잘못된 결단으로 오히려 나쁜 결과를 가져오기 쉽다. 따라서 망설이게 되었을 때는 한 걸음 물러나서 다시금 생각해 보는 것이 좋은 방법이다.

② 물러설 때의 결단

결단 중에서 가장 어려운 결단으로 사업성 없는 사업을 CEO의 체면이나 고집에 의해 적자를 키우고 있을 경우다. 현실성 있게 대처하여야 한다. 수익원천의 개발과 혁신으로 해결하거나, 전문경영인을 채용하여 기업경쟁력을 높여야 한다.

그리고 제3자가 판단하여도 부진한 경영결과의 적자폭이 기업 정상화의 수위를 넘었을 때는 물러설 수 있는 결심이 빠를수록 좋다.

③ 공략할 때의 결단

공략의 결단은 비교적 쉬우나 결단할 때의 공략의 장치를 어떻게 만드는가에 중요성이 있다. 신상품의 개발, 영업사원의 훈련, 판매망 개척, 광고 선전, 대리점 대책 등의 장치이다. 그리고 결단에는 사전 충분한 대응책을 모색하고, 문제점을 해결할 수 있도록 하여야 한다.

④ 인사의 결단

사람을 채용할 때는 정실에 얽매이지 않도록 한다. 기본적으로 충성도와 능력의 겸비를 등용의 조건으로 제시하고, 사기와 조직문화, 경영성과를 향상시킬 수 있는 인재를 채용한다는 혁신적 결단을 취해야 한다.

⑤ 투자할 때의 결단

설비투자, 제고투자, 인재투자, 선행투자 등 기업이 성장하기 위한 투자는 꼭 필요한 부문이므로 투자결단을 할 때에는 투자의 기본원칙에 충실하고, 확고한 기대효과와 투자자의 책임이라는 인식에서 결정한다.

11.2.3 CEO의 활동 포인트

CEO는 판매 전략의 전개, 신상품의 개발, 인맥의 구사, 유통의 개혁, 사원의 정예화 등의 항목에 대한 깊은 관심을 갖고 스스로 앞장서서 진행하여야 한다.[8)]

기업의 현황을 항상 분석하고, 점검하며, 부족한 점은 보강하고, 좋은 점은 더욱 신장시키는 노력으로 고객으로부터 신뢰받는 기업이 되도록 한다.

1. 판매 전략의 전개

① 판매 전략의 명확한 제시

판매 전략은 우선 종업원의 힘이 한곳으로 집중될 수 있도록 전략을 명확히 제시한다. 그리고 전략에 따라 영업을 전개하고, 기업정책을 추진하며, 성과를 평가받고, 문제점에 대한 대책과 해결점을 찾아야 한다.

② 영업정책 명시

영업활동의 기반이 되는 전략적 정책방향의 제시로 일관성 있는 사업의 추진을 가능하게 한다. 기업은 타깃고객을 확실하게 정하고, 시장현황의 분석을 통해 판매로 이어지도록 한다. 판매과정을 통해 기업의 약점을 파악하고, 대응책을 마련하는 마케팅전략을 구체화하여야 한다.

---

8) 고바야시 마사히로, 작은 회사의 사장학, 아이피에스, 1991. P 111-144

③ 환경에 알맞은 상품구성

시장은 기업들의 성공과 실패의 추세, 라이프사이클, 유행과 경쟁상품의 출현 등에 따라 매출의 결정규모가 달라진다. 그러므로 기업은 환경적 요인을 파악하고, 적합한 상품을 시장에 출시하여야 한다. 그리고 상품의 가치는 고객이 정하므로 고객에게 적절한 가격으로, 고객의 구매력을 높일 수 있는 상품의 구성이 되도록 한다.

④ 판매방법과 수단

매출실현을 위한 방법으로 광고, 선전과 판촉활동 및 이에 따른 경비 등을 함께 검토해야 한다. 제품에 적합한 판매방법의 선택과 판매수단의 활용은 물론 광고 등의 홍보방법의 선택적 결정이 매출액 실현의 규모를 정한다.

⑤ 톱 세일즈맨

CEO는 기업의 톱 세일즈맨이 되어야 한다. 신규고객의 발굴은 쉬운 일이 아니며, 안정된 고객의 확보는 기업을 견실하게 할 것이므로 우수한 고정고객의 확보는 곧 매출의 확보와 경영의 안정을 가져온다.

따라서 영업을 할 때는 종업원의 마케팅 능력이 특출하여도 고객에게 신뢰를 주거나 이미지 강화 측면에서는 CEO를 능가하기 어렵다는 것을 인식하고, CEO의 적극적인 판매활동이 수반되도록 한다.

2. 신제품의 개발

기업의 성공은 신제품의 개발과 개발된 제품이 고객에게 선호되고 있는가? 에 있다. 그러므로 기업은 고객이 선호하는 신제품의 개발을 소홀히 하여서는 아니 된다.

신제품의 개발은 대체로 그 제품을 사용하는 사람의 욕구와 사고방식, 생활방법 등을 이해할 수 있는 사람으로 할 때 효율적이며, 기본원칙에 충실한 개발을 할 수 있다.

3. 인맥의 활용

기술사업화는 개인적인 인맥의 활용을 더욱 중시한다. 기술개발자체의 도움을 받는 것은 물론이고, 경영전반에 걸친 영업신장을 위해 인맥의 활용은 커다란 응원군이 되기 때문이다. 따라서 인맥의 활용을 위해 다음과 같은 조사를 한다.

① 기업의 평판, 상품의 평가, 경쟁사의 동향, 경기 동향 등 영업과 기술에 관한 일반적인 정보의 수집
② 실행가능성 조사의 협력, 유력한 정보의 제공, 공동개발 등의 제휴 또는 협력 등의 신규 사업의 개시에 따른 조사
③ 중요고객의 정보, 금융기관 정보 및 지원 등 신용조사
④ 기타 특정인물의 소개 등이 있다.

4. 물류의 개혁

제조업 등 유통과정을 필요로 하는 사업은 물류부문을 소홀히 할 수 없다. 그러므로 CEO는 해당부문의 사업화에 처음부터 준비된 기업경영을 할 수 있도록 해당부문의 개혁적인 자세가 필요하다.

① 유통비용 대책

복잡한 유통과정과 경로는 기업의 유통비를 크게 부담시키고 있으므로 물류개혁에 의한 경비의 절감은 매우 큰 과제가 되고 있다. 입하, 보관, 출하, 재고 등의 적정수준 관리 및 운영으로 기업의 물류경비를 줄일 수 있는 적극적인 대비책의 모색이 필요하다.

② 적정재고자산 관리

적정재고수준의 관리는 기업에게 커다란 과제 중의 하나이다. 재고가 많이 쌓이면 쌓일수록 운영자금의 융통금액은 축소되고, 생산자금의 투입금액은 늘어난다. 여기에 창고비용 등의 부담을 가중시키는 등 경영압박요인으로 작용한다.

그러나 재고가 많을 경우에는 고객의 수요에 적극 대응할 수 있고, 판매원들의 상품 확보경쟁을 막아주며, 일시적 가수요를 방지할 수 있는 긍정적인 효과를 주기도 한다.

따라서 CEO는 적정수준의 재고를 유지할 수 있도록 재고전산화를 통한 관리노력과 적정수준 이상 관리에 대한 자금 부담으로 잃게 되는 금융비용 또는 그 이하수준으로 고객에게 끼친 불만과 영업 손실 등을 합리적으로 산정할 수 있는 방법을 찾아야 한다.

③ 거래선 선택

기업가는 조달측면에서 항상 새로운 소재, 신제품, 대체재료 등을 찾아내고, 원가절감을 위해 노력해야 한다. 그리고 판매유통 측면에서 기업은 어떻게 조직화하고, 판매할 것인가에 관심을 두어야 한다.

즉 판매영업사원이 직접 판매하는 방법과 대리점을 통한 판매 또는 위탁판매 등 다양한 판매방법의 선택과 이에 따른 거래 선의 선택이다. 결국 CEO는 기본적인 정책을 세우고, 전략적인 거래 선의 선택을 하여야 한다.

5. 사원의 정예화

① 인재육성

기업은 사람이 경영한다. 우수한 인재가 많이 모여 있는 기업일수록 성공기업이 된다. 따라서 CEO는 직원의 정예화가 시급하고, 인재양성을 위한 과감한 투자가 되어야 하므로 기업이 해야 할 일은 다음과 같다.

- 장래성이 있는 조직원은 과감하게 권한을 위임하고, 업무능력을 발휘할 수 있도록 기회를 부여한다.
- 업무분담과 책임을 명확히 한다. 다만 업무분담으로 경계선상의 업무와 경중의 문제는 서로 도와줄 수 있는 협력 체제를 갖추도록 하여야 한다.

② 교육훈련

CEO는 종업원과 수시 접촉을 통해 사원을 정예화 시키고, 교육훈련의 기회를 만들어야 한다. 직장 내 훈련과정을 강화하고, 기회가 되면 교육훈련기관 또는 전문기관의 훈련을 활용하는 기회를 만들어야 한다.

11.3 사업조직 구성

11.3.1 사업조직

1. 팀의 구성

기업이 성장 발전할 수 있도록 합리적이고, 협력적인 정신과 이념을 공유하는 조직으로 무장되어야 한다. 또한 기업의 비전을 경영진들은 공동의 꿈으로 실현될 수 있도록 기회를 만들어야 한다. 이러한 조직에서 공통적으로 강조하는 팀워크의 요건은 다음과 같다.[9]

- **단결성**: 회사와 개인이 운명을 같이하고, 개인의 기여가 회사의 성공과 직결된다는 신념을 지닌다.
- **팀워크**: 개인의 스타의식 보다 상호간의 파트너 정신이 지배한다.
- **성실성**: 고객, 회사, 사회에 대한 가치창조와 기여를 중심으로 판단한다.
- **장기적 관점**: 자신의 노력이 수년이 지나야 보상받을 수 있다는 관점을 가진다.
- **투자회수 관점**: 현재의 투자와 노력으로 미래의 대가를 기대한다.
- **가치 창조적 관점**: 고객, 공급업체, 유통업체 등에 대한 가치창조를 통해 사업을 운영한다.
- **공정성**: 노력, 기여, 성과 등의 수준에 따라 공정하게 보상을 받는다.
- **수확의 공유**: 기업의 성과에 대해 공유할 수 있도록 한다.

2. 기업조직과 충원

최근의 기업은 급격한 환경 변화와 국제화 추세에 적절히 대처할 수 있는 조직이 되어야 한다. 따라서 기업의 조직구성은 다음과 같은 중요성을 인식하여야 한다.

- 기업의 목표설정에 알맞은 조직의 위상을 파악한다.
- 현실적인 비전제시와 전사적인 공유가 필요하다.
- 고객 중심의 가치 흐름에 초점을 맞춘 프로젝트의 위상정립이 필요하다.
- 프로젝트 수행을 위한 적정인력을 확보한다.

사업조직을 구성할 경우에는 사업초기와 그 후의 조직구성으로 구분하는 것이 좋다. 사업초기에는 충분한 영업기반이 조성되지 않은 상태에서 신규 Item, Idea 및 기술을 중심으로 하는 사업기반을 구축해야 하기 때문에 일반적으로 사업자가 모든 부문의 역할을 전담할 수 있도록 지인들을 중심으로 한 소수의 멤버로 조직을 구성하는 경향이 있다.

---

9) Jeffry A. Timmons, New Venture Creation: Entrepreneurship for the 21st Century, Fourth Edition(Burr Ridge: Irwin, 1994):255-257

그러나 기업의 규모가 커질수록 원활한 업무수행을 위해 조직과 인력은 늘어나고, 이에 알맞은 폭 넓은 인재 등용과 객관적 조직시스템을 형성한다.

11.3.2 조직설계

1. 조직의 설계란

조직설계(organization design)는 조직목표를 달성하기 위해 가장 적합한 조직구조를 구축하는 것으로 필요한 형태를 선택하거나 결정하는 과정과 기존의 조직구조를 변화시키는 활동이다.

조직설계의 중요성은 조직의 효율성, 유연성 등 장기적 성과에 영향을 미치며, 조직과 환경 간의 적합관계에서 관리적 시각을 제공하고, 기업의 지속적인 활동이 유지되어야 하는 경영활동이기 때문이다.

조직설계는 최선의 조직이 존재할 수 없고, 상황에 따라서 조직형태가 달라진다는 관점에서 '상황이론'(contingency theory)을 요구하며 경영성과를 추구한다.

조직을 설계할 경우에는 ① 조직의 크기, ② 기술, ③ 환경의 불확실성, ④ 경영전략, ⑤ 자원 및 정보, ⑥ 사회문화적 등의 요인을 고려하여야 한다.

그리고 설계방향은 ① 수평적 조직화, ② 고객 지향적 조직화, ③ 기술 혁신적 조직화, ④ 글로벌 조직화 등의 형태를 지향토록 한다.

따라서 단계별 기업은 창의적(연구개발 조직)이고, 미래지향적인 조직을 구성하고, 경쟁우위를 확보할 수 있도록 설계한다.

2. 조직의 유형

① 개념적 조직

- **기계적 조직(mechanistic organization)**: 안전적인 환경에서 표준화되고, 규정된 절차 및 방식에 의해 경영조직을 운영하는 형태이다.
- **유기적 조직(organic organization)**: 환경 또는 상황 변화에 매우 탄력적으로 반응하고, 필요할 때 수시로 조직의 형태를 변형시킬 수 있는 유연성을 가진 조직형태이다.

② 일반적 조직

- 라인조직(line organization): 비용절감과 효율성의 제고 및 생산성 향상을 목표과업으로 계선화(系線化)된 조직형태이다.
- 스텝조직(staff organization): 효율성 제고와 생산성 향상이 목표이며, 자문 또는 조언을 직접 얻기 위해 만들어진 막료(幕僚)조직형태다.
- 사업부제 조직(divisional organization): 사업부단위로 편성되며, 각 단위에서 독자적 생산, 영업, 관리를 하고, 제품별, 시장별, 지역별 이익중심점을 중심으로 독립채산제를 실시하는 조직형태이다.
- 프로젝트 팀 조직(project team organization): 전통적 조직이나 사업부제 조직의 보완조직이다. 전문가들이 원활한 상호작용과 집단문제해결을 수행하고, 일정한 과업에 인력과 자원을 집중시킬 수 있는 조직형태이다.

③ 경쟁력 강화조직

- 팀제조직: 경쟁의 심화, 환경변화의 가속화에 대응하여 수평조직화와 슬림화의 개선에 충실함으로써 전통적 기능중심의 조직과 계층조직구조를 탈피하는 조직이다.
  팀의 자율권(권한과 책임)을 최대한으로 보장해 주고, 팀장의 역할강화가 필수적이며, 교육, 훈련 프로그램의 강화가 필요한 조직이다.
- 사내벤처분사 조직: 조직구성원들의 기업가정신을 고취함으로써 조직의 내부 또는 외부에 자율적인 사내기업을 설치, 운영하여 지속적 경영혁신과 조직변화를 촉진하려는 조직형태이다.

④ 고객 지향적 조직

- 역 피라미드형 조직: 경영자에 의한 명령보다 고객의 요구에 따라 설계되고 운영되는 조직형태이다.
- 아메바형 조직: 전통적 조직에서 벗어나 고객의 욕구와 환경변화에 따라 그때그때 과업이나 임무 수행을 위해 임시변통으로 움직이는 조직형태이다.

⑤ 기술혁신 조직(창의적 조직)

최근 기술 환경과 시장 환경의 급변으로부터 창의적 대응을 위한 연구개발 조직 또는 태스크포스(TF, task force) 등 임시조직을 말한다. 이 조직은 규모가 작고, 다양성을 수용하며, 구성원의 자율성을 부여하되 방종을 예방할 수 있도록 한다.

⑥ 글로벌 조직

- **글로벌 네트워크 조직**: 정보통신기술의 활용으로 조직의 유연성과 유기적 연계성의 극대화를 이루며, 새로이 출현하는 기술이나 사회적 유행 및 조류 변화에 신속히 적응할 수 있는 조직이다.
- **글로벌 매트릭스 조직**: 조직구성원들이 기능부서에 소속됨과 동시에 프로젝트 팀에도 소속되는 조직이다.

3. 조직의 형태

① 종적조직형태

・기능조직

유사하고, 관련성이 높은 업무를 우선 결합시켜 조직을 설계하는 방법이다. 생산, 구매, 인사 등 기능을 중시하는 조직형태가 대부분이다. 이 조직은 목표의 달성과 기능별 질 및 효율성, 전문화를 위해 가장 적합하다. 그러므로 규모가 작거나 중간정도의 기업에게 적절하다.

따라서 기능조직은 비교적 안정적이면서 부서 간 의존성이 낮고, 일상적 기능을 수행하는 조직으로 조직 관리의 효율성을 높일 수 있다.

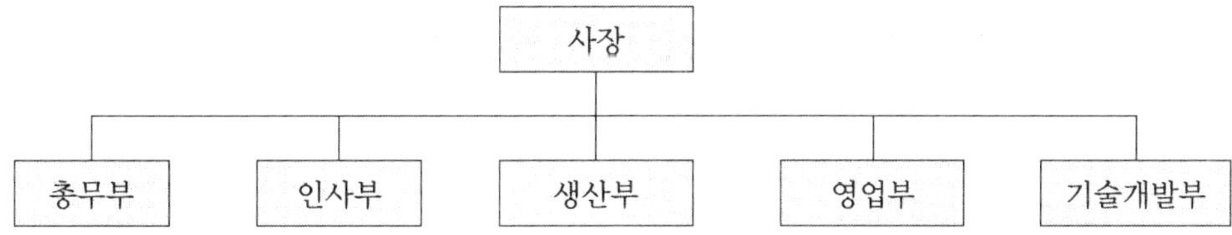

・제품조직

제품, 서비스, 지역, 시장, 고객 등을 기준으로 조직한 형태이다. 이 조직은 조직 내에서 각각의 부서 간 기술적 기능을 조정할 필요성이 높은 경우에 도입하는 것이 효과적이다.

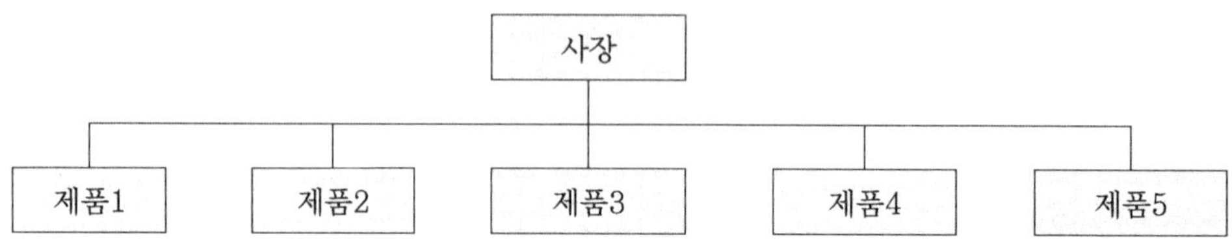

• 혼합형 조직

기능조직과 제품조직의 혼합으로 제품조직을 변형시킨 조직이다. 제품조직의 외적 효율성과 혁신성을 중요시 할 경우의 조직형태이다.

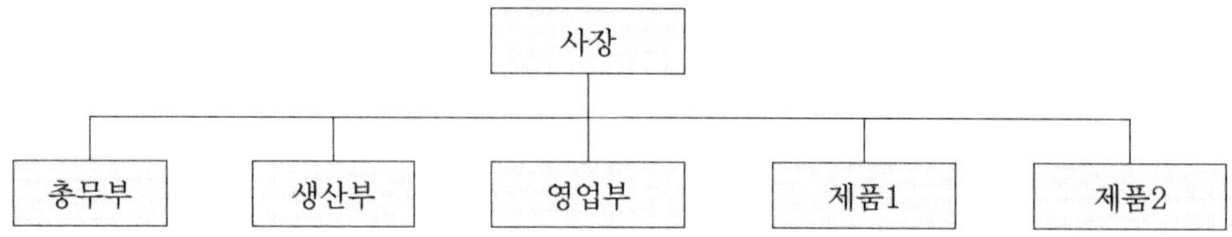

② 횡적조직형태

• 매트릭스조직

기능조직과 제품조직을 한 부서에 복합시킨 조직이다. 각 조직의 요구를 효과적으로 충족시키고, 전문기술의 필요와 제품조직의 혁신이 필요할 경우 설계되는 조직이다. 매트릭스조직은 소수의 제품라인(단일 제품라인 제외)을 보유한 보통규모의 조직에서 가장 효율적 기능을 발휘한다.

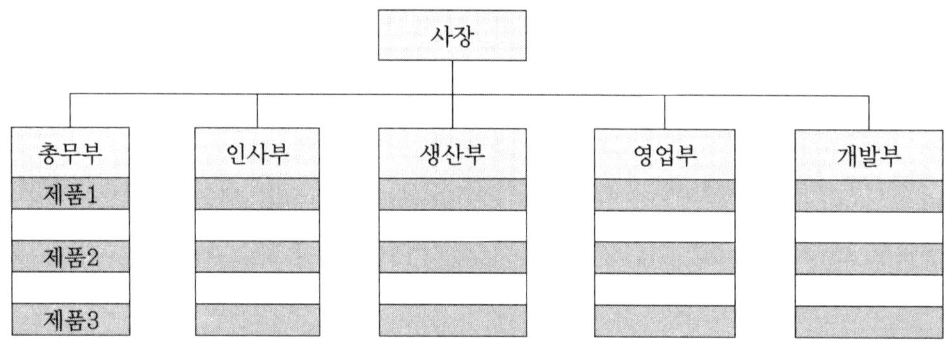

• 팀(Team)조직

공동의 목표를 달성하기 위해 상호 보완적인 기능을 가진 소수의 사람이 공동으로 신축성 있게 상호작용하는 조직이다. 따라서 팀조직은 공동의 책임을 지는 조직형태이다.

팀조직은 5~12명 정도의 인원으로 구성되며, 전통적인 관료조직으로 대응할 수 없는 외부환경을 민감하게 감지하고, 조직의 의사결정과 연결시켜 주는 효율적 조직으로 기능하는 현장 밀착형 조직이다.

이러한 조직은 구성원의 능력을 개발시켜 내부 전문가를 육성하고, 구성원 간의 조직학습에 효과적으로 작용하며, 조직의 경량화와 스피드에도 기여하는 유연한 조직이다.

팀조직은 미국을 중심으로 1990년대 이후 본격 도입되었으며, 최근 일상화된 조직형태가 되었다. 기업들이 팀제로 전환하는 가장 큰 목적은 팀제도입을 조직혁신의 일환으로 여기고 획기적인 변신의 출발점으로 삼을 수 있기 때문이다.

우리나라 기업들이 팀제를 도입한 목적을 살펴보면 다음과 같다.

- 유사업무나 상호작용이 긴밀한 부서들을 통폐합하여 조직을 간소화한다.
- 상하 간 높은 계층을 파괴하고, 평평한 Flat조직을 만든다.
- 소수정예의 인력운영으로 기동성과 유연성을 확보하면서 조직구성원의 전문능력을 함양할 수 있도록 인재개발에 필요한 조치이다.
- 일상적인 프로젝트 완수를 위해 기존의 위계구조와 각자의 기능 부서를 유지하면서 각자가 자기고유의 전문기능을 발휘하도록 장기적인 작업집단으로 묶어준다.
- 고객중시, 창조경영시대를 맞아 구성원 참여의 아이디어 개발, 동기부여, 신속한 현장대처에 효과적 유연한 조직의 구성이다.

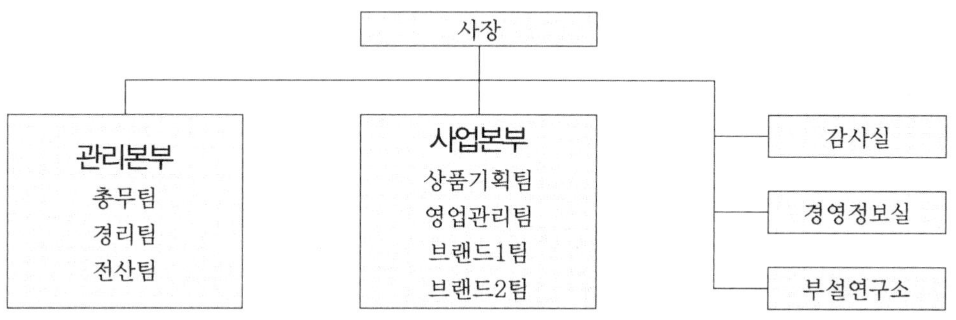

11.4 사업조직운영

11.4.1 인력개발

1. 교육훈련

기업의 지속적 경쟁우위달성을 위해 필요한 조직수준과 개인차원의 니즈를 분석하고, 능력과 근로의욕, 성과목표달성 등을 가능토록 교육훈련을 실시한다.

이러한 교육훈련은 역량평가를 통한 자기수준 확인, 자기주도 학습계획수립, 직장 내 훈련(OJT), 코칭, 멘토링, 세미나, 프로젝트 수행, 학습조직, 지식기반, 온라인 토론 등의 방법으로 수행한다.

2. 핵심인재 육성

기업의 미래 사업을 주도할 수 있는 핵심인재를 체계적으로 육성하기 위한 인적자원관리가 필요하다. 핵심인재육성전략의 추진은

- 핵심인재의 확보이다.

자신의 과업과 조직 내 역할의 자부심을 가질 수 있도록 수행업무에 높은 가치를 부여하고, 미래에 대비한 다양한 인재를 확보하여 역량위주로 적재적소에 배치한다.

- 핵심인재의 개발이다.

핵심인력에는 경력경로를 설계하고, 조직 내의 성장비전과 승진경로를 제시한다. 일을 통한 새로운 과업을 부여하여 인재양성을 위한 도전의 기회를 제공하고, 이들에게 세심한 배려와 후원으로 감동과 열정을 이끌어 내도록 한다.

- 핵심인재의 평가와 보상이다.

성과중심으로 기업의 경쟁력과 수익창출기여도를 평가한다. 평가는 상대평가와 절대평가를 조화롭게 하며, 평가지표와 평가절차는 공정성을 가져야 한다. 그리고 다면평가 등 합리적이고, 공정한 평가결과에 대해 보상한다. 보상방법은 스톡옵션제도 등 금전적 보상을 적극 도입한다.

3. 창의성

① 창의성의 개념

창의성(Creativity)이란 '새롭고 유용한 아이디어를 창출하는 능력 또는 과정'으로 정의할 수 있다. 기존의 상품이나 경쟁사의 상품과 차별화 할 수 있는 새로운 아이디어나 기술을 창출하는 능력이다.

기업은 창의성을 발굴하기 위해 종업원들을 숙련시키거나 교육훈련의 강화 및 제안제도 등을 도입하며, 기업혁신을 강도 높게 추진하고 있다.

② 창의성의 중요성

- 기업경쟁력 제고

세계화와 정보화의 기업환경에서 부존자원이 부족한 경우에는 '인적자원'의 활성화를 통한 창의적 경영을 하여야 한다. 이는 인적자원을 통한 기업혁신으로 개선을 통한 경쟁력을 제고시킬 수 있기 때문이다.

- 조직 혁신과 경쟁력 배양

기업은 창의적인 구성원에 의해 혁신과 경쟁력을 키우도록 한다. 창의력을 장려하는 조직분위기와 기업의 경영전략은 조직혁신을 강화시켜 경쟁력을 배양시킬 수 있는 원동력이 될 수 있다는 이유이다.

11.4.2 인력충원

1. 충원계획이란

인력계획은 현재 또는 장래의 일정시점에서 기업이 필요로 하는 인력의 수요와 공급을 예측하고, 이를 통해 인력의 수급을 조절하는 활동이다.

인력의 수요예측은 수요와 수익성을 감안한 양과 질적인 예측을 한다. 이 경우 생산성, 능률수준, 자동화, 기계화 등 질적인 변화와 분권화, 조직 설치, 생산 및 판매방식, 수익성 등 양적인 변화에 따라 수요를 예측한다.

반면에 인력의 공급예측은 기업내부의 이용가능 인력의 수와 외부로부터 공급받을 수 있는 인력의 수를 예측한다. 이때 기업은 생산성 수준, 이직률, 결근율, 직무간의 이동률 등의 요인을 감안한 예측을 한다.

이렇게 예측이 전제되면 신규채용, 훈련을 통한 능력의 배양, 경력관리, 생산성 프로그램 운영 등의 방법으로 인력충원계획을 수립한다.

2. 인력운영

기업이 미래에 발생할 기술변화 등 기업의 환경변화를 사전에 예측하고, 특정 시점에서 인력의 양적, 질적 문제를 해결할 수 있도록 사전에 준비하는 전략적 대책에 따른 인력운영을 한다.

인력계획은 기업의 목적, 목표, 예산, 조직구조에 따라 인력수요와 인력공급을 예측하고, 수요공급의 차이를 추정하여 인력목표로 정한다. 그러므로 인력계획은 기업의 실질적인 경영능력과 수준을 알 수 있는 척도가 되며, 종업원의 원활한 충원과 적정수준의 급여 지급 및 생산성을 나타낸다.

또한 기술개발자, 재무 관리자, 영업담당자, 생산현장에서 감독할 사람 등 각 분야에 대해 어떤 경험과 지식을 쌓아왔는가를 밝힌다. 그리고 부족인력은 언제 어떤 자격을 가진 사람을 확보할 예정이며, 어떠한 방법으로 유능한 인력을 계속 근무토록 할 것인가를 제시한다.

3. 법정근로시간

인력계획의 수립을 위한 근로시간은 근로자가 사용자의 지휘·감독 하에서 근로계약상의 근로를 제공하는 시간이며, 휴게시간을 제외하고, 실제 근로시간을 말한다.

근로기준법은 근로자의 최장근로시간을 정하고 있다. 법정근로시간은 ① 1주 40시간, 1일 8시간(법 제50조), ② 유해위험작업은 1일 6시간, 1주 34시간(산업안전보건법 제46조), ③ 연소근로자(만15세 이상 18세 미만)의 1일 6시간, 1주 40시간(법 제69조)으로 하고 있다.

11.4.3 임금과 퇴직금

1. 임금이란

임금은 작업량과 성과에 관계없이 근로시간을 기준하여 지급되는 고정급제와 각자의 작업량과 성과를 기준한 성과급제가 있다. 근로기준법은 임금의 지급을 통화로 근로자에게 전액 지급하며, 매월 1회 이상 일정한 기일을 정하여 지급토록 하고 있다.

임금수준은 경쟁관계에 있는 타 기업과 비교할 때 경쟁력을 가질 수 있도록 하되, 기업의 입장에서 지불능력을 감안하여 결정한다. 그리고 임금의 인상은 물가의 상승, 생산성 또는 직무수행 능력의 향상을 통해 조정한다.

그 외 종업원들에게 동기부여를 위한 인센티브를 지급할 수 있으며, 기업의 경영성과에 따라 지급되고, 지급수준은 통상임금의 몇 %로 대부분 정한다.

2. 임금형태

① **시간급제(고정급제)**: 수행한 작업의 량과 질에 관계없이 단순히 근로시간을 기준으로 임금을 산정하여 지불한다.

② **성과급제(변동급제)**: 달성한 성과의 크기를 기준으로 임금액을 결정하는 제도이다. 객관적 성과기준과 성과정도를 평가하여 보상하는 성과증진 유인을 위한 임금제도다.

3. 연봉제

개개인의 실적, 능력, 공헌도 등을 평가하고, 그 결과를 토대로 계약에 의해 연간 임금지급 수준을 결정하는 임금지급체계를 연봉제라 한다. 이러한 연봉제는 동기유발과 업무목표 달성, 우수인재의 확보, 임금관리의 용이, 노사일체감 형성 등을 위해 도입되나 연봉제의 신뢰성, 과다한 경쟁, 단기실적에 치중하는 등의 단점을 가지고 있다.

연봉제의 유형은 기본연봉과 업적연봉으로 다음과 같이 조합되고 있다.

① **단일연봉(업적연봉)**: 기본급과 모든 수당을 포함한 총액을 연봉에 포함한다.

② **기본연봉(종합급) + 업적연봉**: 근무연수, 자격, 직무내용 및 각종수당을 포함한 금액을 기본연봉으로 하고, 업무성과에 따라 업적연봉을 지급한다.

③ **기본연봉(직능급) + 업적연봉**: 개인의 직무수행능력 정도를 기본연봉으로 정하고, 업적성과에 따라 업적연봉을 지급한다.

④ **기본연봉(직능급+직무급) + 업적연봉**: 개인의 직무수행능력 정도와 직무의 중요도, 난이도를 고려하여 기본연봉을 정하고, 업적성과에 따라 업적연봉을

지급한다.

⑤ **기본연봉(직능급+기초급) + 업적연봉**: 개인의 직무수행 능력정도와 급여 기본액을 고려하여 기본연봉을 정하고, 업적성과에 따라 업적연봉을 지급한다.

4. 퇴직금

1년 이상 근무한 종업원에게 지급되는 퇴직금은 계속근로 시 1년에 대하여 30일분 이상의 평균임금을 지급하며, 1년을 초과한 기간은 1년 기간 지급 금액에 초과일수를 곱하여 계산한다.

퇴직금 = 평균임금 × 30일 × 근속기간

퇴직금의 지급은

① 근로기준법상의 근로자이어야 한다.

모든 근로자가 대상이 된다. 다만, 단시간근로자인 경우에는 4주간을 평균하여 1주간의 근로시간이 15시간 미만인 경우에는 퇴직금제도가 적용되지 않는다. 그리고 4인 이하 사용하는 사업 또는 사업장의 근로자에게는 단체협약이나 취업규칙에서 별도 규정하지 않는 한 적용되지 않는다.

② 1년 이상 계속 근로한 자라야 한다.

계속근로연수는 원칙적으로 근로자가 입사한 날(또는 최초의 출근의무가 있는 날)부터 퇴직일까지의 기간을 말한다. 근로자가 그 적을 보유하고 근로관계를 유지하고 있다면 휴직기간도 휴직사유에 관계없이 근속연수에 포함된다.

③ 퇴직 또는 근로자의 퇴직금정산요구가 있어야 한다.

퇴직의 사유는 근로자의 사망 또는 기업의 소멸, 일의 완료, 정년의 도래 및 해고 등 근로계약이 종료되는 모든 경우를 말한다.

Chapter XII

기술자금

12.1 자금조달 일반
12.2 자금조달전략
12.3 재무제표구성
12.4 자본조달과 운용

Chapter XII 기술자금

12.1 자금조달 일반

12.1.1 자금조달이란

기업은 계획사업을 원활하게 추진할 수 있도록 필요한 자금을 조달하거나 운용한다. 이는 자금의 조달과 운용으로 사업화의 차질을 방지하여 기술사업의 성공가능성을 높이며, 최소의 비용으로 최대의 효율을 얻을 수 있도록 하는데 있다.

따라서 자금의 조달방법은 대부분 주주에게 귀속되는 자기자본(자본금, 잉여금)과 채권채무 관계를 나타내는 타인자본(차입금, 지급어음, 외상매입금, 사채 등)으로 조달한다. 그리고 조달규모는 사업화기업의 실정에 따라 임의적으로 정하게 되며, 상환부담 등을 감안하여 결정한다.

기술사업화의 초기에 투입되는 기초자금(seed money)은 사업화의 종자돈으로 주로 사업자의 자기자금을 활용하는 측면이 강하다. 그러나 자기자금만으로 자금소요를 충족시킬 수 없을 경우에는 타인자본에 의존한다.

타인자본에 의한 자금조달은 친인척, 친구 등에 의한 개인적 차입과 은행, 상호은행, 보험 및 기타 금융기관 등으로부터 차입하는 대출 또는 채권발행 등의 방식이 있다.

이들 타인자본은 원리금 상환 부담과 이자발생 등이 수반되므로 상환여력, 경영압박 정도, 차입규모, 이자율, 담보제공 능력, 지배정도 등을 종합적으로 판단하여 조달유형과 규모 등을 결정한다.

그리고 자금의 운용은 조달계획에 따라 소요경비를 적기, 적소에 적정액을 지출하여 경영효과를 높일 수 있도록 운영하되 가능한 지급준비자금이 소진되지 아니하는 범위에서 조달일정을 감안하여 운용한다.

12.1.2 소요자금

기술의 사업화는 재무상황의 변동 폭이 넓고, 크며, 속도가 빠르기 때문에 기업자금 마련을 위한 재무의사결정은 신축적이고, 보다 빠른 조치가 있어야한다.

그리고 현금흐름을 감안한 적정규모의 자금운용이 될 수 있도록 소요자금을 판단하고, 운용수요에 대비할 수 있는 충분한 시간적 여유와 수준을 고려하여 탄력적 대응을 하여야 한다.

주주로부터 투자한 투자금은 주주의 경영참여 기준이 될 수 있다. 단순히 회계적의미보다 자본이 가지는 경제적, 경영적 의미가 더욱 크다는 말이다. 그러므로 주주는 사업화규모와 투자수익과의 관계를 잘 정립하여 투자규모를 정하도록 한다.

또한 기업의 자금수요는 제조업 등 투자비용이 큰 사업과 대체로 투자비용이 작은 단순서비스업의 기술사업화 소요자금의 정도차가 발생할 수 있으므로 업종별 적정수준의 수요를 판단하여 결정하도록 한다.

① 조달할 자본금규모의 결정

기업의 소요자금은 기술의 적극적인 사업화 추진과 기업의 안정적 경영을 가능토록 금리 또는 원금상환 부담이 없는 자기자본으로 조달하는 것이 바람직하다.

그러나 투자비용이 크거나 주주의 자금동원 능력의 한계 등으로 자기자금으로 충분히 조달할 수 없을 경우에는 사채, 대출형태의 차입 또는 전환 가능한 사채 등으로 조달한다.

조달규모의 판단은 사업화자금과 연구개발비, 원자재 조달 및 시제품생산비, 양산단계에서의 설비투자비 및 판매관리비, 마케팅비 등이 포함된다. 각각의 용도별 자금소요에 따라 총 소요액을 산출할 수 있고, 이를 토대로 타인자본과 자기자본의 조달규모를 배분한다.

특히 중공업 등 시설 및 설비투자 위주의 사업화자금은 대체로 초기 유형자산투자에 집중되므로 충분한 자기자본 조달이 될 수 있도록 하며, 사업화단계별 수요에 적합한 규모를 결정한다.

적정한 자본규모를 판단하는 지표로는 초기 사업화기업의 정황을 참작하여 동종산업의 평균비율과 변동추이를 비교하는 비율법을 많이 활용한다. 이 경우 비율법의 유형은 자본의 적정성을 총자산, 매출액 등 재무제표의 특정항목과 대비하는 단순비율법과 모든 자산을 위험 특성에 따라 상대적으로 가중치를 부여하여 자본과 대비하는 위험자산비율법이 있다.

② 자금의 조달

기업내부에서의 자금조성은 자본증자와 영업이익의 유보에 의해 조성된 자금을 의미하며, 초기사업화 기업에는 당장 실현되기 어려운 자금조달이다.

그리고 기업외부에서의 자금조달은 전환회사채 또는 신주인수권부사채의 발행을 통한 직접자금의 조달과 은행 등으로부터의 차입이다.

기업내부 자금으로 조달하면 이자비용과 원금상환의 부담은 없으나 주주의 지분변경과 배당압력이 예상되고, 기업외부로부터의 자금조달을 할 경우에는 차입금에 대한 이자와 원금의 상환부담이 있다.

그러므로 자금조달은 기업자체 부담능력은 물론 부채비율과 경영권 방어 등의 문제점을 고려하고, 투자자를 위한 대책 등을 감안하여 판단하여야 한다.

③ 수권자본금과 납입자본금

직접자금으로 조달할 자본금 규모는 정관에서 정하고 있다. 그리고 발행할 주식에서 주당가격을 곱한 금액이 자본금이며, 자본금은 수권자본금과 납입자본금으로 구분한다.

- 수권자본금은 정관에서 정하며, 납입자본금의 4배수 범위를 초과하지 않도록 한다. 그러므로 기업의 주식발행 한도를 결정하는 수권자본금의 증감 결정은 정관변경사항으로 주주총회의 특별 결의가 있어야 한다.
- 납입자본(paid-in capital)은 출자자 내지 주주들이 직접 출자한 자금을 자본화한 것으로 재무제표의 자본금 란에 기재되며, 기업의 실질적 자기자본으로 조달된 자금이다. 자본을 조달하는 경우에는 수권자본 범위에서 증자할 수 있으며, 주식을 발행하고, 그 대금을 은행의 별단예금에 수탁한 후 법인등기가 완료되면 수탁한 예금을 인출하여 기업의 자금으로 사용한다.
  그리고 우리나라 상법은 자본금의 최소금액을 정하고 있는데 이는 납입자본금의 최소금액이 되며, 주식의 발행은 이사회의 결의만으로 추가할 수 있다.

12.2 자금조달 전략

12.2.1 자금조달 방법

기업의 자금조달 방법은 타인자본으로 조달한 간접금융과 자기자본으로 조달한 직접금융이 있다.

- 타인자본에 의한 자금조달은 차입금 등이며, 주로 은행, 보험, 캐피탈로부터 차입하거나 채권발행 또는 정책자금 차입 등이다.
- 자기자본에 의한 자본조달은 증자나 신규응모에 의한 직접자금 조달과 전환사채 등을 발행하여 인수한 자금으로 원리금 상환부담 없이 조달한 자금이다.

  주식발행을 통한 자본조달방법은 일반투자자 등을 대상으로 주식을 발행하며, 주주를 모집하여 필요한 자금을 조달하는 신주발행 방법과 기존주주에게 증자를 통해 자금을 조달하는 구주 인수방법이 있다.

  그리고 기업의 전부 또는 일부 사업부나 계열사를 해당사업부나 회사 내에 근무하는 경영진과 임원이 중심이 되어 인수하는 경영자 매수 또는 경영자 인수(MBO: management buy out), MBI(management buy in), 트레이드 세일즈(Trade Sales), Buy-Back, 인수합병(M&A) 등을 통해 자금을 조달하는 방법이 있다.

1. 차입자금 조달

대출은 기업에게 가장 중요한 자본조달 방법 중의 하나이다. 원리금의 상환을 전제로 쉽게 자금을 조달할 수 있다는 특성이 있기 때문에 기술사업화 기업의 자금조달 수단으로 선호되는 자금조달 방법이다.

대체로 은행창구 등을 통해 차입 받게 되며, 상환기일과 적용금리 등 조건을 부여받은 조달자금이다.

그리고 정부 또는 공공기관 등으로부터 정책자금 지원이 있다. 장기저리의 대출 형식으로 지원하는 기술사업화자금이 대부분이나 지원 조건이 까다롭고, 차입목적과 성과 등의 통제를 받아야 하는 제약조건이 있다.

그러므로 기술사업화 중소기업의 경우에는 매우 우수한 기술력과 사업아이디어를 사업화시킬 수 있도록 사업성을 높이는 자금을 면밀히 파악하고, 분석하여 사업화에 가장 적합한 조달자금을 택일하여야 한다.

2. 직접자금 조달

기술사업화 초기단계에는 사업자 개인의 재력이나 간접금융(은행대출 등)에 주로 의존하는 경향이 있다. 기업의 성장과 국제화 등은 소요자금 규모를 더욱 부추기게 되며, 부채를 통한 부족자금을 충족시키는데 한계가 있으므로 기업은 부득이 자기자본 조달방법을 택한다.

자기자본 조달은 주로 증자를 통해 조달되며, 발행기업의 정보를 투자자에게 공개하고, 투자자의 판단에 따라 투자를 받는 조달방법이다.

자기자본조달을 위한 기업공개(IPO : Initial Public Offering, Going Public)는 기술사업화 기업이 일반인을 대상으로 신주를 발행하거나, 이미 발행된 주식을 매도할 때 재무내용을 공시하는 절차이다. 즉 신규로 발행하는 주식을 소수의 주주로부터 다수의 일반인 투자자를 대상으로 신주를 발행하고, 투자자에게 신주를 판매하여 자금을 조달하는 방식이다.

이러한 방식의 자금조달을 하고자 하는 기술사업화 기업은 대부분 유가증권시장을 이용한다. 여기에는 중소·벤처기업 중심의 고위험-고수익을 추구하는 '코스닥시장'과 기존의 대형 우수기업 거래시장 '코스피 시장'이 있다. 그리고 코스닥시장보다 완화된 상장요건을 적용하여 자금조달을 할 수 있도록 개설된 기술주도형 초기 신 성장 기업을 지원하는 '코넥스시장'도 있다.

그 외 상장되지 아니한 비 상장주권의 매매거래를 위해 운영하는 장외거래시장으로 '프리보드시장'이 있다. 이는 비 상장기업 중에서 성장단계에 있는 벤처기업 등 혁신형 기업들이 자본시장을 통해 주식매매를 가능토록 하여 쉽게 자금을 조성할 수 있도록 개설된 시장이다.

① 코스닥시장

코스닥(KOSDAQ)시장은 주로 중소·벤처기업에 대한 직접금융의 이용기회를 확대하고, 벤처캐피탈에게 투자자금의 회수기회를 제공하며, 투자자들에게 새로운 투자수단을 제공하는 기능을 가진다. 그러므로 코스피시장보다 상장 조건을 약화시켜 벤처기업의 자금조달을 가능토록 하는 시장이다.

② 코넥스시장

코넥스시장(korea new exchange)은 2013년 7월 1일부터 시장을 개설한 자본조달 시장으로 코스닥시장 상장요건을 충족시키지 못한 창업초기 기술사업화기업과 벤처기업에게 직접금융을 조달할 수 있도록 개설한 시장이다.

이는 기존의 코스피, 코스닥시장보다 완화된 상장요건을 제시한 시장으로 주로 기술주도형 초기 신 성장 기업을 지원하는 시장이다.

따라서 코넥스시장은 코스닥시장에서 역할을 수행하던 주간증권사를 없애고, '지정 자문인' 제도를 도입하여 설립부터 기업의 가치평가와 상장이후의 유지관리 및 감독을 할 수 있도록 하였다. 그리고 상장신청부터 상장된 주식을 매매 거래할 수 있는 기간은 15일 이내로 정하고 있다.

• 코넥스시장 상장절차

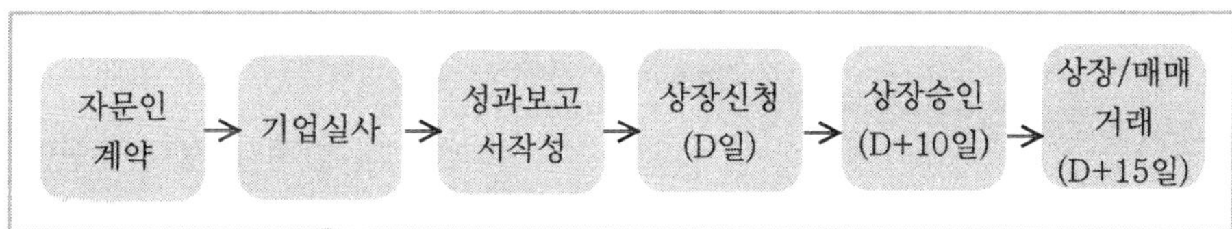

• 코넥스시장 상장요건

코스닥시장은 기업의 경상이익 시현, 유 무상 증자제한, 기술성 평가, 지분분산 등을 요구했으나 코넥스시장은 이를 배제한 상장요건이다.

구분	조건
자기자본과 이익	자기자본 5억 원, 매출액 10억 원, 순이익 3억 원,시가총액 100억 원 중 택일
감사의견	최근 연도 적정
준수변경 제한	6개월 간 변경제한
지분매각 제한	최대주주 지위변동 시 1년간 제한
지정자문인	필수
질적 실사	지정자문인 상장 적격성 판단

• 코넥스시장 투자자

코넥스시장은 기술사업화 초기기업의 안정적 발전을 위해 투자자는 위험감수능력이 있는 투자자로 제한하고 있다. 따라서 정부, 은행, 주권상장법인, 벤처캐피탈, 엔젤투자자, 헷지 펀드가입 개인, 잔액 3억 원 이상의 개인 투자자를 참여시키고 있으며, 주식거래 매매는 단일가격 경쟁매매방식으로 하고 있다.

③ 프리보드(Freeboard) 시장

벤처기업 등 대다수 비상장 혁신형 기업의 장기·안정적 자금조달을 지원하는 시장이다. 비상장기업의 발행주식에 대한 환금성을 부여하며, 프리보드 중심의 거래 집중을 통한 거래의 편의성과 가격의 공정성을 제고하고, 기존 장외 주식거래를 통해 발생할 수 있었던 불공정거래나 사기행위로부터 투자자 보호를 도모한다.

그리고 고위험·고수익을 원하는 투자자에게는 아이디어와 기술력이 있는 유망 기업이 발행한 주식을 상장 이전의 단계에서 투자할 수 있는 새로운 투자기회를 제공하는 기능이 있다.

12.2.2 투자자

1. 순수투자자

사업자는 자신의 자금으로 소요자금 전액을 충당하는데 한계가 있기 때문에 투자자로부터 사업자금의 일부를 투자받고 있다. 이 경우의 수순 투자를 목적으로 기업에게 투자를 할 수 있는 자는 엔젤투자자, 벤처캐피탈, 금융기관 등이다.

① 엔젤

엔젤은 기업화 초기단계(early stage)에 천사처럼 나타나 필요한 자금을 공급하는 개인 투자가(자산가)를 지칭하며, 엔젤은 주로 사업구상에서 초기 성장단계에 걸친 투자를 중심으로 하고, 높은 수익성에 그 목적이 있으며, 기업의 후견자역할을 하는 자를 의미한다.

엔젤의 유형은 다양하며 영역별, 특성별, 자금별, 단계별로 크게 분류할 수 있다. 영역별 유형은 투자자의 투자영역에 따라 리드엔젤과 서포트엔젤로 분류되고 있다.

투자자의 특성에 따라 분류하는 특성별 엔젤에는 경영자엔젤, 기업가형엔젤, 취미형엔젤 및 수익형엔젤로 구분되고, 자금별 엔젤은 투자자금의 성격에 따라서 러브머니, 엔젤캐피탈, 엔젤펀드가 있다.

그 외 단계별 분류는 투자단계에 의해 구분되는 유형으로 처녀엔젤, 잠재적 엔젤,

부추구형엔젤, 기업가형엔젤, 소득추구형엔젤, 대기업가엔젤 등으로 분류하고 있다.

엔젤의 투자대상은 창업 후 7년 이내인 기업 또는 기업 전환 후 7년 이내의 기업에게 투자하는 것으로 "벤처기업육성에 관한 특별조치법"은 정의하고 있다. 그리고 엔젤자본가로부터 투자유치를 위해 뉴햄프셔 대학의 웨첼(William H. Wetzel, jr)이 제시한 투자지침을 보면 다음과 같다.

- 엔젤은 신규 사업자금뿐만 아니라 사업에 대한 노하우를 제공함에도 적극적이기 때문에 일일생활권 내에서 교류토록 한다.
- 관련 산업에서 성공하고 있는 엔젤투자자에게 집중적으로 접근한다.
- 위험을 충분히 감수할만한 용기를 가지고, 그 위험에 대해 충분히 고려하고 계산할 능력이 있는 엔젤에 접근한다.
- 연구하고 준비하는 시간을 충분히 가지도록 한다.

② 벤처캐피탈(Venture Capital)

벤처캐피탈이란 용어는 Jean Witter가 1939년 미국의 투자은행가협회(Investment Bankers Association of America)회의에서 의장자격으로 행한 연설가운데 처음 사용되었다.

창업 또는 성장단계에 있는 모험기업(venture business)이 고도의 기술력과 장래성은 있으나 신용상태가 나쁘고, 경영기반이 취약하여 은행 등으로부터 자금의 공급을 기대하기 어려운 기업에게 투자하는 금융방식을 벤처캐피탈(Venture Capital)이라 말한다. 벤처캐피탈이란 용어는 벤처캐피탈 회사(기업)와 벤처캐피탈 자금을 공통으로 지칭한다.

벤처캐피탈은 설립 초기단계 기업에게 설립단계부터 자본참여를 포함한 위험을 부담하고, 경영지도 등을 함께 지원함으로써 투자기업을 성공시켜 높은 자본이득을 얻도록 하는데 목적을 두고 있다.

그러므로 벤처사업에 투자하고, 기업경영에 협력하며, 투자기업의 성장을 통해 주식을 공개하여 높은 자본이득을 얻는 자본이다.

벤처캐피탈의 기본역할은 장래 성공가능성이 높고, 새로운 기술을 가지고 있으나 기업자금이 없는 기업들에게 사업 자본을 지원하는 것이고, 경영과 재무에 관한 조언과 자문서비스를 제공하는 보조역할을 함께 수행한다. 벤처캐피탈과 엔젤의 차이점은 다음과 같다.

[엔젤과 벤처캐피탈의 비교]

구분	벤처캐피탈	엔 젤
투자 단계	창업 후 주식공개까지의 후기 성장 단계(Later stage) 선호	사업구상에서 발아 또는 성장초기단계 (seed or early stage) 선호
투자 동기	고수익성	고수익성 · 친분 · 인연 중시
지원 내용	자금지원 중심	자금지원, 다양한 전문 노하우 제공
투자 재원	투자가 모집하여 펀드 조성	개인 자산
자격 요건	일정한 법적 자격요건	자격요건 없음
위험 허용	상대적으로 작음	상대적으로 큼
투자 수익	상대적으로 작음	상대적으로 큼
거리 제한	거리제한 없음	근거리 선호(160km이내)
신분 노출	공개적	익명 선호
양자 만남	사전적으로 공지	우연성이 큼

벤처캐피탈의 투자조건을 살펴보면, 창업투자 회사는 창업을 준비 중이거나 기술력이 뛰어나지만 자본력이 미약한 중소기업에게 납입자본금의 50% 범위 내에서 직접투자 할 수 있도록 하고 있다.

그리고 중소기업창업투자회사는 창업자, 벤처기업의 주식, 무담보전환사채, 무담보신주인수권부사채 등을 인수할 수 있도록 하고 있다.

그 외 벤처캐피탈은 벤처기업의 투자확충과 자본조달 시장의 진입을 원활하게 하여 주고 있으며, 코스닥 등록 요건을 쉽게 만족시킬 수 있도록 특례를 부여하는 등의 적극적인 투자를 권장하는 자금이다.

③ 일반차입금융

은행 등은 고유영역의 업무에 부가하여 거래 기업체에 투자하므로 고수익을 실현코자 하는데 목적이 있다. 벤처투자 전용펀드(Fund)를 조성하고, 유망한 기업에 투자하는 자본가 형태의 투자자다.

벤처캐피탈과의 차이점은 벤처캐피탈은 담보 없이 투자하고, 투자자금을 회수할 경우에는 자본시장을 통해 투자자의 지분을 매각하거나 인수합병을 통해 투자자금을 회수한다. 그리고 투자기업의 경영성과에 크게 좌우되는 경영리스크를 부담하는 자본이다.

반면 은행 등에서의 차입은 채권보전을 조건으로 제시하고, 확보된 채권범위 내에서 융자형태로 투자자금을 지원하며, 일정한 기간 경과 후에는 원리금을 회수하는 방법이다.

2. 전략적 제휴 투자자

투자에 의한 수익성 추구를 목적으로 하는 순수투자자와 달리 기업의 경영참여 또는 제휴 등의 경영성과 관리를 목적으로 전략적 측면에서 기술사업화 기업에게 투자하는 투자자를 말한다.

① 대기업

기존 사업영역과 일정부분 연결고리가 있거나 미래사업의 확장계획과 관련된 사업영역을 지니고 있는 기업에게 전략적 사업제휴 혹은 유망한 사업아이디어를 사업화하는 기업에게 투자목적으로 출자하는 자본이다.

② 대형 기업

기존 사업과의 시너지효과 확보 및 신규 사업에 대한 사업영역의 확장 등의 목적으로 자금력이 부족한 유망기업을 발굴하고, 그 기업에게 투자하는 자본이다.

③ 외국기업

안정직인 부품조달 등의 목적으로 풍부한 자금력을 바탕으로 유망 기업에 투자하는 자본이다.

12.2.3 자금조달전략

1. 재무전략

사업화추진을 위해 기업은 사업계획의 수립이 전제되고, 수립된 사업계획에 따라 자금의 원천별 자금규모, 자금조달방법과 운용 등을 포함한 전반적인 재무전략을 수립한다.

즉 사업화에 따른 기반구축과 새로운 시장의 개척 등에서 다양한 상황적 특징을 분석하고, 결과를 통해 기업에게 필요한 대응책으로 규모의 자금을 적시에, 적절한 원천으로부터, 적절한 조건으로 조달하고, 조달된 자금을 적정 수준에서 적기에 운용하는 것을 기본으로 한다.

재무전략은 현금흐름의 추적을 중요하게 보고, 자금의 소진율, 현금잔여 기간 및 결제기간, 조달원천과 운영수준 등을 반영한 재무전략을 수립한다.

여기서 소진율은 현재 보유현금이 단위기간 당 어느 정도 소진되는가를 파악하는 계수이고, 현금잔여 기간은 현재 보유현금으로 기업 활동을 얼마동안 지속할 수 있는가를 평가한 기간이며, 결제기간은 대금으로 받은 어음, 수표를 현금화할 수 있는 기간이다. 그리고 자금의 원천은 영업활동, 투자활동, 재무활동에 의하여 조달되거나 운용되는 자금을 말한다.

2. 가용현금

현금잔여(보유)기간이란 단기소요자금을 충당할 수 있는 가용현금의 보유 기간을 말한다. 잔여기간이 길고, 충분할수록 지분투자, 융자 등 각종 자금원천에 대한 기업의 교섭력이 높아진다.

즉 특별한 경우를 제외하고, 현금잔여기간이 3개월 이하일 경우에는 일회전 자금순환기간 이내로 볼 때 기업은 높은 부도위험에 노출된다. 따라서 기업은 위험을 방지하고, 자본조달 교섭력을 높이기 위해 충분한 현금잔여기간을 두고 대비책을 강구하여야 한다.

현금잔여기간의 산정은 투자수익, 소득 등의 수입부문과 투자비용, 매출액, 순이익을 얻기 위한 운전자본 및 설비투자액 등 지출부문을 동시에 고려한 가용현금흐름(free cash flow)으로 파악한다. 여기서 가용현금흐름은 다음과 같이 구한다.

가용현금흐름 = 초기현금잔액 + 이자 전 세후순익 - 총운전자본의 순증가
= 초기현금잔액 + (이자 및 세전순익 - 법인세)
- (고정자산 순증가 + 운전자본의 증가)

*고정자산의 순증가 = 자본지출 - 감가상각 및 비현금비용

*운전자본 = 외상매출금 + 재고자산 + 단기운영자산 - 외상매입금 - 미지급법인세
- 단기운영부채

현금흐름의 관리는 자금의 조달과 운용의 체계적인 관리를 위해 나온 전사적 현금경영(total cash management)으로[1] 기업 내 자금부서만을 국한한 현금흐름의 관리를 벗어나 영업, 구매, 생산, 기획, 지원 등 전사적 활동 전반에 걸친 망라된

1) Alfred M. King, total cash management(New York: Mcgraw-Hill.1994)

체계적 현금흐름의 관리이다.

이러한 현금흐름 관리의 실천 활동은 4대 원칙이 적용되며, 그 원칙은 장애제거, 유연성 확보, 고속회전 및 균형유지이다.

① 장애제거(Clearing)는 현금흐름을 방해하는 요인을 추적하여 제거하고, 효율성을 높이는 관리원칙이다.

② 유연성확보(Adaptability)는 상황에 따라 적절하게 새로운 현금의 유입 경로를 창출하거나 유출경로를 차단 또는 통제하는 관리원칙이다.

③ 고속회전(Speed)은 현금의 흐름 속도를 높이고, 빠르게 회전시켜, 현금의 효율적운용을 유도하는 관리원칙이다.

④ 균형유지(Harmony)는 현금흐름의 유출과 유입과정에서 과부족이 발생되지 아니하도록 적정하게 운용되고, 유지되는 관리원칙이다.

3. 필요자금의 결정

기업의 자금조달 규모와 조달방법, 자금운용 형태 등에 따라 자금의 소진되는 시점 등을 포함한 총체적인 관리가 필요하다. 그러기 위해 사업자는 정확한 재무예측으로 실제와 유사한 자금소요를 판단하고, 추정손익계산서, 대차대조표 및 현금흐름표 등을 통해 필요자금 소요와 자금의 원천 및 운용방안을 결정한다.

현금흐름표에서 현금의 순 감소분은 필요자금이 되므로 영업활동으로 인한 현금유입과 현금유출, 재무활동으로 인한 현금유입과 유출 및 투자활동으로 인한 현금유입과 유출을 추계하여 순 감소분을 산출한다.

그리고 필요자금의 결정은 추정기간 동안의 필요자금으로 산출되기 때문에 일시에 소요되는 자금이 될 수 없고, 사업초기의 투자규모 확대, 자금조달과 운용간의 시차, 자금의 조달과 운용차질 등 계획과 운영이 상이할 경우가 빈번히 일어날 수 있어 이를 감안한 필요자금으로 한다.

4. 자금조달 시의 유의사항

사업성이 불투명하고, 담보능력 등이 부족한 기업은 은행 등으로부터 자금을 차입받기에는 매우 어렵다. 그러므로 정부는 중소기업 육성과 기술사업 활성화를 위해 사업성이 우수한 기업에게 매년 정부예산과 기금 등으로 소요자금을 마련하고, 자금지원 규모와 지원조건 등을 제시하여 사업화 자금지원을 돕고 있다.

중소기업정책자금이 대표적이며, 주로 중소기업진흥공단, 기술신용보증기금, 신용보증재단 등을 통해 취급하고 있지만 은행 등에서도 지원하고 있다. 이 때 은행 등은 정부의 지원재원으로 대출하며, 채권확보와 원리금 상환 등의 금융관리는 은행 등의 업무로 수행하고 있다.

따라서 대출금으로 자금을 조달할 경우에는 효율적 지원과 목적 달성을 위해 다음의 유의사항을 고려하여야 한다.

- **타인자본에 의존할 경우에는 비용부담이 크다.**
  필요한 시간, 노력, 창의성 등은 반감되고 자금조달로 인한 직간접 비용의 낭비와 조달금리 부담 등은 기업의 경영수지를 악화시키는 요인으로 작용할 수 있다.
- **자금 공급자에게 주요 기업정보를 제공하는 경우가 많다.**
  기술과 노하우, 경영과 재무전략 등을 노출시키는 창구가 될 수 있어 기밀보완을 유지하는데 많은 노력을 요구한다. 그러므로 사업자는 경쟁업체 또는 경쟁업체와 가까운 자금제공자를 피하거나 정보유출에 대한 위험을 최소화하는 방법을 강구하고, 대비책을 갖추도록 한다.
- **조달시점까지 철저하게 관리하고, 과신은 피하도록 한다.**
  자금조달을 투여하는 자금공급자의 단순한 의사결정으로 기업자금화가 완성되었다는 성급한 결론은 오히려 경영을 악화시키는 원인으로 발전될 수 있다.
- **자금제공자의 배경과 역할이 보다 중요한 작용을 할 경우가 있다.**
  자금제공자는 관련업종의 노하우, 고객 유치, 기업의 홍보 등 다양한 기업정보와 영업신장을 위해 이바지 할 수 있고, 상황의 변화와 기업수요에 따른 적절한 대응을 제공받을 수 있다.

12.2.4 단계별 자금조달

자금의 원천은 다양하며, 사업자개인의 자금과 외부 지분투자 및 차입자금으로 구분하여 볼 수 있다.[2] 그리고 자금은 사업단계별 자금소요에 따라 규모와 원천을

---

2) Michael J. Roberts and Howard H. Stevenson, "Alternative Sources of Financing," Harvard Business School Note 9-384-187

정하여 조달한다.

우선 사업초기단계에는 사업을 직접 착수하는데 필요한 자금조달이 된다. 동원되는 사업 착수금의 조달(start-up financing)은 보통 지분투자의 형태로 사업자의 개인 투자가 되거나 사업자와 가까운 주변인물로부터 투자 또는 차입의 방법으로 조달되는 경우가 대부분이다.

사업화가 어느 정도 진행되면 그 때는 보다 많은 자금을 소요하게 된다. 성장과 규모의 경영을 위해 지속적인 자금수요를 유발하게 되고, 이에 적절한 자금조달이 따라야 하기 때문이다.

결국 기업은 성장단계별 자금수요와 조달방법에 차이가 발생되므로 발전단계별 자금조달 방법을 구체적으로 정하여야 하며, 주요한 사항은 다음과 같다.

1. 사업화초기단계

기술사업자, 창업멤버, 지인 및 초기 투자가들이 출자한 종자돈(Seed money)으로 사업아이디어를 구체화하고, 시제품 등을 연구, 개발하는 단계이다. 대체로 사업초기 필요한 기본적인 자금조달 단계이며, 사업자는 회사의 형태, 조직, 주주구성 등을 명확히 하고, 소요 자금의 추정과 조달에 관한 세부사항을 마련하여 계획대로 조달한다.

2. 사업화성장단계

시제품을 생산하여 기술적 보완과 상품화 시의 문제 등을 해소시킨 후 양산과정을 통해 제품시장으로 진출시키는 기술사업화단계이다. 이때는 대부분 초기 사업화에 필요한 종자돈이 소진되는 시기로 외부 투자자금을 유치해야할 필요성이 제기되는 단계라 할 수 있다.

그리고 기술의 사업화는 성장단계와 성숙단계를 거치면서 운전자금의 수요를 증가시키게 되고, 성장에 필요한 증가자본을 확보해야 한다.

이 시기는 제품의 양산 및 출시에 필요한 재원의 수요를 충당할 자금조달이 주된 목적자금이 되나 기업의 담보능력과 보증여력은 줄어드는 시기이다. 따라서 자금의 조달은 유상증자, 전환사채 등의 직접자금 조달방법을 선택하거나 정책적 지원 자금을 활용한다.

3. 기업공개단계

자본시장을 통한 자기자본 조달은 직접자금 조달의 최적기에서 한다. 이 시기는 영업신장과 수익의 창출이 일정수준 이상 기대되고, 직접 금융시장을 통해 안정적으로 자금을 조달할 수 있도록 성장된 단계이기 때문이다.

소액투자기업에서 다수 주주에 의한 대규모 자본을 조달할 수 있는 자본 확충의 시기이고, 초기투자자들에게 투자회수의 기회를 부여한다. 그리고 기업에 대한 이해관계자가 많아지고, 주주를 위한 사회적 책임을 져야하는 기업으로 변하게 되며, 벤처투자자들은 제약사항에서 일부 벗어날 수 있도록 성숙되는 단계이다.

이 시기는 주식매집을 통한 적대적 M&A에 대한 대응책을 수립하거나 공적기업으로서 책임을 다하는 경영체질의 개선과 안정 성장을 위한 체제구축 등의 실행을 할 수 있도록 기업은 자금조달 방법과 규모를 결정한다.

12.3 재무제표 구성

12.3.1 재무제표의 의의

투자자와 내부자의 의사결정을 돕기 위해 기업의 재무정보는 매우 중요하다. 이때 필요한 기업의 재무정보를 요약하여 표준화된 형태로 경영자에 의해서 작성되는 것이 재무제표이다. 재무제표에는 기업의 재무 상태와 경영성과 및 현금흐름에 대한 정보가 요약되어 있다.

기업의 재무정보를 필요로 하는 주요 의사결정은 일반적으로 다음과 같다.

① 금융기관의 대출에 대한 결정
② 투자자의 투자 결정
③ 기업의 세금을 징수결정
④ 경영자의 경영성과 평가
⑤ 경영자의 내부경영 의사결정 등

회계처리 된 재무제표는 작성기준의 제한과 공표를 원칙으로 하고, 재무제표의 작성책임을 회사의 경영자에게 두고 있다. 그러므로 기업은 비용인식을 혼용하지 아니하고, 자금의 구분을 명확히 하며, 오남용을 방지하는 등 회계기준의 준수와 회계원칙에 충실한 기업의 재무제표를 작성토록 한다.

12.3.2 재무제표의 작성방법

1. 재무제표 작성

외부의 이해관계자에게 제공될 수 있는 기업정보로서 재무제표의 중요성이 있다. 재무제표 작성 및 보고가 법령으로 의무화되어 있으며, 또 그 작성 및 보고 방법에 관하여도 규제가 가해지는 것이 일반적이다.

우리나라의 '기업회계원칙'은 재무제표 작성에 관하여 회계기간 동안의 사건을 나타내 주는 손익계산서, 재무상태변동표 및 제조원가명세서, 대차대조표, 이익잉여금 처분계산서, 결손금처리계산서 등을 필수적 재무제표로 정하고 있다.

그리고 재무제표는 기본적으로 회계실체의 경영자 또는 그 지배를 받는 사람에 의하여 작성되며, 그 정보는 자신에게 유리한 방향으로 재무제표를 작성·보고할 가능성이 있다. 이러한 문제점을 방지하기 위하여 감사를 받도록 하고, 감사인 (auditor)의 감사의견을 첨부하여 보고하는 제도를 두고 있다.

2. 대차대조표(balance sheet)의 작성

일정시점에서의 기업의 재무 상태를 명확히 보고하기 위하여 작성되는 대차대조표는 작성일 현재의 잔액으로 표시한다. 일반적으로 결산기업의 경우에는 결산 종료일(예: 12월31일) 현재의 모든 자산 및 부채와 자본을 나타낸 자료이다.

대차대조표는 대변과 차변을 상호 비교 대조한 표라는 뜻으로 볼 때 자산은 차변항목(왼편)이고, 자본과 부채는 대차대조표의 대변(오른편) 항목이 된다.

이 표는 기업의 순자산, 안전도, 지불능력, 자본수익성 및 자기자본을 알 수 있도록 하고, 기업자산의 회전속도와 자기자본의 회전척도를 알 수 있도록 하고 있다.

대차대조표의 구성은 자산과 부채 및 자본으로 분류되며, 자산은 유동자산과 비유동자산이 있다. 유동자산에는 당좌자산과 재고자산이 있고, 비 유동자산에는 투자자산, 유형자산, 무형자산 및 이연자산이 있다. 부채는 유동부채와 비 유동부채가 있으며, 자본은 자본금과 자본잉여금 등이 있다.

대차대조표를 간략히 소개하면 다음 도표와 같다.

[대차대조표 요약]

<table>
<tr><td rowspan="5">자산</td><td rowspan="2">유동자산</td><td>•유동자산
•현금
•매출채권</td><td>•외상매입금
•단기차입금</td><td>•유동부채</td><td rowspan="2">부채</td></tr>
<tr><td>•재고자산</td><td>•장기차입금
•사채</td><td>•비유동부채</td></tr>
<tr><td rowspan="3">비유동자산</td><td>•투자자산</td><td rowspan="2">•자본금</td><td rowspan="3">•자기자본</td><td rowspan="3">자본</td></tr>
<tr><td rowspan="2">•유형자산
*토지, 건물
*설비, 차량</td></tr>
<tr><td>•이익잉여금</td></tr>
</table>

① 자산

과거에 발생한 거래나 사건으로부터 얻어지고, 해당기업이 배타적으로 처분하거나 사용할 권한이 있으며, 해당 자산의 사용이나 처분으로 인하여 미래에 현금을 획득할 수 있어야 자산으로 계상된다.

• **유동자산**(current assets)은 대차대조표 작성일로부터 단기간 내 또는 1년 이내에 현금화될 수 있는 자산을 의미하며, 현금 및 예금, 유가증권, 외상매출금, 받을어음, 재고자산 등을 포함한다.

- **현금, 단기금융상품, 유가증권, 단기대여금** 등 은 기업의 여유현금 또는 근시일내에 자금소요에 충당하기 위하여 단기적인 자금 운용(단기투자/처분)을 목적으로 보유하는 자산이다.
- **재고자산, 매출채권**은 기업의 영업활동을 통하여 현금화되는 자산으로서 생산과정에 투입되거나 곧 채권회수 대상으로 남아 있는 자산이다.
- **당좌자산**은 미수금, 미수수익, 선급비용 등으로서 현금을 받을 권리가 있으나 결산일 현재 회수되지 않은 자산과 기간이 경과되지 않은 부분에서 미리 현금을 지출한 비용이 계상된다.

• 비 유동자산

현금화하는데 1년 이상이 소요되는 자산으로 투자자산과 건물, 토지, 기계, 설비 등 유형자산, 영업권과 특허권 등의 무형자산, 연구개발비 등의 이연자산이 여기에 속한다.

- **투자자산**(investment assets): 대부분 장기투자목적으로 보유하는 자산이다. 다른 기업을 지배할 목적이거나 장기간의 보유를 통하여 이자수익 또는 시

세차익 등을 얻기 위해 취득하는 투자주식과 투자사채, 투자부동산, 장기금융상품(정기예금 등), 장기대여금, 보증금 등이 있다.

○ **유형 자산**: 생산설비와 부동산(공장 및 사무실 등) 등 장기간 생산 또는 영업활동에 사용함으로써 기업의 이익창출에 공헌하는 자산이다. 실체가 있는 자산으로 사용에 따른 감모 등을 반영(감가상각)한다. 그 상각금액은 대차대조표 자산계정에서 차감하여 손익계산서의 비용으로 계상한다.

○ **무형자산**: 유형자산과 같은 목적과 용도로 취득하고 사용되나 물리적 실체가 없는 자산으로서 영업권, 산업재산권, 개발비 등이 있다.

○ **이연자산(deferred assets)**: 지출의 효과가 차기 이후에 기대되어 차기 이후의 비용으로 배분하기 위해 이연한 자산으로 창업비, 신주발행비, 사채발행비 등이 포함된다.

② 부채

미래의 현금지급 또는 용역제공을 하여야 할 의무가 현재에 확정되어 있는 경우의 금액이다. 현재에 지급금액은 확정되지 않았더라도 지급할 의무가 확실한 경우에는 지급금액을 합리적으로 추정하여 부채로 계상한다.

• 유동부채

유동부채란 부채발생일로부터 1년 이내에 상환할 의무가 있는 부채를 말하며, 매입채무, 선급금, 단기차입금, 예수금, 미지급비용, 선수수익 등이 있다.

기업의 유동성을 판단할 때는 유동자산과 유동부채를 비교하여 판단하며, 유동자산이 유동부채보다 많다면 부채상환능력을 가지고 있다고 본다.

사업화초기 유동부채의 대부분은 매입채무와 차입금이다. 그러므로 차입금의 계상은 금리부담과 원리금 상환을 감안하여 합당한 수준의 금액이 반영되도록 한다.

• 비 유동부채

비 유동부채란 부채의 만기가 결산일로부터 1년 이후에 도래하는 것으로서 장기차입금, 회사채, 퇴직급여충당금 등이 있다.

유형자산 등은 현금화에 장기간이 소요되기 때문에 장기차입금이나 사채 등 비유동부채와 상환의무가 없는 자기자본으로 조달하는 경우가 일반적이다.

③ 자본

자본은 자산총액에서 부채총액을 차감한 금액과 같다. 즉 자산 중에서 부채를 우선적으로 상환하고 남는 것이 자기자본이 된다.

• 자본금

주주의 납입금과 이익잉여금 등이다. 기업의 순수 자기자본이며, 주주에게 납입 규모에 따라 기업의 지배권을 행사할 수 있도록 하는 금액이다. 상법상의 법정자본금을 최고 한도액으로 증자할 수 있으며, 그 금액은 자산총액에서 총부채금액과 잉여금을 차감하고 남은 금액과 같다.

• 자본잉여금

유상증자 등 자본거래에서 발생한 잉여금(유상증자 시 액면 가액을 초과하는 신주발행가액 등)으로서 재평가적립금, 주식발행 초과금, 감자차익 등이 있다.

• 이익잉여금

손익거래에서 발생한 당기순이익(손실)액의 누적금액이다. 즉 당기순이익 또는 손실금의 누적금액 중에서 배당 등의 원인으로부터 기업외부로 유출되지 않고, 기업내부에 유보된 자금이다.

이익잉여금은 향후 주주에 대한 배당의 원천이다. 법정준비금과 사업 확장 적립금 등 기업이 임의의 목적으로 적립하는 임의적립금, 사용용도가 정하여 지지 않은 차기이월 미처분 이익잉여금으로 구분한다.

법정적립금은 법정용도 이외에는 사용할 수 없는 잉여금이다. 당기순손실이 계속 발생할 경우에는 이익잉여금이 아니라 미처리 결손금으로 계상되며, 누적된 결손금이 자본금과 자본잉여금을 초과할 때에는 자기자본은 부(負)가 되면서 자본잠식 상태가 된다.

• 자본조정

자본거래에서 발생하고, 자본전체에 가감하여야 할 성격의 항목이다. 자본에 차감되는 자기주식, 주식할인발행차금 등과 자본에 가산되는 미교부 주식배당금, 주식매수선택권 등이 있다.

3. 손익계산서(income statement)의 작성

손익계산서는 일정기간 동안 경영성과를 명확히 하기 위하여 그 기업회계기간에(특별규정이 없는 한 1년) 속하는 모든 수익과 이에 대응하는 모든 비용을 누적적인 개념으로 기재하고, 법인세 등을 차감한 당기순손익을 표시하는 재무제표다.

당기순이익의 산출은

(매출액 - 매출원가) - 판매비와 일반관리비 - 영업외손익과 특별손익 - 법인세 등 = 당기순이익

손익계산서에 기재되는 계정과목은 수익이나 비용을 발생하게 한 이유·원인을 나타내는 것으로서, 기업의 목적달성 정도를 측정하는 기준이며, 경영정책의 수립과 방향 설정에 있어 가장 중요한 자료가 된다.

손익계산서 양식에는 계정식(計定式)과 보고식이 있으며, 기업회계기준에서는 보고식(수익계상 후 비용계상)을 원칙으로 사용한다. 계정식은 총계정 원장의 차변과 대변을 그대로 옮겨놓은 형식으로, 총비용과 총수익을 대조하기에는 편리하나 이해관계자가 이해하기 어렵고, 불편하므로 보고식을 택하고 있다.

[손익계산서 요약]

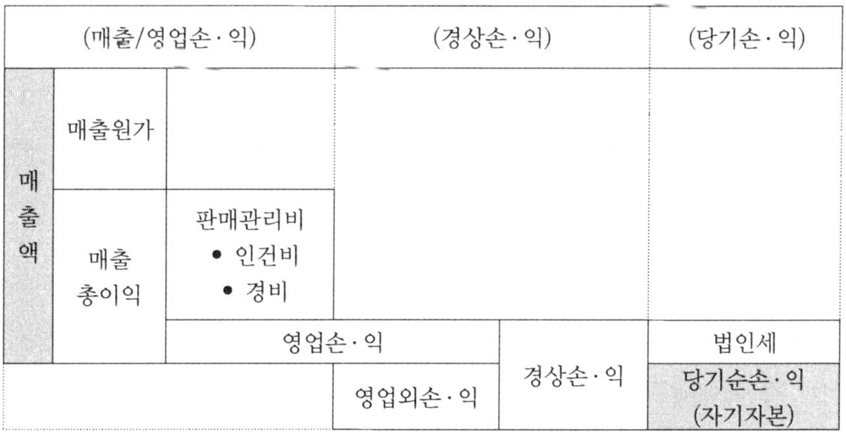

<table>
<tr><td colspan="3">(매출/영업손·익)</td><td colspan="2">(경상손·익)</td><td>(당기손·익)</td></tr>
<tr><td rowspan="3">매출액</td><td>매출원가</td><td></td><td colspan="2" rowspan="2"></td><td rowspan="2"></td></tr>
<tr><td rowspan="2">매출 총이익</td><td>판매관리비
• 인건비
• 경비</td></tr>
<tr><td colspan="2">영업손·익</td><td rowspan="2">경상손·익</td><td>법인세</td></tr>
<tr><td colspan="3"></td><td>영업외손·익</td><td>당기순손·익
(자기자본)</td></tr>
</table>

① **매출총이익**

매출액에서 매출원가를 차감한 금액으로 기업의 영업활동 결과 나타난 손익이다.

매출총이익율이 얼마인가 하는 것은 기업의 주요 영업활동의 수익성을 판단하는 중요지표이다.

② 영업 손익

매출총이익에서 판매비와 일반관리비를 차감한 금액이며, 영업손익은 매출총이익과 더불어 영업활동의 수익성을 판단하는 중요지표이다. 판매관리비는 실제 지급되는 비용과 지급되지 않은 감가상각비를 함께 반영하여야 한다. 상각비는 정액법 상각과 내용연수기간 동안 일정률을 상각할 수 있는 정률법 상각방법 중 선택한다. 감가상각비의 반영은 사업초기의 수익규모가 작을 경우에는 대체로 정률상각 보다 정액상각을 권장하며, 감가상각비 산출은 다음과 같다.

$$\text{정액법} = \frac{\text{취득원가} - \text{순잔존가액}}{\text{내용년수}}$$

$$\text{정률법} = 1 - \sqrt[n]{\frac{\text{순잔존가치}}{\text{취득원가}}} \qquad (n = \text{내용년수})$$

③ 경상손익

영업이익에서 이자수익/비용과 유가증권, 고정자산 등의 평가손익 및 처분손익 등 주요 영업활동 외에 발생하는 영업외수익/비용을 가감하여 산출한다. 경상손익은 기업의 장기적인 이익창출능력을 알 수 있는 지표이다.

④ 법인세비용차감전순손익

경상손익에서 특별손익을 가감한 금액이다. 영업외손익 항목 중에서 그 성격이나 금액이 중요한 경우 특별손익으로 분류하여 표시한다.

⑤ 법인세비용

법인세는 법인세법이 정한 기업의 납부할 세금이다. 기업회계에서는 세법상 납부하여야 할 세액에 과세표준의 차이를 가감하여 법인세비용으로 계상하도록 하고 있다.(이연법인세 회계) 다만 중소기업의 경우에는 이러한 차이를 가감하지 아니하고, 실제 납부하여야 할 세액으로 법인세비용을 계상할 수 있도록 하고 있다.

⑥ 당기 순 손익

법인세비용차감전순손익에서 법인세비용을 차감한 금액이 당기 순 손익이며, 1회계기간의 경영성과를 나타낸다. 경영성과를 비교할 때 기업규모가 서로 상이한 경우에는 당기순이익으로 경영자의 경영성과를 비교하는 것이 적절하지 않으므로 기업 간 비교를 용이하게 하기 위하여 당기 순 손익과 함께 주당 순 손익으로 비교하는 경우가 있다.

4. 현금흐름표(statement of cash flow)의 작성

현금흐름표는 회계기간 중 기업의 현금 유출·입을 그 발생원천에 따라 표시하는 재무제표로서 기업의 미래 현금 창출능력과 이익의 질에 대한 정보를 알 수 있도록 한다.

현금흐름표는 유량(flow)개념이고, 동적인 재무제표이며, 대차대조표의 기초에서 기말까지 변천하는 과정을 현금흐름 측면에서 관찰한 것이다. 따라서 다음과 같은 유용한 정보를 제공한다. 그러나 현금흐름표는 기업의 손익계산서 상 이익이 곧바로 회사의 금고나 통장에 현금으로 있다는 것을 의미하진 않는다.

① 기업의 미래 현금흐름의 창출능력에 관한 정보를 제공한다.

② 기업의 부채상환능력, 배당금 지급능력, 외부자금 조달의 필요성에 관한 정보를 제공한다.

③ 영업활동에 관련된 자금흐름의 정보를 제공함으로써 이익의 질을 평가할 수 있도록 한다.

④ 기업의 일정기간 중 현금예금 및 비 현금예금의 투자 및 재무거래가 기업의 재무 상태에 미치는 영향을 알 수 있게 한다.

그리고 현금흐름을 추정할 때에 지켜야할 기본원칙은 다음과 같다.

① 모든 현금흐름은 법인세납세후기준으로 추정하여야 한다. 법인세는 기업이 실제로 지출하는 현금유출이다. 법인세는 장부상에서 미지급법인세로 계상된 시점에서가 아니라 납세 시 현금유출로 보아야 한다.

② 모든 현금흐름은 증분기준으로 추정한다.

③ 이자비용과 배당금은 현금유출에 포함시켜서는 안 된다. 투자안의 경제성을 평가할 때 현금흐름의 추정에서 이자비용과 배당금은 현금유출에 포함시키면 이중계산이 되기 때문이다.

④ 감가상각비는 현금유출에 포함시켜서는 안 된다. 감가상각비는 비현금비용

으로 실제적인 현금유출이 아니다. 현금을 기준으로 추정하는 현금흐름표에서 실제 현금의 지출이 없는 감가상각비는 현금유출에서 제외한다.

⑤ 인플레이션을 일관성 있게 고려하여야 한다. 투자는 장기간에 걸쳐 현금흐름이 발생하므로 인플레이션이 현금흐름에 미치는 영향은 크다. 그러므로 인플레이션의 영향을 고려하여야 한다.

현금흐름표의 구성은 영업활동으로 인한 현금흐름, 투자활동으로 인한 현금흐름 및 재무활동으로 인한 현금흐름으로 크게 구분하고 있다.

[현금흐름표 요약]

활동구분	현금유입	현금유출
영업활동으로 인한	•상품/제품 판매 대금 •수입이자 •배당금수입 •운전자산 투자 감소 등	•제품제조 및 구입대금 지급 •인건비, 관리비 지급 •이자, 세금지급 •운전자산 투자 증가 등
투자활동으로 인한	•대여금 회수 •유가증권 처분 •유형자산 처분 등	•현금의 대여 •유가증권 취득 •유형자산 취득 등
재무활동으로 인한	•차입금 증가 •사채발행 •유상증자 등	•차입금 상환 •사채상환 •배당금 지급 등

① 영업활동으로 인한 현금흐름

기업의 영업활동에서 발생된 현금의 순 증감금액이다. 당기순이익이 발생하여도 영업현금흐름이 부(負)로 나타나면 이는 영업활동에서 발생한 현금부족을 차입금이나 자산의 처분 등의 방법으로 충당시키고 있을 것이다. 그러므로 손익계산서 상 영업이익과 당기순이익 및 현금흐름표상의 영업현금흐름이 모두 플러스로 나타나는 경우가 가장 이상적 영업활동이다.

② 투자활동으로 인한 현금흐름

유형 자산, 투자자산 등 주로 유형 자산의 취득과 처분에 의한 현금흐름으로서 설비투자에 의한 현금지출액을 포함한다. 기업이 당기순이익을 실현하였어도 당기에 투자를 많이 하여 투자현금흐름이 큰 폭의 부(負)를 기록하면 현금흐름은 나빠지고,

가용현금은 부족하여 배당을 할 수 없게 된다.

이 경우는 경영자가 영업에서 창출된 현금을 현재 배당하는 것보다 투자를 하는 것이 미래에 더 큰 현금을 실현할 수 있다고 판단하여 투자하는 사례라고 볼 수 있다.

③ 재무활동으로 인한 현금흐름

기업의 자금조달과 관련된 활동으로서 외부차입 또는 유상증자 등에 의한 재원의 조달과 그 상환에 따른 현금흐름의 정보를 제공한다. 기말현금이 많더라도 그 원천이 주로 외부차입에 의해 조달되었다면 재무상태가 악화될 것이고, 장래에 이자비용을 상회하는 높은 수익을 실현시켜야 양호한 재무상태를 나타 낼 수 있을 것이다.

4. 재무상태변동표 작성

재무상태변동표란 일정기간 동안 기업의 자금이 어떻게 조달되었는가를 나타내는 자금의 원천과 기업의 자금이 어떻게 사용되었는가를 나타내는 자금의 운용을 명확히 보여주는 당해 회계기간 중의 자금의 변동 상태를 표시하는 보고서다.

[자금의 원천과 운용]

구분	현금	순 운전자본
원천	•자산항목(현금 제외)의 감소 •부채 및 자본항목의 증가	•당기순이익, 비 유동자산 감소 •비 유동부채 증가, 자본의 증가
운용	•자산항목(현금 제외)의 증가 •부채 및 자본항목의 감소	•비 유동자산 증가, •비 유동부채 감소, 자본의 감소

재무상태변동표 작성은 다음절차를 거쳐 작성하게 된다.

① 2개년도의 대차대조표를 비교하여 현금 및 순운전자본을 증가시키는 항목과 감소시키는 항목들을 분류하고, 그 증감금액을 산출한다.

② 손익계산서와 이익잉여금처분계산서에서 현금 및 순운전자본을 증가시키는 요인과 감소시키는 요인을 분류한다.

③ 현금 및 순운전자본을 증가시키는 요인을 자금의 원천으로, 감소시키는 요인을 자금의 운용으로 표시하여 작성한다.

12.4 자본조달과 운용

12.4.1 자본조달과 운용이란

자본의 조달과 운용은 기술사업화의 현금흐름에서 정한 기간 동안의 자금계획 상 원천별 금액과 사업화분야별 자금수요에 따라 필요자금을 조달하고, 운용하는데 목적이 있다.

따라서 자금계획에서 기업의 예상되는 자금관련 목표설정과 성과를 신뢰성 있고 이해 가능한 금액으로 나타낸다. 그리고 자금의 조달과 운용성과를 투자자 또는 사업화 관련자에게 제공할 수 있도록 하여야 한다. 결국 미래의 자금성과에 대한 추정이 신뢰수준에서 면밀하게 작성되고, 제시된 사업을 판단하는데 가장 핵심적인 정보가 될 수 있도록 한다.

1. 자본조달

자금조달은 조달방법별 규모를 구체화 시키며, 직접투자와 차입 등의 조달방법을 선별하여 기술사업화 실정에 알맞도록 조달방법을 택한다. 특히 자기자본으로 조달할 경우에는 주주의 지분과 관련되므로 세밀한 판단이 우선되도록 한다.

그리고 직접투자방법으로 자본을 조달할 경우에는 아래와 같은 내용을 반영하여야 한다.

① 재무요약

계획서의 서두에는 계획과 관련된 주요 사항을 간단하게 요약하여 기재한다. 요약 내용은 손익계산서나 대차대조표의 주요 사항인 매출, 원가, 자산, 부채, 자본금 상태 등이다.

② 투자제안

직접자금 조달을 할 때 투자자에게 요청하는 투자요구사항이다. 주식투자를 원할 경우에는 구주매출에 의한 증자인가, 아니면 신주발행인가를 명백히 기술하고, 투자자가 획득할 수 있는 지분율과 금액을 표시한다. 투자자에게 재무계획을 분석하고,

매입할 주식의 적정한 가치와 투자규모를 결정토록 한다.

③ 투자금의 용도

투자자는 자신의 투자 자금이 어디에 어떻게 사용되는가를 궁금해 한다. 운전자금, 투자자금과 시설자금 등으로 투자금의 사용용도를 분류하고, 투자자금이 향후 기업의 실적에 어떻게 운용되고, 어느 정도의 결과를 얻을 수 있는가를 밝힌다.

④ 투자회수방안

안전하게 투자수익을 확보하고, 투자자금을 회수하려는데 투자자의 목적이 있다. 그러므로 투자자는 투자의 목적을 달성하기 위해 사업계획서를 검토하게 되고, 투자위험을 회피하거나 최소화시키려 노력하며, 투자자금을 회수할 수 있도록 모색한다.

이에 대비하여 투자계획은 투자된 자금을 회수할 수 있는 방법을 반드시 제시하고, 성공사업으로 투자수익을 기대할 수 있다는 계획수치를 제시하는 것이 바람직하다. 그 예로 사업성과 향상을 통해 많은 이익실현에 따른 배당과 기업공개 등을 통한 투자자금 회수가능성의 제시이다.

2. 자금운용

자금의 운용은 사업장 설치, 생산설비, 유형 자산구입 및 운전자금소요 등으로 내별되며, 구제적 자금운용계획을 수립한다. 사업장설치비는 공장부지 매입에 소요되는 직접경비와 부대비용, 세금 등을 계상하고, 건축 또는 설계비, 토목공사비, 부대시설비, 기계구입비, 차량 및 사무용품 구입비 등의 소요자금을 포함하여 계상한다.

운전자금은 원부자재 구입 자금과 인건비, 제품개발비, 기타 경비로 작성하되 1회전(1회전 기간은 3~4개월 정도) 소요 운전자금을 산출하여 계상한다.

12.4.2 재무비율 검증

자본조달과 운용을 통해 기술사업화의 건전한 재무 상태유지와 경영성과 달성을 가능토록 하는데 의의가 있다. 따라서 재무비율은 자본조달의 중요한 자료를 제시하므로 재무계획의 수립부터 사업화 단계에서 비율검증에 유의 하여야 한다.

재무비율은 대차대조표에 나타난 정태적비율과 일정기간 동안의 기업경영성과를 반영한 손익계산서 항목에 관한 동태적비율이 있다. 그리고 재무비율은 관계비율과 구성비율로 구분한다. 관계비율은 재무제표상의 항목과 항목간의 관계를 비율을 나타내며, 구성비율은 총매출액 또는 총자산을 100%로 하여 각 항목을 백분율로 표시한다.

위의 비율법을 적용한 재무비율의 대표적인 비율은 유동성비율, 레비리지비율, 활동성비율, 수익성비율, 성장성비율, 시장성비율 등이 있다. 이들 비율에 대한 구체적인 내용은 제8장 사업타당성분석의 재무비율분석을 참조한다.

12.4.3 기술개발자금의 활용

기업자체에서 직접 또는 간접자금 조달방법과 별도로 과제참여를 통한 정부의 지원금(출연금, 보조금)을 받을 수 있는 기술자금 활용이다.

자체자금 조달부담을 줄일 수 있는 정부지원자금의 활용이며, 기술력이 우수하고, 조기 기술사업화 할 수 있는 유망기술에게 지원하는 자금이다. 이러한 자금은 기업자체의 자금 부담을 줄일 수 있고, 자금조달 불가능한 상태에서 기술사업화를 추진할 수 있는 장점이 있다.

대부분 정부출연금으로 지원되며, 상환부담을 없애주거나 일부 부담금이 발생하여도 분할상환을 가능토록 하는 자금이다. 이는 정부의 기술산업 발전과 참여기업의 적극적인 사업화 성공을 유도하므로 기술사업화 기업을 육성코자 하는데 있다.

우리나라는 최근 지원 대상으로 미래신산업의 육성과 주력기간산업의 경쟁력 제고를 통해 미래 신성장동력을 창출할 수 있도록 전략기술 분야 핵심·원천기술 개발을 집중적으로 지원하고 있다.

대체로 10년 이내에 기술적 파급효과가 크고, 산업기술경쟁력을 획기적으로 제고할 수 있는 부가가치가 높은 핵심기술, 원천기술 및 엔지니어링 기술을 대상으로 한다.

사업비는 정부출연금과 자체부담금으로 구성토록 조건을 두며, 과제출원을 통해 지원한다. 정부출연금 규모는 원천기술형과 혁신제품형으로 구분하고, 총 수행사업비의 30 내지 70% 수준에서 지원하며, 중소기업을 우대지원하고 있다.

정부지원금의 상환은 기술과제의 사업화 성공여부에 따라 차등되고, 과제종료 후

평가결과에 따르며, 성과물에 대한 실시권과 관련시켜 기술료 형태로 상환시키고 있다.

기술료의 징수 방식은 정액기술료 방식과 경상기술료 방식으로 구분하며, 기업은 그 중 하나의 방법을 선택하고, 기술료를 납부한다.

정액기술료는 정부출연금의 10내지 40% 범위에서 결정되며, 중소기업을 우대하고, 5년 이내의 기간에 1년 단위로 균등하게 기술료를 분할하여 납부하는 방식이다.

반면 경상기술료는 기본착수료와 기술과제 사업화에 의한 매출액의 1내지 4% 범위에서 매출 발생 회계연도부터 5년 또는 과제종료 후 7년 중 먼저 도래한 시점까지 납부토록 하며, 중소기업에게 기술료를 우대하고 있다.

Chapter XIII

기술마케팅

13.1 마케팅의 의의
13.2 마케팅전략
13.3 기술마케팅
13.4 제품생산

Chapter XIII 기술마케팅

13.1 마케팅의 의의

13.1.1 마케팅의 개념

1. 마케팅이란

마케팅의 개념은 '재화나 서비스를 통해 고객의 필요와 욕구를 충족시킬 수 있는 가치를 창출하고, 이를 고객에게 효과적으로 전달하는 기능'으로 채서일(2009)은 정의한다.[1)]

그리고 코틀러(P. Kotler)는 '마케팅이란 고객의 욕구와 기업이익을 동시에 충족시키려는 목적 하에 고객에게 투하되는 기업의 자원, 정책, 제 활동을 분석하고, 조직화하며, 계획하고, 통제하는 것이다'라고 정의하였다.[2)]

이러한 마케팅개념은 생산개념에서 제품개념으로, 제품개념에서 판매개념으로, 판매개념에서 고객지향개념으로, 최근에는 사회전체의 이익과 복지를 추구하는 사회적 개념으로 이전하고 있다.

그리고 마케팅환경은 품질과 가격만으로 제품을 평가하던 시기에서 구매의 편의성, A/S 등을 고려하고, 원가우위와 품질 차별화 전략에서 비즈니스 환경과 고객가치의 변화를 추구하는 시장으로 발전하고 있다.

또한 지금의 마케팅은 마케팅전략 또는 마케팅사이언스(marketing science)와 동일한 의미를 내포하고 있다. 기업의 내외부적인 환경변화에서 기회를 모색하고, 자사의 강점과 약점을 파악하며, 기업의 전략방향을 설정하여 경쟁우위를 확보하고자 하는 활동을 한다.

---

1) 채서일, 마케팅, 비앤엠북스. 2009.2.25.

2) P. Kotler, Marketing Management : Analysis Planning and Control, (Prentice-Hall, 1967), P.12

2. 마케팅목적

마케팅이란 소비자에게 상품 또는 서비스를 효율적으로 제공하고, 기업의 이익을 최대한 창출할 수 있도록 체계적인 경영활동, 시장조사, 상품화계획, 선전, 판매 등의 활동을 한다. 이러한 마케팅은 소비자에게 최대의 만족을 주고, 생산자의 생산목적을 가장 효율적으로 달성시키는 것을 목적으로 한다.

기업의 기본목적은 이윤추구이고, 제품/서비스의 판매를 통해 실현된 매출규모를 증대시키려한다. 이윤획득을 위해 기업은 더욱 많은 영업성과를 요구하고, 판매 촉진 수단을 강구하거나 매출규모의 확충을 위한 마케팅전략을 구사하고 있다.

그리고 마케팅전략은 단순한 판매를 위해 질적 향상의 일환보다 기업의 경쟁력을 소비자의 욕구와 필요에 초점을 맞추는 중추적 역할을 하며, 기업의 특성에 따라 진입장벽을 제거하거나 극복할 수 있는 전략을 모색하고 있다.

3. 마케팅활동

"마케팅이란 생산자로부터 소비자 또는 사용자에게 제품 및 서비스의 흐름에 영향을 미치는 기업 활동의 수행이다."라고 미국마케팅협회(American Marketing

[마케팅 활동]

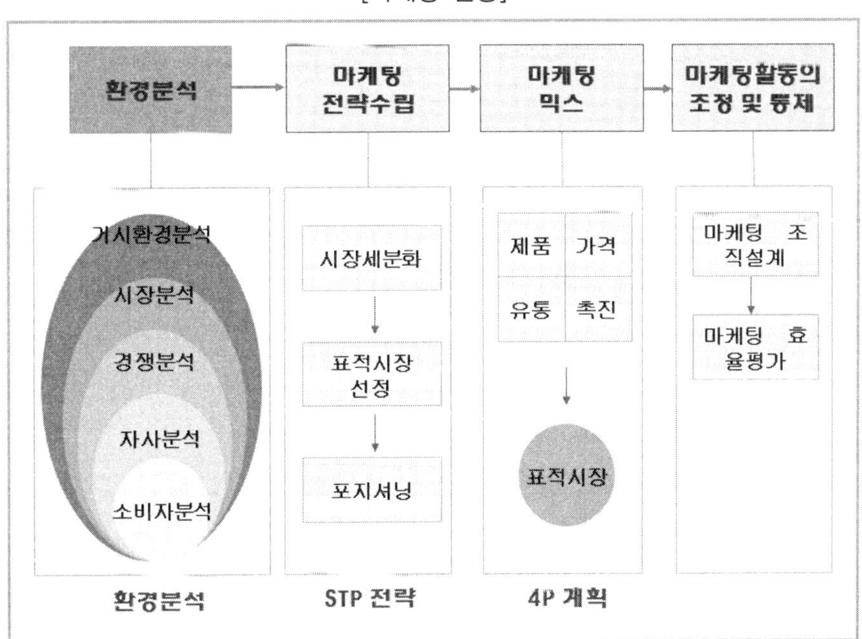

Association)는 정의[3])하고 있다. 이는 유통과정을 강조하는 대표적 사실이며, 실제로 마케팅활동을 통해 매출을 실현시키는 역할이다.

주요마케팅 활동은 시장분석을 위한 시장조사와 소비자 행동분석을 수행하여 제품전략, 가격결정, 광고, 판매촉진 등의 의사결정으로 이어지는 행동이다.

13.1.2 마케팅조사

마케팅조사는 기업의 한정된 자본력과 인력으로 전체시장을 상대할 수 없기 때문에 몇 개의 소시장으로 표적시장을 세분화하고, 마케팅전략의 차별화를 통한 효율성을 높이고자 하는데 있다.

즉 마케팅조사는 판매시장을 찾고, 마케팅을 집중하여 경쟁우위를 점할 수 있도록 가장 유리한 시장을 구축하는데 있다.

마케팅조사는 소비자가 지향하는 마케팅 컨셉을 알아보고, 소비자들의 욕구, 반응 및 의사에 부응하는 기업 활동의 범위와 내용 등을 결정할 수 있도록 소비자 행동을 조사분석한다.

① 적절한 시장점유율을 확보한다.

② 시장의 수요에 가장 적합한 제품을 결정한다.

③ 시장수요에 적합한 가격범위를 결정한다.

④ 고객의 불만요인을 파악한다.

⑤ 고객의 반응을 통해 제품의 특질을 지속시키거나 강화시키는 의사결정 요인을 파악한다.

마케팅조사절차는 보다 효율적 수행을 위해 다음의 5단계를 거쳐 이루어진다.[4]) 즉 문제의 정의, 관련정보의 결정, 조사 설계의 계획, 조사의 실행, 자료의 분석 및 피드백이다.

① **문제의 정의**: 첫 단계로 어떤 문제가 존재하고 있는가를 결정하는 과정으로 문제를 해결할 수 있도록 정확하게 문제를 정의하는데 있다.

② **관련정보의 결정**: 필요한 정보의 유형을 인식하고, 기록 또는 수집 가능한

3) Committee on Definitions, Marketing Definitions, A Glossary of Marketing Terms, 1960, pp.15

4) Hal B. Pickle and Royce L. Abrahamson, Small Business Management, 2nd ed, (New york: John Wiley and Sons, 1981),pp.376-402

자료를 결정한다.

③ **조사 설계:** 필요한 정보가 어떤 것인가를 인식하고 나면 조사 설계에 대한 계획을 수립한다. 즉 설문조사일 경우에는 질문사항, 대상, 기간 등의 조사 설계를 마련해야 한다.

④ **조사의 실행:** 적절하게 계획된 조사 설계에 따라 자료수집 활동을 진행하게 된다. 대표적인 조사방법은 인터뷰, 설문지, 관찰, 실험 등이 있다.

⑤ **자료의 분석:** 수집된 자료는 표, 차트, 그래프 등으로 정리하고 통계적 기법으로 자료를 분석한다.

13.1.3 시장분석과 경쟁분석

시장조사 자료를 토대로 시장분석을 통해 시장의 매력도에 의한 사업가능성을 확인할 수 있다. 시장분석은 특정시장에 참가하는 기업의 이익 잠재력을 시장의 매력도로 보기 때문에 기본적으로 다음과 같은 시장의 외형적요인과 환경적 요인을 분석한다.

① 목표시장

제품/서비스를 필요로 하는 기존 또는 잠재고객을 포함한 모든 고객이 목표시장이다. 이러한 목표시장에서 고객에게 접근하는 방법과 수용가능성, 구매경로, 구매결정부서, 구매결정기준, 자사제품의 품목변경 가능성과 이유 등을 파악할 수 있도록 분석한다.

분석결과 주문현황, 구매계약, 구매의향서 등을 목록으로 제시하여 시장성을 입증하고, 자사 제품에 대한 고객의 부정적인 반응이 있을 경우에는 이를 극복할 수 있는 방법을 찾도록 한다.

② 시장규모와 추이

시장의 규모는 사업화제품의 판매를 결정짓는 가장 기본적인 요소이다. 시장의 성장추이는 판매시장 전체의 추세이고, 성장성이 높은 시장은 판매시장의 규모를 키우게 되며, 장래에 보다 높은 수익을 창출할 수 있도록 가능성을 제공하는 시장이다.

사업화가능한 시장의 규모를 분석하되, 국제화와 IT기술의 발달에 따른 폭넓은 시장규모의 추정이 되도록 한다. 그리고 추이는 최근 2년 내지 3년간의 실적과 향후 3내지 5년 동안의 관련시장 전체의 동향을 고객 그룹별, 지역별로 구분하여 살펴본다.

특히 시장의 규모는 상권분석 등을 통해 적정규모의 시장이 확인되도록 한다.

③ 제품의 수명주기(Product Life Cycle)

제품수명 주기는 시장진화의 단계를 예측하는데 사용하며, 새로운 시장으로 진입하고자 할 때 진입여부를 결정하는 기준이 된다. 특정제품이 시장에 처음 출시되어 도입, 성장, 성숙, 쇠퇴과정을 거치고, 시장에서 철수되는 과정을 말하며, 제품범주, 제품유형, 개별브랜드 등을 고려하여 분석한다.

④ 환경적요인

환경요인은 인구통계학적, 경제적, 기술적, 법적 및 정치적 요인이 있다. 인구통계학적 요인은 소비자의 연령구조, 소득수준, 지역별 인구구조, 가구 수 등 시장수요에 미치는 영향을 분석하여 파악한다.

경제적요인은 소비자의 구매심리, 인플레이션, 이자율 등 판매량에 영향을 미칠 수 있는 요인이다.

그리고 기술적요인은 정보기술과 유전공학 등의 기술 변화과정, 기술개발 및 전파과정 등이 되며, 그 외에 규제와 세제 등의 법적요인과 정치적 요인 등으로 이들 요인이 시장에 미치는 영향을 분석한다.

⑤ 수익성

시장을 통한 수익 창출능력을 분석한다. 생산방식, 제조기술 및 경쟁강도 등 각 요소에 비해 수익이 높게 나타나는 시장을 매력도 높은 시장으로 본다.

⑥ 경쟁분석과 경쟁우위 요소

경쟁(competition)분석은 경쟁대상기업을 지속적으로 능가하는 경쟁우위 요인을 분석하며, 고객을 확보하기 위한 기본목표가 된다. 즉 기업의 경쟁은 고객의 구매능력, 제품사용 시기, 효익의 추구 등에서 비교우위를 가능토록 하는 척도이기 때문이다.

마케팅지향기준은 제품, 가격, 유통, 촉진활동 등이다. 그러므로 가능한 주요 경쟁업체 현황을 제시하고, 각사의 강약점을 파악하며, 유사제품 또는 대체제품을 생산하는 기업체의 현황을 분석한다.

경쟁사의 제품특징을 기술할 때는 시장점유율, 품질, 가격, 원가, 성능, 납기, A/S, 보증조건 등을 비교하여 작성한다. 그리고 선도적인 기업위치를 제시하고, 제품의 장단점을 파악하여 고객의 선호와 욕구를 충족시킬 수 없는 이유를 제시한다.

특히 신제품개발에 관한 경쟁회사의 동향, 매출액, 시장점유율, 유통방법, 생산능력을 파악하고, 재무상태, 수익성, 자금조달능력 등을 조사하며, 이들 고객을 흡수할 수 있는 근거를 제시한다.

⑦ 추정매출액과 시장 점유율

시장의 수요와 판매의 예측은 일정기간 동안 소속된 시장에서 소비자에게 팔 수 있는 판매가능 금액과 수요액이다. 과거의 판매수준, 마케팅의 노력정도, 일반적인 경영환경 등을 고려했을 때 실제로 예상되는 매출규모이다.

그러므로 기업의 제품이 진입시장을 대상으로 제품/서비스를 판매할 때 제품의 강점, 전체시장의 규모, 성장전망, 고객의 반응, 경쟁기업과 제품동향 등을 조사하고, 조사결과를 기초하여 추정된 매출액과 시장점유율을 확인한다.

⑧ 고객의 행동

고객은 자신의 욕구를 충족시키기 위해 제품을 구매한다. 그러므로 다양한 고객의 욕구를 만족시킬 수 있도록 마케팅전략의 수립을 위한 고객행동의 체계적인 고려가 필요하다.

고객의 행동에 영향을 미치는 요인에는 문화적요인, 사회계층, 준거집단, 가족 및 라이프스타일 등의 사회적요인, 연령, 성별, 소득, 교육, 직업 등 인구 통계적 요인 및 학습, 태도, 동기, 개성 등의 심리적 요인이 있다.

13.1.4 자사분석

① 자사분석이란

자사분석은 SWOT분석방법으로 기술사업화 여부와 사업을 추진할 사업부의 관점에서 자사의 강점과 약점, 그리고 시장의 기회와 위협을 확인하는 분석이다. 이러한 자사분석은 시장조사를 통한 마케팅 전략수립의 가장 유용한 방법으로 폭넓게 활용한다.

SWOT는 Strength(강점), Weakness(약점), Opportunities(기회), Threats(위협)의 합성어이다. 기업이 속한 조직을 경쟁자와 비교했을 때의 강점과 약점을, 그리고 외부 상황으로 자신을 제외한 모든 기회와 위협을 하나의 도구로 결합함으로써 상황분석을 전략적으로 접근할 수 있도록 하는 분석방법이다.

② SWOT분석

SWOT분석은 환경기회(Environmental Opportunities)와 각 조직의 목적이나 강·약점에 따라 자원과 능력을 갖춘 기업의 차별적 우위를 가지는 기회(Company Opportunities)를 분석하는데 가장 적합한 분석방법으로 SWOT분석을 활용한다. 따라서 분석의 주요한 내용은

ⓐ 전략적 시각을 통하여 기회와 위협요인을 도출하고

ⓑ 기업의 강점과 약점을 도출하며

ⓒ 기업의 전체 상황을 파악

ⓓ 기회와 위협을 자사의 강점을 통하여 활용하고, 약점을 보완하거나 회피할 수 있는 전략수립의 토대로 활용하는데 있다.

즉 SWOT분석은 기업의 내부역량에 대한 자사의 강점과 약점을 파악하여 기업이 무엇을 할 수 있고, 기업이 무엇을 하고자 하며, 기업은 무엇을 하게 될 것인가?를 이해관계자들을 통해 얻고자하는 질문이다.

하는 일과 할 수 있는 일, 하게 될 일의 차이와 그리고 할 수 없는 일들을 확인하고, 해야만 하는 일을 결정하기 위함이다. 또한 경쟁자와 비교하여 기업의 강·약점을 분석한다. 강·약점은 상대적인 개념에서 보유하거나, 동원가능 또는 활용이 가능한 자원을 파악한다.

그리고 외부환경(기회, 위협)분석으로 자신을 제외한 모든 정보사항을 기술하여 좋은 쪽으로 작용하면 기회, 나쁜 쪽으로 작용하면 위협으로 분류한다.

이렇게 내부역량과 외부환경 분석으로 얻은 정보는 자신에게 미치는 영향을 감안하여 가장 빈도가 높은 순서대로 나열하고, 구체화시켜 마케팅 전략의 우선순위로 정한다.

③ SWOT분석과 전략

기업은 SWOT분석표를 통해 자신의 강점(S)을 가지고 기회(O)를 살피는 전략을 취하거나, 강점(S)을 가지고 위협(T)을 회피하거나 최소화하는 전략을 취할 수 있다.

자신의 약점(W)을 보완하여 기회(O)를 살리는 전략을 찾을 수 있으며, 약점(W)을 보완하면서 위협(T)을 회피하거나 최소화하는 전략을 취할 수도 있다. 그런가 하면 기업의 강점을 최대한 활용하면서 새로운 기회를 찾고, 자신의 약점을 최소화시키면서 위협에 대처하는 전략을 수립할 수 있다.

[SWOT분석표]

	강점(strengths)	약점(weaknesses)
내부 역량	•탁월한 능력, 경쟁우위 •혁신력, 가격주도, 기능노동력 •재무능력, 독점기술, 충실고객	•가격취약, 약한 시장점유율 •취약한 수익성, 마케팅, 전략수행 •능력부족, 진부한 제품, 낡은 시설
	기회(opportunities)	위협(treats)
외부 역량	•신 시장생성, 세계적 확장 •신제품 개발, 품질개선 •고객욕구 증대	•새 경쟁자 침입, 원가증대 •원자재 부족, 기술변화, 수입대체품 •불리한 정책, 법률, 경기, 고객요인

위 SWOT표가 완성되면 그에 따른 구체적인 SWOT전략의 도출을 아래 표와 같이 하며, 각각 전략별 3-5개 정도의 내용을 기술한다.

[SWOT 전략도출]

구분	강점(S)	약점(W)
기회(O)	(SO전략)	(WO전략)
위협(T)	(ST전략)	(WT전략)

- SO전략: 시장상황은 다수의 기회요인이 존재하고, 내부적으로 기회요인을 전략적으로 활용할 수 있는 강점이 많은 조건이다. 추진전략은 모든 기업들이 추구하는 시장기회 선점 및 시장/제품 다각화 전략을 모색한다.
- WO전략: 시장상황이 기업에게 유리하게 조성되어 있으나 기회를 활용할 만한 기업의 역량이 부족한 경우이다. 기회를 활용할 수 있도록 자사의 역량을 강화하거나 단기간 내에 기회를 활용하기 위해 전략적 제휴를 통해 시장기회를 포착하고, 점진적으로 내부 핵심역량을 보완하는 핵심역량 강

화전략과 전략적 제휴를 추진한다.

- ST전략: 시장에 상대적으로 위협요인이 존재 하지만 이를 극복할 수 있는 역량이 기업 내부에 축적되어 있는 경우이다. 대응전략은 자사의 강점을 적극적으로 활용하여 기존 경쟁시장에 더 깊숙이 침투함으로써 안정된 시장을 확보하거나 제품계열을 확대함으로써 위협요인에서 생겨날 수 있는 다양한 위험을 사전에 방지하는 전략으로 시장침투전략과 제품 확대전략 등이 있다.
- WT전략: 시장에는 기업에게 불리한 위협요인이 존재하지만 이를 극복할 만한 기업역량이 없는 경우의 전략으로 철수전략과 제품/시장집중화 전략 등이 있다.

13.2 마케팅 전략

13.2.1 시장진입 전략

기업의 성패를 결정하는 중요한 요인은 시장진입의 결과이다. 새로운 시장으로 진입하기 위해 고려되어야 할 중요한 변수는 해당산업의 생명주기(Industry Life Cycle)가 된다.

생명주기는 어느 산업이나 생성기(Emerging Stage)를 거쳐 성장(Transitional Stage)하고, 성숙(Maturing Stage)되며, 결국 쇠퇴(Declining Stage)하는 주기를 거치고 있다. 이러한 발전단계에 따라서 적절한 시장진입 전략을 취해야 한다.[5)]

1. 산업생성기 시장진입

생성기(Emerging Stage)는 신제품의 출시나 신흥시장에 진입하는 시기이며, 사업자는 혁신전략으로 시장을 선도하고자 한다. 그러나 이 시기는 구조, 전략, 자원, 고객 등에서 불확실성을 내포하고 있으므로 시장진입 자체가 상당한 위험부담을 가지고 있다.

5) Marc J. Dollinger, op. cit.:176-188

혁신적인 기업일수록 사업 추진상의 구조적인 불확실성은 크다. 이러한 불확실성 하에서 사업자는 필요한 자원을 조기 확보하고, 시장진입을 성공시키려 하며, 장기적으로 지속적 경쟁우위를 확보하고자 한다. 이러한 시장 환경은 기업의 보유자원이 가치 있고, 희귀하며, 모방이 어렵고, 대체 불가능할 때 가능하다.

2. 성장기 시장진입

성장기(Transitional Stage)는 어느 정도 안정적인 성장을 지속하는 단계에 접어드는 기간을 말한다. 이 시기에는 자원이 고갈되고, 고객의 취향이 변하며, 이에 따라 경쟁구도가 재편성된다.

다수의 경쟁업체가 진입하므로 시장이 어느 정도 포화상태에 이르고, 자원은 희소해 지면서 가격도 오르게 된다. 따라서 후발 진입업체들은 같은 조건의 경우에도 높은 비용을 지출해야 하고, 고객들은 상품의 특성, 품질, 가치 등에 세밀한 판단을 하도록 한다.

따라서 이 시기는 생산효율이 높은 업체만이 생존할 수 있으므로 성공적 시장진입을 위해 자원기반의 합리화와 적정규모의 수익성 창출을 유도하여야 한다.

3. 성숙기의 시장진입

성숙기(Maturing Stage)는 산업 전반적인 성장이 둔화되고, 혁신제품의 개발이 저조하며, 고객 취향은 세련되고, 경쟁업체는 소수로 집중되는 양상을 보이며, 제품과 공정의 점신적인 개선 노력을 요하는 시기다. 따라서 기업은 틈새시장, 선도업체 공략, 특화 등의 전략을 구축하고, 성숙시장으로 진입한다.

4. 쇠퇴기의 시장진입

쇠퇴기(Declining Stage) 또는 구조 조정기는 상품 또는 제품의 판매량과 판매액이 감소하고, 기술력과 응용력이 부족하거나 가격경쟁력의 상실 등으로 시장 환경에 대응하지 못하고, 그 시장에서 퇴출되는 시기다.

이 단계는 기업의 특성과 경영능력, 준비된 기업 활동 등에 따라 도태되는 시기에는 크게 차이를 나타내고 있다. 그러므로 기업은 쇠태기의 진입을 피하기 위해 꾸준한 기술개발과 기업혁신, 준비된 경영 및 투철한 기업가 정신으로 고객에게 사랑받는 기업이 되도록 노력한다.

13.2.2 표적시장 전략

새로운 시장의 마케팅추세는 고객만족을 위한 고객 지향성, 시장분석 및 타깃고객의 설정을 통한 효율성, 고객의 건강과 기부 등 사회성 등을 추구하고 있다. 그리고 마케팅영역은 세계화추세와 IT산업의 발달로 광범위하게 되고 있으며, 마케팅전략은 차별화, 세분화, 집중화되고 있다.

마케팅전략은 표적시장의 확보이다. 획득전략은 세분화된 시장을 경쟁상황과 자사의 능력 등을 고려하여 그 중 가장 자신 있는 시장을 찾아내는 것이 된다. 이러한 마케팅시장은 다양한 고객의 욕구를 찾아서 동질적인 고객집단으로 분류하는 시장세분화과정에서 이루어진다.

그리고 세분화된 시장에서의 표적시장은 자사의 제품시장으로 가장 적합하다는 것을 알리는 시장이다. 결국 표적시장의 결정은 사업화시장의 포지셔닝이 되며, 표적시장에서 경쟁의 우위를 달성토록 기술사업화 제품의 위치를 정하는 일이다.

STP(Segmentation, targeting, Positioning) 전략은 세분화된 소비자의 욕구를 만족시키기 위해 도입된 마케팅 전략개념으로 몇 개의 기준을 이용하여 시장을 분류하고, 세분된 시장에서 표적시장을 선택하며, 마케팅 목표를 달성하기 위해 상품정책, 가격정책, 촉진, 유통경로 등 마케팅 수단을 결합하여 제품의 위치를 정해주는 전략이다. 이를 구체적으로 살펴보면 다음과 같다.

1. 시장세분화(Segmentation)

다양한 소비자욕구를 충족시킬 수 있는 시장은 새로운 마케팅전략을 요구한다. 따라서 다수의 세분화된 시장에서 자사의 능력과 경쟁력 등을 고려한 가치 있는 표적시장을 지정한다.

고객의 마음을 사로잡고, 서로 다른 욕구를 갖는 시장에서 몇 개의 소비자 그룹으로 구분하는 시장세분화의 기준은 지역과 규모 등 지리적 특성, 인구 통계적 특성, 심리적 변수 등의 인간특성 및 구매동기, 추구편의 등 다양한 형태적인 특성으로 분류할 수 있다.

[시장세분화 기준]

변수	주요내용
인구 통계적 변수	•연령, 성별, 나이, 소득, 학력, 가족규모, 직업, 종교, 인종, 국적 등
심리적 변수	•사회계층, 개성, 라이프스타일
구매행동 변수	•사용량, 브랜드충성도, 구매동기
사용 상황변수	•누가, 언제, 어디서, 어떻게, 사용여부,
추구 효익 변수	•제품속성, 기능

시장세분화의 기능은 수익성이 보장되는 시장을 확인하고, 마케팅 노력에 의해 효율적으로 접근될 수 있는 세분시장을 확인하며, 세분화된 시장에 적합한 효율적인 마케팅믹스를 개발가능토록 한다.

2. 표적시장 선정(market targeting)

표적시장은 세분화된 시장 중에서 경쟁우위와 경쟁상황을 고려하여 자사에게 가장 좋고, 유리한 시장기회를 제공할 수 있는 특화된 시장을 말한다.

그러므로 기업에게 가장 선호할 수 있는 표적시장은 시장의 성장잠재력, 매력도, 경쟁자, 대체상품, 구매자와 공급자의 힘, 기업의 목표 및 자원의 적합도 등을 평가하고, 평가결과에서 경쟁우위를 나타내는 시장이다.

따라서 세분화된 시장에서 가장 적합한 시장은 기업의 자원, 제품의 다양성과 수명주기 상의 위치, 시장의 다양성 및 경쟁자의 전략 등이 마케팅목표에 부합되는 시장이다.

표적시장의 마케팅전략은 무차별적 마케팅, 차별화 마케팅, 니치마케팅, 집중마케팅이 있으며, 구체적인 내용은 다음과 같다.

① 무차별적 마케팅

전체시장에서 하나의 마케팅 프로그램을 적용하는 전략이다. 한 가지 제품 모델을 전체 소비자에게 구사하는 전략으로 대량생산을 통한 원가우위를 확보할 수 있는 장점이 있다.

반면에 다양한 소비자 욕구를 만족시킬 수 없다는 한계가 있다. 따라서 제품수명주기에서 도입기나 규모가 큰 세분시장을 공략할 경우 선택할 수 있는 전략이다.

② 차별화 마케팅 (Differentiated Marketing)

상이한 소비자욕구에 소구점을 맞춰 세분화된 두 개 이상의 시장에 상이한 마케팅믹스를 사용하는 전략이다. 제품의 이미지를 강화할 수 있고, 세분된 제품, 유통, 촉진을 이용함으로써 효율적 마케팅 비용을 지출할 수 있는 장점이 있다.

마케팅차별화의 요인은 중요성, 독특성, 수월성, 전달가능성, 선점성 및 여유성으로 볼 수 있다.

③ 니치 마켓(Niche Market)

다른 기업들이 지나치거나 무시하는 시장을 개발하여 새로운 틈새시장을 선점하고, 새로운 상품을 연속적으로 시장에 출시함으로써 다른 특별한 제품 없이도 시장점유율을 유지시키는 판매 방법이다.

니치마케팅은 시장규모가 작거나 시장형성 요소가 특수한 소비자 요구를 충족시키는 상품 층을 대상으로 한다.

④ 집중화 마케팅

여러 세분화된 시장에서 하나의 시장을 중점적으로 공략하는 방법이다. 제한된 자원과 노력을 집중시켜 활용하는 방법으로 단일 표적시장전략이라 한다.

이 전략은 제한된 시장에서 경쟁우위를 확보하고, 높은 수익을 얻는다는 점이 장점이다. 그러나 고객의 다양한 욕구, 대기업에 비해 생산, 유통, 광고 등에서 규모의 경제적 측면을 취약하게 하는 단점이다.

3. 포지셔닝(시장 위치화, Positioning)

포지셔닝이란 경쟁자의 제품과 다르게 인식시켜 경쟁우위를 달성토록 제품의 위치를 정해주는 것을 말한다. 상품의 핵심요소와 제품의 차별성을 고객에게 심기 위한 노력으로 경쟁우위 혹은 차별화요인을 고객의 마음속에 위치(position)를 정하도록 하는 것이다.

제품은 고객에게 더 많은 가치를 제공할 수 있을 때 경쟁우위를 달성할 수 있으므로 포지셔닝전략은 고객의 욕구, 자사제품의 강약점 및 경쟁제품의 약점을 분석하여 수립한다.

그리고 포지셔닝 맵을 통해 자사제품의 목표포지션을 결정하고, 구체적인 접근방법을 사용하여 목표 포지션에 자사제품을 인식시키는 과정이 된다. 따라서 포지셔닝전략은 속성, 사용상황, 제품사용자, 경쟁 및 니치시장에 의한 포지셔닝이 있다.

주요 전략으로는 고객에게 기업 중 최초가 되거나 최초가 될 수 있는 틈새시장을 찾도록 하고, 경쟁의 상대로서 재 포지셔닝 하거나 지속적으로 집중시키는 전략을 추구한다. 또한 제품, 서비스, 인적특성을 감안한 차별화전략으로 경쟁적 우위를 확보한다.

- 제품차별화는 제품의 성능, 디자인 등 물리적 특성에서 차별화하는 전략이다.
- 고객에게 최고의 서비스를 한다는 차별화전략이다.
- 종업원들을 선발 또는 훈련하여 강한 경쟁적 우위를 점하는 전략이다.

그 외 전략으로 속성에 의한 전략은 자사의 제품이 경쟁제품과 비교하여 다른 차별적 속성과 특징을 가지고 있다는 것을 고객에게 인식시키는 전략이다. 그리고 니치시장에 대한 포지셔닝방법은 기존의 제품으로 충족시키지 못한 시장기회를 이용하는 전략으로 규모가 작은 시장에서 비교적 소규모기업에 의해 사용된다.

[시장위치(제품특성)]

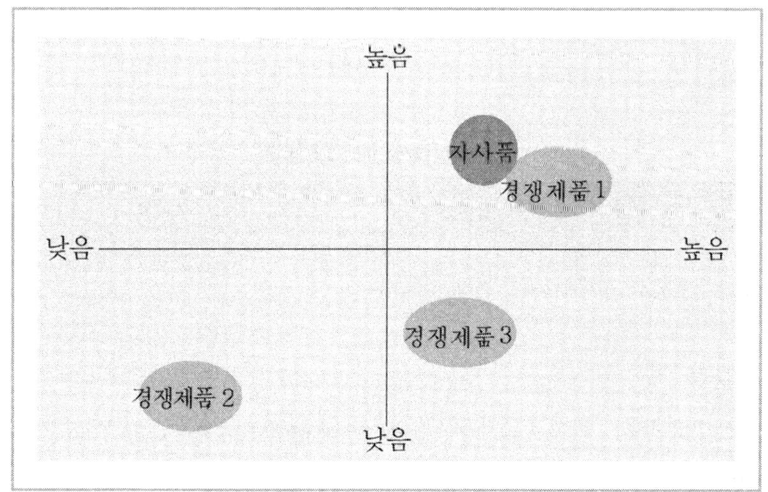

13.2.3 마케팅전략의 선택

① 신 개발제품

최초로 개발된 기술 또는 기존의 기술을 혁신기술로 개선하거나 개량하여 새로운 제품을 생산하고, 경쟁력 있는 시장을 통해 기업의 목적과 지속적 성장을 가능토록 하는 제품을 말한다.

신제품에 대한 욕구는 자사의 이익증대와 수익성 향상, 시장점유율 확대, 경쟁적 지위구축, 제품의 수명주기, 기술의 변화 등에 기인한다. 그러므로 사업화는 신제품의 출시시기, 장소, 표적시장 등의 선택적인 의사결정이 있어야 한다.

신제품마케팅전략은 신규시장개척, 시장 확장, 소비가치 재정의, 브랜드 차별화 등 4가지로 구분할 수 있다.

- 신규시장개척은 신규시장최초로 제품군을 형성하여 신규 시장을 개발 또는 창출한다.
- 시장 확장은 성장이 정체된 시장에서 돌파구 마련을 위해 기존 시장의 규모를 확대하는 전략이다.
- 소비가치재정의는 제품 개념을 재 정의하거나 새로운 가치전달을 통해 소비문화를 새롭게 정립한다.
- 브랜드 차별화는 브랜드에서 연상되는 새롭고, 독특한 가치를 만들어 내는 전략이다.

[신상품마케팅 전략형태]

신규 시장개척	시장 확장
소비가치 재정의	브랜드 차별화

출처 : 박남우, 신제품마케팅 전략 : (2008), Creworld.

② 가격결정

제품의 가격전략은 초기 고가전략(market-skimming pricing)과 초기 저가전략(market-penetrating pricing)이 있다.

- 고가전략은 시장진입초기에 투입비용보다 높은 가격을 책정하여 특정목표시장을 공략하는 전략이다. 이 전략은 잠재수요가 충분히 형성되고, 대상소비자들은 가격에 민감하지 않으며, 기업의 초기자금 회수를 위해 유용

한 전략이다.

특허기술제품이나 잠재적 구매자들에게 강한 인상을 줄 필요가 있는 경우, 시장진입이 높은 경우, 대체품보다 신제품의 가치가 높은 경우 등일 때 추구하는 전략이다.

- 저가전략은 일명 시장침투가격 전략으로 자사제품에 투입비용보다 낮은 가격을 책정하여 시장을 침투하는 전략이다. 이 전략은 짧은 기간에 시장 점유율을 키우기 위해서 유용한 전략이다.

  동 전략은 대량판매를 통한 이익의 확보, 매출증대보다 시장점유율 확보, 경쟁자들의 반응을 무력화, 고객의 민감한 가격반응 등의 경우 추구한다.

③ 유통경로와 기구

제조업자가 유통 업자에게 판매를 촉진시키는 푸시(push)전략과 제조업자가 최종 소비자에게 광고, 판매촉진책을 실행하는 풀(pull)전략이 있다. 대체로 신제품의 경우에는 브랜드충성도가 생기지 않는 상태이므로 푸시전략으로 제품의 인지도를 높이는 전략이 효과적이다.

유통기구는 도매상을 제외한 대부분의 소매상으로 구성되며, 소매상의 형태는 점포유무, 소유권, 점포전략 믹스 등을 기준으로 분류할 수 있다. 그리고 소매상의 전략은 대체로 다음과 같다.

- 소비자 욕구에 맞는 제품과 서비스의 구비이다.
- 표적고객에게 전달 가능한 가치를 기준으로 가격결정이다.
- 소비자의 생활권에 근접한 입지와 편리한 쇼핑시간의 제공이다.
- 쾌적한 점포분위기의 조성으로 지속적 방문을 유도함이다.
- 구매를 통한 관련 정보의 획득원천이 되도록 함이다.

13.3 기술마케팅

13.3.1 기술마케팅이란

기술마케팅은 '신규사업진출 또는 제품 확충을 기획하는 기술상품도입 자에게 보유기술의 제공을 통해 상용 또는 교환가치를 높이기 위한 기획, 판촉, 판매 등 기술이전의 총체적활동'이라 한다.(정혜순, 2006)

성태경(2012)은 기술마케팅을 기업의 전략적인관점에서① 어떠한 기술이 필요하며, ② 이를 어떻게 획득하고(make or buy), ③ 보유한 기술을 어떻게 활용(keep or sell)할 것인가에 대한 의사결정 및 수행과정이라고 정의하였다.

즉 소비자의 필요와 욕구를 충족시키기·위해 시장에서 교환이 일어나도록 하고, 기술을 수단으로 고객의 만족을 통해 이윤을 추구하는 일련의 활동을 기술마케팅이라 한다.

기술마케팅은 제품이나 서비스를 새롭게 만들고, 기업의 경쟁력을 갖추거나 이익을 창출시키는데 기존의 경영과 마케팅시스템만으로는 한계가 있기 때문에 기술거래시장을 통해 경제적 이익을 창출할 수 있도록 한다.

그리고 기술마케팅은 현재 사용기술, 미활용기술, 차세대기술 등 미래에 필요한 기술의 획득을 포함한 기술의 예측과 평가, 시장전략, 차세대제품개발전략, 제품판매전략, 기술시장개척 등 일련의 활동이 된다.

또한 과학기술을 체계적으로 정리하고, 분석하여 적기에 기술 가치를 극대화시킬 수 있는 기술의 중개, 이전, 기술제품 또는 서비스의 판매 등의 활동을 말한다. 이 때 기술수요자는 기술개발과 기술구매, 기술공급자는 기술보유 또는 기술판매 방법의 의사결정을 선택한다.

특히 기술마케팅은 연구원들의 연구 성과를 사회에 환원시키도록 하고, 연구원에게는 경제적 이익을 보장해 주며, 기술기반 기업체에게는 기술예측, 기술평가, 기술개발방법, 제품시장 전략, 차세대 제품개발 전략, 전략적 자원의 분배, 실행을 위한 혁신활동 등을 하도록 한다.

그러므로 기술마케팅은 기업의 필요한 기술이 무엇인가? 를 결정하며, 기술에 대한 처분의사 결정을 한다. 기업이 보유한 기술을 배타적으로 계속 활용할 것인가? 여부와 다른 기업이 직접 활용하게 하거나 대가를 받고 사용하게 할 것인가?의 의사결정을 선택토록 한다.

의사결정은 기술에 대한 구매의사, R&D활동을 활용하는 기술획득(license 등), 제품 및 공정기술의 개발과정에서의 모든 협력형태(joint venture 등) 등을 포함한 결정이다.

[기술마케팅]

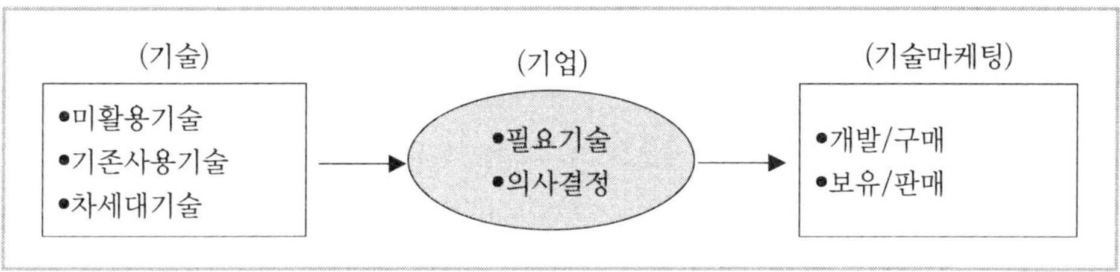

13.3.2 기술마케팅의 특성

소비자는 혁신수용자·선각수용자·전기다수수용자·후기다수수용자·지각수용자 등 5가지 유형으로 Chasm이론에서 분류하고 있다.

출시 초기는 혁신수용자와 선각수용자가 기술애호 또는 잠재적 이익 등을 고려해 제품을 구입한다. 그러나 그 후의 구매자는 실용적인 면이 증명될 경우에 전기다수수용자와 후기다수수용자들이 주류시장을 형성하고, 구매를 시작한다. 그 후 말기시장은 지각수용자에 의해 구매된다.

그리고 첨단제품은 초기 수요자와 그 이후 시장수요자들이 서로 다른 이유로 제품을 구매한다. 제품의 출시초기에는 혁신성을 중시하나 점차 실용성을 중시하는 소수의 소비자 중심으로 옮겨진다. 다만 매출액은 초기수요와 시장수요전환과정에서 급격히 감소하거나 정체현상을 보이기도 한다.

특히 기술마케팅은 신기술을 보유자로부터 수요자에게 이전되게 하는 하나의 수단이다. 그러므로 마케팅전략측면, 목표그룹, 시장세분화, 마케팅수단, 가격설정, 시장관리수단, 유통채널, 요구되는 지식에서 전통마케팅과 본질적으로 차이가 있다(성태경, 2012).

① 마케팅전략 측면에서 다르다. 전통적인마케팅의 전략적 목표는 기업 또는 제품의 경쟁력을 향상시키는데 있으나 기술마케팅은 기술적 잠재력을 극대화하거나 기술정보관련 네트워크(network) 혹은 전략적 제휴(strategic alliance) 관계를 확립하는데 있다.

② 목표그룹에서 차이가 있다. 전통적인마케팅은 제품의 사용자이고, 기술마케팅은 R&D전문가, 생산관리자, OEMs(Original Equipment Manufacturers) 혹은ODMs(Original Development Manufacturers) 등이나

③ 시장세분화market segmentation)에서 차이가 있다. 전통적인마케팅은 지역, 연령, 핵심고객, 소비자특성 등이 되나 기술마케팅은 기술 그자체이다.

④ 마케팅수단에서 차이가 있다. 전통적인마케팅은 제품, 서비스, 시스템이 수단이나 기술마케팅은 기술정보가 수단이다.

⑤ 가격결정에서 차이가 있다. 전통적인마케팅은 시장의 수요·공급에 의해서 결정되는 거래가격으로 결정하나 기술마케팅은 노하우, 특허 등 기술정보의 가치추정이 어렵기 때문에 특정상황에 따른 가격으로 결정한다.

⑥ 유통채널의 차이이다. 전통적인마케팅은 시장(market)이 중요한 유통채널이지만 기술마케팅은 시장, 비 시장, 조인트벤처 등을 포함한다.

[마케팅과 기술마케팅 비교]

구분	마케팅	기술마케팅
1. 마케팅 전략적 목표	· 기업경쟁력 향상	· 기술력 극대화
2. 마케팅 대상	· 제품의 사용자	· R&D전문가, 생상자 등
3. 마케팅 수단	· 제품, 서비스, 시스템 등	· 기술정보
4. 시장세분화	· 지역, 연령, 핵심고객, 소비자특성 등	· 기술자체
5. 거래가격	· 시장에서 결정된 가격	· 특정상황에서 결정 가격
6. 유통채널	· 시장	· 시장과 비 시장 메커니즘
7. 시장관리 수단	· 광고, 판촉활동 등	· 전문가 그룹의 평판
8. 요구되는 지식	· 지식위주 기술은 부수적	· 지식과 마케팅 함께 요구

그리고 기술마케팅과 기술사업화의 연관성은 다음과 같다.

① 기술마케팅은 기술자체를 거래대상으로 한다. 그러나 기술사업화는 R&D 활동을 통해 신기술을 획득하고, 그 기술을 제품화시켜 시장을 통해 경제적 성과를 얻는 일련의 과정이 된다.

② 기술마케팅은 신기술을 사업화가능토록 하는 효과적도구이고, 기술수요자와 공급자에게 거래할 수 있도록 하는 독자적 영역을 제공한다. 그러므로 기술마케팅의 역할은 기술사업화를 촉진하고 있다.

13.3.3 기술마케팅 추진

기술마케팅활동을 통해 기업의 기술적 잠재력을 높이고, 시장을 통해 기업의 수익성 창출을 극대화시키도록 기술마케팅을 추진한다.

기업의 기술마케팅 추진은 이윤극대화와 성장 등 경제적 성과를 높이기 위해 기술의 중개, 기술의 이전과 대여, 기술구매, 기술판매 등의 의사결정을 최적화시키고 있다.

기술마케팅의 전개는 우선 전략기술을 발견하기 위해 기술을 분석하고, 분석결과에 의해 최적의 전략을 입안한다. 그리고 조직화를 통해 기술마케팅을 전략적으로 추진할 수 있도록 한다.

특히 신기술 사업화의 기술마케팅은 신기술 사업화를 가능토록 하는 효과적 도구가 되며, 신기술 보유자로부터 수요자에게 이전되게 하는 수단이 된다.

이러한 기술마케팅의 추진단계를 살펴보면 다음과 같다.

① 기술의 선정이다. 기술마케팅 대상이 될 수 있는 핵심기술의 선정이다.

② 기술마케팅의 전략적결정이다. 기술의 보유기술, 보완기술, 핵심기술, 제품기술 및 공정기술의 기술개발 또는 기술보유, 기술의 구매 또는 판매 등의 의사결정이다.

③ 기술마케팅의 추진이다. 선택된 의사결정은 실행을 통해 경제적 성과를 얻을 수 있도록 추진한다.

그리고 기술마케팅이 성공하기 위해 다음과 같은 조치가 필요하다.

① 구매 또는 판매 조직이 동일한 정보로 의사결정을 하기 때문에 하나의 부서에서 기술마케팅을 할 때 효과적이다. 그리고 기술책임은 최고 경영자의 감독이 필요하며, 기술전문가 등의 지원이 될 수 있도록 한다.

② 정보망의 구축이다. 기술은 생산 활동의 정보이기 때문에 충분히 기술정보를 제공할 수 있는 정보망 구축이 필요하다.

③ 마케팅 전문인력 확보이다. 연구성과는 사회에 환원시킬 수 있도록 하되 연구원에게 경제적 이익을 보장할 수 있도록 한다. 그리고 기술의 예측, 기술의 평가, 기술개발, 시장전략 및 실행 등 혁신활동을 전담할 수 있는 인력으로 구성한다.

④ 판매기술의 구성이다. 기술의 성능, 경제성, 다른 기술과의 연관성, 제품의 특징에 영향을 미치는 요인, 지적재산권 보유여부, 판매제품의 특징, 디자인, 크기, 소재와 품질, 포장, A/S, 보증기간 등을 구매자에게 알기 쉽도록 규정하여 준다.

⑤ 기술가격의 결정이다. 기술가격은 주로 기술가치 평가를 토대로 구매자와 판매자 간의 협상에 의해 결정한다. 통상 기술거래는 라이선스 형태로 거래하며, 기술 활용에 대한 대가는 기술사용료로 결정하고 있다.

13.3.4 기술마케팅 절차

기술마케팅의 절차는 판매기술의 구성, 가격결정, 가치평가, 구매절차파악, 기술마케팅 수단결정 등의 순서로 추진된다.

① 판매기술의 구성

판매할 수 있는 기술은 특허권, 저작권, 상표권, 노하우 표준, 표준연계특허, 프로토타입(prototype), 개별프로젝트, 턴키프로젝트 등이 있다.

기술을 판매하고자 할 때 구매자에게 판매제품의 디자인, 제품특징, 크기, 부품·소재의 품질, 제품포장, A/S, 보증조건 등을 알기 쉽게 규정한다.

그리고 기술을 판매할 경우에는 기술에 대한 성능, 경제성, 다른 기술과의 연관성, 제품과 생산기술과의 연계성, 제품의 특징에 영향을 미치는 요인 등을 선행 설명토록 한다.

② 가격결정

기술의 판매를 돕기 위해 기술가치의 결정이 이루어 져야 한다. 기술의 가치는 대상기술을 선별하고, 기술평가정보를 활용한 평가방법에 따라 기술 가치를 산정한다. 이렇게 산정된 가치는 경제적 가치를 반영하며, 기본적으로 기술가격이 된다.

기술가치의 평가는 미래에 가져올 경제적 이득을 효율적으로 평가할 수 있도록 명확한 평가기준을 제시하여야 한다. 그리고 적절한 평가방법을 채택하며, 채택된 평가양식으로 평가 한다.

그러나 기술가격의 결정은 매우 어렵다. 그 이유는 거래대상 기술의 내용이 구체적이지 않거나 체화(體化)된 기술은 간접적으로 기술 가치에 대한 가격이 결정되기 때문이다. 또한 기술의 내용 자체가 변하고, 동질적 기술이 존재하지 않는다는 특수성을 가지고 있기 때문이다.

따라서 기술가격의 결정은 기본적으로 기술의 가치평가를 토대로 이루어지나 특정한 경우에는 판매자와 구매자의 협상(negotiation)에 의해 결정한다. 이러한 경우

기술판매자는 가격전략을 설정하고, 구매자에게 제시하는 것이 대부분이다.

③ 기술가치 평가

기술가치의 평가는 당해기술이 가지는 내재적인 가치를 금액 또는 등급으로 산정하는 것이다. 기술가치 평가절차는 먼저 평가대상 기술을 선별하고, 기술평가정보 등을 활용하여 평가방법을 선정하여 기술 가치를 산정한다.

④ 구매절차 파악

기술의 구매는 기술평가를 통해 적합한 도입기술을 선택하였을 때 구매를 실행한다. 그러므로 기술구매를 위해 다음과 같은 탐색절차를 거치며, 이를 구체적으로 살펴보면

- 기술의 평가착수이다. 기술평가는 기술에 대한 소비자 수요가 변화거나 제품 생산과정에서 문제점이 발견된 경우, 그리고 신기술이 출시된 경우에는 평가를 착수한다. 기술평가는 시스템에 의한 평가와 조직적 자극을 받고 의도적으로 평가하는 방법이 있다.
- 기술스캔 또는 모니터링을 한다. 외부 기술을 광범위 하게 지속적으로 조사 또는 검토한다. 외부의 정보를 내부로 흐르게 하는 기술스캔과 기업내부의 정보를 외부로 흐르게 하는 기술모니터링 작업을 한다.
- 기술평가를 한다. 구매대상기술이 지니고 있는 미래의 경제적 가치를 평가한다. 이 때 기술평가는 명확한 평가기준이 제시되어야 하며, 평가방법의 적절성이 유지되도록 하고, 평가양식을 분명히 선택하여야 한다.
- 기술도입의 선택이다. 기업이 필요로 하는 기술과 미래 수요에 대한 의사결정이며, 기술평가 결과에 근거하여 기술도입을 결정하도록 한다.
- 기술구매의 실행이다. 조직의 기술수행 능력을 기반으로 기술구매를 실행한다.

[구매기술 탐색절차]

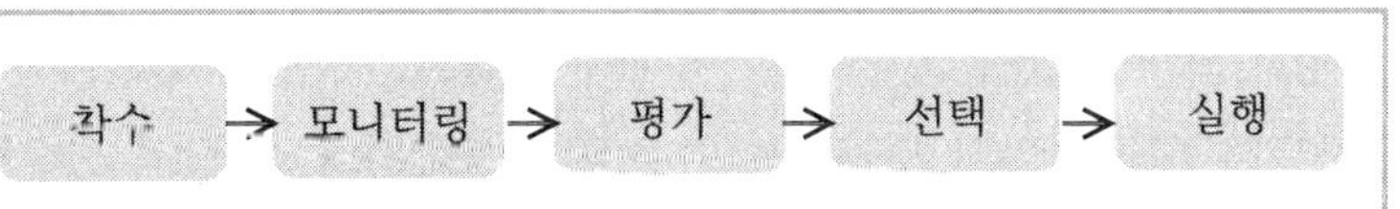

⑤ 마케팅수단 결정

기술마케팅의 궁극적인 목적은 수익창출에 있다. 그러므로 수단의 선정 또한 수익극대화에 기반을 두어야한다. 즉 기술 활용의 통제정도와 기술의 공유정도에 따라 결정한다.

Siefert et al(2008)는 기술마케팅 선정기준을 다음과 같이 제시하였다.

- 자체생산판매(A)는 기술 활용통제정도가 매우 높고, 기술의 공유정도는 약할 경우이다.
- 기술공표 또는 비배타적 공동라이선스 제공(D)은 기술 활용통제정도가 낮고, 공유정도가 높을 경우다
- 조인트벤처, 라이선스, 프랜차이즈(B)는 기술 활용통제정도가 매우 높고, 공유정도가 높을 경우이다.
- 배타적유통망(C)을 보유한 사업화는 기술 활용통제정도가 매우 낮고, 공유정도 또한 낮은 경우이다.

[효과적인 기술마케팅 수단의 결정]

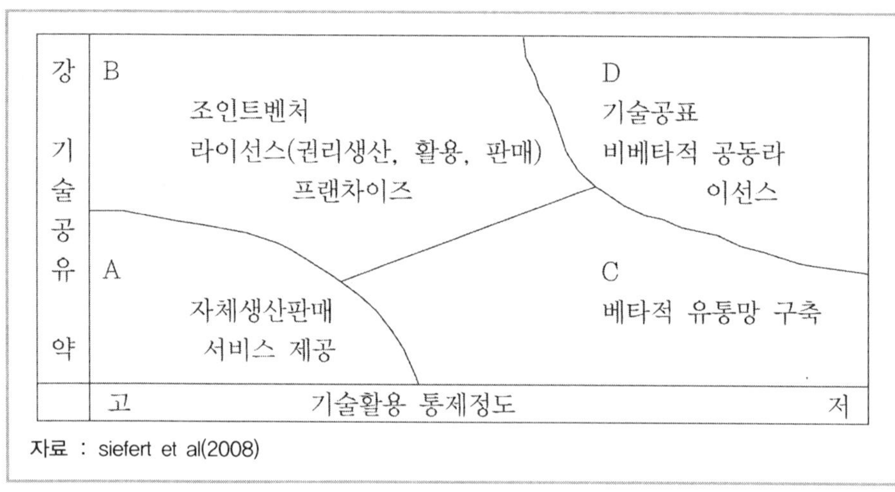

자료 : siefert et al(2008)

13.3.5 기술마케팅 과정

기술마케팅은 소비자들이 요구하는 형태의 기술을 이전하거나 이전 받아 사업화를 진행하도록 한다. 주로 기술이전을 통해 사업화하기 때문에 소비자의 요구에 맞는 기술을 개발하여야 하고, 개발기술을 전략적으로 홍보하며, 사업화를 통해

재화를 창출하는 과정이 되도록 한다.

구체적 기술마케팅과정을 살펴보면 다음과 같다.

① 공급기술을 확보하는 과정이다. 마케팅대상을 확보하기 위해서는 이 과정이 필요하며, 공급기술의 확보는 R&D 결과물을 파악하는 활동이다.

② 사업성평가와 기술이전 가능한 기술을 만드는 과정이다. 평가는 주로 기술성, 시장성, 권리성, 서비스 등을 통해 이 기술의 사업화가능성을 평가한다. 평가기준은 이전대상 기술이 어느 정도의 수준인지, 또 시장성과 전망, 권리보호, 서비스의 질 등을 중요한 범위로 한다.

③ 계약에 의한 이전기술은 기술사업화기획과 제품의 개발이다. 이 단계는 기술에 대한 수요자를 고려하는 과정으로 수요자를 파악하기 위해 시장조사와 경쟁기술 및 대체기술의 개발여부, 경쟁기업, 경쟁제품 등을 포함한 산업환경, 정치적, 경제적 산업여건 등을 고려한다.

그리고 선별된 기술들을 어떻게 기업으로 이전하고, 수익을 창조해야 할 것인가에 관한 전략을 함께 수립한다.

④ 개발제품은 생산과 마케팅과정을 통해 시장에 진입하게 되며, 전 과정은 기술을 이전받은 계약자가 직접 담당한다.

[이전기술 마케팅단계

과정단계	세부내용
공급기술 확보	R&D결과물 파악 및 공급기술 DB화
이전기술 발굴	기술수요조사 및 특허자산 분석 및 평가
기술마케팅	기술 및 시장분석, 잠재고객 발굴
기술 사업성 평가	적절한 기업가치 평가, 이전금액 산정
이전협상 및 계약	이전조건 및 협상지원, 기술이전 계약
기술사업화 기회	시장분석, 사업모델, 사업전략 수립, 사업자금 투융자
제품개발/생산	상용화 기술개발, 핵심인력 지원
마케팅/시장진입	제품영업 및 매출실현, 주요마케팅 지원

13.4 제품생산

13.4.1 생산일반

매출액 또는 예상매출액의 실현은 개발된 기술의 사업화에 의해 주생산품과 부생산품의 판매를 통해 이루어진다. 이러한 매출의 실현을 가능토록 하는 생산품은 각 제품의 제품명, 규격, 성능, 품질정도 등을 구체화하고 있다. 생산품은 출시 전에 수행해야 할 설계 및 개발 작업, 그에 소모되는 시간과 비용 등을 설계하며, 설비투자, 기술인력, 재고, 구매 및 품질관리 등의 활동을 통해 출시한다.

① 제품(상품)의 구분

제품은 주 생산품과 부생산품으로 구분하며, 규격과 인증 내용은 성능과 품질정도에 따라 구분한다. 그리고 생산은 제품의 용도, 기능, 실용성, 안정성, 주요고객 및 거래처 등에 따라 규격과 수량 등을 정한다.

생산품의 규격과 수량은 사업아이템의 사업성, 향후 국내외 시장동향, 주요수요처 및 수요량 등을 심층 분석한 근거자료를 기준 한다.

② 기술현황

기술현황은 기술내용과 특성(기술의 우위성)을 포함하여 제품개발 현황과 기업의 개발역량을 말한다. 개발과정에서의 예상되는 문제점과 개발시간, 원가에 미치는 영향 등과 저작권, 상표권, 계약상의 권리, 지적재산권 등 권리취득 또는 취득예정인 내역을 포함한다.

③ 생산시설

제품의 생산과 관련된 제조과정에 투입된 생산시설이다. 설비와 관련해서 설비명과 규격, 수량, 확장방법과 시기 등을 제시한다. 공장건설은 면적과 공장형태, 시설 및 설비구입, layout, 공사일정 등과 설비계약관련 사항 및 양산 가능성, 생산규모 등을 말한다.

13.4.2 생산계획

생산계획은 총괄생산계획과 기준생산계획으로 구분한다. 총괄생산계획이란 수요의 예측으로 판매계획을 달성할 수 있도록, 고용수준, 재고수준, 생산능력 및 하청 등을 고려한 계획이다.

계획수립 시의 고려요소(input)는 판매량, 생산비용, 생산율(조업도), 생산능력 및 하청, 고용수준(고용, 해고 등), 재고수준 등이다.

기준생산계획(MPS, Master Production Schedule)은 제품별 구체적 계획이다. 최종아이템 또는 중요부품에 대한 생산계획(또는 구매계획)을 수립하는 활동으로 대개 최종아이템은 시설이나 인원계획을 제외하고, 어떤 모델을 언제까지, 몇 개를 만들 것인가의 계획이다.

생산 공장에서는 실제적으로 구체적인 생산계획에 따라 생산하며, 판매를 목적으로 생산계획을 수립한다.

기준생산계획을 수립할 때에는 보통 3개월 내지 6개월을 기준하며, 생산용량의 변경은 고려하지 않고, 생산 또는 구매의 발주량(Lot Sizing)에 중점을 둔다. 그러므로 기준생산계획표는

① 기간별 수요량(예측치)

② 현재의 가용재고량

③ 주문정책 및 필요한 시점부터 해당제품의 제조 또는 소립에 필요한 하위 부품들의 필요한 시점을 역으로 계산해내는 자재소요계획(MRP, Material Requirement Planning) 등을 나타내며, 다음의 표를 사례로 활용할 수 있다.

[기준생산계획표]

부품명 : 0000

주(week)	1	2	3	4	5	6	7	8	9	10	11	12
수요(예측치)	10	15	20	15	10	5	20	15	10	15	10	20
가용재고(계산치)	10	10	10	10	10	10	10	10	10	10	10	10
생산량	10	15	20	15	10	5	20	15	10	15	10	20

현재고량 : 20 주문정책 : L4L 안전재고 : 10

주) L4l 은 lot-for-lot임

13.4.3 수요예측과 재고관리

1. 수요예측

생산수요의 예측은 시장수요(market demand)로부터 예측하며, 자사제품에 대한 시장점유율을 충족시킬 수 있는 생산량의 추정이다. 이는 이용 가능한 정보를 최대한 활용하여 불확실한 장래의 시장수요를 추측하고, 추정한다.

수요예측의 과정은 예측목적의 설정, 수요결정요인의 결정, 자료수집, 예측방법의 설정, 예측치 산정, 예측결과의 적용, 예측치의 평가단계를 거친다.

수요예측의 방법은 질적 방법과 양적방법으로 구분한다.

질적 방법은 시장수요에 관련된 사람들의 의견을 반영하는 방법으로 미래의 수요를 추정하며, 시장조사법, 패널 동의법, 중역 의견법, 판매원의견 합성법, 수명주기 유추법, 델파이방법 등을 활용한다.

양적방법은 평균법, 회귀분석 및 지수평활법이 있으며, 평균법은 과거의 자료를 활용하여 산술평균하는 방법이고, 회귀분석은 영향력의 크기를 파악하여 종속변수의 값을 예측하는 방법이다.

그 외 지수평활법은 현시점에서 가장 가까운 실적 치에게 큰 가중치를 부여하고, 과거로 거슬러 올라가면 갈수록 그 가중치를 감소시켜 예측하는 방법이다.

2. 재고관리

재고(inventory)는 미래의 사용을 위해 기업이 저장하고 있는 품목으로 인력, 자본, 시설, 원자재, 부품, 완성품 또는 재공품 등이다. 재고의 종류는 판매관리 등에 필요한 거래재고와 재고의 보유로 이익을 보장하는 조직재고가 있다.

재고량의 결정은 기업의 운영비용을 최소가 되도록 결정하는 것이 기본원칙이므로 재고수준 유지를 위해 필요한 경비는 발주비용과 재고유지비용 수준에서 결정한다. 특히 기업은 재고관리를 효과적으로 수행할 수 있도록 자재소요계획을 함께 수립하여 적정 재고량을 관리할 수 있도록 한다.

3. 자재소요계획

자제소요계획(MRP, Material Requirement Planning)은 제품의 생산수량 및 일정을 토대로 그 제품의 생산에 필요한 원자재·부분품·공정품·조립품 등의 소요량 및 소요시기 등을 계획한다. 그리고 자재조달계획은 일정관리를 겸한 효율적인 재고관리를 하도록 한다.

즉 최종제품을 생산하기 위해 필요한 시점에서 하위 부품들이 소요되는 필요시점을 역으로 계산하여, 소요계획을 수립하는 시스템이다. 필요한 제품을 필요한 시기에 필요한 양만큼을 필요한 장소에 공급하는 것이 목적이므로 발주량과 발주시기의 파악, 진도관리, 자재조달과 생산 작업 진행 등의 기능을 가지고 있다.

그리고 자재소요계획의 유형은 리드타임, 로트사이즈, 안전재고가 있다.

① **리드타임(lead time)**: 공정착수부터 완성품이 완제품창고에 입고되는 시점까지의 기간이다. 리드타임이 길면 재고유지비 등이 증가하고, 짧으면 재고부족과 과도한 급행비용이 발생할 수 있다.

② **로트사이즈(lot size)**: 1회 생산로트의 크기로 주문의 크기와 시점, 가동준비회수, 재고유지비 등에 영향을 주며, 주문에는 3가지 발주형태가 있다. 즉 항상 같은 양을 주문하는 고정주문량, 발주간의 간격동안 필요한 량으로 하는 기간발주량, 일주일분의 총 소요량을 맞추는 대응발주이다.

③ **안전재고**: 자재의 도착지연, 생산지연, 공손품 발생 등의 원인해소를 위해 안전재고가 필요하다. 안전재고를 축소하는 방법은 리드타임관리를 철저히 하고, 변동이 심한 품목은 리드타임을 여유 있게 정하며, 여분의 안전생신능력을 보유한다.

4. 일정계획

서비스업은 불확실한 수요를 완충시킬 제고의 보유와 수요의 예측이 어렵기 때문에 생산능력 관리를 촉진할 수 있도록 일정계획이 필요하다. 일정계획은 일반석으로 시간 약속제, 예약제, 주문 잔고제의 방법이 있다.

① **시간약속제(appointment system)**는 고객과의 시간약속에 따라 필요한 수요를 생산하는 방법으로 병원, 변호사 등의 분야에 주로 이용되고 있다.

② **예약제(reservation system)**는 고객의 의사에 따라 시설의 이용 또는 사용을 할 수 있도록 하는 서비스로 호텔, 자동차, 항공기, 콘서트 등의 예약이 해당된다.

③ **주문잔고제(backlogs)**는 서비스 잔고에 따라 주문접수 서비스를 실시하는 방법으로 은행, 이발관, 레스토랑 등에서 사용되고 있다.

13.4.4 생산 환경

1. 입지결정

입지결정(location decisions)은 기업의 경쟁력 확보를 위해 직접적인 효과를 구하는 주요결정이다. 일반적으로 수익최대화 또는 비용 최소화 측면에서 택하게 되며, 제조업의 경우에는 비용최소화의 기준을 적용하고 있다.

입지의 선정은 질적 요인과 양적요인 모두를 고려하여야 한다. 질적 요인은 원료의 공급능력, 시장의 위치, 공업용수의 유무, 지역사회의 태도, 생활환경 등이 되며, 양적요인은 수송비용, 임금, 공일사업비용, 토지 및 건축비, 세금 등이다.

2. 생산시스템

생산시스템은 자원을 유용한 재화 및 용역으로 변환시키는 과정이다. 생산 공정에서 시간과 비효율을 제거하는 방법으로 재고가 없거나 최소화, 동기화생산, 린 생산방식(lean system), 작업 공정을 혁신함으로써 비용을 줄이는 방식이 있으며, 생산시스템 유형은 일괄처리시스템, 연속생산시스템, 기획시스템 등 3가지가 있다.

- 일괄처리시스템은 범용의 장비와 방법으로 일괄처리하며, 소량의 산출물을 생산하기 위해 사용된다.
- 연속생산시스템은 조립 또는 조립라인시스템이라 하며, 일련의 단계 또는 조작을 통한 흐름으로 처리하는 대량생산운영이 일반적이다.

  연속생산시스템에는 JIT(just-in-time)가 대표적이며, 재고 없는 생산, 필요한 만큼의 자재, 연속흐름 생산 등의 생산방식이다. 이는 창고비와 인건비 등 직간접 경비를 줄이는 수단으로 활용되며, 초기 사업화기업에서 주로 고려할 시스템이다.

  후속 작업장은 칸반(kanban)시스템(도요다식으로 낭비, 무리, 불균형 배제)에 의하여 선행 작업장의 부품을 끌어당겨 사용하는 방법이다. 균등한 품질생산이 가능하며, 로트사이즈를 최소화 시키는데 중요한 목적이 있다.
- 기획시스템은 1회 시스템(one-shot system)이라 하며, 단일 상품에서 사용된다.

그리고 생산시스템의 결정은 공정형태, 생산단계, 가공방법과 기술, 기계 및 장비, 인력요소 등 공정설계에 의한다. 즉 생산을 자체 제조, 하청, 구매 등으로 할 것인지,

라인공정(line process) 배치 또는 로트에서 단속공정(intermittent process)으로 할 것인지를 결정한다.

설비배치(facility layout)는 시스템 내부에서 작업장, 기계, 자재운반 및 보관, 고객서비스, 유틸리티시설 등의 공간적인 배치이며, 제품별 배치, 공정별 배치, 고정형 배치, 그룹 테크놀로지 배치 등이 있다.

3. 품질경영(quality management : QM)

품질은 고객의 요구에 따라 설계되고, 도면이나 규격 등으로 나타난다. 품질경영은 제품과 서비스를 소비자에게 제공할 때 우수한 품질을 유지할 수 있도록 업무프로세스에서 발생하는 문제점을 해결하는 활동이다.

예방적 차원에서 이루어지며, 시장조사에서 나타난 수요품질에 대한 만족을 통해 품질관리비용과 불량률을 축소시켜 손실액을 줄이고, 총비용이 최저점이 되도록 한다.

이러한 품질경영은 고객의 기대를 초과하는 고객만족, 조직문화의 변화, 개발촉진, 보상과 유인체제의 확립, 팀워크의 제고 등 종업원의 적극적인 참가와 지속적이고, 점진적인 공정개선으로 이루어진다.

그리고 공정개선은 생산현장에서 4개 사이클(deming cycle)을 거치면서 문제해결을 한다고 에드워드 데밍(W. Edward Demming)은 말한다.

① 계획(Plan): 문제 정의, 개선계획, 평가척도 준비, 계획을 위한 자료수집

② 실행(Do): 계획의 실행(실험적 실행), 평가를 위한 자료수집

③ 검토(Check): 실행자료 평가, 계획과의 차이 확인(Study)

④ 조치(Act): 차이가 크면 원인규명, 수정(Adjust) 후 다시 1단계로, 차이가 적으면 계속 관찰, 또는 표준화, 교육, 전면적 실시를 한다.

또한 품질개선은 고객으로부터 낮은 가격과 높은 품질 또는 서비스를 요구하기 때문에 지속적인 품질개선이 필요하며, 그 기법은 벤치마킹, 품질 및 서비스의 설계, 공정의 설계, 동시공학, 리엔지니어링 및 표준화 등이 있다.

① 벤치마킹은 업계의 선도업체를 대상으로 제품, 서비스, 경영관리 관행을 비교 측정하는 지속석이고, 체계적인 설차를 거치는 기법이다.

② 제품 및 서비스 설계의 변경은 작업방법, 소요자재, 사양 등을 변경하여

불량을 낮추도록 한다.

③ 공정설계는 제품의 생산방식을 구상하는 것으로 공정형태, 기계 및 장비, 인력소요 등을 결정한다.

④ 동시공학은 제품개발부터 판매에 이르는 과정에서 모든 부서의 전문가들이 참여하여 제품설계, 생산방법, 공정설계, 생산계획 등을 일시에 수행토록 한다.

⑤ 리엔지니어링은 비용, 품질, 서비스 속도 등 전략적 성과 측정을 위한 공정을 기본적으로 개선하고, 재설계한다.

생산품의 품질은 제품과 관련된 규격에 따라야 한다. 표준규격으로 사용되는 ISO 9000 등의 요구수준을 충족토록 품질경영시스템을 개발하여야 한다. 그리고 제조 또는 판매된 제품이 사용자의 생명, 신체, 재산에 손해를 가할 경우에는 배상책임이 발생되므로 이를 충분히 대비할 수 있는 수준이 되어야 한다.

4. 설비투자

설비투자(plant and equipment investment)는 건물·기계·설비와 같은 고정자산에 새로 투자되는 증가분을 말한다. 설비투자는 미래 생산능력의 원천이기 때문에 공급측면에서 기업성장과 산업구조의 조정을 주도하는 양면성을 가지고 있다.

이와 같은 성질은 설비투자가 대부분 기업의 성장을 좌우하고 있기 때문이다. 설비계획의 변화와 추세는

① 친환경, 재생에너지 설비개발 및 확대보급,

② 부하절감 및 에너지 절약기술,

③ 설비시스템의 고급화와 제어의 고도화 등이 된다.

기업의 설비투자는 설비투자의 성격에 따라 다음과 같이 분류한다.

① **대체투자**: 합리화투자 등 능률 항상, 원가절감을 위한 투자

② **확장투자**: 생산증가, 판매확대 등 사업규모 확장을 위한 설비투자로 수익증대가 목적이다.

③ **개발투자**: 신제품, 신사업 개발을 위한 설비투자로 수익증대 또는 원가절감이 목적이다.

④ **전략투자**: 경제성보다는 투자목적의 타당성을 우선하는 투자이다.

Chapter XIV

기술사업체

14.1 법인기업과 개인기업
14.2 기업설립준비
14.3 설립절차
14.4 기업소유와 지배
14.5 설립신고와 사업자등록

Chapter XIV 기술사업체

14.1 법인과 개인기업

1 법인기업 의의

법인기업은 그 자체가 독립된 인격체를 형성하기 때문에 모든 권리와 의무의 주체이다. 그러므로 법인을 설립할 경우에는 상법이 정한 기업의 실체를 구성하고, 법률이 정한 요건에 따라 설립등기를 완성시켜야 한다.

즉 일반적으로 법인은 다수의 사람이 자본을 형성하고, 설립조건을 완비하여, 법률이 정한 설립절차에 의거하여 설립한다.

대표적 법인기업 사례는 주식회사가 되며, 유한책임을 지는 주주의 구성과 자본의 증권화를 통한 소유와 경영의 분리를 원칙으로 설립한 기업이다.

2 법인기업 형태

상법 등 법률이 정한 법인의 형태에는 법적근거, 책임관계, 출자규모, 의결권 등에 따라서 차이가 있다. 상법 제 170조에서 정한 회사의 유형은 대표적으로 5가지 형태가 있으며, 이를 요약하면 아래 표와 같다.

구 분	주식회사	유한회사	합자회사	합명회사	유한책임회사
법적근거	상법	상법	상법	상법	상법
책임	유한책임	유한책임	유한책임(자본) 무한책임(경영)	무한책임	유한책임 무한책임(대표)
발기인 수 또는 사원수	제한 없음	2인~50인 미만	2인 이상	2인 이상	2인 이상

구 분	주식회사	유한회사	합자회사	합명회사	유한책임회사
출자의 종류	금전, 현물(주식)	금전, 현물(지분)	금전, 현물, 노무, 신용(지분)	금전, 현물, 노무, 신용(지분)	금전, 현물(지분)
정관인증	필요	필요	불필요	불필요	필요
출자단위	1주에 100원 이상	1좌에 5천원 이상	출자한도 없음	출자한도 없음	출자한도 없음
	자본금 5천만 이상	자본금 1천만 이상	등기 시 명시	등기 시 명시	등기 시 명시
관선검사인	필요	불필요	불필요	불필요	불필요
의결기관	주주총회	사원총회	무한책임사원 동의	무한책임사원 동의	사원 총회
주주와 사원의 이동	정관에 양도 제한	사원총회 특별결의	무한책임사원 동의	무한책임사원 동의	사원전원 동의

3 법인과 개인기업

기업의 형태는 법인구성 요건을 갖춘 법인기업과 개인 사업자 단독으로 설립한 개인 기업이 있다. 이들 기업은 설립형태, 기업경영, 기업주 활동, 자금조달, 이윤배분 등에서 많은 차이점을 보이고 있으며, 그 내용은 아래 표와 같이 요약할 수 있다.

구 분	개인기업	법인기업
설 립	• 개인의 의사결정으로 창설	• 법인설립절차와 등기 • 공동의 의사결정에 의해 설립
경 영	• 경영에 대한 단독 무한 책임 • 신속한 의사결정 • 경영능력의 한계	• 대표자는 회사운영에 대해 일정한 책임을 지며, 주주는 주금납입을 한도로 채무자에 대해 유한책임 • 의사결정의 저속성 • 소유와 경영의 분리
기업활동	• 기업주의 활동 자유	• 기업주 활동의 제약(상법 등)
자본조달	• 개인의 전액출자 • 자본조달 한계	• 다수의 출자자 • 거액의 자본조달 용이
이윤분배	• 이윤의 전부를 개인이 독점	• 출자자의 지분에 의해 분배
지 속 성	• 기업의 영속성 결여	• 출자금의 유가증권화 가능 • 대외적인 신용확보 • 경영관리의 효율성

구 분	개인기업	법인기업
세제상	• 소득세 과세 • 일정규모이하인 경우 세금부담 유리 • 대표자본인의 급여 불인정 • 장부기장 등 상대적 덜 엄격	• 법인세 과세 • 일정규모이상 세금부담 유리 • 대표자의 급여인정 • 장부기장 등 엄격한 증빙요구 • 업무무관 가지급금 등에 대한 인정이자의 계산
기타	• 소자본 창업가능 • 외부감사적용 재외	• 자산총액 70억 이상 외부감사 • 경영공시 의무

4 법인과 개인기업의 세법적용

법인기업은 법인세법의 적용을 받으며, 과세기간은 정관과 규칙에서 정한 회계기간으로 한다. 그리고 과세소득은 익금총액에서 손금총액을 공제한 금액을 적용한다.

반면에 개인 기업은 소득세법의 적용을 받으며, 과세기간은 매년 1월 1일부터 12월 31일까지이고, 과세소득은 총수입금액에서 필요경비를 공제한 금액으로 한다.

세법은 양자의 세율을 차등 적용하며, 법인기업은 과세표준을 3단계로 분류시켜 10%~22%의 법인세율을 적용하고 있다. 반면 개인 기업은 5단계로 분류하고, 6%~38%의 소득세율을 차등 적용토록 정하고 있다.

따라서 소득액이 작을 때는 개인 기업이 세제상 유리하나 소득이 커질수록 법인기업에게 유리한 세율의 구조를 나타내고 있다할 것이다.

[법인세와 소득세율 비교]

과세표준	소득세	법인세
1,200만 원이하	과세표준액의 6%	과세표준액의 10%
1,200만원초과 4,600만원	1,200만원 초과액의 15%	
4,600만원초과 8,800만원	4,600만원 초과액의 24%	
8,800만원초과 2억 원	8,800만원 초과액의 35%	
2억 원 초과 3억 원		2억 원 초과액의 20%
3억 원 초과	3억 원 초과액의 38%	200억 원 초과액의 22%

또한 소득산정의 경우에도 법인기업의 대표이사는 고용관계에 있다고 보고, 대표이사의 보수와 상여금을 비용으로 인정하여 기업의 손금으로 산입한다. 이에 반해 개인기업의 대표는 사업의 경영주체로서 고용관계가 될 수 없기 때문에 급여

를 받을 수 없고, 설령 급여를 받는다고 하여도 그것은 출자금의 인출(반환)에 불과하다고 판단하여 필요경비에서 배제하고, 손금에서 산입하지 아니한다.

또한 법인기업은 1년 이상 근속한 모든 임직원에 대해 퇴직급여충당금을 설정할 수 있으나 개인기업의 대표는 퇴직급여충당금의 설정대상이 아니다.

기타 출자금의 자금인출에 대한 인정이자 익금산입, 시설개체 기술낙후로 인한 생산설비의 폐기손실 손금산입, 양도 자산 상각부인 액 손금산입, 이자비용 손금 불산입 부인규정, 일시상각 충당금 설정 등에 있어서 회계처리상에 상당한 차이가 있다.

14.2 기업설립준비

1. 사업 준비

예비사업자가 기업을 설립할 경우에는 설립절차에 앞서 사전 준비단계에 해당하는 사업 분야의 결정, 사업예비 분석, 사업 목적의 정의 등을 수행한 후 사업을 개시한다.

① 예비분석

사업예정자는 먼저 자신의 자질과 적성, 능력 등을 파악하고, 사업화할 경우 바람직한가를 알아보는 단계이다. 즉 사업자가 가진 인적 또는 물적 자원이 사업화할 경우 충분하며, 사업화시기, 사업규모, 기업형태 등의 측면에서적합한가를 검증하여 사업화 성공가능성을 판단하고, 준비하는 과정이다.

② 사업목적의 정의

기술사업화 이유와 사업화방향에 대한 명확한 설정이다. 최근의 기업환경의 변화는 과거의 이윤극대화 추구에서 사회적 기업을 함께 목적하거나 이윤이 수단화되는 경우를 배제하고, 생산자와 소비자가 더불어 살아가는 사회적 구현을 추구하는데 사업화의 목적을 두고 있다.

따라서 사업화기업의 사업목적은 경영전략, 업종의 선택, 활동영역, 기업가정신 등을 종합적으로 판단하여 결정한다.

③ 사업 분야의 결정

기업은 사업의 성공 가능성을 높이기 위해 유망한 업종을 사업 분야로 선택하려 한다. 그러나 사업자의 자금, 경험, 기술, 능력 및 환경 등이 부족하거나 부적합할 경우에는 유망한 업종의 경우에도 실패할 위험이 높기 때문에 진입코자 하는 시장조건에 잘 맞는 사업아이디어의 개발을 할 필요가 있다.

어떤 제품이나 서비스를 생산판매함이 매우 적합하고, 기업목적에 부합할 것인가와 충분한 경영성과를 도출할 수 있는지 등에 대한 아이디어의 결정이다.

즉 사업 분야의 결정은 곧 사업아이디어를 탐색하는 과정의 의사결정이며, 사업가는 다음의 기준 중 하나를 만족시키는 제품을 찾아야 한다.

- 현재 만족되지 않은 욕구를 만족시키는 제품
- 공급의 부족을 만족시키는 제품
- 유리한 조건 때문에 기존 상품과 성공적으로 경쟁할 수 있는 상품

사업화 분야가 잠정 결정되면 해당제품 또는 서비스는 진입시장의 사업화 가능성을 파악하고, 소비자수요의 동향을 파악하며, 이를 충족시킬 수 있는 제품인가를 확인하여 사업 분야를 확정한다.

④ 사업성분석

기업은 사업을 추진하기 전에 어떤 형태로든지 계획사업에 대한 앞으로의 발생될 손해와 이익에 관한 분석을 한다. 사업성분석은 흔히 수익성, 시장성, 기술성 분석을 주요 내용으로 하며, 고려하고 있는 사업이 공익과 관계되는 경우에는 공익성분석을 포함한다.

신뢰성을 높이기 위해 사업성분석은 기존 사업사례를 참조하고, 객관성과 신뢰성이 높은 공공기관 등의 통계자료 또는 정보 등을 활용하되 첨단화 되고, 글로벌 시장 추세에 알맞은 사업성분석을 한다.

⑤ 인적·물적 자원의 조달과 구성

사업성분석에서 특정 아이디어가 유망하다고 판단되면 이를 실행하기 위한 인

적·물적 자원의 조달이 뒷받침 되어야 한다.

인적자원의 조달은 사업의 의사결정 주체가 되는 자원의 조달이다. 이들은 기업 목표와 전략의 수립, 제품의 개발 및 설계, 사업규모의 설정, 기업입지의 선정, 공정관리와 공장설비, 소요자금의 추정과 자금 조달계획 등의 업무를 주관한다.

반면에 물적 자원의 조달은 우선 소요자금의 조달이다. 그리고 시설 및 설비, 원자재 등의 조달이며, 사업화를 추구할 수 있는 시설 및 설비의 마련과 제품생산을 위한 원자재의 확보 등이다.

이러한 조달은 계획의 합리화와 조달규모 및 적기조달 등이 검토되고, 원가결정을 포함한 투자와 비용을 충분히 분석하여 그 결과에 따라 자원배분을 구성하고, 조달이 되도록 한다.

⑥ 사업계획서의 작성과 조직

사업화기업은 인적·물적 자원의 조달계획이 완성되면 구체적으로 수행하게 될 사업화 실행계획을 수립한다. 즉 제품생산계획, 시장성과 판매계획, 시설 및 설비계획, 광고 및 홍보계획, 자금조달 및 운용계획 등 구체적인 활동계획을 수립한다.

그리고 사업계획의 추진을 위해 기업조직을 구성한다. 기업조직은 기업의 주요 기능에 따라 업무, 책임, 권한 등을 체계적으로 구분하여 이를 담당할 인력을 선발, 배치하되 생산성을 높이고 운영의 효율을 높이는 조직이 되게 한다.

그 외 기업은 사업화단계에서 아래 표와 같은 내용의 사전 조치사항을 준비 한다.

[사업자 조치사항]

주요사항	사전조치 사항
1. 개업 예정일	• 개업 예정일을 설정한다.
2. 자금계획	• 목표를 세우고 개업자금을 마련한다. • 자기 자금, 출자금, 차입금 마련을 한다
3. 보증인	• 보증인 확보를 위한 준비를 한다.
4. 판매전략	• 누구에게 무엇을, 어떤 방법으로 팔 것인가 • 점포, 사무실을 어떻게 마련할 것인가 • 어떤 가격과 조건으로 팔 것인가
5. 제조	• 직접 생산 또는 외주가공을 설정한다 • 공장과 설비 등을 마련한다

주요사항	사전조치 사항
6. 종업원	• 종업원 예상인원수 및 동원방법을 고려한다. • 파트타이머를 쓰는 법을 배운다.
7. 사업형태	• 개인 사업 또는 법인사업 여부를 결정한다 • 기업설립 준비 및 절차를 알아본다.
8. 은행거래	• 은행거래, 수표, 어음 등에 대해 파악한다.
9. 세금	• 세금에 대해 이해한다.

⑦ 사업의 개시준비

사업자는 기업을 설립하고, 사무실 운영체제를 완비하며, 시설과 설비를 갖춘 사업체에서 제품생산 또는 서비스를 시작한다. 기업의 실체를 갖추고, 생산품의 광고와 판매촉진 활동으로 실질적인 효력을 발생하게 하며, 원자재의 조달, 영업조직과 생산조직의 가동, 자금운용의 강화 등을 추진한다.

⑧ 비용준비

법인의 경우에는 자본금을 세우거나 사업화 비용을 추가시켜야 하는 기업 내부 활동이 수반된다. 이 때 설립기업은 세법 등이 정한 세금과 국공채 매입 등의 비용을 일부 부담한다.

현물출자의 경우에는 위의 비용에 추가하여 변태설립조사비용과 현물출자 물건에 대한 감정수수료를 계상한다.

2. 법인기업 설립준비

법인설립은 일반적으로 3인 이상(소기업 및 소상공인 지원을 위한 특별조치법 제8조의 2에 의거 소기업의 경우 1인 이상)의 발기인에 의해 설립한다. 그리고 자본의 조성은 금전 또는 현물 출자가 가능하므로 선택하며, 1주의 금액은 100원 이상으로 한다. 또한 자본금은 정관에서 정하며, 수권자본금의 1/4 범위에서 납입자본금 규모를 설정한다.

그 외 기업을 설립할 경우의 추진사항과 설립등기 시의 주요 내용은 다음과 같다.

[법인기업설립과 등기]

구분	구체적 내용
1. 법인설립	•발기인의 주식 총수 인수 •주금의 납입 •설립경과 조사 •창립총회 개최: 주금납입의 이행이 완료되면 지체 없이 창립총회 소집 •창립총회에서 이사와 감사의 선임(대표이사는 이사회에서 추후 선임)
2.설립등기	•절차완료 후 2주 이내에 소재지 관할 등기소에 설립등기 신청한다. •설립등기는 이사전원이 기명날인 또는 서명하고 공동으로 신청한다. •등기신청서류 정관, 주식의 인수를 증명하는 서면, 주식청약서, 발기인이 정한 주식발행에 관한사항, 조사보고서, 창립총회 의사록, 취임승낙서, 주금납입보관증명, 등

3. 이사와 감사 선임

주금의 납입과 현물출자의 이행이 완료되면 발기인은 지체 없이 주주인 주식인수인들로 구성되는 회사의 의결기관 창립총회를 소집한다. 창립총회는 출석한 주식인수인의 의결권 2/3이상 참석하고, 인수된 주식 총수의 과반수에 해당하는 다수의 결의로 의결한다.

특히 창립총회는 다음의 사항을 보고, 수령하고, 이사와 감사인의 선임 등을 결의한다.

① 보고수령과 이사·감사의 선임

발기인은 회사 창립에 관한 사항인 주식인수와 납입에 관한 제반 상황과 변태설립 사항에 관한 실태를 서면으로 기재히여 보고하고, 이사와 감사 등 회사의 임원을 선임한다.

② 변태설립 조사·보고

검사인의 변태설립 사항에 관한 조사보고서를 접수한다. 만약, 창립총회에서 변태설립 사항이 부당하다고 인정한 때에는 이를 변경할 수 있고, 이에 불복하는 발기인은 주식인수를 취소할 수 있다.

이사와 감사는 취임 후 지체 없이 회사의 설립에 관한 모든 사항이 법령 또는 정관에 위반되지 아니하는지 여부를 조사하여 창립총회에 보고한다. 특히 발기인 및 재산인수의 당사자인 이사와 감사는 이 조사보고에 참여하지 못하며, 이사와 감사 전원이 제척사유에 해당하는 경우에는 이사는 공증인으로 조사보고토록 하여야 한다.

③ 정관의 변경 등 결의

주주총회는 정관의 변경 또는 설립폐지의 결의를 할 수 있으며, 총회의 소집은 통지서로 소집하며, 소집통지서에는 이러한 뜻의 기재가 있어야 한다.

14.3 설립 절차

14.3.1 설립방법

기업을 설립코자하는 경우에는 설립방법의 결정이 우선되어야 한다. 설립방법의 결정은 기업의 기초자본 조성을 위한 투자형태를 정하기 때문이다. 기업설립은 발기설립과 모집설립이 대표적이며, 이에 관한 결정은 발기인들의 합의에 의하여 임의로 결정한다.

1. 발기설립

발기설립의 경우에는 상법을 근거하며, 발기인이 발행주식을 인수하고, 기업을 설립하는 방식이다. 기업을 설립할 때 자본금에 대한 발행주식 종류, 주식 수 및 발행가액 등이 결정되고, 이를 인수할 사람(투자자)을 결정하여 이들에게 일정수준의 주식을 인수토록 한다.

발기인은 발행주식 총수를 서면으로 인수하고, 1주이상의 금액을 반드시 주금으로 납부하여야 한다. 그리고 주금의 납입기일 전까지 주식을 인수하여야 하며, 주금은 인수주식의 수와 주당금액을 곱한 금액을 인수가액으로 납입한다.

인수가액의 납입은 발기인조합(발기인)이 지정한 납입은행 기타 금융기관의 납입장소에 그 인수금액 전액을 납입한다. 이 때 액면초과주식을 발행하는 경우에는 주금과 액면초과액을 함께 납입하여야 한다.

2. 모집설립

기업을 설립할 때 발기인이 발행주식 전액을 인수하지 아니한 경우에는 발행주식 잔액을 제3자가 인수하는 방식으로 기업을 설립한다. 이는 발기인이 발행주식의 일부만을 인수하거나 1주 미만의 금액 또는 구두에 의한 인수를 하는 경우 인수 자체의 무효 또는 발행주식 인수부족 등의 사유로 발기설립을 할 수 없기 때문에 모집설립을 한다.

모집설립은 공개모집과 연고모집이 있으며, 공개모집은 다수의 제3자가 발행주식을 인수할 수 있도록 인수자를 모집하고, 발행주식을 인수시켜 설립하는 방식이며, 연고모집은 제한된 소수의 지인을 대상으로 발행주식을 인수시켜 설립하는 방식이다.

[회사의 설립방법]

설립구분	주요내용
발기설립	• 발기인이 발행주식 총수를 인수하는 방법으로 설립절차가 간단함
모집설립	• 발기인이 주식의 일부를 인수하고, 나머지 주식은 주주를 모집하여 인수하는 방법·모집설립에는 연고모집과 공개모집이 있음
1) 공개모집	• 불특정 다수인을 대상으로 주주를 모집하는 방법으로, • 불특정 다수인 50인 이상에게 주식청약을 하는 경우 금감위에 법인등록 • 모집금액이10억 원 이상인 경우 금감위에 신고 등의 절차 이행함
2) 연고모집	• 발기인조합이 가까운 소수의 지인을 주주로 모집

14.3.2 정관의 작성

상법에서 정한 정관은 기업의 기본을 규정한 필수사규이며, 주주총회를 통해 획정한다. 여기에는 기본사항과 기타 기업의 설립목적을 원활하게 수행할 수 있는 부대사항을 함께 정하고 있다.

그리고 정관에는 반드시 기재되어야 하는 필수기재사항과 기재하지 아니하여도 되는 임의기재 사항으로 구분하고 있다. 정관에서 필수기재사항을 기재하지 아니한 경우에는 정관자체의 효력이 상실될 수 있다. 다만 임의적 기재사항의 경우에는 추후에 기재하는 절차와 비용낭비를 줄인다는 측면에서 사전 기재하는 경우가 있다.

[정관에 기재할 사항]

<table>
<tr><th>구 분</th><th>내 용</th><th>비 고</th></tr>
<tr><td>절대적
기재사항</td><td>• 목적
• 상호
• 회사가 발행할 주식의 총수(A)
• 1주의 금액
• 설립 시에 발행하는 주식의 총수(B)
• 본점의 소재지
• 회사가 공고를 하는 방법
• 발기인의 성명 · 주민등록번호 및 주소</td><td rowspan="3">• 목적: 구체적인 사업내용 기재 (수개의 목적 기재할 수 있다.)
• 상호: 주식회사라는 문자를 사용하며, 유사상호 사용 여부를 사전 검토하여야 한다.
• 회사가 발행할 주식의 총수(A): 장래에 발행하기로 예정하고 있는 주식의 총수
• 1주의 금액은 균일하여야 하고, 1주의 금액은 1백 원 이상가능
• 설립 시 발행주식의 총수(B):주식의 인수와 납입이 이루어져야 회사가 성립된다.
B는 A의 1/4 이상이어야 함
• 본점 소재지: 회사의 주 사무소로서 전체 영업활동을 총괄하는 곳을 말한다.
• 회사의 공고: 일간신문에 의함</td></tr>
<tr><td>상대적
기재사항</td><td>• 발기인이 받을 특별이익과 받을 자
• 현물출자자의 성명과 그 목적인 재산의 종류, 수량, 가격과 이에 대하여 부여할 주식의 종류와 수
• 회사 성립 후 양수할 것을 약정한 재산의 종류·가격·수량 및 양도인의 성명
• 회사가 부담할 설립비용과 발기인이 받을 보수액</td></tr>
<tr><td>임의적
기재사항</td><td>• 이사·감사의 수
• 총회의 소집시기
• 영업연도 등</td></tr>
</table>

또한 정관은 발기인에 의하여 회사의 기본 규칙이 확정되므로 서면으로 기재하고, 발기인 전원의 기명날인과 서명을 하도록 한다.

14.3.3 주식발행과 자금납입

설립기업의 출자방식은 현물과 현금으로 할 수 있으며, 발행주식 총수는 정관으로 정하고 있다. 다만 주식발행에 관한 사항을 정관에서 특별히 정하고 있지 않는 경우에는 ① 우선주, 보통주, 무의결권 주와 같은 주식의 종류와 수, ② 액면이상의 주식을 발행하는 때에는 그 수와 금액 등을 발기인 전원의 동의로 정할 수 있도록 하고 있다.

1. 현물출자

발기인은 현물출자를 할 수 있으며, 현물출자의 경우에는 납입기일에 재산을 출자기업에 인도한다. 등기, 등록 기타 권리의 설정 또는 이전을 요할 경우에는 설정 또는 이전서류를 완비하여 출자서류와 함께 제출한다.

특히 현물출자를 할 경우에는 다음 표의 정한 절차를 거치도록 한다.

[현물출자 절차

절 차	내 용
현물의 가치평가 의뢰	•공인된 감정인(감정평가기관)에 평가의뢰
현물의 평가액 결정, 통보	•감정인의 평가가액 결정 및 신청인에게 통보
정관에 기재(발기인 조합)	•현물출자자 성명, 목적, 재산의 종류, 수량, 가격에 대하여 부여할 주식의 종류와 수를 기재
현물출자 이행	•발기인은 납기일에 지체 없이 재산 인도
이사, 감사선임	•현물출자 이행 후 발기인은 이사, 감사선임
감사인 선임신청	•이사는 취임 후 관할 법원에 검사인 선임청구 •검사인 선임신청은 이사 전원의 연서로 신청
검사인 조사보고	•변태설립 사항과 납입 및 현물출자 이행사항에 대한 조사 •통상 15일 이내 검사인 조사보고
검사인 조사보고	•사실과 상이한 때는 발기인이 설명서 법원에 제출

현물출자 대상은 동산, 부동산, 유가증권, 특허권, 광업권, 상호 및 영업상의 비결 등 재산적 가치가 있는 사실관계와 영업의 일부 또는 전부로 할 수 있다. 현물의 가치평가는 공인된 감정기관 또는 기술평가기관에서 평가한 평가액을 기준하며, 설립기업의 상대적 성관 기재사항에 현물출자 사실을 기재하여야 한다.

2. 현금출자

현금출자는 출자금에 해당하는 유가증권의 인수방식으로 출자한다. 유가증권 모집이란 불특정 다수인을 대상으로 신규로 발행되는 유가증권(주식 등)을 취득토록 하고, 그 취득자금을 출자하는 방식이다.

유가증권을 모집하는 법인은 증권거래법과 등록법인관리규정 및 유가증권발행 신고 등에 관한 규정에 의거하여 유가증권발행인 등록을 금융감독원장에게 하여야 한다. 이 때 금감원에 제출하는 「등록법인신청시」에 첨부할 서류는 다음과 같다.

① 발기인이 작성한 정관
② 발기인명부 및 발기인의 주식인수에 관한 사항
③ 사업계획서 또는 영업의 방법서
④ 설립 후 2사업연도의 추정대차대조표 및 추정손익계산서

유가증권 모집신고는 유가증권 모집가액의 총액이 10억 원 이상인 경우에 한하며, 발행인이 그 유가증권에 대한 신고서를 금융감독원에 제출하여 수리된 경우에만 주주를 공개모집 할 수 있다.

3. 주식의 배정과 인수

발기인조합은 주식청약 인에게 정한 방법에 따라 총 발행주식수 중 인수하여야 할 주식을 배정한다. 정한 방법이 없으면 발기인이 청약의 순서, 청약주식 수에 관계없이 자유로이 배정할 수 있으나 통상적으로 청약증거금 기준에 의하여 배정하고 있다.

주식의 배정통보를 하고, 주식배정을 통보받은 주식청약인은 배정된 주식의 수가 청약한 주식 수 보다 적어도 이의를 제기할 수 없으며, 배정주식의 수에 대한 인수가액을 납입할 의무를 진다.

그리고 주식의 인수를 청약하고자 하는 자는 주식청약서에 법정사항을 기재·날인하고 발기인에게 제출하여 회사로부터 주식을 배정받아야 하며, 배정된 인수금액은 납입기일에 인수가액 해당금액 전액을 납입한다.

주식인수 인이 주식청약서에 기재한 주금납입은행에 납입을 하지 아니한 때에는 발기인은 일정한 기간을 정하고, 그 기일 내에 납입을 하지 아니하면 권리를 잃는다는 뜻을 2주전에 그 주식인수 인에게 통지하여야 한다.

주식인수 인이 그 기간 내에 납입금을 납입하지 아니한 때에는 그 권리를 상실하게 되고, 주식인수인의 실권절차에 따라서 발기인은 그 주식에 대한 주주를 다시금 모집할 수 있다.

4. 주식대금의 납입

발행되는 주식의 총수가 인수된 때에는 발기인과 주식인수인은 주식인수 가액(주금)을 납입할 의무가 있다. 주금의 납부방법은 주식청약서에 기재된 은행 기타

금융기관에 납입하며, 별단예금으로 입금하여야 한다. 그리고 현물출자를 하는 발기인은 발기설립 시와 동일하게 납입기일에 출자의 목적인 재산을 인도하고 등기, 등록 기타 권리의 설정 또는 이전을 요할 경우 서류를 완비하여 제출하여야 한다.

이렇게 주금이 별단예금으로 입금이 완료되면 납입보관증명서를 은행으로부터 발급받아 이를 첨부하여 법원에 설립등기를 신청한다. 이 때 법원은 납입금 보관사실의 확인과 공증된 서류에 의해 설립등기를 종료한다.

증자 또는 설립등기가 완성되면 사업자는 등기사실이 포함된 등기부등본을 법원으로부터 발급받아 해당은행에 제출하고, 별단예금에 보관중인 예금을 인출하여 기업의 자본으로 운용한다.

14.4 기업소유와 지배

1. 기업지배구조란

기업은 실질적 자기자본 확보를 위해 수많은 자본투자자를 모집하고, 그들로부터 투자자금을 유치한다. 이 때 유치된 자금은 기업의 자본금이 되며, 투자자에게는 투자규모에 상응한 기업의 소유와 경영참여권을 부여 받는다.

즉 투자규모에 상응하는 주식을 보유하고, 보유지분율만큼 투자기업의 소유권을 행사할 수 있게 된다. 이를 기업의 소유와 지배구조라 한다.

Jensen-Meckling(1976)은 전문경영자는 대리인이고, 주주는 주인으로 양자는 계약에 의하여 책무를 수행하는 대리관계(agency)로 보며, 기업의 자금조달과정에서 주인과 대리인의 경제적인 피해를 줄이는 에이전시 비용(agency cost)을 최소화하려는 경제행위를 소유구조라고 하였다.

Berie-Means(1932)는 소유와 지배구조에 대한 입장으로 주식소유가 불특정 다수의 투자자들에게 분산되어 질수록 지배권이 주주로부터 떨어져 나온다고 하였다.

기업경영의 지배형태를 특정개인이나 집단소유 지분으로 파악하여 그들의 지분율이 20% 이상인 기업의 경우에는 소유자 지배기업(owner control firm)이라 하고, 20% 이하의 기업은 경영자 지배기업(management control firm)이라 구분하였으나 그 후 10% 또는 5%로 기준을 다분히 자의적으로 축소 결정하고 있다.

Cubbin-Leech(1983)는 주주총회의 의결권의 지배정도를 가능케 하는 주식지분을 기업소유 구조로 채택하고, 기업을 지배할 최소한도의 필요지분을 초과할 때 소유자 지배기업이고, 반대일 때는 경영자지배기업이라 했다.

기업의 지배구조(corporate governance)는 "기업을 지휘하고 통제하는 시스템"으로 정의되고, 우수한 기업의 지배구조는 다양한 참가자들에게 권한과 책임을 명확히 규정함으로써 성공적인 자본조달과 투자를 위한 필수적 요소라 한다.[1)]

결국 기업지배구조는 점점 시장규모가 커지고, 기업이 성장발전하면서 자금수요를 확대시키기 때문에 자기자본 조달의 한계에 따른 타인자본조달 확충으로 나타나는 자본투자자간의 지배관계에서 형성되는 구조라고 할 수 있다.

즉 기업은 사내유보금과 금융차입 등으로 소요자금을 충족시킬 수 없을 때는 부족자금의 해소방법으로 주식발행을 통해 외부자금을 조달하고, 이들 투자자에게 지배권을 행사토록 하는 현상이다.

이런 현상은 자연스럽게 소유의 분산과 기존 주주의 지배권 약화로 나타나고, 소유자 직접경영에서 전문경영인 경영으로 소유와 지배형태가 변하면서 주식은 대중화된다.

2. 기업지배구조의 중요성

오늘날 기업지배구조의 개선은 OECD국가에서 우선적 추진의 주요정책과제로 등장하고 있다. 이는 기업의 투명성과 신뢰성, 책임성(accountability) 등이 제고되고, 이로 인해 주주와 기타 이해관계자의 가치가 형성되면서 자본비용은 줄어들고, 기업의 국제경쟁력이 강화된다는 인식의 공유에서 이다. 또한 국제금융시장에서의 정보 불균형을 해소시켜주고, 국제간의 자금흐름의 안정성을 높이는데 있다.

기업의 지배구조는 근본적으로 금융차입의 의존도가 높은 우리나라 기업에게 중요 시사점을 제시하고 있다. 수익성보다 성장과 외형을 중시하는 기업에게 외부자본을 유치하여 소유와 경영을 분산시킬 경우 설립취지를 저해시키는 경영전략 차질로 성과부진을 초래할 수 있기 때문이다.

따라서 외환위기는 방만한 경영과 높은 타인자본 의존도에 따른 수익성 저하에서

1) M. Isaksson, "Investment, Financing and Corporate Governance : The Role and Structure of Corporate Governance Arrangements in OECD Countries," OECD Conference on "Corporate Governance in Russia,"(Moscow : 31 May-2 June, 1999), p.3.

나타난 현상으로 안정된 자기자본조달만이 장기 안정적 경영을 할 수 있다고 판단할 때 지분의 분산과 경영자 지배구조를 도입하는 구조화와 자기자본의 확충을 중요한 과제로 한다.

이는 주주를 중시하는 경제시스템으로 다른 형태의 경제시스템에 비해 경제적인 성과가 높다는 것으로 나타나고 있다.[2)]

3. 기업지배구조의 수단

기업의 지배구조 수단은 일반적으로 내부통제수단과 외부통제수단으로 구분한다.[3)]

① 내부통제수단을 살펴보면 다음과 같다.

- 주주는 주주총회에서 이사의 선임, 사업의 양도 등 기업의 중요한 문제에 관하여 의결권을 행사할 수 있는 권리를 가진다.
- 기업의 사외이사는 경영진의 감시에 더욱 효과적이라 간주한다.
- 회사의 지분이 소수의 투자자에게 집중되는 경우 정보를 수집하고, 경영자를 직접 감시할 유인을 갖게 된다.
- 경영자에 제공되는 금전, 스톡옵션 등의 각종 보상계획은 대리문제를 완화시킴으로써 경영자가 기업가치 향상을 위하여 힘쓰도록 한다.

② 반면에 외부통제수단은 다음과 같다.

- 증권시장이다. 증권시장은 기업의 경영성과를 반영하는 대표적인 시장이다.
- 연금, 기금 등의 기관투자자들은 의결권 행사를 통하여 투자회사의 지배구조를 개선하는데 큰 영향력을 행사하고 있다.
- 소수 주주에 의한 위임장 경쟁은 경영성과의 개선을 유도할 수 있다.
- 기업지배 시장을 통한 기업인수 활동이다.

4. 지분의 분산

기업은 자금을 마련할 때 자기자본의 확충은 적극적이나 이 때 발생되는 투자

2) T. Copcland, T. Koller, and J. Murrin, Valuation : Measuring and Managing the Value of Companies, John Wiley and Sons, Inc., 2000, pp. 11-15

3) 신동령, 사업계획서 작성과 기업가치 평가의 실제와 이론, 다산출판사, 2003, pp.314-319

자(주주)에 대한 지분구성의 중요성은 소홀히 하는 경향이 있다. 기업의 주인인 주주는 지분에 의한 기업의 책임과 권리를 배분받고 있다는 사실을 간과하기 때문이다. 그러나 최근 규모화기업의 주주구성과 지분에 대한 이해정도가 높아지면서 투자를 통한 지분의 관심이 집중되고 있다.

따라서 설립초기 기업은 투자에 따른 주주의 지분구성과 관련된 경영책임 등을 감안하고, 앞으로의 투자확충과 자본시장 진출 등을 고려하여 지분형성에 엄격한 관리가 필요하다.

즉, 지분분산이 미흡하거나 경영권의 독주가 우려되는 기업의 경우에는 자본투자자에게 불신과 투명경영의 우려를 줄 수 있기 때문이다. 그러므로 자금조달이 용이하도록 지분의 분산을 검토하고, 취약한 경영환경과 전략적 경영을 위해 경영권 방어를 할 필요가 있을 경우에는 우호지분을 감안한 지분의 분산을 선택하여야 한다.

14.5 설립신고와 사업자등록

1. 등록 시기

설립기업은 설립등기를 완료하고, 세법이 정한대로 등기부등본과 필요한 구비서류를 준비하여 소재지 관할세무서에서 법인설립신고 및 사업자등록을 하여야 한다. 이는 사업화를 하기위한 창업기업이 새롭게 법인으로 인격체를 구성하고 납세의무를 갖추게 되는 세무당국의 신고절차이다.

설립신고는 설립등기를 한 날로부터 2개월 이내에 관할세무서에 설립신고를 하여야 한다. 사업자등록은 사업 개시일로부터 20일 이내에 사업장 소재지 관할세무서에 등록하여야 하며, 여러 개의 사업장을 둔 경우에는 사업장마다 별도로 등록하여야 한다. 다만 2인 이상 공동 사업장의 경우에는 1인을 대표자로 등록한다.

사업자등록 후 부여받은 사업자등록번호는 세금계산서의 발급, 부가가치세 납부 또는 환급 시에 사용된다. 그러므로 사업자가 사업을 개시하기 전에 상품을 구입하거나 시설투자를 하고자 하는 경우 상품매입 시 부담한 부가가치세를 환급받고자 한다면 사업을 개시하기 전에 사업자등록절차에 의한 사업자등록을 필하고 매입

계산서를 교부받아야 한다.

그리고 사업자등록 시 사업개시일은 부가가치세법제 5조 및 동법시행규칙 제3조의 규정에 의하여 다음 각 호의 기준 일을 개시일로 한다.

① 제조업에 있어서는 제조장별로 재화의 제조를 개시하는 날
② 광업에 있어서는 사업장별로 광물의 채취·채광을 개시하는 날
③ 기타의 사업에 있어서는 재화 또는 용역의 공급을 개시하는 날

2. 사업자등록 대상

기업의 사업자등록은 사업장별로 한다. 여기서 사업장이라 함은 사업자 또는 그 사용인이 상시 주재하여 거래의 전부 또는 일부를 행하는 장소를 말한다.

법인의 경우 법인의 본점, 지점 모두 사업자등록 대상이 되므로 별도 등록을 하여야 하고, 개인의 경우에도 사업장이 2개 이상 있는 때에는 사업장마다 별도의 사업자등록을 하여야 하며, 직매장의 경우에도 사업자등록을 별도로 하여야 한다.

다만, 다음의 경우에는 사업자등록을 하지 않아도 된다.

① 보관, 관리시설만 갖춘 하치장을 설치하고, 그 날로부터 10일 이내에 하차장 관할 세무서에게 하치장 설치신고서를 제출한 경우
② 기존사업장이 있는 사업자가 각종 경기대회, 박람회, 국제회의 등이 개최되는 장소에 임시사업장 을 개설하는 경우나 임시로 기존사업장과는 다른 장소에 단기간 판매장을 개설하는 경우로서 사업 개시일 20일전에 임시사업장 관할 세무서에 임시사업장 개설신고서를 제출한 경우

그리고 다음의 경우에는 사업자등록을 예외로 한다.

- 부가가치세의 과세사업과 부가가치세가 면세되는 사업을 겸업할 때에는 부가가치세법에 의한 사업자등록만을 한다.
- 부가가치세가 면세되는 사업만을 하는 경우 소득세법(법인의 경우 법인세법)에 의한 사업자등록을 한다.
- 2인 이상의 사업자가 공동으로 사업을 하는 경우 사업자등록신청은 공동사업자중 1인을 대표자로 하고, 공동으로 사업을 하는 사실을 증명할 수 있는 동업계약서 등의 서류(공동계약서등)를 함께 제출하여야 한다.
- 다른 사람의 명의로 사업자등록을 신청하거나, 법령에 의하여 허가를 받

아야 하는 업종의 사업자가 허가증사본을 붙이지 아니한 경우, 신청내용이 실제사업과 다른 경우에는 사업자등록증을 발급받을 수 없다.

3. 등록서류

사업자등록은 기업이 존속하는 기간 동안 사용한다. 따라서 사업자는 사업자등록번호에 의하여 세적이 관리되고, 세금미납과 무단 폐업 등은 기록으로 남게 된다.

사업자등록신청을 할 경우에는 다음과 같이 신청서류를 준비한다.

- 사업자 인적사항
- 사업자등록신청 사유
- 사업개시연월일 또는 사업장설치착수연월일
- 법인등기부등본
- 사업허가증 사본
- 사업장 임대차계약서 사본 등이 필요하다.

4. 미등록 불이익

사업자등록을 하지 아니하는 경우에는 무거운 가산세를 물게 되고, 매입세액을 공제 받을 수 없게 된다. 즉 사업자등록을 하지 않고 사업을 하면 사업개시일로부터 등록한 날이 속하는 예정신고기간 (예정신고기간이 지난 경우에는 그 과세기간)까지의 공급가액에 대하여 100분의 1(간이과세자는 1, 000분의 5)에 해당하는 금액을 가산세로 물게 한다.

또한, 구입한 상품에 대한 세금계산서를 교부 받을 수 없어 물건을 사지 못하거나 구입 시 부담한 세금을 공제받지 못하게 되므로, 결과적으로 성실한 납세자에게 주는 각종 혜택을 받지 못하는 등의 불이익을 받게 된다.

Chapter XV

기술사업 지원

15.1 지원기업의 범위
15.2 중소기업의 요건
15.3 기술개발지원
15.4 기술사업화 지원

Chapter XV 기술사업 지원

15.1 지원기업의 범위

중소기업육성과 창업자의 기회를 최대한 제공하기 위해 정부는 사업화 기업을 지원하며, 대표적 법률은 중소기업기본법과 중소기업창업지원법이 있다.

중소기업의 범위는 일반적으로 종업원의 수를 기준하며, 국가마다 다소의 차이를 두고 있다. 우리나라의 중소기업기본법에서 정한 중소기업의 범위는 종업원의 수, 자본금, 자산총액, 매출액을 기준으로 하며 다음 표와 같다.

[업종별 중소기업 기준]

해당업종	규모기준
제조업	상시 근로자 수 300명 미만 또는 자본금 80억 원 이하
공업, 건설업, 운수업	상시 근로자 수 300명 미만 또는 자본금 30억 원 이하
서비스업(정보, 사업지원, 기술, 복지 등)	상시 근로자 수 300명 미만 또는 매출액 300억 원 이하
농업, 수도사업, 도소매업, 숙박 및 음식업, 금융업, 여가서비스업	상시 근로자 수 200명 미만 또는 매출액 200억 원 이하
교육 서비스업, 환경복원업, 개인서비스업	상시 근로자 수 100명 미만 또는 매출액 100억 원 이하
부동산업 및 임대업	상시 근로자 수 50명 미만 또는 매출액 50억 원 이하

그리고 동법은 아래 기업을 중소기업에서 제외하고 있다.

- 상시 근로자 수가 1천명 이상인 기업

- 자산총액이 5천억 원 이상인 기업
- 자기자본이 1천억 원 이상인 기업
- 직전 3개 사업연도의 평균 매출액이 1천5백억 원 이상인 기업

또한 중소기업기본법 시행령 제8조는 상시종업원 수를 기준하여 중소기업을 중기업과 소기업으로 구분하며 그 기준은 다음과 같다.

- 상시근로자 수가 50인 미만의 기업으로 광업, 제조업, 건설업, 운수업, 출판·영상·방송통신 및 정보서비스업, 사업시설관리 및 사업지원 서비스업, 보건업 및 사회복지 서비스업, 전문·과학 및 기술 서비스업을 주된 업종
- 상시 근로자 수가 10명 미만의 기업은 위의 업종을 제외한 주된 업종의 경우이다.

특히 중소기업 중 고용안정을 포함한 국민경제에 미치는 영향이 크거나 혁신역량과 성장역량이 큰 기업을 중견기업으로 구분하고, 중소기업과 차별화한 행정적, 재정적 지원을 하고 있다.

이들 기업의 구분은 양적기준과 질적 기준을 적용하며, 양적기준은 업종별 중소기업기준을 초과하여 중소기업을 졸업한 후 3년간의 유예기간을 거친 기업이다. 질적 기준은 유예기간 없이 중견기업으로 진입하여 3년 평균 매출액 1,500억 원 이상, 자기자본 1천억 원 이상 기업이다.

15.2 중소기업의 요건

1. 중소기업의 범위적용

중소기업의 분류는 그 나라의 경제여건에 따라서 주로 구분되며, 중소기업의 육성과 지원위주의 제도를 효율적으로 실현하기 위해 대다수의 국가는 기준을 정하고 운영한다.

우리나라의 경우에는 중소기업기본법을 근간으로 중소기업의 육성을 위해 범위를 정하고 있으며, 중소기업시책의 대상이 되는 중소기업은 중소기업범위기준, 상시

근로자수, 자산총액, 자본금, 매출액, 대규모기업집단 소속여부 등의 요건에서 모두 적합한 기업으로 한다.

2. 중소기업 적용유예

중소기업의 규모 확충 등으로 중소기업의 범위를 초과할 경우에는 즉시 지원을 중단하게 된다. 그러나 중소기업을 졸업할 때 지원의 중단 등으로 경영안정의 연속성을 저해하기 때문에 일정기간을 중소기업으로 유예하고, 지원하는 제도가 유예기간적용이다. 적용유예에는 기업규모 확대 등에 따른 유예와 경과조치에 의한 유예가 있다.

중소기업이 그 규모의 확대 등으로 중소기업에 해당하지 아니하게 된 경우 그 사유가 발생한 연도의 다음 연도부터 3년간은 이를 중소기업으로 본다.(중소기업기본법 §2 ③) 다만, 다음과 같은 사유로 중소기업에 해당하지 아니하게 된 경우에는 그러하지 아니하다.(영 §5)

① 중소기업으로 보는 기간 중에 있는 기업과 중소기업이 합병하는 경우

② 창업한 중소기업이 창업일[1)]이 속하는 달부터 12월이 되는 달 말일 이전에 상시근로자수, 자본금 또는 매출액의 규모가 중소기업의 범위 기준을 초과하게 되는 경우

③ 중소기업이 상시근로자, 자산총액, 매출액, 자기자본 중 하나가 중소기업 기준에 적합하지 않게 되는 경우

④ 중소기업이 '독점규제 및 공정거래에 관한 법률' 제14조제1항에 따른 상호출자 제한 기업집단에 속하는 회사, 자산총액 5천억 원 이상 법인의 주식 등을 100분의 30 이상 직접적 또는 간접적으로 소유한 경우로서 최다출자자인 기업, 관계기업에 속하는 기업의 경우에는 상시 근로자 수, 자본금, 매출액, 자기자본 또는 자산총액 기준에 맞지 아니하는 기업에 해당하는 경우

⑤ 경과조치에 의한 유예기간

중소기업 범위 개편으로 인하여 중소기업 범위를 벗어난 경우 개편기준시

1) "창업일"이라함은 법인인기업의 경우에는 법인설립등기일을 소득세법제168조 또는 부가가치세법 제5조의 규정에 의하여 사업자등록을 한 사업자(법인이 아닌 사업자)인 기업의 경우에는 사업자등록을 한날을 말한다.

행일 현재 종전기준으로 중소기업에 해당되는 기업은 개편된 중소기업범위시행일(2002.5.20.)부터 2005년 3월 31일까지 이를 중소기업으로 본다.(영 부칙 제2항)

3. 중소기업자의 의제

중소기업 의제란 중소기업에 해당되지 아니한 기업을 중소기업으로 볼 수 있는 경우로서 다음과 같다.

① 비영리법인을 중소기업으로 볼 수 있는 경우

중소기업시책별 특성에 따라 특히 필요하다고 인정하는 때에는 중소기업협동조합법과 기타 법률이 정하는 바에 따라 중소기업협동조합, 기타 법인단체 등을 중소기업자로 할 수 있다.(법 §2 ④)

② 다른 법령에서 중소기업범위를 달리 적용한 사례

- 중소기업진흥 및 제품구매촉진에 관한 법률 제2조에 의거하여 중소기업협동조합은 중소기업협동조합법시행령에서 비영리 법인으로 규정하고 있다. 중소기업에 해당할 수 없으나 중소기업진흥 및 제품구매촉진에 관한법률 제2조에서 협동조합을 중소기업으로 보도록 규정하여 동법에서 지원하는 시책의 수혜를 받을 수 있도록 하고 있다.
- 중소기업은행법 제2조제2항에 의거하여 중소기업협동조합과 중소기업자들의 단체를 중소기업자로 본다.
- 하도급거래공정화에 관한법률 제2조제2항제1호 및 지역균형개발및지방중소기업육성에관한법률 제2조제6호에 의거하여 중소기업협동조합을 중소기업에 포함시키고 있다.

4. 겸업 자와 합병기업에 대한 중소기업의 판정

겸업의 경우에는 하나의 기업이 2이상의 서로 다른 사업을 영위할 때 매출액의 비중이 가장 큰 사업을 주된 사업으로 본다.(중소기업기본법시행령 §4) 이때 주된 사업이 정해지면 겸영하는 업종에 상관없이 당해기업 전체의 상시근로자수, 자본금, 또는 매출액을 산정하여 주된 사업의 중소기업 기준에 따라 중소기업 해당여부를 판정한다.

그리고 합병기업에 대한 중소기업범위 적용은 2개 이상의 서로 다른 기업이 합병하는 경우에는 합병전과 기업규모가 현저히 차이가 나므로 합병일 이후부터는 새로운 기업으로 보아 중소기업 여부를 판단한다.

5. 창업기업에 대한 중소기업범위 적용

중소기업창업지원법의 중소기업범위는 기업의 주된 사업에 따라 적용하여야하므로 법인설립등기를 하였어도 사업 활동이나 사업 준비활동을 전혀 하지 아니하고, 서류상으로만 기업이 존재하는 경우에는 주된 사업의 적용을 판단할 수 없다.

그러므로 주된 사업을 영위하기 위해 설비의 발주, 기계·장비의 주문 또는 설치, 원자재의 구입, 사업장 임차 등 사업을 하기 위한 준비활동을 하고 있거나 완료하여 주된 사업을 판단할 수 있어야 범위를 적용할 수 있다.

15.3 기술개발지원

15.3.1 지원정책의 의의

1. 지원정책이란

기술개발은 기업자체의 개발계획에 의해 주도되는 것이 원칙이나 국가산업전반의 발전을 위해 정부는 기업의 기술개발을 장려하거나 지원하고 있다. 이는 정부의 지원이 연구개발 성과로부터 얻어지는 사회적 효용보다 연구개발을 수행하는 개인이나 기업에게 전유되는 효용이 크기 때문에 시장에 맡겨둘 경우 연구개발투자가 과소 공급될 것이라는 가정 하에 지원되고 있다(Arrow,1962).

즉 기술개발은 시장의 각종 제약과 공급 창출의 어려움 등 다음과 같은 특수성을 지니고 있기 때문에 지원한다는 말이다.

- 기술이 가지는 공공재적 속성이다. 공공재(public goods)는 한사람의 소비가 그 재화에 대한 다른 사람의 소비량에 영향을 미치지 않는 비경합성(non-rivalry)과 재화의 소비에 있어서 대가를 지불하지 않은 사람들의 소

비를 막을 수 없는 비배제성(non-exclusion)을 가진다.

- 기술이 가지는 외부성(externality)이다. 경제활동과 관련하여 다른 경제주체에게 의도하지 않은 혜택이나 손해를 끼치고 있으나 이에 대한 대가를 주거나 받지 않는 상태를 말한다.
- 기술개발이 가지는 불확실성(uncertainty)이다. 기술개발은 막대한 자본과 인력, 시간을 필요로 하기 때문에 개별기업이 이와 관련된 모든 비용을 지불하기에는 어려움이 따른다.

경쟁력이 취약한 중소기업에게 정부는 자생력을 갖추고, 경쟁력을 확보할 수 있도록 각종의 정책적 지원을 한다. 이러한 지원가운데 중소기업 지원과 관련한 정책지원의 경제적 정당성은 일반적으로 크게 두 가지로 본다.

- 중소기업에 대한 정책자금의 지원 등을 통해 중소기업에 의한 긍정적인 외부효과의 발생을 증진시킨다는 것이다(Learner, 1999).
- 투자자와 중소기업 간의 정보비대칭으로 제한받는 중소기업의 자본 확보 수준을 개선하고, 중소기업의 투자 정보를 제공함으로써 향후 투자에 대한 신뢰성을 제공한다는 것이다(Williamson, 1994).

2. 정부지원 결정원칙

정부의 R&D 투자는 '사적사회적 편익모형'에서 투자액 대비 수익의 비율. 즉 사회적 편익(social benefit)이 사적편익(private benefit)보다 큰 영역에서 국가가 지원한다.

[사적이익과 파급효과]

사적 이익			
사적 이익	대	영역 Ⅰ	영역 Ⅱ
	소	영역 Ⅲ	영역 Ⅳ
		소	대
		파급효과	

위 그림에서

영역Ⅰ에 속하는 R&D는 사적편익은 크지만 파급효과가 상대적으로 낮으므로 민간의 입장에서는 충분한 투자유인이 있지만 정부개입의 당위성은 상대적으로

약하다.

영역Ⅱ에 속하는 R&D는 사적이익과 파급효과가 모두 크므로 국가 경제적 관점에서 우선순위를 갖는다.

영역Ⅲ은 사적편익과 파급효과가 모두 낮으므로 민간과 정부입장 모두에서 투자유인이 낮다.

영역Ⅳ는 사적편익은 낮으나 파급효과가 크므로 민간의 입장에서는 투자유인이 없고, 파급효과 측면에서 정부개입의 정당성이 인정되는 영역이다.

결국 사적사회적 편익모형은 정부지원을 정당화할 수 있는 명확한 이론적 근거를 제시하고 있다는 장점이 있다. 그러나 현실적으로 사적편익과 사회적 편익을 계산하기가 쉽지 않다는 문제점을 안고 있다.

다만 Branscomb(1993)과 박병무(2006) 등의 주장을 종합한 정부의 R&D투자 분야는 다음과 같이 정리해 볼 수 있다.

- 기초과학분야 이다. 이 분야는 대학이나 연구현장에서 필요한 분야임에도 불구하고, 정부 이외에는 누구도 지원을 기피하고 있다.
- 첨단기술이지만 위험성이 높거나 투자할 경우 회임기간이 너무 길어 기업이 직접 지원하지 않을 가능성이 높은 분야이다.
- 투자회수가 빠르고, 확실하지만 여러 산업에 걸쳐 광범위한 응용성이 있는 기반기술 분야의 지원이다.
- R&D와 관련된 시스템 실패가 발생하는 분야이다. 이 분야에는 혁신주체의 역량, 혁신관련제도, 혁신네트워크, 혁신프레임워크 등에 관한 사항이 포함된다.

3. 지원 분야

정부의 R&D 지원제도는 지원 대상에 따라 생산요소 지원, 수요측면 지원, 기타 지원으로 구분한다.

- 생산요소 지원은 인력의 채용이나 설비투자 등의 지원이고,
- 수요측면 지원은 상품에 대한 수요를 촉진하기 위한 수출과 제품의 구매 지원이다.

그리고 지원제도를 지원수단에 의해 분류하면 금융지원, 세제지원 그리고 연수지도, 연수, 정보제공 등이 있다.

지원 분야를 기준한 지원은 아래 표와 같은 9가지의 유형으로 구분할 수 있다. 이중 조세지원, 자금지원 그리고 정부부문의 투자에 의한 산업연구개발의 지원이 특히 중요하다

[민간기술개발 지원제도]

구분	지원내역
조세지원	개발 준비금의 손금산입, 개발에 대한 세액공제, 개발을 위한 설비투자 세액 공제, 학술연구용품에 대한 감면세액 등
자금지원	특정 연구개발비지원과 기술개발자금 투·융자지원, 기술신용보증기금의 기술신용보증지원제도
구매지원	중소벤처기업 판로지원, 원가계산에 의한 예정가격 작성 시 연구개발비 반영
기술정보지원	한국과학기술정보연구원의 기술정보제공, 정보통신연구진흥원의 정보서비스, 중소기업진흥공단의 정보제공지원 등
기술인력 양성지원	이공계 연구인력 중개 알선사업, 중소기업 석·박사급 연구인력 고용지원사업, 소프트웨어 기술인력 양성지원 등
협동연구촉진	우수연구센터육성, 지역협력연구센터육성, 산·학·연 공동기술개발 컨소시엄사업 등의 지원
중소기업기술지원	출연연구기관의 기술지원, 신기술창업보육 등의 각종 지원
기술개발촉진 지원시책	우수 신기술인정지원(KT마크, NT, EM, GR제도 등), 우수발명품의 전시, 산업기술개발 애로신고센터 운영
연구개발조직의 육성	기업부설연구소 및 연구개발 전담부서 우대지원, 산업기술연구조합의 설립 규제지역 내 연구클러스터 지원

자료 : 산업통상자원부

15.3.2 기술투자

기술수준을 높이기 위해서 연구·개발 비용을 부담하는 투자이다. 기술투자는 최근 점점 비중을 키우고 있으며 중요성도 강조되고 있다.

기술투자의 수준은 시장을 선도하기 위한 최소한의 투자규모에 해당하는 임계규모(critical mass)가 되며, 임계규모에 도달하기 이전의 기술투자와 임계규모 도달 이후의 기술투자로 구분할 수 있다. 그리고 기업의 기술투자는 총 매출액 대비 연구개발투자비의 비율인 연구개발 집약도(R&D intensity)로 측정한다.

일반적으로 정부의 연구개발비 지원은 영국의 자이먼(J. Zyman)이 제시한 국내 총생산(GDP) 대비 연구개발총지출(GERD)의 '3% 상한(upper limit)'을 적용하고 있다.

15.3.3 정부출연지원

1. 기술개발지원

우리나라의 기술개발지원은 산업기술혁신촉진법을 비롯하여 정보통신산업진흥법, 에너지법 등에서 법적인 근거를 가지고 있다. 그러나 본장은 정부의 R&D 규모와 비중을 감안하여 주요 과제의 주체인 정부의 R&D 정책지원 방식 위주로 소개한다.

주요 지원정책의 특징은 기획자와 과제수행자를 통합한 책임관리 체제와 목표검증단의 검증관리, 연구장비 전문기관 운영, 실시간 통합연구비관리 시스템 운영, 상대 평가제를 도입한 중간 탈락제(early exit) 도입, 신호등 평가제, 성과관리, 지원성과 중 지적재산권의 소유는 개발주체로 하고, 중소기업이 소유한 특허지분을 공정가격으로 대기업이 우선 매수할 수 있는 권리를 부여하는 제도를 운영하고 있다.

- 중간탈락제도는 수행기관의 경쟁력 유도를 위해 개발성과가 미흡한 기술개발 자에게 정부지원을 중단시키는 시스템이다.
- 신호등평가제는 연구의 몰입을 제고코자 개발에 대한 중간평가를 실시하고, 계획대로 추진되는 연구는 녹색평가로 차년도 평가까지 면제한다.

  성과가 미흡한 경우 황색으로 평가하고 지원예산의 5% 수준 감액시키며, 연속 2회일 경우 적색으로 평가한다. 그리고 적색은 매우 미흡한 연구 성과로 연구지원을 중단시켜야 하는 단계이다.

  그 외 연구목표는 달성하지 못했으나 성실하게 수행한 경우에는 연구노트, 진도보고 등을 감안하여 제재를 면하거나 추가 지원하는 제도이다.
- 연구노트 작성의무화는 연구시작부터 성과물의 지식재산까지 전 과정을 기록토록 자료작성을 의무화시킨 것이다.
- 성과관리는 지원 종료 후 5년 간 연구 성과를 성실히 신고토록 하고 있다.

2. 지원프로세스

정부지원과제의 수행절차는 크게 3단계로 구분할 수 있으며, 과제기획단계에서 대상과제를 기획하고, 심의한 후 선정하며, 선정된 과제는 지원기관과 신청기업이 협약을 통해 과제를 수행한다.

이렇게 수행과제가 목표를 달성하면, 사후관리 단계를 거쳐 종료한다. 그리고 정부지원 수행절차는 다음 그림과 같다.

[정부출연금 지원 절차]

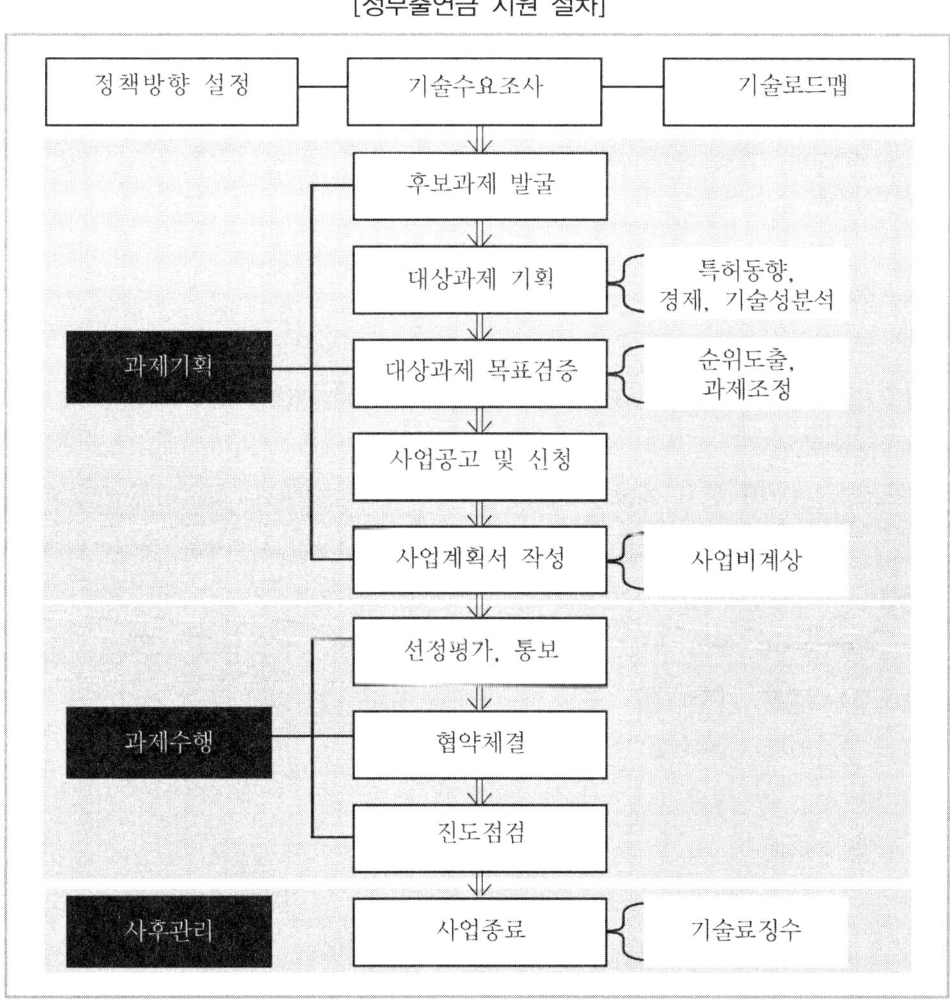

① 제1단계 과제기획단계

개발을 희망하는 기술수요조사, 정부의 R&D정책, 기술로드맵, 기술수준조사, 전문가 자문 등을 종합하여 신규지원 과제를 기획한다. 특히 정책에 부합되는 국책성, 개발필요성과 중요성의 기술성, 경제적 파급효과의 경제성, 특허창출과 권리보호 가능한 권리성, 지원된 과제와의 중복성 등을 종합 검토하여 지원과제 제안요청서(RFP, Request For Proposal)안을 작성한다.

• 기술수준조사 및 경쟁력분석

정부는 국내기술수준과 국제적 지위를 파악하고, 낙후된 기술 분야와 지원이 필요한 분야를 파악하는 단계이다.

주로 기술수준은 선진국과의 상대적 평가이며 상대수준, 격차기간, 기술적 중요도, 시급성 및 파급효과 등을 평가대상으로 한다. 그리고 경쟁력 분석은 논문 수, 논문당인용수, 특허건수, 특허인용건수 등을 평가대상으로 주요경쟁국과의 경쟁력을 분석한다.

• 기술수요조사

정부는 산업정책의 효율적 추진을 위해 기간산업에 대한 경쟁력 제고 및 미래 신산업 육성 등의 전략적 산업에 대한 지원과제 발굴시의 기초자료로 활용코자 수요조사를 한다.

수요조사는 당해 연도 예산사업으로 지원 사업이 수행되는 상반기에 대부분 실시하며, 정부지원을 받고자하는 연구개발 사업은 이때부터 참여하는 것이 다음연도 과제선정의 지름길이 될 수 있다.

기술개발 참여기업의 수요조사 참여는 제안 기술명, 기술 분야, 지원필요성, 개발목표, 개발내용, 개발기간, 소요금액, 국내외 동향, 파급효과 등을 간략하게 기입하여 주관기관에 제출한다.

• 기술로드맵

기술로드맵은 제품 또는 시장의 요구를 충족시킬 수 있는 기술적 대안을 발굴 및 선정하고, 각 대안의 선후관계를 시간좌표로 표시하는 것을 말한다.

지원기관 입장에서는 성능과 목표달성을 위한 핵심기술 또는 기술격차를 확인할 수 있고, 구성원들의 연구 활동을 조정할 수 있어 연구개발투자의 의사결정 조율이 가능하기 때문에 활용한다.

기술로드맵의 수립절차는 각 산업이 처한 환경의 변화와 전망을 분석하는 산업 환경분석, 정부지원기술의 대상파악, 향 후 10년간의 지원목표 등을 설정하는 유망기술의 발굴, 유망기술 중 지원 대상 기술의 선정, 세부기술로드맵을 작성하는 세부기술개발전략 수립단계를 거친다.

• 사업계획서작성

기술개발사업을 추진하기 위해 과제 중심으로 사업계획서를 수립한다. 사업계획서의 양식은 주어진 자료를 사용하며, 주요한 내용은 첨부자료로 제출할 수 있다. 그리고 사업계획서의 구성항목은 다음 표와 같다.

[사업계획서 구성항목]

항목	세부항목
1.기술개발필요성	•대상기술과 제품의 개요 •대상기술과 제품의 중요성 및 파급효과
2.관련현황	•국내외 현환 : 기술, 지시재산권, 표준화, 경쟁기관 •국내외 시장현황
3.기술개발 목표	•최종목표 및 평가방법 •연차별 개발목표 및 개발내용
4.추진전략	•기술개발 추진방법과 전략 •기술개발 추진체제, 개발팀, 추진일정
5.연구시실, 장비	•연구 설비 및 연구 장비 보유현항
6.연구원현황	•총괄책임자, 참여연구원 현황
7.총사업비	•연차별총계, 민간부담금(현금, 현물)내여 •정부출연금배분 및 민간부담금 배분내역
8.사업비세부내역	•연도별 비목별 총계 •연도별 비목별 소요명세(주관기관과 참여기관 구분)
9.사업화 계획	•생산계획, 투자계획 •사업화 전략
10.수행기관현황	•수행기관 현황

② 과제수행단계에서 지원기관으로 선정된 기관은 지원과제를 수행한다. 이 때 일부 중장기 과제는 과제수행 현황과 사업비 사용실태 등을 확인하기 위해 연도 중간에 진도점검을 하고, 연치평가로 계속지원 여부를 판단한다. 동 사업이 완성되면 최종평가를 하고 성공여부를 결정한다.

• 협약체결

일반적으로 과제별 선정결과 통보를 받은 때에는 운영요령에 따라 과제물 수행에 따른 협약을 체결한다. 협약서는 주로 협약기간, 성과활용기간, 사업비 관리정산, 기술료, 성과등록 및 과제수행에 관한 사항을 협약내용으로 한다.

• 과제점검

체결된 과제물은 계약 조건에 따라 과제를 이행하게 되고, 이에 따른 해당 자금을 지원받게 된다. 이렇게 지원된 과제는 효율적 성과관리를 위해 과제수행 정도를 계획된 조건에 따라 점검하거나 진도를 보고하고, 파악하는 확인절차를 취하고 있다.

지원기관은 점검을 통해 지원성과를 높이게 되고, 훌륭한 성과 과제는 지원우대 정책을 강구하며, 미흡한 과제는 지원을 중단하거나 삭감하는 등의 조치를 취한다.

③ 성과확산단계는 성공과제에 대한 성과를 5년간 지속적으로 점검하고, 필요시 일정 수준의 기술료를 징수한다.

• 성과관리

기술개발이 종료되면 지원받은 개발자는 최종보고서를 제출한다. 제출된 성과는 평가단계를 거쳐서 효율적이고, 체계적으로 종합 관리한다. 그리고 필요한 수요자에게 성과를 제공하고, 연구 개발자에게 투자의 책임성을 높이고 있다.

성과과제의 활용은 일정기간 경과 후 실시하며, 대체로 5년 이내의 기간을 활용한다. 그리고 성과과제는 기술의 권리가 소유자로부터 사용자에게 양허되면서 그 권리(실시권)의 사용에 대한 대가로 소유자에게 지불하도록 하고 있다. 이 경우 기술료의 산정은 다음과 같다.

- ○ 기술료 징수기간: 정액기술료는 5년 이내, 경상기술료는 10년 이내
- ○ 기술료 징수액: 지원받은 정부출연금에서 잔액을 제외한 실 사용액에서 기술료를 곱한 금액

(정부출연금 - 정산 또는 환수금액) × 기술료

- ○ 기술료: 정액기술료는 년 단위로 균등징수를 원칙으로 하며, 선납의 경우

할인제도를 운영하고 있다. 그리고 경상기술료는 중소기업의 경우 정부출연금의 5%, 중견, 대기업의 경우 10%의 착수기본료를 징수하고, 매출이 발생한 회계연도부터 10년간 경상기술료를 징수하며, 그 금액은 출연금을 초과하지 않는다.

[액기술료와 경상기술료]

수행기관	정액기술료	경상기술료
대기업	정부출연금의 40%	매출액의 5%
중견기업	정부출연금의 30%	매출액의 3.75%
중소기업	정부출연금의 10%	매출액의 1.25%

• 정부출연금 지원규모 결정

한국산업평가관리원이 주관하는 산업융합원천기술개발 사업의 경우 지원규모는 아래 표와 같다.

정부출연금 지원비율과 민간부담률

참여기업수	참여유형	지원 비율	민간부담률
1개 기업	중소기업	사업비의75%이하	현금과 현물 10%이상
	대기업	사업비의 50%이하	현금과 현물 20%이상
2개 이상	중소기업 2/3이상	사업비의 75%이하	현금과 현물 10%이상
	그 외 기업	사업비의 50%이하	현금과 현물 20%이상

(산출방법) 정부출연금(중소기업) : 사업비× 75% = 원

민간부담금(중소기업) : (사업비 × 25%) × 10% = 원

• 기술개발 성과물의 귀속

산업기술촉진법시행규칙 등에서 정한 내용이 없는 경우에는 협약 또는 당사자 간 합의에 따른다. 다만 국가안보상 필요한 경우, 공공의 이익을 위해 필요한 경우, 성과물 소유자가 국외에 있는 경우, 기타 수행기관이 소유하기 부적합하다고 인정한 경우 등은 국가의 소유로 한다.

15.4 기술사업화 지원

15.4.1 벤처기업지원

1. 벤처기업이란

벤처기업이란 학술적으로 명확히 정리된 개념은 없으며, 국가에 따라 정책대상으로 다양하게 사용되고 있다. 원래 미국에서는 다른 기업보다 상대적으로 사업의 위험성은 높으나 성공하면 높은 수익이 보장되는 기업으로 일반적으로 Venture Capital(모험자본)로부터 투자를 받은 기업을 의미한다. 그러나 다른 나라에서는 이와는 다른 개념으로 신사업 기술 집약기업, 첨단기술기업 등을 의미하고 있다.

우리나라는 다른 기업에 비해 기술성이나 성장성이 상대적으로 높아, 정부에서 일류기업으로 지원할 필요가 있다고 인정하는 기업으로서 '벤처기업육성에 관한 특별조치법'의 3가지 기준 중 1가지를 만족한 기업이다.

2. 벤처기업 확인요건

벤처기업으로 확인받고자 하는 기업은 다음의 요건 중 하나를 충족한 기업에게 신청에 의하여 확인하여 주고 있다.

① 벤처투자기업

- 벤처투자기관(중소기업창업투자회사, 중소기업창업투자조합, 신기술사업금융업자, 신기술사업투자조합, 한국벤처투자조합, 투자전담회사, 등)으로부터 투자받은 금액이 자본금의 10%이상인 기업이다. 다만, 문화상품을 제작하는 법인은 자본금의 7%이상인 기업이다.
- 투자금액은 5천만 원 이상일 경우에 해당된다.

② 연구개발 기업

- 기초연구진흥 및 기술개발지원에 관한법률 제14조 제1항 2호에 의한 기업부설연구소를 보유한 기업이다. 여기에는 한국산업기술진흥협회에서 인증한 기업부설연구소 인증서를 보유하여야 한다.
- 업력에 따라 아래기준을 충족하여야 한다.

ㅇ창업 3년 이상 기업: 벤처확인요청일이 속하는 분기의 직전 4분기의 연간

연구개발비가 5천만 원 이상이고, 연간 매출액 대비 연구개발비 비율이 일정기준 이상인 기업이다.

○ 창업 3년 미만 기업: 확인요청일이 속하는 분기의 직전 4분기의 연간 연구개발비가 5천만 원 이상인 기업(연구개발비 비율 제외)이다.

○ 연구개발 기업은 사업성평가기관으로부터 사업성이 우수한 것으로 평가(사업성평가표 65점 이상)를 받아야 한다.

③ 기술평가보증기업

- 기술보증기금으로부터 기술성이 우수한 평가를 받은 기업
- 기술보증기금의 보증(보증가능금액 포함) 또는 중소기업진흥공단의 대출(보증가능금액 포함, 직접 취급한 신용대출에 한함)을 순수 신용으로 받은 기업이다.
- 보증 또는 대출금액은 각각 또는 합산금액이 8천만 원 이상이고, 당해기업의 총자산에 대한 보증 또는 대출금액 비율이 5% 이상인 기업이다.

④ 기술평가대출기업

- 중소기업진흥공단으로부터 기술성이 우수하다고 평가받은 기업이다.
- 중소기업진흥공단의 대출(대출가능금액 포함, 직접 취급한 신용대출에 한함) 또는 기술보증기금의 보증(보증가능금액 포함)을 순수 신용으로 받은 기업이다.
- 보증 또는 대출금액의 각각 또는 합산금액이 8천만 원 이상이고, 총자산에 대한 보증 또는 대출금액의 비율이 5% 이상인 기업이다.

3. 벤처기업 우대지원

① 창업지원

- 교수, 연구원 창업: 교수와 연구원이 벤처기업을 창업하거나 근무하기 위한 경우는 3년 이내의 휴직을 가능토록 하고, 벤처기업의 대표 또는 임직원을 겸직가능토록 하고 있다.
- 산업재산권: 벤처기업에 대한 현물출자 대상으로 특허권, 실용신안권, 디자인권 등을 포함하도록 하고 있다.

② 세제지원

- 법인세, 소득세50% 감면: 창업벤처중소기업은 최초로 소득이 발생한 과세

연도와 그 다음 과세연도부터 3년간 50% 세액을 감면한다.

- 취득세 면제: 창업벤처중소기업은 벤처확인일로부터 4년 이내에 취득하는 사업용 재산에 대해 취득세를 면제한다.
- 재산세 50% 감면 : 창업벤처중소기업이 당해사업에 직접 사용하는 사업용 재산에 대해 벤처확인일로부터 5년간 재산세의 50%를 감면한다.

③ 금융지원

- 코스닥 상장심사 시 우대한다. 자본금 및 자기자본기준, 이익률 기준의 하향 적용, 설립 후 경과연수 및 부채비율 적용면제 등이다.
- 중소기업정책자금 한도 우대이다.
- 신용보증 심사 시 보증한도 확대, 보증료율의 0.2% 감면 등과 기술력 및 신용도 우수 기업에 대한 연대보증 기준 완화 등이다.
- 창업투자회사의 투자대상에서 일반기업은 창업 후 7년 이내로 제한하나 업력제한을 받지 아니한다.

④ 인력지원

- 스톡옵션(주식매수선택권)부여대상 확대: 외부 전문 인력과 외부기관에게 행사이익에 대해 연간 3천만 원을 한도 소득공제한다.
- 병역특례병역특례 연구기관으로 지정받을 수 있는 신청기회 부여와 산업 기능요원 추천심사 시 가점을 부여한다.

⑤ 입지지원

- 실험실 공장: 교수·연구원의 500㎡이하 실험실공장설치 허용한다.
- 창업보육센터 입주 벤처기업의 경우 건축법 14조, 대덕연구단지관리법 6조의 규정에 불구하고 도시형공장을 설치할 수 있는 특례 인정한다.
- 벤처기업 전용단지의 건축금지에 대한 특례건축법에서 건축을 제한하는 규정에도 불구하고 벤처기업 전용단지 내에서는 건축물을 건축할 수 있는 특례를 인정한다.
- 집적시설입주 벤처기업특례과밀억제권역 내에서의 취득세, 재산세 중과세율 적용을 면제한다.

⑥ 특허, 마케팅지원

- 특허 및 실용신안 등록출원 시 우선 심사대상으로 한다.
- 벤처기업에 대해 TV, 라디오 광고의 경우 광고비의 70%를 감면한다.

15.4.2 이노비즈(INNO-BIZ)지원

이노비즈란 Innovation(혁신)과 Business(기업)의 합성어이다. 전 세계적으로 기술혁신을 통한 기업과 국가의 경쟁력을 높이려는 뉴 패러다임에서 연구 개발에 의한 기술경쟁력 및 내실을 기준으로 선정된 기업이며, 과거의 실적보다는 미래의 성장성을 중요시한다.

이노비즈의 역할은 혁신기술을 보유한 기업의 차세대 성장 동력으로서 성장과 일자리 창출의 수행이며, 기술, 경영, 가치혁신을 이룩한 글로벌 경쟁력을 갖춘 중소기업 분야의 중심축이 된다.

그리고 기술혁신 역량을 갖춘 업력 3년 이상의 안정적 성장 기업으로 지속적인 기술혁신, 가치혁신을 이뤄 글로벌 시장경쟁력을 확보할 수 있도록 하는 기업군이다.

기술혁신촉진법에 근거를 두고 있으며, 신청대상은 업력 3년 이상의 정상가동중인 중소기업으로써 제조업, 건설업, 비제조업, 농업, 소프트웨어업, 바이오업, 환경업, 전문디자인업을 영위하고 있는 기업이다.

1. 선정기준

① 예비평가

온라인을 통해 자가진단을 사전 실시한다. 이 때 예비평가는 기술혁신시스템 평가가 되며, 만점을 1,000점으로 하고, 신청기업에서 650점 이상 득점토록 하고 있다. 기술혁신 시스템 평가분야는 기술혁신능력, 기술사업화능력, 기술혁신경영능력, 기술혁신성과 등 4개 분야를 평가한다.

② 현장평가

현장평가는 기술보증기금에서 하며, 기술혁신시스템 평가와 개별기술수준 평가를 한다. 기술혁신시스템평가는 예비평가 4개 분야에 대한 현장평가이며, 기술보증기금의 전문평가인력에 의해 평가하고 700점 이상을 취득요건으로 하고 있다. 개별기술수준 평가는 경영주 기술능력, 기술성, 시장성, 사업성 및 수익성 등 4개 분야를 평가하며, 10등급제로 구분하여 B등급 이상을 받은 기업을 선정한다.

2. 선정절차

① 온라인 신청

신청기업의 기본정보, 생산품정보 및 공장정보 등을 온라인 등록한다. 설립 3년 이상의 업력을 가진 기업이 등록할 수 있으며, 특히 평가지표 및 업종별 평균재무제표지수의 잘못된 선택으로 피해를 입지 않도록 업종코드는 신중히 정한다.

재무상황은 결산자료와 추정계획의 재무상황을 입력하며, 이 때 추정계획은 사업계획서의 추정자료가 된다. 그리고 신청기업은 온라인상에서 자가(예비)평가를 한다.

② 현장평가

기술보증기금을 통해 신청기업의 신청내용을 현장에서 평가한다.

③ 기업지정

기술보증기금은 현장평가결과 기술혁신 평가기준을 동시에 만족한 경우에는 선정대상기업을 중소기업청에 추천하고, 지방중소기업청장은 Inno-Biz기업으로 선정한다.

④ 연계지원

선정된 기업에게 중소기업청은 Inno-Biz 확인서를 발급하고, 중소기업진흥공단, 협약은행 등에 업체현황을 통보하고, 금융지원 등을 돕도록 하고 있다. 그리고 기술보증기금에서 사후관리토록 하고 있다.

3. 우대지원

이노비즈 기업에 대한 우대지원은 다음과 같다.

① R&D지원

- 기술혁신개발, 이전기술개발, 구매조건부기술개발, 기업협동형 공동기술개발, 창업보육기술개발사업(가점2점)
- 산학연공동기술개발, 산학협력실, 대학 내 기업부설연구소 설치사업, 생산정보화(가점3점)

- 불법기술유출 방지사업(가점2점)
- 경영컨설팅(5점)
- 해외유명인증규격 획득지원(5점)

② **금융지원**

- 부분보증비율 전액보증
- 기업 당 보증한도 50억 원까지 상향(이행보증, 수출입금융보증, 시설자금 보증)하고, 보증료를 0.2% 감면한다.

③ **인력지원**

- 병역지정업체(전문연구, 산업기능요원)추천우대
- 특허출원 시 우선 심사

④ **판로지원**

- 조달청 물품구매 적격심사(신인도 평가부문:-2~3점)우대와 우수제품 선정 시 우대(8점, 일반기업6점)
- 중소기업자간 경쟁제도 계약이행능력 심사(신인도 평가1.5점)
- 민간해외지원센터 활용사업 참여시 지원 비율을 일반기업 대비 10%상향
- 글로벌브랜드사업 참여자격 완화 적용: 수출 200만 불 이상(일반기업은 500만 불 이상)

15.4.3 부설연구소 지원

기초연구진흥 및 기술개발지원에 관한법률 제7조의 규정은 기업이 연구전담요원을 갖춘 기업부설연구소와 연구전담부서를 설립한 후 신고하면, 이를 수리하여 주는 제도이다.

기업 내 설립된 이들 연구소들이 기업의 필요한 연구 활동을 활성화시킬 수 있도록 연구개발에 필요한 세금 또는 자금지원을 가능토록 하고, 연구원에게 병역특례 등의 혜택을 부여하는 정책추진의 일환이다.

특히 기술사업화를 추구하는 기업에게 외부에 의존하지 않고, 사업화할 수 있는 기술의 개발을 권장하며, 이노비즈기업으로 선정하여 정부지원은 물론 벤처기업으로 선정시켜 코스닥등록의 길을 열어주고 있다.

1. 인적요건

[부설연구소와 전담부서 설립요건]

구분		연구전담요원	
		신고요건	자격대상
연구소	대기업	10명 이상	•자연계학사이상 또는 기사 •전문대 또는 산업기사는 2년이상 연구개발 경력자
	중소기업	5명 이상	
	벤처기업	2명 이상	
연구개발전담부서	전체기업	1명 이상	

※ 대표이사는 연구소장직을 겸임할 수 있으나 전담요원은 될 수 없다.

2. 물적요건

구분	신고요건	비고
연구 공간	다른 부서와 구분된 독립된 공간 (전용 출입문) 확보	경량 칸막이 등 고정된 벽체로 구분
연구 기자재	연구개발 활동 수행에 필수적인 연구기자재 확보(최소 3종 이상)	연구전용기자재로서 연구소 내에 위치

3. 지원제도

기업부설연구소의 지원은 조세지원과 관세지원, 그리고 인력지원으로 구분할 수 있다.

① 조세지원

- 연구개발 및 인력개발에 충당하기 위하여 연구, 인력개발에 충당하기 위한 적립준비금은 3년간 소득금액에서 손금으로 산입한다.(조세특례제한법 제9조)
- 연구 및 인력개발비는 법인세 또는 소득세 세액공제를 한다.(조세특례제한법 제10조)
- 연구 및 기술개발을 위한 설비투자액의 10%를 법인세 또는 소득세에서 세액공제를 한다.(조세특례제한법 제11조)
- 중소기업이 특허권, 실용신안권 등 기술비법이나 기술을 설정등록, 보유 및 연구·개발한 내국인으로부터 2018년 12월 31일까지 특허권 등을 취득한 경우에는 발생한 소득에 대한 소득세의 100분의 50에 성당하는 세액을

감면한다. 그리고 취득금액의 100분의 7에 상당하는 금액을 해당 과세연도의 소득세(사업소득에 대한 소득세만 해당한다) 또는 법인세에서 공제한다. 이 경우 공제받을 수 있는 금액은 해당 과세연도의 소득세 또는 법인세의 100분의 10을 한도로 한다.

- 기업부설연구소용 부동산의 지방세(취득, 등록, 재산세)를 면제한다.(지방세법 제282조)

② 관세지원

산업기술의 연구개발 용품에 대한 관세 감면(관세법 제90조)이다. 연구개발용 수입 첨단기자재, 시약, 부분품, 물품, 원재료, 견분에 부과되는 관세의 80%를 감면한다.

③ 인력지원

- 연구인력 고용지원: 신규채용 석박사급 인건비 보조금 지급을 한다.
- 병역특례지원: 전문연구요원 병역의무를 면제한다.(병역법 제36조)
- 국가 연구개발 사업 참여지원: 국가 연구개발 사업에 참여 시 연구개발비의 일정률을 연구보조비로 지원한다.
- 중소기업기술신용보증 특례지원: 기술우대보증 심사 시의 기술능력 개발 평가를 생략하고, 특례지원 대상으로 추천한다.

4. 연구개발 관리

① 연구개발의 목적

연구개발은 기업의 이익을 높이고, 시장변화에 적절히 대응하면서 기술자산의 가치를 유지하는데 목적이 있다. 그러므로 연구개발 목표의 설정은 기업의 체질, 사업 또는 제품의 실체, 대상제품의 성격 등의 요소를 고려하여 정한다.

② R&D관리

내부 연구 활동은 미래에 대한 체계적 준비와 성장잠재력을 찾기 위한 활동으로 기업 자체의 재무적, 인적, 물적 자원을 필요로 한다. 이러한 R&D관리는 다음 측면을 고려하여야 한다.

- 맨 파워: 유능한 인재를 확보하고, 연구개발에 필요한 최적의 인원을 구성한다.
- 교육: 기술변화에 대한 준비와 창조성, 발명성, 특이성 등의 교육을 한다.
- 조직: 연구개발 조직의 최적구성과 생산 및 혁신 조직의 구성이다. 그리고 연구개발은 생산 및 마케팅과의 결부된 조직이 되도록 한다.
- 계획: 기업이 달성 가능한 연구개발 목표를 설정하고, 광범위한 연구개발 성과를 기초로 연구개발 계획, 개발조직, 사업화 시기 및 평가 등을 구체화 시킨 계획을 수립한다.
- 성과: 연구개발 활동이 기업에게 무엇을 공헌하며, 자원의 투자비율, 연구개발이 끼치는 영향, 성공여부의 판단과 측정, 유망기술의 구분기준과 평가 등을 한다.

찾아보기

(ㄱ)
가치사슬 ········ 52
개발연구 ········ 261
거래중개자 ········ 30
경상기술료 ········ 22, 160
경향외삽법 ········ 126
공동 출자형 ········ 155
공동연구 ········ 23, 40
공동연구사업 ········ 152
공정혁신 ········ 65
관련성계통도 ········ 127
교차 라이센싱 ········ 140
구성비율법 ········ 189
구조장벽 ········ 34
규모의 경제성 ········ 219
급진적 혁신 ········ 65
기능조직 ········ 315
기술 ········ 15
기술가치 평가 ········ 222
기술거래 ········ 158
기술공급자 ········ 30
기술기획 ········ 102
기술력 평가 ········ 222
기술로드매핑 ········ 119
기술로드맵 ········ 112
기술료 ········ 159
기술마케팅 ········ 369
기술마케팅계획수립 ········ 176
기술사업 ········ 14
기술사업 전략 ········ 36
기술성분석 ········ 205
기술수요자 ········ 30
기술아웃소싱 ········ 134
기술예측 ········ 122
기술완성도 ········ 238
기술의 양도 ········ 40
기술이전 ········ 132, 144, 159
기술제휴 ········ 139
기술지도 ········ 40
기술창업 ········ 40
기술투자 ········ 23, 413
기술투자자 ········ 30
기술평가 ········ 222
기술혁신 ········ 62
기술협력 ········ 147
기술획득 ········ 129
기업가 정신 ········ 298
기업부설연구소 ········ 425
기준생산계획 ········ 379
기초연구 ········ 261
기회의 창 ········ 167

(ㄴ)
납입자본 ········ 326
니치 마켓 ········ 366

(ㄷ)
델파이기법 ········ 126
디자인권 ········ 285

(ㄹ)
라이선싱 계약 ······ 147
라인조직 ······ 314
레버리지비율 ······ 190
로트사이즈 ······ 381
리드타임 ······ 381

(ㅁ)
마케팅 ······ 354
매출액이익률 ······ 191
매출액증가율 ······ 192
매출채권회전율 ······ 191
모집설립 ······ 395

(ㅂ)
발기설립 ······ 394
발상체크리스트 ······ 280
법인기업 ······ 386
벤처캐피탈 ······ 331
부채비율 ······ 190
브레인스토밍 ······ 86, 271
비 유동자산 ······ 179
비용접근법 ······ 228

(ㅅ)
사업 ······ 15
사업계획 ······ 169
사업계획서 ······ 169
사업기회 ······ 167
사업모형 ······ 41
사업타당성분석 ······ 182
산업재산권 ······ 24, 282
상표권 ······ 285
생산계획수립 ······ 175
생성기 ······ 362
선각수용자 ······ 52
선불금 ······ 22, 161
성숙기 ······ 363
성장곡선모형 ······ 126
성장기 ······ 363
성장비율 ······ 191
성장성 ······ 216
소유권 이전(기술양도) ······ 22
속도의 경제성 ······ 219
속성열거법 ······ 280
손익분기점 ······ 207
쇠퇴기 ······ 363
수권자본금 ······ 326
수요예측 ······ 380
수익성 ······ 214
수익성비율 ······ 191
수익접근법 ······ 228
순이익증가율 ······ 192
슘페터 ······ 62
스텝조직 ······ 314
시간약속제 ······ 381
시나리오기법 ······ 128
시네틱스 ······ 86
시스템의 경제성 ······ 220
시장 점유율 ······ 359
시장가치비교법 ······ 256
시장성분석 ······ 193
시장세분화 ······ 199, 364
시장세분화전략 ······ 55
시장접근법 ······ 228
시제품 ······ 34
신제품 ······ 274
신지식재산권 ······ 282
신호등평가제 ······ 414

실물옵션접근법 ······ 228
실시권 허락 ······ 40
실시권의 허여 ······ 22
실시권한 허여 ······ 159
실용신안권 ······ 284

(ㅇ)
엔젤 ······ 330
연관계통분석 ······ 126
연구개발 ······ 23
연구개발단계 ······ 266
연구개발평가단계 ······ 266
연구기획단계 ······ 266
연구노트 ······ 414
연구소기술이전 ······ 155
연구실기술사업 ······ 156
연구원 창업형 ······ 155
연구전담부서 ······ 425
연봉제 ······ 321
연속생산시스템 ······ 382
원가우위전략 ······ 38
원천연구 ······ 262
위탁기술개발 ······ 23
유동성비율 ······ 190
유동자산 ······ 179
유망기술 ······ 89
응용연구 ······ 261
이전기술사업화 ······ 21
인수・합병 ······ 22
일괄처리시스템 ······ 382

(ㅈ)
자사분석 ······ 359
자제소요계획 ······ 380
자체기술개발 ······ 23
재고 ······ 380
재무계획수립 ······ 177
재무비율분석 ······ 188
저작권 ······ 282, 286
점진적 혁신 ······ 65
정관 ······ 395
정률법 ······ 161
정액기술료 ······ 160
정액법 ······ 161
제품혁신 ······ 65
존속혁신 ······ 65
졸리(Jolly) ······ 27
주문잔고제 ······ 381
중간탈락제도 ······ 414
중소기업 ······ 407
지배구조 ······ 400
지수법 ······ 189
지식재산권 ······ 281
진입장벽 ······ 34
집중전략 ······ 38

(ㅊ)
차별화전략 ······ 38
총괄생산계획 ······ 379
최대기술료 ······ 162
최저기술료 ······ 162
추세분석 ······ 189
추정대차대조표 ······ 178
추정매출액 ······ 359
추정손익계산서 ······ 178
추정제조원가명세서 ······ 178
추정현금흐름표 ······ 178

(ㅌ)
텔파이법 ······ 271

특수비율법 ········ 189
특허등록 ········ 291
특허협력조약 ········ 295
팀(Team)조직 ········ 316

(ㅍ)
파괴적 혁신 ········ 65
포지셔닝 ········ 200, 366
표적시장 ········ 200, 364
표준비율법 ········ 189

(ㅎ)
합작사업 ········ 147
합작투자 ········ 40
혁신자 ········ 52
현금잔여기간 ········ 334
현금흐름표 ········ 345
현금흐름할인법 ········ 247

(3)
3C분석 ········ 199

(B)
BMO ········ 92
BMO기법 ········ 243

(R)
R&DB ········ 64
R&D기획 ········ 109

(S)
SO전략 ········ 361
STP ········ 364
ST전략 ········ 362

(T)
TRIZ법 ········ 271

(W)
WO전략 ········ 361
WT전략 ········ 362

저자약력

강 경 모

한양대 경영대학원 경영학석사
호서대 벤처전문대학원 경영학박사
경제기획원 행정사무관
한미은행 부장·지점장
글로벌창업대학원 겸임교수
단국대학교 겸임교수
모아경영컨설팅(주) 대표이사
한국벤처창업학회 이사
경영지도사, 행정사

저서) 어음·수표 알고 싶다
알기 쉬운 신용카드
부도 막는 어음·수표 모든 것
중소기업 창업론
중소기업이 선택하는 자금조달

기술경영 / 개정판

초 판 1쇄 발행 —— 2014년 2월 5일
개정판 1쇄 발행 —— 2016년 8월 20일
지은이 —— 강 경 모
펴낸이 —— 전 두 표
펴낸곳 —— 도서출판 두남
서울시 강동구 성내로6길 34-16 두남빌딩
신고 : 제25100-1988-9호
TEL : 02) 478-2065, 2066, 2067, 2311
FAX : 02) 478-2068
E-mail : dunam1@unitel.co.kr
http://www.dunam.co.kr

정가 29,000원

ISBN 978-89-6414-693-4 93320